EL DÍA D DE CHURCHILL

MEMORIA CRÍTICA

RICHARD DANNATT
Y
ALLEN PACKWOOD

EL DÍA D DE CHURCHILL

Traducción castellana de
Gonzalo García

CRÍTICA

Obra editada en colaboración con Editorial Planeta - España

El Día D de Churchill
Richard Dannatt y Allen Packwood

Título original: *Churchill's D-Day*

Bajo el sello editorial CRÍTICA M.R.
Avenida Presidente Masarik núm. 111,
Piso 2, Polanco V Sección, Miguel Hidalgo
C.P. 11560, Ciudad de México
www.planetadelibros.com.mx
www.paidos.com.mx

Primera edición impresa en España: mayo de 2024
ISBN: 978-84-9199-647-7

Primera edición impresa en México: septiembre de 2024
ISBN: 978-607-569-792-5

Impreso en los talleres de Impregráfica Digital, S.A. de C.V.
Av. Coyoacán 100-D, Valle Norte, Benito Juárez
Ciudad de México, C.P. 03103
Impreso en México — *Printed in Mexico*

A todas aquellas personas que, bajo el mando Aliado,
perdieron la vida en la campaña de Normandía.

Prefacio

Winston Churchill es recordado como el primer ministro que durante la segunda guerra mundial guio a Gran Bretaña hasta la victoria. Sin embargo, su reputación se basa mucho más en los hechos de 1940 que en los de 1944. Lo que todavía se cita es la oratoria que exhibió durante la batalla de Inglaterra y el Blitz: su promesa de «sangre, esfuerzo, lágrimas y sudor», su determinación de guerrear hasta que se obtuviera la victoria, su desafiante afirmación de que «nunca nos rendiremos». En la esfera pública apenas se le menciona en relación con el Día D. Cuando se alude a él, además, el contexto suele ser negativo: se sugiere que Churchill demoró deliberadamente y obstaculizó los intentos de organizar un asalto a través del canal de la Mancha ya en una fecha más temprana. Con ello habría prolongado de forma innecesaria la guerra y el sufrimiento de incontables millones de personas en Europa.

Como líder de Gran Bretaña, Churchill participó en la planificación y realización de la Operación Overlord (la invasión de Francia) desde el principio. Este libro pretende analizar y explicar su papel.

Se trata de una historia complicada que solo puede entenderse en el marco de la derrota y debilidad de Gran Bretaña en los primeros años de la segunda guerra mundial. Requiere entretejer diferentes hilos: las diversas alianzas políticas, las estrategias militares en conflicto, la evolución de las necesidades tácticas, los colosales desafíos logísticos. Los hechos nos llevarán a Downing Street, al Parlamento británico, a la Casa Blanca estadounidense y al Kremlin ruso; al norte de África, Grecia, Italia y Francia. Nos encontraremos con un elenco de personajes sumamente variado, algunos ya bien conocidos de la historiografía: líderes nacionales como el presidente Roosevelt, el mariscal Stalin y el general De Gaulle; comandantes militares como los generales Alexander, Brooke, Eisenhower, Marshall, Montgomery y Patton o los almirantes Cunningham, Mountbatten y Ramsay. Pero también presentaremos a otros cuyos nombres no son los habituales, una selección entre la gran variedad de hombres y mujeres que hicieron posible el Día D gracias a su trabajo, a veces enfrentándose a peligros notables, a menudo en secreto y bajo una gran tensión. Incluyen a militares, hombres y mujeres, como el capitán de compañía Stan Hollis, del 6.º Batallón de los Green Howards; John Anthony (Tony) Hugill, de la 30.ª Unidad de Asalto; la oficial *wren* Christian Oldham (de casada, Christian Lamb); el canadiense Roland MacKenzie, piloto de un bombardero; el paracaidista estadounidense T. L. Rodgers; también a personal de tareas de organización y administración como la joven Joan Bright (de casada, Joan Astley), que fue un elemento central de la red de información de Whitehall; el general Frederick Morgan, encargado de desarrollar el plan del Día D; el comandante «Jock» Hughes-Hallett, que ayudó a preparar la fuerza de asalto naval; expertos en las maniobras de distracción y engaño, como el coronel John Bevan y el novelista Dennis Wheatley; científicos e innovadores, como Geoffrey Pyke y el general de división Percy Hobart. La lista no concluye aquí. El resultado del 6 de junio de 1944 requirió de la aportación de muchísimas personas.

En el centro de nuestro relato se sitúa el primer ministro británico. Winston Leonard Spencer-Churchill —que en junio de 1944 contaba sesenta y nueve años— era un hombre con una carrera tan dilatada como compleja. Orador poderoso, escritor profesional y aficionado a la pintura, su carrera política había sido una montaña rusa. Tras ser elegido parlamentario por primera vez en 1900 había desempeñado muchos de los cargos principales del Estado. Con una conciencia muy clara de su herencia como descendiente y biógrafo de un gran general británico del siglo XVIII —John Churchill, el primer duque de Marlborough—, había prestado servicio en el ejército y había ejercido responsabilidad ministerial en las tres ramas de las fuerzas armadas. No temía las polémicas de corte, había cambiado de partido político en dos ocasiones (pasó de los conservadores a los liberales en 1904 y regresó al seno de la bancada conservadora veinte años después, en 1924) y se labró fama como defensor a ultranza del Imperio británico y opositor belicoso tanto del comunismo como del fascismo. En la década que precedió a la segunda guerra mundial no ejerció cargos públicos y durante buena parte de los años treinta muchos lo consideraban un disidente y oportunista, una reliquia de tiempos pasados. Pero la ferocidad de su oratoria, la coherencia de su oposición a todo intento de apaciguar a Hitler y la exigencia de un rearme británico le hicieron recuperar la prominencia y acabaron por alzarlo al puesto de primer ministro. Escribir este libro nos ha recordado una y otra vez que el éxito del Día D no fue en ningún caso una conclusión cantada. En su momento, muchos dudaron de que funcionara; y abundan las razones por las que en efecto podría haber resultado un desastre. Con la reproducción de una cuidadosa selección de documentos contemporáneos hemos intentado arrojar luz sobre de qué forma se tomaron las decisiones y procurado describir los riesgos que acompañaron a cada una. Además de ayudar a comprender algunas de las grandes cuestiones militares a las que Churchill tuvo que hacer frente, confiamos en que nuestra selección de telegramas, cartas y otros materiales de la época iluminarán mejor los debates y las personalidades cruciales.

El Día D —el 6 de junio de 1944— fue sin lugar a dudas un punto de inflexión en la historia. La influencia de Winston Churchill sobre los acontecimientos se ha ido poniendo en duda cada vez más; pero resulta innegable que él era una fuerza con la que había que contar y que nunca estuvo dispuesto a callarse en un momento como aquel, de gravísimo peligro nacional e internacional.

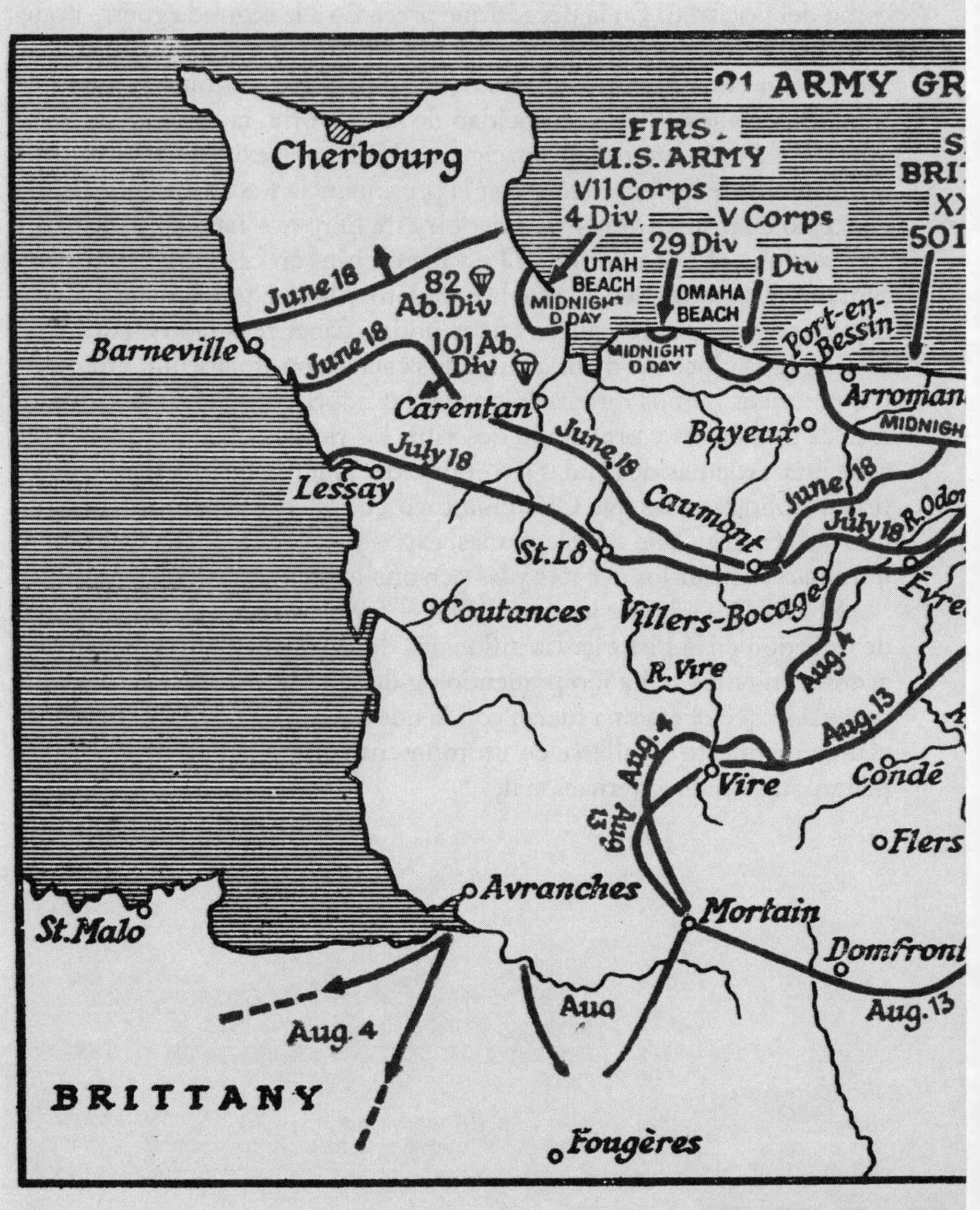

21 ARMY GR
FIRS.
U.S. ARMY
VII Corps
4 Div.
V Corps
29 Div
1 Div
UTAH BEACH
MIDNIGHT D DAY
OMAHA BEACH
MIDNIGHT D DAY
Cherbourg
June 18
82 Ab. Div
101 Ab. Div
Barneville
June 18
Carentan
Port-en-Bessin
Arromanc
Bayeux
June 18
July 18
Lessay
Caumont
June 18
July 18
R. Odon
St. Lô
Coutances
Villers-Bocage
R. Vire
Aug. 4
Aug. 13
Aug. 4
Aug 13
Vire
Condé
Flers
Avranches
Mortain
Domfront
St. Malo
Aug. 4
Aug. 13
BRITTANY
Fougères
N O R M

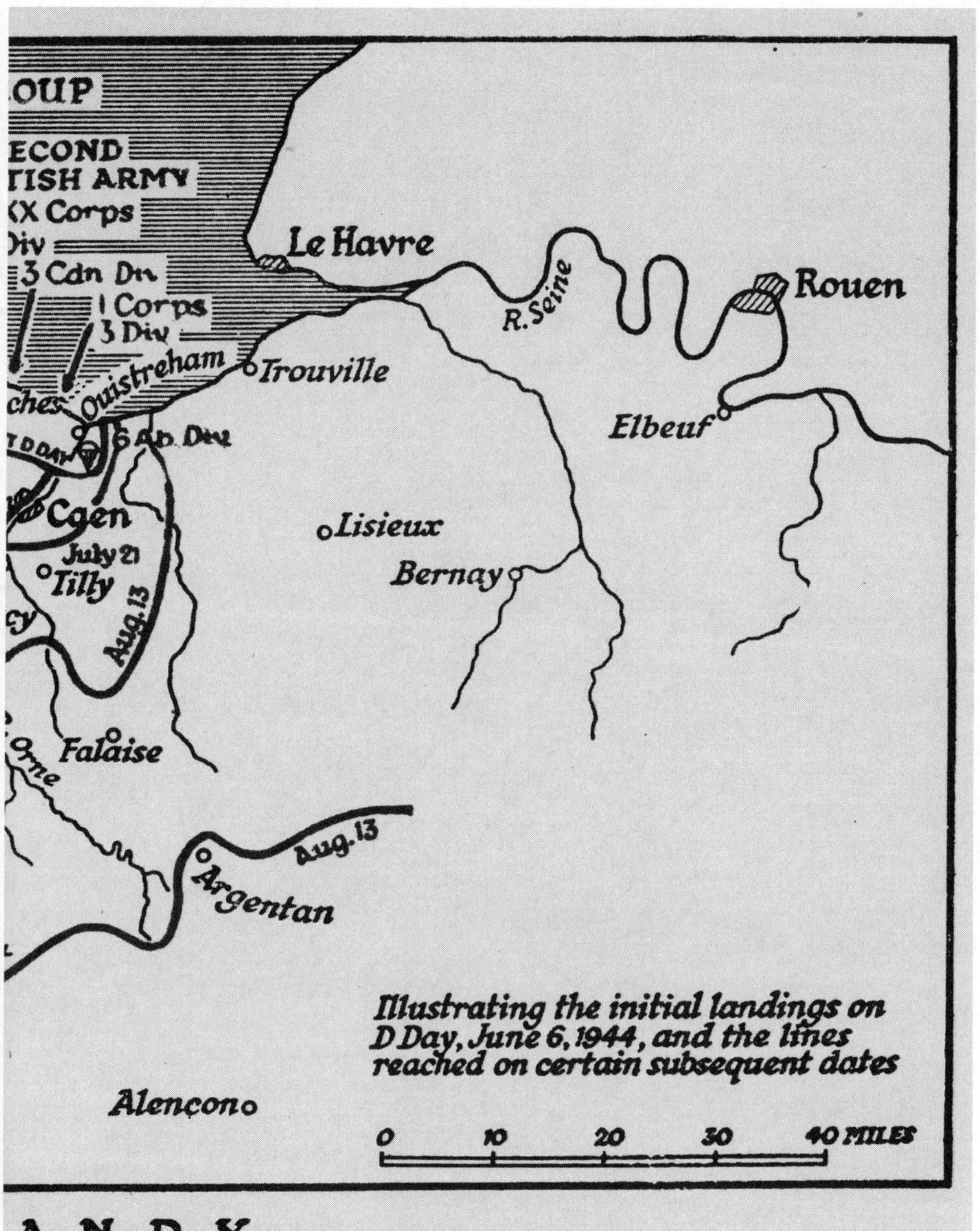

Mapa de Normandía publicado por W. S. Churchill, *The Second World War,* volumen VI, p. 29.

Primera parte
LA PLANIFICACIÓN

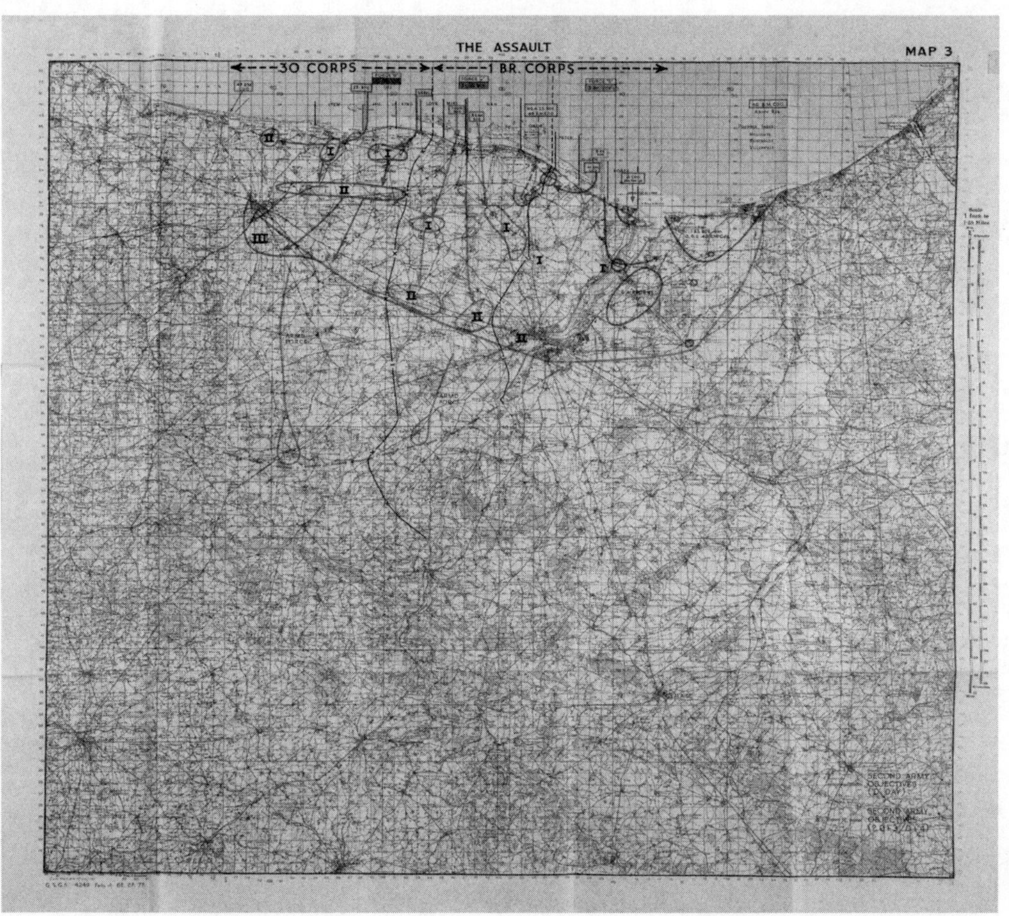

Mapa de las playas y objetivos británicos y canadienses del Día D, 1944.

1

La enorme ventaja de la perspectiva

> ¿Pensáis quedaros ahí tirados hasta que os maten u os levantaréis a hacer algo para que no os pase?[1]

A primera hora de la mañana del martes 6 de junio de 1944, mientras Gran Bretaña dormía, el capitán de compañía Stan Hollis, del 6.º Batallón de los Green Howards, destrepó por las redes de salvamento lanzadas al costado del carguero *Empire Lance* para acceder a la barcaza que le llevaría, tras unas últimas millas mareantes, hasta la playa de Gold. Mientras la embarcación capeaba la mar agitada hacia la costa, Hollis vio una posición alemana en mitad del sector hacia el cual se dirigía con sus hombres. Tomó la Lewis de un soldado y vació dos cargadores de la automática contra el fortín. No hubo respuesta. Unos minutos más tarde, tras haber remontado la playa a la carrera, Hollis descubrió que el supuesto búnker era en realidad una pequeña estación del tranvía ligero local. (Hoy en día «la Cabaña de Hollis» es una orgullosa posesión de su regimiento.)

El «segundo frente» de los Aliados en el Oeste se había hecho esperar mucho, pero la Operación Overlord («Señor Supremo», como se la denominaba en clave) empezaba ya a tomar forma. Desde las 6.30 el sol matinal de aquel verano iluminó los desembarcos de la armada más prodigiosa jamás reunida. Durante la noche, paracaidistas de la 6.ª División Aerotransportada británica habían tomado el flanco oriental de la zona de desembarco, mientras la 82.ª y la 101.ª División Aerotransportada de Estados Unidos se apoderaban del flanco oriental, con la intención de reducir el riesgo de contraataques alemanes. Irónicamente el mal tiempo impropio de la estación, que había obligado ya a posponer durante veinticuatro horas el asalto anfibio, también había tranquilizado al Alto Mando alemán, convencido de que los Aliados no iniciarían el asalto aquel día. De hecho, el mariscal de campo Rommel, al mando del Grupo de Ejércitos B, en el sector de Normandía, había vuelto a Alemania para celebrar el cumpleaños de su esposa, y diversos altos oficiales del Séptimo Ejército se reunieron en Rennes para estudiar los planes contra la invasión.

Al despertar el día, el *HMS Belfast* (que en la actualidad fondea en el Támesis, mantenido por el Museo Imperial de la Guerra) empezó a bombardear las defensas alemanas situadas por encima de la playa de Gold, que los Green Howards de Stan Hollis intentaban tomar al asalto. Más al oeste, la acometida de la 4.ª División de Infantería estadounidense se había apoderado de la playa Utah, a expensas de tan solo 197 bajas; pero en Omaha la situación aún no se había resuelto. La 29.ª División de Infantería estadounidense, cuya valía estaba por demostrar, asaltó la mitad occidental de aquella playa de ocho kilómetros; y el sector oriental se asignó a la 1.ª División de Infantería, ya muy curtida. Sobre la arena se alzaban acantilados defendidos por la experta 352.ª División de Infantería alemana, que había llegado a Normandía poco antes, desde el frente ruso. Una buena representación de la intensidad de los combates son las secuencias iniciales de la película *Salvar al soldado Ryan*, de Steven Spielberg. Las bajas fueron en aumento y el fantasma del desastre se cernía sobre la operación. Se cuenta que un teniente estadounidense, no identificado, arengó así a unos infantes reticentes: «¿Pensáis quedaros ahí tirados hasta que os maten u os levantaréis a hacer algo para que no os pase?». Los combates de la playa de Omaha fueron los que más cerca estuvieron de hacer realidad la pesadilla del liderazgo Aliado: el fracaso de Overlord. No había ningún plan alternativo, solo la evacuación.

El pueblo británico se despertó con la noticia del desembarco en sus radios. El primer ministro Winston Churchill entró en la sala de debate de la Cámara de los Comunes a las doce y tres minutos y corrieron a convocarlo a dar cuenta de las novedades. Según el parlamentario Harold Nicolson, se le veía «pálido como la cera» y parecía estar «a punto de anunciar algún desastre espantoso». La cháchara nerviosa de los parlamentarios dejó paso enseguida a un silencio expectante. Churchill quería comunicarles dos noticias. No empezó hablando de los desembarcos de Normandía, sino que relató la liberación de Roma, el domingo anterior.

Se deshizo en elogios hacia el general británico Harold Alexander, al mando del teatro italiano; la sala acogió su nombre con un clamor. Luego el primer ministro detalló las fases recientes de la campaña italiana, desde el desembarco de Anzio, el 22 de enero, hasta la entrada de los Aliados en la Ciudad Eterna (que coincidió fortuitamente con el cuarto aniversario del famoso discurso de Churchill y el «Nunca nos rendiremos»).

Sin duda, demorar la referencia a Normandía tuvo un componente teatral. Churchill era un actor consumado en la escena parlamentaria. Sabía que el público estaría pendiente de todas y cada una de sus palabras, las primeras informaciones sobre la ansiada cuestión de los desembarcos. Pero la demora también pretendía otorgar un peso igual a los hechos de Italia, donde los ejércitos Aliados actuaban bajo mando británico. A su modo de ver ese «acontecimiento glorioso y memorable» —la captura de Roma— demostraba que él había estado en lo cierto al mantener un apoyo constante a las operaciones del Mediterráneo. Eran unas operaciones que —Churchill quiso destacarlo con claridad— aún no habían concluido, sino que «las fuerzas Aliadas, con los estadounidenses a la vanguardia, siguen abriéndose paso hacia el norte, infatigables en la persecución del enemigo». El primer ministro ansiaba mantener las operaciones combinadas británico-estadounidenses en la península itálica, pero temía que ahora los norteamericanos dieran prioridad a Francia y Overlord.

Tras haber destacado este asunto, pasó al gran anuncio del día: el desembarco. Sus comentarios fueron breves, simples y fácticos. Como es obvio, era mucho lo que no podía contar. La situación aún estaba en desarrollo y la niebla de la guerra oscurecía la visión de los hechos; además, con la seguridad en mente, no quería proporcionarle al enemigo información útil que pudiera perjudicar los desembarcos. Aun así, vale la pena imprimir aquí sus palabras, en toda su extensión:

> También debo anunciar a la Cámara que, durante la noche y las primeras horas de esta mañana, se han producido los primeros de una serie de desembarcos en gran número en el continente europeo. En este caso el asalto liberador cayó sobre la costa de Francia. Una armada inmensa, integrada por más de cuatro mil barcos y otros varios miles de embarcaciones menores, ha cruzado el Canal. Se han efectuado con éxito desembarcos aerotransportados a gran escala por detrás de las líneas del enemigo, y en las playas se está actuando, en este mismo mo-

mento, en diversos lugares. El fuego de las baterías costeras se ha podido controlar en gran medida. Los obstáculos que se habían construido en el mar han resultado ser no tan difíciles como se evaluaba. Los Aliados anglo-estadounidenses cuentan con el apoyo de unos once mil aviones de primera línea, a los que se puede recurrir según se necesite para los propósitos de la batalla. Como es lógico, no puedo desvelar detalles concretos. Nos llegan informes en rápida sucesión. Hasta el momento los comandantes implicados nos comunican que todo está transcurriendo de acuerdo con el plan establecido. ¡Y no es un plan cualquiera, señores! Esta ingente operación es, sin lugar a dudas, la más complicada y difícil que nunca se haya llevado a término. Intervienen en ella las mareas, el viento, las olas, la visibilidad tanto desde el mar como el aire, así como el empleo conjunto de fuerzas terrestres, aéreas y navales con una interrelación sumamente estrecha y ante condiciones que no cabe prever en su totalidad.

Tenemos ya la esperanza fundada de que se ha logrado una sorpresa táctica y confiamos en que, en el transcurso de los combates, sorprenderemos al enemigo una y otra vez. La batalla que se ha iniciado ahora crecerá sin descanso, en escala y en intensidad, durante muchas semanas, y no me aventuraré a conjeturar sobre su evolución. Sí puedo decirles lo siguiente, sin embargo. En los ejércitos Aliados impera una unidad absoluta. Entre nosotros y nuestros hermanos de Estados Unidos existe una hermandad en las armas. La confianza en el comandante supremo, el general Eisenhower, es total, e igualmente en sus lugartenientes y en el comandante de la Fuerza Expedicionaria, el general Montgomery. El ardor y el ánimo de las tropas que se embarcan para estos últimos días, según he podido ver con mis propios ojos, era un espectáculo espléndido. No se ha descuidado nada que pudieran aportar los pertrechos, la ciencia o la reflexión y el proceso conjunto de abrir este nuevo gran frente se desarrollará con la más firme resolución tanto de los comandantes como de los gobiernos de Estados Unidos y Gran Bretaña a los que aquellos sirven.[2]

Estas palabras fueron cuidadosamente elegidas para enfatizar la coomplejidad de la operación: el uso de medidas de engaño para añadir sorpresa y convencer al enemigo de que este asalto podía representar el primero de una serie, la unidad de los mandos británicos y estadounidenses, el buen ánimo y la buena formación de las tropas. Churchill acertaba al señalar que estos elementos eran cruciales para el éxito final de una operación a tal escala.

Esta primera reacción del primer ministro británico puede parecer más bien tibia y poco expresiva, en especial si se compara con sus famosas piezas oratorias de 1940. Aquí no hay un gran discurso, no hay referencias a «la hora más gloriosa», no se promete «sangre, esfuerzo, lágrimas y sudor», no se asegura que «nunca nos rendiremos». Churchill habló solo unos minutos y prometió volver para actualizar las noticias, quizá aquel mismo día, antes de que la Cámara se retirase. Se trataba de una declaración provisional, realizada cuando no se tenía certeza sobre el resultado de la batalla.

Dado el carácter tan singular de las circunstancias, la Cámara recibió las palabras del primer ministro sin críticas ni debate. No era momento de discursos ni desunión, aunque dos parlamentarios enfrentados a Churchill desde hacía tiempo sí expusieron sus comentarios. El veterano político comunista Willie Gallacher expresó «el sentimiento personal, y estoy seguro que de todos los miembros de la Cámara, de que nuestro corazón y nuestro pensamiento están al lado de los jóvenes que han pasado al continente y de sus madres, que se quedan aquí». Por su parte, el agitador socialista Aneurin Bevan preguntó si el primer ministro enviaría un mensaje de la Cámara al pueblo de Francia. Pueden parecer intervenciones inocuas, pero sin duda recordaron a Churchill que asumía una grave responsabilidad por las vidas tanto de los soldados británicos como de los civiles franceses: dos grupos que, en aquel mismo instante, estaban sufriendo bajas.

La declaración de Churchill en aquel momento contrasta claramente con la forma en que describió el inicio de la ofensiva en sus memorias. Al rememorar los hechos del Día D en su obra de 1950-1951 escribió: «La colosal empresa que atravesó el Canal para liberar a Francia había empezado. Todas las naves estaban en el mar. Éramos dueños de los océanos y del aire. La tiranía de Hitler estaba condenada».[3] Esta cita, procedente del penúltimo párrafo de *El anillo se cierra* (a su vez libro penúltimo de su épica historia en seis volúmenes *La segunda guerra mundial*), exhibía una confianza plena y concluía afirmando: «Aunque el camino sería quizá duro y largo, nunca dudamos de que obtendríamos la victoria decisiva».

Precisamente esta cita resume el problema al que nos enfrentamos al hablar de la Operación Overlord: el lujo de saber que fue la estrategia adecuada, que puso fin a la guerra de un modo rápido y decisivo y que, a la postre, garantizó que la Europa occidental quedara libre tanto del fascismo como, tal vez, del comunismo. A pesar de lo que el primer ministro británico escribió más adelante, la tarea no resultaba tan fácil, simple ni predecible para Churchill, ni para el presidente de Estados Unidos, Franklin Roosevelt, ni para el general Dwight D. Eisenhower ni para cualquier otro líder político o militar, británico o estadounidense, de aquel momento.

En 1952, cuando vio la luz el volumen de las memorias de guerra que abordaba el Día D, Churchill volvía a residir en el 10 de Downing Street, ahora como primer ministro en tiempos de paz; y el general Eisenhower, comandante supremo de la operación del desembarco de Normandía, estaba a punto de ser nombrado presidente de Estados Unidos. La victoria había consolidado la reputación de los dos y su historia se había convertido en un sinónimo del triunfo de Occidente; aunque, pasados aquellos pocos años, ahora el relato restaba importancia deliberadamente a la aportación de los exaliados soviéticos —nuevos enemigos en la guerra fría— y observaba los hechos de 1944 a través de una lente nueva: una lente coloreada por la nostalgia, sometida a la influencia de las realidades de la posguerra y modificada a posteriori con lo que se sabía qué había pasado y no la incertidumbre de lo que podía suceder. El Día D ya era materia de mitos. La tendencia no hizo más que acelerarse, espoleada por películas de Hollywood como *6 de junio: Día D* (1956) y *El día más largo* (1962).

Cuando uno se despoja de las ventajas de la perspectiva y contempla los hechos según se les presentaban a Churchill y sus contemporáneos en el momento en que sucedían, emerge una historia más confusa, menos marcada por la confianza.

El presente volumen identificará los factores complejos que se conjuntaron para el éxito del Día D. En este proceso analizará las críticas que se han planteado contra los líderes Aliados (en especial contra Churchill) tanto en vida de ellos como con posterioridad. En particular, se le reprocha que demoró voluntariamente, y luego obstaculizó, los intentos de organizar la invasión del continente en una fecha anterior; y en consecuencia se le recrimina que, al no cruzar el Canal hasta 1944 (y no en 1942 o 1943), la guerra duró más de lo necesario, causó muertes evitables en otros teatros bélicos y amplió las penalidades de incontables millones de europeos.

En junio de 1944 Churchill acababa de cumplir cuatro años en esa función. Con su ceño fruncido a lo buldog, la pajarita de topos blancos, los dos dedos que dibujaban la V de la victoria y el habano omnipresente, se había convertido en una de las figuras más famosas —e instantáneamente reconocibles— de su era. En algunos aspectos su desempeño del puesto de primer ministro se asemejaba a una moderna corte Tudor, donde su propia banda de excéntricos asesores personales se codeaba con los familiares del líder, los funcionarios gubernamentales, los políticos y los mandos militares. Al crear para sí la posición inexistente hasta la fecha en Gran Bretaña de ministro de Defensa, y combinarla con el cargo de primer ministro, se aseguró de que los líderes políticos y militares le informaban a él directamente: Winston presidía el Gabinete de Guerra y el Comité de Defensa y se reunía regularmente con los jefes de Estado Mayor (los militares que mandaban sobre el ejército de Tierra, la Marina y la Fuerza Aérea). Con una autoestima desbordante, tenía plena confianza en sus capacidades como estratega y, como veremos, había defendido vigorosamente sus propios puntos de vista en todas las fases de debate sobre la naturaleza y el calendario del Día D.

Pero ¿hasta qué punto influyeron en la estrategia de Churchill los fantasmas de su pasado? Es habitual que los comedores de los colegios de Oxford y Cambridge estén cubiertos de retratos de sus antiguos y más destacados *fellows* y *alumni*. Sin embargo, en el comedor del Churchill College de Cambridge —construido como homenaje de la nación y la Commonwealth británica a sir Winston— figura un único retrato: el de un Churchill joven, más delgado y anguloso, que muestra aún restos del pelo rojo de la juventud. Frente a un sombrío fondo negro, en su rostro ya exhibe ojeras. Capta cómo era Churchill en 1916, a los cuarenta y un años. El original lo pintó William Orpen y sigue en posesión de la familia. La versión que cuelga en el colegio es una copia encargada especialmente al artista John Leigh-Pemberton. Clementine, la viuda del político, recomendó esta imagen por ser una de sus representaciones más genuinas y por haberlo captado no en su «hora más gloriosa», sino en el punto más bajo de su fama: después de haber sido destituido a consecuencia de la crisis de los Dardanelos.

Churchill empezó la primera guerra mundial siendo el Primer Lord del Almirantazgo, es decir, el ministro —civil— responsable de la mayor armada del mundo, la Royal Navy. La flota se había modernizado y movilizado y gozaba de gran popularidad. Pero la esperanza de librar una batalla naval decisiva, que enfrentara a la Gran Flota británica con la Flota de Ultramar alemana, no se materializó. Ante las tablas que generó la guerra de trincheras en el Frente Occidental (en Francia y Bélgica), la Marina quedó relegada a un papel poco ilustre: proteger las rutas comerciales británicas y bloquear a Alemania. Con la voluntad de hallar formas de aliviar la presión que sufrían los ejércitos Aliados, Churchill se centró en abrir un nuevo frente contra Turquía, el más débil de los socios de Alemania. Pronto destacó entre el Gabinete por ser el principal defensor de utilizar la armada para forzar el paso a los Dardanelos, el estrecho que, custodiado por la península de Galípoli, permite acceder al mar de Mármara. El objetivo era adueñarse del paso, sitiar Constantinopla (hoy, Estambul) y dejar a Turquía fuera de combate, al mismo tiempo que se abrían nuevas rutas para abastecer a Rusia, aliada de los británicos. El problema era que los Dardanelos contaban con una defensa poderosa, de fuertes y minas. Cuando la fuerza expedicionaria naval que dirigía primero el almirante Carden y luego el almirante De Robeck no solo no consiguió superar los obstáculos, sino que además perdió tres acorazados en el intento, el Gabinete de Guerra tomó la fatídica decisión de recurrir a las tropas para que tomaran la península de Galípoli. En abril de 1915 se desembarcó a soldados británicos, franceses, australianos y neozelandeses, pero ante la fuerte resistencia de los turcos —atrincherados en terrenos montañosos situados por encima de los puntos de desembarco— no consiguieron ir más allá de las cabezas de playa y, en enero de 1916, se tomó la decisión de evacuarlos. Las bajas fueron cuantiosas: cerca de doscientos cincuenta mil Aliados resultaron heridos o muertos. Entre los que sobrevivieron, alguno interpretó un papel destacado en la segunda guerra mundial, como el joven capitán William Slim, que más adelante estaría al mando de las fuerzas británicas en Birmania (hoy, Myanmar) y Clement Attlee, que lideraría el Partido Laborista, fue vice primer ministro como segundo de Churchill y, en la posguerra, primer ministro.

La consecuencia inmediata del fallo de la operación naval inicial fue la ruptura total entre Churchill y su Primer Lord del Mar (el comandante supremo de la Marina), el almirante lord «Jacky» Fisher. Cuando Fisher renunció a su puesto como protesta, en mayo de 1915, el primer ministro Asquith aprovechó la oportunidad para reestructurar el gobierno, dando entrada a varios conservadores que no habían perdonado que, en 1904, Churchill se hubiera pasado al Partido Liberal (no regresó con los *tories* hasta 1924). A condición de reforzar el gobierno, los

El famoso retrato de Churchill por Orpen, de 1916.
En el Churchill College se exhibe una copia.

nuevos socios reclamaron la destitución de Churchill, que fue degradado a la condición de canciller del ducado de Lancaster. La prensa y la opinión pública se mostraban hostiles con él, pero no podía defenderse mientras las operaciones militares siguieran en marcha.

El retrato de Orpen atrapa a Churchill en este momento de crisis. Muchos pensaron que su carrera, hasta entonces prometedora, había terminado. Su padre, lord Randolph Churchill, había vivido un ascenso político meteórico, pero lo había arrojado todo por la borda al dimitir de su posición política, con escasa prudencia, cuando contaba solo treinta y seis años. La historia parecía repetirse ahora con el hijo y Clementine tuvo la impresión de que su esposo se moriría de pena. Con el tiempo —bastante tiempo— Winston lograría ascender de nuevo hasta el primer rango de la política. Primero, dimitió del gobierno y optó por restaurar el honor personal: estuvo sirviendo en las trincheras del Frente Occidental, durante seis meses, al mando de un batallón de los Reales Fusileros Escoceses. Luego, no sin angustia, quedó a la espera de que la Comisión de Investigación de los Dardanelos presentara su informe, cuyas conclusiones le exculparon en gran parte; y en ese momento se dedicó a escribir su propia justificación exhaustiva de sus actos, como parte de una historia de la primera guerra mundial en varios volúmenes, titulada *La crisis mundial* y publicada durante la década 1920. Pero no logró sacudirse, ni siquiera entonces, el estigma del fracaso de los Dardanelos: se convirtió en un habitual de las viñetas cómicas y el acoso agrio.

Se han escrito muchos libros sobre por qué los Aliados fracasaron en los Dardanelos, y el debate no ha concluido. A menudo se alega que este desastre motivó que Churchill fuera especialmente prudente con todo lo relativo al Día D. La película *Churchill*, protagonizada por Brian Cox y estrenada en 2017, se abre con las imágenes del primer ministro británico que camina por una playa en 1944 y se echa atrás cuando, en su imaginación, el agua se torna roja por la sangre de los soldados británicos. El largometraje sugiere que, a diferencia de Eisenhower y los demás altos mandos militares del momento, él ya había vivido tal situación en Galípoli y estaba resuelto a hacer cuanto estuviera en su mano para impedir que se repitiera. El guion nos lo muestra esforzándose por obstaculizar los desembarcos cuando apenas faltaban unos días para que se produjeran. El asunto de la oposición de Churchill al Día D y de hasta qué punto intervino activamente para impedir o demorar la operación es uno de los temas sobre los que volveremos en el presente libro.

¿Qué aprendió Churchill con la campaña de los Dardanelos? Sin lugar a dudas le hizo ser muy consciente de los riesgos políticos asociados a abogar por grandes operaciones. Le pareció que lo habían elegido como cabeza de turco y que su caída —si se tenía en cuenta que él no podía influir sobre lo que sucedía sobre el terreno— era injusta. Sin un control completo, «es inoportuno que un hombre emprenda tales aventuras. Aquella lección quedó grabada en mi naturaleza».

También tomó clara conciencia de la dificultad inherente a tales operaciones anfibias a gran escala, en las que es preciso coordinar fuerzas navales, terrestres y aéreas de países distintos y subordinadas a sus propios comandantes. En la siguiente reflexión se observa qué importancia concedía a establecer estructuras de mando claras, con buenas comunicaciones, basadas en datos de espionaje de calidad:

> Como nadie estaba acreditado por sus logros positivos, nadie estaba en condiciones de dar órdenes claras y brutales que se respetaran sin vacilación. El poder estaba muy disperso entre los múltiples personajes de importancia que en aquel momento formaban el instrumento de gobierno. El conocimiento se repartía de una forma muy desigual.[4]

Pero esto no impidió que siguiera reflexionando sobre el desafío de capturar una línea costera dominada por el enemigo o defender que se emprendieran operaciones similares.

Cuando abordó los orígenes de Overlord en sus memorias de la segunda guerra mundial, Churchill eligió destacar un artículo sobre «Medidas para una guerra naval» que había redactado, con la vista puesta en el primer ministro Lloyd George, casi veintisiete años antes del Día D: el 7 de julio de 1917. En aquel entonces pretendía mostrar que la Royal Navy podía retomar la ofensiva en la guerra. Una de sus sugerencias principales fue tomar una o varias de las islas Helgoland (como Sylt o Borkum), situadas justo enfrente de la costa alemana, para utilizarlas como base de ataque contra el enemigo.

La operación que describió en el citado artículo exhibe algunas semejanzas con el posterior asalto de 1944 a través del Canal. Requería dominar el mar, iría precedida de un bombardeo muy intenso (aunque en fechas anteriores a la guerra aérea, pensaba en un bombardeo principalmente naval) y culminaría con el desembarco —protegido por los cañones de la Flota, con ayuda del gas y el humo— de las tropas en la isla, desde transportes a prueba de torpedos, barcazas blindadas. Para el desembarco de una división habría que proporcionar cerca de un centenar de tales embarcaciones. Además, se proporcionarían barcazas para tanques (unas cincuenta, pongamos), cargadas con uno o más carros cada una, pertrechados con cortaalambres en la proa, de modo que, mediante un puente levadizo o una proa inclinada, pudieran tomar tierra por sí mismos e impedir que la infantería quedara retenida por las alambradas en su asalto a las gargantas de los fuertes y las baterías. Se trata de una novedad que elimina una de las mayores dificultades del pasado: el desembarco rápido de la artillería de campo para que elimine las alambradas.[5]

Winston también previó la necesidad de establecer una base aérea «lo suficientemente poderosa para que domine su sector aéreo» y de «disponer de petroleros y de transportes en el fondeadero» para que aportaran los pertrechos y recursos necesarios. El texto pone de manifiesto que comprendía la clase de problemas a los que había que hacer frente y demuestra que, cuando no habían pasado ni dos años de la campaña de los Dardanelos, ya estaba preparado para abogar por realizar ataques similares desde el mar. Suponía que las guerras del futuro implicarían operaciones conjuntas, pero también era consciente de las dificultades, en especial cuando se efectuaban a gran escala. En la práctica la carrera de entreguerras lo llevó por otras direcciones y quedó en manos de otros el intentar desarrollar los equipos y las tácticas precisos para ejecutar operaciones conjuntas, en una atmósfera marcada por la austeridad, los recortes y el desarme.

Más en general, no cabe duda de que la guerra de 1914-1918 dejó una huella profunda en la vida y el pensamiento de Churchill. Había perdido amigos; su carrera había estado a punto de resultar aniquilada; su concepción del mundo había cambiado. El Imperio británico había quedado gravemente debilitado y el tejido de la vida corriente, en Gran Bretaña, se había hecho pedazos: en casi todos los pueblos se levantaban monumentos a los fallecidos en la contienda. Desde su perspectiva como primer ministro en otra guerra, en 1940, otra situación de tablas sangrientas en Europa le resultaba inconcebible:

No iba a olvidar en ningún modo el espantoso precio que habíamos tenido que pagar, en sangre y vidas humanas, por la gran ofensiva de la primera guerra mundial. Los recuerdos del Somme, de Passchendaele y otros muchos ataques menos frontales contra los alemanes no iban a desaparecer por efecto del tiempo ni la reflexión.[6]

Pero a Churchill se le planteó también otra crítica, interrelacionada con la anterior: se dijo que no quería combatir en Francia en 1942 o 1943 porque su prioridad era defender el Imperio británico. Se ha escrito mucho sobre su imperialismo. Sin lugar a dudas fue, durante toda su vida, un defensor del imperio y, en noviembre de 1942, se hicieron famosas las palabras con las que anunció que si él se alzaba sobre todos los otros ministros del rey (en tanto que primer ministro) no era para presidir la liquidación del imperio. Su concepción del mundo se basaba en creer que las democracias occidentales y las razas blancas de Europa eran las superiores. Sin embargo, Gran Bretaña también dependía de su imperio, necesitaba a sus hombres y sus materiales; era una potencia global con colonias, dominios vinculados y mandatos. En 1940 ningún primer ministro británico se habría mostrado dispuesto a renunciar a tales responsabilidades, ni habría estado siquiera en condiciones de hacerlo; y esto suponía mantener fuerzas en África, el Mediterráneo y el Pacífico y defender las líneas de abastecimiento naval en cualesquiera mares y océanos. Gran Bretaña no tenía más opción que combatir en una diversidad de teatros y en este libro se analizarán las decisiones que se tomaron con respecto a las prioridades de los distintos recursos y el impacto que aquellas tuvieron en el calendario y la naturaleza del Día D.

Por otro lado, Churchill no era el único que debía lidiar con estos problemas. Otro tema recurrente en el presente libro es hasta qué punto el primer ministro pudo actuar, o actuó de hecho, con independencia. Era una figura poderosa, sin lugar a dudas, pero dirigía un gobierno de coalición dentro de un sistema parlamentario y presidía una burocracia civil colosal y unos servicios militares con sus propios sistemas y estructuras muy arraigadas. El general John Kennedy, que fue nombrado asistente del Jefe del Estado Mayor General Imperial, habló de «un gobierno, esencialmente, de comités [...]. Winston, por supuesto, es la personalidad dominante [...]. Aun así, es frecuente que sus puntos de vista no se impongan cuando son contrarios a una tendencia de opinión generalizada entre los Estados Mayores de los servicios».[7] A partir de 1941, además, se asoció con Estados Unidos y la Unión Soviética en una alianza internacional contra el fascismo, una alianza que, a medida que avanzaban los meses, se dirigía cada vez más claramente desde Washington y Moscú. Era evidente que la liberación más fácil de Francia y la Europa noroccidental partiría de la base de las islas británicas; pero no era menos evidente que Gran Bretaña no se bastaba para emprender la liberación por sí sola.

Churchill, por supuesto, acusó las críticas que le reprochaban reticencia a abrir un segundo frente en la Europa occidental y puso mucho empeño en rebatirlas. En el segundo volumen de sus memorias de guerra escribió:

> A la vista de los múltiples relatos en circulación que multiplican mi supuesta aversión hacia cualquier clase de desembarco forzoso en gran escala, como el que tuvo lugar en Normandía en 1944, será conveniente que aclare desde el principio que yo aporté buena parte del impulso y la autoridad que crearon el inmenso aparato y la armada precisos para desembarcar los blindados en las playas, sin lo cual, según se reconoce hoy universalmente, toda operación mayor de este calado resulta imposible.[8]

En el presente libro se examinará con detalle qué supuso esa intervención, pero para comprender completamente qué se estaban jugando Churchill y los jefes del Estado Mayor británicos en 1944 es necesario retroceder unos pocos años, hasta la fase inicial —de desesperación— de la primera guerra mundial, y seguir desde allí el largo desarrollo de Overlord; hay que explicar la estrategia general de los Aliados, de la que el Día D formó parte, y mostrar cómo fue la culminación de varios años de planificación, preparativos y empeño («de sangre, esfuerzo, lágrimas y sudor»).

(132)

10, Downing Street,
Whitehall.

I spoke the other day of the colossal military disaster which occurred when the French High Command ~~neglected~~ failed to withdraw the Northern armies from Belgium at the moment when they knew that the French Front was decisively broken at Sedan and on the Meuse. This delay entailed the loss of ~~at least fifteen~~ French Divisions and threw out of action for the critical period the whole British Expeditionary Force and 120,000 French troops. Our Army ~~indeed no doubt escaped~~, but with the loss of all ~~its~~ cannon, vehicles and modern equipment. This inevitably took some weeks to repair, and in those weeks the ~~great~~ battle of France has been lost. When we consider the heroic resistance made by the French Army at ~~enormous~~ odds in this battle, and the ~~enormous~~ losses inflicted upon the enemy, and the exhaustion of the enemy, it may well be thought that these twenty-five Divisions of the best troops might have turned the scale. However General Weygand had to fight without them. Only ~~the equiv~~ two British Divisions or their equivalent were

Página anotada del discurso que Churchill pronunció por radio tras la caída de Francia, el 18 de junio de 1940.

2

Lidiar con la derrota

> Me habló en inglés, con una angustia evidente. «Nos han derrotado», dijo. Como yo no le respondí de inmediato, repitió: «Nos han apaleado; hemos perdido la batalla».[1]

Entre las coincidencias extraordinarias de la historia figura la importancia de los días 8 de mayo durante la segunda guerra mundial. El 8 de mayo de 1940, en la Cámara de los Comunes, Winston Churchill pronunció uno de sus discursos más importantes, pero menos recordados. El estado de ánimo general del Parlamento era de tensión y enfrentamiento. La oposición al gobierno del primer ministro Neville Chamberlain crecía y el debate sobre la desastrosa campaña de Noruega se había convertido en una moción de confianza contra el liderazgo de Chamberlain; este episodio, de hecho, empezó a abrirle a Churchill las puertas del 10 de Downing Street. Y cinco años después, el 8 de mayo de 1945, concluyó definitivamente la guerra en Europa. Lo que ocurrió en ese período de tiempo se convirtió en materia de leyendas, las leyendas necesitan héroes, y Winston Churchill era idóneo para este papel. Pero su ascenso no fue en absoluto inevitable.

La cita con el destino requería alzarse con el puesto de primer ministro. Pero el 1 de mayo de 1940 Churchill era tan solo el Primer Lord del Almirantazgo, esto es, el civil a quien el gobierno conservador de Neville Chamberlain le había confiado la cartera de Marina. Su firme oposición pública a Hitler le había devuelto al Gabinete, después de unos diez años de desierto político. A medida que las críticas contra el liderazgo bélico de Chamberlain subían de tono, Churchill iba destacando como uno de los candidatos a sustituirlo, si bien tal posibilidad distaba de ser un hecho consumado.

Así, por ejemplo, la entrada que Leo Aubrey Kennedy —corresponsal diplomático de *The Times*— apuntó en su diario el 4 de mayo ofrece una imagen poco halagadora de Churchill, aun en vísperas de ser el nuevo primer ministro:

> Después de este colapso de Noruega, por supuesto, abundan el desaliento y las críticas al gob[ierno]. Los parl[amentario]s están especialmente descontentos. Quieren derribar a Chamberlain. Pero no sé con quién iba a mejorar la situación. Por curioso que sea lo necesario ahora es que obliguen a Winston a tomarse un descanso. Pues se está excediendo y para soportar la tensión se atiborra indebidamente de champaña, licores, etc.; sale a cenar —a cenar bien— casi cada noche. Duerme después del almuerzo, luego acude a los Comunes, luego una cena larga y buena, y no retoma el trabajo en el Almirantazgo hasta pasadas las diez de la noche, donde está hasta la una o las dos de la madrugada. Ha adquirido la costumbre de organizar reuniones y llamar a los subordinados pasada la una de la noche, lo que por descontado molesta a los almirantes, que son hombres de hábitos sensatos. Así que en el Almirantazgo la atmósfera es de tensión, lo que supone un grave error. Y aun así Winston es todo un héroe popular, es el líder bélico por antonomasia, no se le puede apartar. ¡Pero de un modo u otro hay que lograr que se tome un descanso![2]

Churchill debía superar dos problemas graves. En primer lugar, muchos todavía lo veían —en especial dentro de su propio partido, el conservador, y entre los miembros de la clase dirigente del país— como un oportunista y un inconformista inestable. En segundo lugar, era una figura destacada del Gabinete de Neville Chamberlain y, por lo tanto, estaba directamente implicado en el fracaso militar que ahora amenazaba con derribar al primer ministro y su gobierno. El «colapso de Noruega» al que Kennedy aludía era la campaña de Narvik: una intervención británica en Escandinavia, en abril de 1940, que resultó apresurada y mal planificada.

Gran Bretaña y Francia se habían rearmado muy tarde, bien entrada la década de 1930, después del frustrante resultado de la política de apaciguamiento. Cuando entraron en la guerra, en 1939, adoptaron en general la misma estrategia con la que había concluido la «Gran Guerra»: bloquear a Alemania por largo tiempo hasta que se quedara sin recursos y terminara por rendirse. Las lecciones aprendidas en las batallas de la Campaña de los Cien Días, en 1918, habían caído en gran parte en el olvido, tanto en el gobierno británico como en su ejército; pero no en Alemania, donde se las estudió cuidadosamente y el Alto Mando era consciente de que nunca podrían imponerse en una guerra prolongada. Por eso desarrollaron el potencial de librar una *blitzkrieg* o «guerra relámpago» y recurrieron a los ejércitos motorizados y blindados que, con el apoyo aéreo, derrotaron a Polonia entre el 1 de septiembre y el 6 de octubre de 1939. Incluso ante este ejemplo de variedad moderna de la guerra, la Fuerza Expedicionaria británica que se desplegó en Francia en el otoño de 1939 se sumó al ejército francés con la convicción operativa de que, por un lado, la poderosa defensa del país —entendida como la fortificación extensa y fuertemente armada de la Línea Maginot, en el sector nororiental— bastaría para contener a Alemania y, por el otro, que la estrategia del bloqueo acabaría derivando en su victoria.

En coherencia con esta estrategia errada, en Londres se empezaron a trazar planes para minar las aguas territoriales de Noruega (que era neutral), con el fin de impedir la exportación de mineral de hierro desde Gällivare (Suecia) a través de los puertos noruegos. Se creía —no sin fundamento— que, si Alemania no podía abastecerse del hierro sueco, su industria apenas tardaría en sufrir un parón, en el plazo quizá de tan solo semanas. Winston Churchill, en su función de nuevo Primer Lord del Almirantazgo, entendió que bloquear el suministro de mineral de hierro sería un paso idóneo para guerrear activamente contra Alemania, sin limitarse a la postura pasiva, defensiva, de los ejércitos establecidos en Francia. Al igual que durante la primera guerra mundial, siempre buscaba maneras de tomar la ofensiva contra el enemigo. A petición de Chamberlain asumió la presidencia del Comité de Coordinación Militar, donde sucedió a lord Chatfield; pero su fuerte personalidad y sus intervenciones constantes estuvieron lejos de aportar armonía en aquella jefatura. Según Ian Jacob (uno de los secretarios que se encargaban de administrar las reuniones), «Churchill era muy grande, en todos los sentidos, mucho más que todos los demás integrantes del comité; de modo que este funcionaba como un carruaje en el que una de sus ruedas duplicaba las medidas de las otras tres, con lo que la fricción era mucha, pero se avanzaba muy poco».[3]

La voz de Churchill era tan solo una más entre las muchas voces que formaban la cúspide de la dirección bélica y el hecho de que fuera quizá la más altisonante no significaba que fuera también la más poderosa. Su afán por imponer su punto de vista al Gabinete, el ejército, la fuerza aérea y los mandos militares, cuando no disponía de autoridad ni maquinaria con la que controlar la operación, contribuyó al fracaso consiguiente.

Noruega, 1940: un paradigma de la confusión

La campaña de Noruega, del 8 de abril al 10 de junio de 1940, se caracterizó —con resultados desastrosos— por el pensamiento confuso y la mala planificación en los niveles táctico, operativo y estratégico de la guerra. El fracaso avergonzó profundamente a los británicos y sus Aliados y supuso tanto una catástrofe para los noruegos como otro éxito militar para la Alemania nazi.

En la cumbre de la cadena de mando estratégica estaba el Consejo de Guerra Supremo, organizado de acuerdo con las condiciones de la alianza anglo-francesa. Por debajo estaba el Gabinete de Guerra, de nueve miembros, incluidos los tres ministros de las tres ramas de las fuerzas armadas. Desde octubre de 1939 hubo asimismo un Comité de Coordinación Militar, encargado de asegurar la coordinación de esos tres servicios. Por desgracia, su presidente (primero, lord Chatfield, luego Churchill) carecía de poder ejecutivo. En el cuarto nivel de la toma de decisiones se hallaba el Comité de los jefes del Estado Mayor, presidido por aquel jefe que más tiempo llevara en su puesto. Al empezar la guerra se trataba del mariscal en jefe sir Cyril Newall, que encabezaba el servicio del Aire, que era el menos implicado en la campaña noruega. Como ejemplo de los problemas que esto producía, recordaremos aquí que en abril de 1940 (primer mes de la citada campaña) esta estructura tan engorrosa tuvo no menos de noventa y cuatro reuniones: el Gabinete de Guerra se reunió en treinta y una ocasiones; el Comité de Coordinación Militar, en veintiuna; y los jefes del Estado Mayor, en cuarenta y dos; los propios jefes (o un delegado) asistieron a las noventa y cuatro reuniones. En tales condiciones, ¿podían pensar racionalmente o con claridad? Comparémoslo con el sistema de mando dictatorial de Alemania, donde Adolf Hitler manejaba todos los mecanismos del poder y la toma de decisiones. Cuando las democracias se enfrentan a dictaduras, el tiempo no favorece los consensos. Neville Chamberlain no era un Winston Churchill.

Si la maquinaria británica de dirección de la guerra era poco eficiente en el nivel estratégico, las disposiciones del nivel operativo —la campaña en sí— no resultaban menos deficientes. La operación carecía de un comandante único e incluso de un Estado Mayor conjunto. Cada elemento del plan estaría dirigido por un alto oficial de su servicio respectivo. La fuerza de desembarco la capitanearía el general de división Pierse Mackesy, y las unidades navales, el almirante de la Flota William Boyle, conde de Cork y Orrery, que estaba situado dos posiciones por encima en la jerarquía, pero privado del mando general. Para complicar más aún esta situación poco satisfactoria, se incluyeron también tropas francesas y polacas y había que coordinarse con los propios noruegos. Otra demostración más de estas disfunciones de la organización del mando es que esos dos altos oficiales se reunieron por primera vez en la cubierta del buque insignia del almirante, anclado ya en el puerto noruego de Harstad, con la operación ya iniciada. Se informó de que los dos hombres se saludaron respetuosamente y luego se calzaron el monóculo para examinarse. Solo después averiguó Cork —que no tenía órdenes escritas: recibió las instrucciones directamente de Churchill durante un breve trayecto en coche desde el Almirantazgo hasta la Cámara de los Comunes— que a Mackesy se le había encomendado desembarcar por la fuerza, pero, a él mismo, una acción del todo distinta.

Aquí no hay lugar para analizar con detalle las órdenes, contraórdenes y planes que se hicieron y descartaron durante la planificación y preparación de la intervención de Gran Bretaña en Noruega. Por desgracia, no solo hubo deficiencias en la estructura de mando y control, sino también en la inteligencia sobre las posibles operaciones de Alemania en Escandinavia. El 8 de abril de 1940, mientras la Royal Navy empezaba a diseminar minas en las aguas noruegas del puerto septentrional de Narvik, las fuerzas armadas alemanas se preparaban para iniciar la Operación Weserübung («Ejercicio del Weser»), es decir, el asalto de Dinamarca y Noruega, que para los británicos fue una sorpresa absoluta. El 9 de abril paracaidistas alemanes se lanzaron sobre territorio danés y la Kriegsmarine hizo desembarcar soldados en Copenhague. Dinamarca no tardó en rendirse. Simultáneamente, paracaidistas alemanes se hicieron con los aeródromos de Oslo y Stavanger. Por desgracia, la Royal Navy interpretó esta actividad naval como precursora de la salida de Alemania al mar del Norte, que amenazaría tanto la seguridad del Reino Unido como la de las líneas de comunicación oceánica con Estados Unidos. Las tropas británicas que acudían a garantizar el control de Narvik y mostrar solidaridad con los noruegos tuvieron que desembarcar a toda prisa, pues la flota puso rumbo a mar abierto para contener a la Kriegsmarine; de modo que se quedaron en el muelle, entre la confusión de la mano de obra y los almacenes logísticos. Solo demasiado tarde se comprendió que la operación alemana aspiraba a controlar Noruega en su conjunto.

Las tropas se embarcaron de nuevo, con tantas prisas que a una de las brigadas la dejaron en un puerto distinto al de su comandante. Desde aquel momento los soldados Aliados siempre estuvieron en desventaja: con frecuencia carecieron de apoyo aéreo y de la artillería, su número era claramente inferior y tenían dificultades para acordar una causa común tanto con los anfitriones noruegos como con los colegas comunes. Narvik, como foco del comercio de exportación del mineral de hierro, se pudo conservar en un principio; pero los británicos y sus aliados la abandonaron cuando la campaña noruega devino insostenible y la derrota en Francia, inevitable. Con ello Noruega quedó condenada a cinco años de ocupación bajo la Alemania nazi.

El afán británico por impedir la temida ocupación de Noruega por Alemania concluyó con una derrota rápida que comportó precisamente la ocupación nazi que se había confiado en evitar. Las maniobras alemanas dejaron a los británicos fuera de juego, simplemente. Sin embargo, el fracaso de la campaña noruega, con la consiguiente victoria y celebración de Adolf Hitler, tuvo el efecto de propulsar a Winston Churchill al 10 de Downing Street.

En su momento, el fracaso de la operación anfibia de Narvik trajo a la memoria de muchos otro proyecto encabezado por Winston. La historia parecía repetirse y a Churchill seguían persiguiéndolo los fantasmas de Galípoli. El general Ironside, Jefe del Estado Mayor General Imperial, comentó que en Noruega «todo ha sido un despropósito. Se ha llegado tarde siempre. Se cambiaban los planes y nadie dirigía». ¿Acaso no se había aprendido nada?

Tanto Ironside como el general Ismay (asesor militar y jefe del Estado Mayor de Churchill) tenían claro que aquella clase de operaciones anfibias resultaba increíblemente dificultosa. Más adelante Ismay reflexionaba así:

> Las operaciones anfibias son una forma de guerra muy especializada [...]. Requieren un personal muy bien instruido, una gran variedad de equipos técnicos, un conocimiento detallado de los puntos en los que se va a desembarcar, información precisa sobre las fuerzas y la distribución del enemigo y, quizá por encima de todo, una planificación y preparación minuciosas.[4]

Sin lugar a dudas pensaba que el fracaso de Narvik se debía a la ausencia de todos estos elementos. En el presente, el Mando Conjunto y el Colegio del Estado Mayor británicos todavía utilizan los fiascos de Galípoli en 1915-1916 y de Noruega en 1940 como ejemplos prácticos de cómo *no* se debe organizar y dirigir una operación anfibia contra un enemigo parejo. En su libro *Anatomy of a Campaign: The British Fiasco in Norway*, John Kiszely (que no en vano había sido director del Curso de Estados Mayores y Mandos Superiores del Colegio del Estado Mayor del ejército británico) condena concluyentemente el fracaso. Al igual que Galípoli, la campaña noruega nació de las excelentes intenciones de Churchill. En uno y otro caso había querido acelerar un trasvase del peso de la guerra contra Alemania; en 1915, para encontrar una alternativa a la situación de tablas de las trincheras del Frente Occidental, y a principios de 1940, para acrecentar la presión económica impidiendo que Alemania accediera a las reservas del mineral de hierro sueco, de las que la industria germánica dependía en alto grado. Pero, aunque la aspiración fuera siempre atractiva, desde el punto de vista de la gran estrategia, y aunque en ambos escenarios las tropas británicas combatieron con valentía en el nivel táctico, sobre el terreno, sin embargo, la ausencia de una planificación y preparativos sensatos a nivel operativo —de campaña— condenó las dos aventuras al fracaso.

A pesar de la confusión operativa y el caos estratégico, los soldados, marinos y aviadores de las fuerzas británicas hicieron todo lo que su país podría haber esperado de ellos. Una instantánea bastará para ejemplificar las consecuencias de aquel desorden confuso. El regimiento de Stan Hollis, los Green Howards, envió a su 1.er Batallón a combatir en Noruega. Tras haber pasado seis meses en Francia, en la Línea Maginot, el 17 de abril regresaron con la mayor urgencia a Inglaterra, los trasladaron a Escocia y —sin que les dieran más instrucción ni pertrechos para una guerra de invierno— el 26 de aquel mes los embarcaron en cuatro buques de la Royal Navy con rumbo a Noruega. Desembarcaron en Åndalsnes, al sur y a bastante distancia de Narvik, y combatieron con ferocidad, a veces con un metro de nieve (e incluso más). Lograron moderar el avance de los alemanes, que bajaban por el valle de Gudbransdalen hacia la ciudad de Otta, donde se produjeron bajas cuantiosas entre la tropa y también entre los oficiales. Sin haber llegado a aclarar el plan operativo, el 2 de mayo el batallón se embarcó de nuevo en Åndalsnes y a la mañana siguiente echaron anclas en Scapa Flow. Suele decirse que, en la política, una semana es mucho tiempo, pero ¿a cuánto tiempo equivalía una semana en la vida de un infante británico? La evacuación definitiva de unos 29.000 militares británicos se completó el 10 de junio, cuando se decidió que la situación en Noruega, agravada por los acontecimientos de Francia, sería insalvable y se otorgó prioridad absoluta a la supervivencia del ejército británico por un día más. Con el paso del tiempo, el rey Haakon VII de Noruega se convertiría en coronel en jefe de los Green Howards, en honor de la heroica defensa de Otta por el 1.er Batallón (distinción que se repitió del rey Olav V a Harold V, hasta que los Green Howards se fundieron con otros regimientos en 2006). Pero en 1940, para Stan Hollis, todo esto era futuro.

En el ámbito inmediato, el posterior debate parlamentario sobre la campaña fallida no tardó en poner a prueba al gobierno de Chamberlain. Churchill estaba caminando sobre la cuerda floja. Tenía que reconducir el debate a favor del gobierno; necesitaba defender la acción, pero, al mismo tiempo, preservar su reputación como candidato en espera al puesto de primer ministro. El 15 de noviembre de 1915 el fracaso de Galípoli le había costado el empleo como Primer Lord del Almirantazgo. En 1940, casi veinticinco años más tarde, estaba defendiendo el mismo puesto y una acción similar y se veía obligado a explicar otro fracaso, el de Noruega, ante una Cámara de los Comunes hostil. Según otro parlamentario, Harold Nicolson, Churchill supo hacer realidad esta «tarea casi imposible [...] con plena lealtad y una evidente sinceridad, a la vez que, por la forma en que exhibió la brillantez de su personalidad, demostró que no tenía nada que ver con aquella panda confusa y timorata».[5]

Le ayudó el hecho de que quienes lideraban la carga contra Chamberlain —hombres como el almirante sir Roger Keyes, o Leo Amery— no tenían en cambio interés en derribar a Churchill. A los diversos grupos de la oposición tan solo los unía el deseo de que la guerra se dirigiera con más vigor y eficiencia. La prolongada y pública campaña de Churchill contra el apaciguamiento, por el contrario, le hacía destacar como un líder bélico del que no se podía prescindir. Aun así, esto no significaba que se le prefiriese automáticamente para el cargo de primer ministro. El debate se convirtió en un voto de confianza específico sobre Chamberlain. El que aún era primer ministro, hostigado por la oposición, rogó a sus amigos que le dieran su apoyo; pero cuando la mayoría gubernamental se redujo de 213 a tan solo 81, se evidenció que era imprescindible reconstruir el gobierno.

Lo que facilitó la supervivencia de Churchill, y modificó el futuro que preveía, fueron ante todo factores externos. Aunque Neville Chamberlain había logrado capear la tormenta de críticas que despertó el nulo éxito de su política de apaciguamiento, sin embargo, en los primeros meses de la contienda demostró que no era un buen líder en condiciones de guerra: ni estaba capacitado ni de hecho lo deseaba. En el Partido Conservador muchos admitían, aun de mala gana, que se necesitaba un cambio y había que formar un gobierno nacional de carácter multipartidista. El nuevo primer ministro debía seguir siendo conservador, pues este era el partido mayoritario en la Cámara y, mientras hubiera guerra en Europa, quedaba del todo descartado convocar nuevas elecciones. El Partido Laborista daba a entender que no seguiría subordinándose a Chamberlain. Entre la clase dirigente —entre ellos el rey y el propio Chamberlain— se prefería a lord Halifax, el titular de la cartera de Exteriores; pero formaba parte de la Cámara de los Lores, y el poder estaba en la de los Comunes. Por otro lado, al ser más un hombre de diplomacia que de guerra, Halifax comprendió que le costaría controlar a los parlamentarios, dada la beligerancia del estado de ánimo en aquel período. La reunión crucial para la sucesión se celebró a última hora de la tarde del 9 de mayo (aunque más adelante Churchill la situara en el 10). Chamberlain, Churchill y Halifax formaron un cónclave privado. Aunque el jefe del grupo parlamentario, David Margesson, también acudió, no se redactaron actas. Cuando Chamberlain planteó la cuestión de quién podría sucederle, se produjo un silencio incómodo. Al final Halifax se descartó él mismo y Winston «no puso reparos».

Si las estrellas ya parecían favorecer a Churchill, en ese momento intervino también el destino. A primera hora de la mañana del 10 de mayo los alemanes iniciaron Fall Gelb («Plan Amarillo»), la operación de ataque contra Holanda, Bélgica, Luxemburgo y Francia. Incluso llegados a este punto, Chamberlain vaciló de nuevo y sugirió que, ante una crisis tan profunda, quizá sería un error intervenir. En todo caso, el Partido Laborista confirmó que no participaría de una coalición que él dirigiera. A la postre aceptó lo inevitable y presentó la dimisión.

¿Por qué al ejército anglo-francés todo le salió tan mal en Francia, entre mayo y junio de 1940?

La Fuerza Expedicionaria británica se había desplegado en Francia poco después de que estallara la guerra, en septiembre de 1939, y había dedicado el invierno a consolidar una Línea Gort (así llamada por el general lord Gort, su comandante en jefe) que daba continuidad a la Línea Maginot. Así respondía Francia a la primera guerra mundial, con una línea muy bien fortificada de defensas estáticas, que aspiraba a proteger la «avenida fatal» (según la llamó el historiador Richard Holmes) que unía Alemania con Francia y por la que los germanos habían avanzado con éxito en 1870 y con resultados solo algo peores en 1914. La respuesta francesa halló reflejo en el hormigón y en los emplazamientos de cañones fijos, en un «no pasarán», aunque moderada porque ya se sabía que los tanques de combate tendrían un papel propio en las contramaniobras. La Línea Gort, construida con el sudor de los ingenieros e infantes británicos durante la que se dio en llamar «Falsa Guerra» del invierno de 1939-1940, fue la aportación de la Fuerza Expedicionaria británica a la renovación de la *entente cordiale*.

Alemanes y británicos habían extraído lecciones distintas de las batallas libradas en el Frente Occidental en 1918: la Ofensiva de Primavera alemana, en marzo, y la campaña de los Cien Días de los Aliados, que se inició en agosto. Los alemanes habían demostrado que unas tropas especialmente entrenadas que abrieran una brecha en la línea del enemigo podían causar el pánico en la retaguardia y favorecer el derrotismo; y que en cualquier contienda futura debían recurrir a las tropas blindadas, no a la infantería, que no tarda en caer exhausta. Estudiaron la utilización británica de los carros blindados: tanques con el apoyo cercano de la infantería, la artillería y los aviones; reflexionaron sobre las conclusiones que, una vez concluida la guerra, derivaron de los Cien Días hombres como J. F. C. Fuller y Basil Liddell Hart. Estos teóricos militares británicos expusieron las ventajas de un ataque blindado capaz de generar una creciente sensación de amenaza en los ámbitos de retaguardia del enemigo. En Gran Bretaña se jugueteó con estas ideas novedosas, experimentando sin mucho entusiasmo con el despliegue de una fuerza blindada entre finales de la década de 1920 y principios de la siguiente; pero fueron descartadas. Las restricciones económicas; las distracciones del Imperio y el movimiento por la autonomía de Irlanda; un conservadurismo innato en los dirigentes de las fuerzas armadas; y por último la convicción de que la Gran Guerra había sido (o tenía que ser) la guerra que pusiera fin a todas las guerras hizo que la Fuerza Expedicionaria británica que acudió a Francia en 1939 fuera un ejército motorizado, con camiones. Su rival por el contrario usaría tanques, con el apoyo inmediato del aire. A diferencia de los británicos, los comandantes alemanes Heinz Guderian y Erich von Manstein habían estudiado y aplicado en la práctica los estudios de Fuller y Liddell Hart.

Hubo unas pocas excepciones. Más adelante trataremos del general de división Percy Hobart, uno de los pocos que acertó a prever la escala y la velocidad de la guerra mecanizada. También desempeñaría un papel crucial en la utilización de los blindados pesados durante el Día D. En este libro volverá a aparecer también Liddell Hart, pero en su caso por una razón bastante distinta.

Este es el contexto en el que Winston Churchill quedó situado en una hora crítica. Churchill creó una administración fuerte y centralizada que se dirigía desde su Oficina Privada, en Downing Street. Al situarse no solo como primer ministro, sino también como ministro de Defensa (una función nueva, creada por él mismo), se aseguró de controlar tanto la estrategia como la política. Encabezaba un gobierno de coalición nacional que reunía a integrantes de todos los grandes partidos políticos del momento: conservadores, laboristas y liberales, nacional-liberales y nacional-laboristas. De manera informal se presuponía que la gran coalición perduraría mientras perdurase la emergencia bélica (en la práctica, hasta que concluyera la guerra en Europa), pero Churchill no podía dar por sentado que sería así pasara lo que pasase. Los partidos integrantes podían abandonarlo, y si los diputados ordinarios lograban aprobar una moción de confianza contra el gobierno, el primer ministro podía llegar a caer en cualquier momento, como le había ocurrido ya a su predecesor, Neville Chamberlain. En consecuencia, Churchill no gozaba de plena libertad para elegir a sus ministros: estaba obligado a recompensar a los socios de la coalición, en especial al Partido Laborista y el Liberal, con algunos puestos clave del Estado.

Eligió gobernar primordialmente mediante un Gabinete de Guerra reducido e íntimo. Su composición varió entre 1940 y 1945, pero en principio constaba solo de cinco ministros: Churchill, Chamberlain, su antiguo rival el ministro (o «secretario») de Exteriores lord Halifax y dos líderes laboristas, Clement Attlee y Arthur Greenwood. En diciembre de 1940, cuando se envió a Halifax a Estados Unidos en condición de embajador, Anthony Eden ocupó su lugar en Exteriores. En 1942 Clement Attlee ascendió a vice primer ministro, y otros entraron o salieron. Churchill optó, con toda deliberación, por excluir del Gabinete de Guerra a los titulares de las tres carteras armadas: el de Marina («Primer Lord del Almirantazgo»), el de Tierra («secretario de Estado para la Guerra») y el del Aire («secretario de Estado para el Aire»), con lo cual los convocaba solo cuando le resultaba necesario, al igual que a todos los demás ministros del gobierno.

Esto le permitió ejercer un control más directo sobre las fuerzas armadas, ya que en su calidad de ministro de Defensa los jefes del Estado Mayor le informaban directamente a él. Los jefes eran los militares que dirigían los tres servicios: el «Primer Lord del Mar» (al mando de la Marina o Royal Navy), el «Jefe del Estado Mayor General Imperial» (Tierra) y el «Jefe del Estado Mayor del Aire» (la fuerza aérea, más conocida por las siglas RAF). Además, Churchill presidía el importante Comité de Defensa, que decidía sobre operaciones clave, y su propio jefe del Estado Mayor Militar, el general «Pug» Ismay, le representaba en las reuniones regulares de los tres jefes. Como primer ministro creó un poderoso Secretariado del Gabinete de Guerra, del que participaban el «secretario del

Gabinete», los secretarios privados de Downing Street (varones, funcionarios civiles de carrera) y un secretariado militar subordinado a Ismay. A ello le añadió su propio equipo de secretaría personal (en este caso, casi todo mujeres), un surtido de asistentes y asesores personales, su propia sala de mapas y una unidad de estadística que le ayudaran a investigar, analizar e interpretar la información. Por último, también procuró acceder directamente al Estado Mayor de Planificación Conjunta.

Este sistema se testó inmediatamente. Los reproches por el resultado de la campaña noruega no tardaron en parecer una minucia en comparación con el desarrollo desastroso de las batallas de Holanda, Bélgica y Francia. Los ejércitos defensores (holandeses, belgas, británicos y franceses) eran numéricamente superiores, pero en el plano operativo se vieron superados por el audaz avance alemán a través de las Ardenas, pasando el río Mosa y ganando terreno hacia el Canal. Y todo sucedió en unos pocos días.

En las primeras horas del 15 de mayo, Churchill se despertó de la duermevela por una llamada telefónica del primer ministro francés, Paul Reynaud, que estaba desesperado: «Me habló en inglés, con una angustia evidente. "Nos han derrotado", dijo. Como yo no le respondí de inmediato, repitió: "Nos han apaleado; hemos perdido la batalla"».

Esto era mucho más grave que Noruega. En Gran Bretaña, la planificación de la guerra se basaba en los cimientos de la cooperación con Francia. Los dos países habían formado un Consejo de Guerra Supremo donde sus líderes respectivos coordinarían la estrategia. En el caso de cualquier gran ofensiva alemana en la Europa noroccidental se esperaba que la Fuerza Expedicionaria británica luchara a las órdenes del ejército francés, más numeroso. Por su parte, la RAF ayudaría a garantizar el dominio de los cielos franceses, y la Royal Navy, a que el Canal continuara abierto y los puertos alemanes quedaran bloqueados.

Las consecuencias de la caída de Francia fueron catastróficas. La derrota en el continente no solo suponía la pérdida del mayor aliado de Gran Bretaña, sino que situaba a las fuerzas alemanas en condiciones de atacar a las británicas con facilidad, por la escasa distancia de las costas francesas con las del Reino Unido. ¿A qué conclusiones llegarían entonces los demás países? ¿Acaso Roosevelt, y Estados Unidos, entenderían que la guerra en Europa se había perdido? ¿España aprovecharía la debilidad británica para apoderarse de Gibraltar? ¿Mussolini introduciría en el conflicto a la Italia fascista y atacaría los intereses británicos en Malta, Egipto o el Oriente Próximo? ¿Qué sucedería con la flota francesa? Si se permitía que cayera en manos del enemigo y se la sumaba a las fuerzas navales de Alemania e Italia, ¿no amenazarían la supremacía británica en el Mediterráneo y el Atlántico? ¿Entraría Japón en el conflicto y actuaría contra el Imperio británico en el Remoto Oriente? Tal era la clase de preguntas que Churchill se formulaba con inquietud. Según escribió más adelante:

> El lector de estas páginas en años futuros debería darse cuenta de que el velo de lo Desconocido es sumamente denso y desconcertante. Ahora, a la luz clara de lo ya acontecido, resulta fácil ver dónde ignorábamos cosas o nos alarmábamos en exceso, dónde fuimos descuidados o torpes. Por dos veces en dos meses nos han atrapado del todo por sorpresa [...]. ¿Qué más tenían preparado, organizado con toda minuciosidad?[6]

Sin embargo, en un principio Churchill se negó a aceptar el pesimismo de Reynaud. En ese estadio aún le parecía que la derrota de los franceses era en gran medida psicológica. Después de varias discusiones no poco tensas en el Gabinete de Guerra, dio apoyo al envío de más cazas británicos para la defensa de Francia. Pero al día siguiente se desplazó hasta París y la realidad se impuso al observar el claro deterioro de la situación. Se esperaba que los alemanes llegarían a la capital francesa en el plazo de tan solo unas horas y tanto el Ministerio de Asuntos Exteriores como la propia embajada británica estaban quemando ya sus archivos: «En todas las caras estaba escrito el desánimo más absoluto». Como estaba resuelto a socorrer a su amado aliado francés hasta el último momento, Churchill le planteó al mariscal Maurice Gamelin, comandante en jefe de los franceses, la gran pregunta: «*Ou est la Masse de Manoeuvre?*» («¿Dónde están las reservas operativas?»). «*Aucune*», «no hay ninguna», fue la asombrosa respuesta. Sin duda en aquel momento Churchill supo que la batalla de Francia se había perdido. Según le dijo a lady Campbell, esposa del embajador británico: «Este lugar no tardará en convertirse en un osario».

Los neerlandeses no tardaron en rendirse y, con algo más de resistencia, también los belgas. El Primer Ejército francés y la Fuerza Expedicionaria británica se quedaron pues con la nada envidiable alternativa de quedar cercados —y aniquilados— o evacuar a las tropas a Gran Bretaña. Por suerte para la futura evolución de la guerra, lord Gort recomendó optar por la evacuación, que se tradujo en el «Milagro de Dunkerque». La mayoría del ejército británico logró volver a su país, por cortesía de la Royal Navy y la flota de embarcaciones menores, aunque a costa, eso sí, de perder casi todo el equipo. Para Stan Hollis, la retirada a Dunkerque fue un desastre desconcertante. A lomos de su motocicleta, tenía la función de mensajero de los despachos de su oficial al mando. Estuvo entre los últimos en defender la cabeza de playa de Dunkerque, y junto con sus camaradas del 6.º Batallón de los Green Howards lideró varios contraataques; al final, Stan tuvo que ser evacuado en camilla y, tras haber resultado herido en la retaguardia, lo recomendaron para una medalla militar.

Aun así, Churchill no daba Francia por perdida. Edwards Spears —buen amigo del nuevo primer ministro británico y recién nombrado representante personal de Churchill ante Reynaud, el homólogo francés de este— fue testigo de la llegada de Winston a París, el viernes 31 de mayo de 1940. Lo recordaba «fresco como una rosa, claramente en una forma excelente [...]. El peligro, la evocación de las batallas, actuaban invariablemente en Winston Churchill como un tónico y estimulante». Su energía contrastaba con el derrotismo de los líderes franceses. Sin duda le gustaba hallarse en el centro de la acción, pero también asumió la tarea de proyectar una imagen de confianza. Frente al telón de fondo de la crisis en marcha en las playas de Dunkerque, hizo hincapié, en su torpe francés, en que los soldados franco-británicos se irían de las playas *bras dessus, bras dessous* («del brazo»).

Al final, más de 338.000 hombres lograron pasar al otro lado del Canal; unos 140.000 eran franceses y belgas. La cifra mejoraba con mucho lo que se esperaba, pero en el informe que dirigió a los Comunes el 4 de junio de 1940 tuvo la cautela de pedir que «no se atribuya a este rescate los rasgos de una victoria. Las guerras no se ganan con evacuaciones».[7] Aunque entre los soldados se criticó que la RAF no había hecho acto de presencia y, por lo tanto, habían quedado en gran parte expuestos a los ataques de la Luftwaffe, Churchill defendió que los cazas británicos habían actuado proporcionando un cordón defensivo que no había sido poco exitoso. Lo mismo podría afirmarse de la Royal Navy, que acertó a organizar, complementar y defender a los mercantes menores con los que se emprendió la operación. Según los jefes del Estado Mayor, Churchill podía contar con que Gran Bretaña resistiría la invasión, y podría equipar de nuevo a su ejército, a condición de dominar los cielos y las aguas del país y los alrededores. Esta doble capacidad también sería esencial para regresar con éxito, en algún momento del futuro, a Francia. Aquí es interesante destacar asimismo que la planificación naval de Dunkerque (Operación Dínamo, planificada y llevada a cabo a toda prisa) correspondió al vicealmirante Bertram Ramsay, quien a la postre haría lo mismo para la Operación Neptuno (la faceta naval de Overlord) en 1944. Así pues, aun en la derrota se habían plantado ya algunas semillas del Día D. Sabiendo cómo se desarrollaron los hechos posteriores, quizá Winston estaba en lo cierto al afirmar que «en este rescate ha habido un elemento de victoria que bien merece señalarse».

En aquel momento, no obstante, la victoria era muy poco evidente. El discurso de aquel día se recuerda hoy sobre todo por la voluntad expresa de defender las islas británicas «al coste que sea», luchando en las playas y las zonas de desembarco, en los campos, las calles y las colinas. La promesa no se limitaba a Gran Bretaña, sin embargo, pues también desafió a los alemanes al sostener: «Combatiremos en Francia». No había perdido la esperanza de salvar algo del hundimiento de la estrategia Aliada original. Las tropas francesas rescatadas de Dunkerque fueron repatriadas con prontitud. La 51.ª División de las Highlands siguió combatiendo en Francia hasta que no tuvo más remedio que rendirse. Se corrió a enviar una segunda Fuerza Expedicionaria británica, integrada por la 51.ª División de las Lowlands y la 1.ª División Canadiense; pero a los pocos días hubo que evacuarla de nuevo. Los franceses presionaron duramente para que los británicos mandasen también más cazas, y la respuesta de Churchill, por instinto natural, habría sido acceder. Sin embargo, sus colegas políticos y militares acertaron al convencerle de que no lo hiciera.

Pese a todo, Churchill aún seguía sin resignarse a abandonar Francia. A medida que el fin de la partida se aproximaba y las fuerzas alemanas avanzaban hacia París, el primer ministro británico no cejó en el empeño de insuflar vigor en el gobierno francés, que se estaba retirando hacia el sur. Instó a los franceses a seguir guerreando desde la zona norteafricana de su imperio y, en la propia Francia, emprender una guerra de guerrillas. Abogó por que en Bretaña los Aliados continuaran ofreciendo resistencia. Aunque sin duda era peligroso volar a un punto tan próximo al frente, el 11 de junio se reunió con Reynaud en Briare, y dos días después hizo lo mismo en Tours. El encuentro final no pudo ser más elocuente. La delegación británica aterrizó en una pista repleta de cráteres de bombas, sin que nadie los recibiera. Tuvieron que pedir prestado un coche y, para comer algo, convencer a un café de que les abriera las puertas. Cuando finalmente lograron verse con el primer ministro, Reynaud, agotado y deprimido, reconoció que no veía «la luz al final del túnel» y pidió que se le permitiera firmar una paz bilateral con Alemania. Churchill, aunque se negó a autorizar tal cosa, admitió que era poco lo que podía hacer para impedirlo. Aun así, rogó a Reynaud que, antes de tomar esa decisión, apelara una vez más a Roosevelt, solicitando una intervención estadounidense. Concluyó sus palabras con el tono desafiante que le caracterizaba y aseveró «seguir teniendo la plena y absoluta confianza de que el hitlerismo sería aplastado y que los nazis no debían alzarse, y no iban a conseguirlo nunca, con el dominio de Europa».[8]

Entre tanto, varios de los franceses con los que se cruzó en aquellas reuniones fatídicas sufrieron las represalias de los nazis. A Georges Mandel, ministro del Interior de Reynaud y crítico declarado del nazismo, lo ejecutaron; Paul Reynaud dio con sus huesos en la cárcel. Sin embargo, fue entonces cuando Churchill se fijó también en el joven general Charles de Gaulle, que en ese momento era ministro de Defensa y abogaba por dar continuidad al conflicto. No hay certeza de si Churchill lo consideró un hombre elegido por el destino, pero sin duda lo identificó como un buen colaborador. Spears lo sacó de Francia en un avión, secretamente, justo antes del armisticio. Como es bien sabido, el 18 de junio De Gaulle recurrió al servicio radiofónico de la BBC para dirigirse a la nación francesa cuando Churchill acababa de pronunciar su discurso de «la hora más gloriosa». De Gaulle instó a los soldados y obreros franceses a unirse con él en Gran Bretaña para mantener la lucha contra Alemania y prometió que la llama de la resistencia francesa no se extinguiría nunca. Había nacido el movimiento de la *France Libre*.

Era exactamente el mensaje de resistencia continua que Churchill deseaba promover. Aunque Francia hubiera caído, el británico buscaba maneras creativas de mantener al país en la batalla. Estaba dispuesto incluso a apoyar un proyecto, defendido por Jean Monnet (quien con el tiempo sería uno de los padres fundadores de la unidad europea y por entonces trabajaba en Londres, en la coordinación franco-británica de los suministros bélicos), De Gaulle y otros, de unificación total de Francia y Gran Bretaña. Uno de los secretarios privados de Churchill, Jock Colville, bromeó en su diario a propósito de esta iniciativa, afirmando que quizá la flor de lis francesa regresaría pronto al estandarte real.

Esta fusión de las dos soberanías nacionales habría representado, sin duda, un gesto simbólico poderoso. También habría permitido tanto transferir las armas, las tropas y el oro de Francia al suelo británico como, potencialmente, mantener en el conflicto y en el bando Aliado la flota francesa y los territorios franceses del norte de África. Por desgracia, tal cosa no iba a hacerse realidad. La oferta se planteó, pero cuando llegó a Francia, el gobierno de Reynaud ya se había derrumbado. El nuevo régimen del mariscal Pétain, Laval y el almirante Darlan tan solo aspiraba al armisticio y a obtener cuanta independencia Hitler accediera a concederles. Gran Bretaña tendría que contemplar a Francia desde entonces como una fuerza potencialmente hostil y buscar una nueva alianza con Estados Unidos, al otro lado del Atlántico. La única posible esperanza que la caída de Francia aún podía quizá suponer para Occidente era que actuase como acicate para el rearme de los estadounidenses. Para el presidente Roosevelt no había poco en juego. Si Gran Bretaña también caía, Alemania tendría acceso franco al Atlántico.

Este es el telón de fondo ante el cual Churchill emitió por radio su famoso discurso de «la hora más gloriosa», el 18 de junio de 1940. Al referirse a la oferta «de concluir una unión de ciudadanía común» con Francia se comprometía a que

> vayan las cosas como vayan, en Francia o con el gobierno francés o con otros gobiernos franceses, en esta isla y en el Imperio británico nunca perderemos el sentimiento de camaradería con el pueblo francés. Si ahora nos corresponde a nosotros soportar lo que ellos han estado sufriendo emularemos su valentía y, si la victoria final recompensa nuestro afán, ellos compartirán los beneficios, por supuesto, y se restaurará la libertad de todos.[9]

En su mensaje de la BBC a las 21.00, Churchill no tuvo más opción que responder a la crisis en marcha. Se había preparado cuidadosamente. El borrador del discurso, repleto de anotaciones, muestra cómo tuvo que lidiar con las consecuencias de aquellos hechos tan cruciales y batallar hasta dar con la respuesta adecuada. Es, literalmente, el primer borrador de un análisis histórico. Se lo dictó al personal de secretaría que estaba de servicio en ese momento y el texto se compuso primero en formato corriente, para que el primer ministro introdujera sus correcciones. Una vez aprobado, lo teclearon de nuevo componiéndolo en una medida que fuera adecuada para el bolsillo de la chaqueta y en el formato de verso libre que Churchill utilizaba para transmitir mejor el mensaje.

El discurso aún resuena, tantos años después, y ha contribuido a fijar el lugar de Churchill en la historia. Después de advertir que «lo que el general Weygand llama "la batalla de Francia" ha concluido. Está a punto de comenzar la batalla de Inglaterra», Churchill fue subiendo el tono hasta llegar a un final dramático, cargado con referencias deliberadas al *Enrique V* de Shakespeare, donde declara:

Mentalicémonos pues para lo que ha de ser
nuestro deber y comportémonos de modo que
si el Imperio británico y
la Commonwealth duran
mil años más, los hombres aún
digan:
«Esa fue su hora más gloriosa».

Sin embargo, para su secretario privado, Jock Colville, que lo escuchaba en la radio, la emisión distaba de representar ningún triunfo: «Fue demasiado larga y él sonaba cansado [...]. Estuvo fumando durante toda la transmisión». No es de extrañar que Churchill se sintiera cansado. En los tiempos modernos, pocos líderes habrán experimentado la presión sostenida a la que Churchill se vio sometido durante las seis semanas precedentes.

Churchill era un francófilo. Su madre era estadounidense, pero se había criado en buena medida en París, en la corte del emperador Napoleón III. El hijo admiraba la lengua, la historia y la cultura del país vecino, había combatido al lado de las tropas francesas durante la primera guerra mundial y había colaborado con sus líderes políticos tanto en la guerra como en la paz. Su amor hacia la comida y los vinos de Francia está bien documentado. El Midi era su región predilecta para retirarse a escribir, a pintar, a practicar juegos de azar y recargar las pilas. No había acertado a prever la velocidad y la totalidad del hundimiento de Francia y se había esforzado con verdadero denuedo por impedirlo. El diario de su hija Mary —que por entonces contaba diecisiete años— nos da un atisbo del ambiente depresivo que el *Armistice* de junio de 1940 había generado en su círculo familiar. En su nota del 17 de aquel mes se lee:

Hoy ha llegado el anuncio de que Reynaud dimite, Pétain asume el liderazgo y Francia pide negociar un acuerdo de paz.

Oh chère France, no por esto te amaré ni un ápice menos, pero ¿por qué has fallado en esto? Lo esperábamos y al final ha ocurrido. Estamos todos conmocionados, hemos perdido un aliado grande y brillante. Ahora estamos solos.[10]

Churchill se había abrazado a De Gaulle y su movimiento de la France Libre y se juró hacer todo lo posible para restaurar lo que él denominaba «el genio de Francia». Aunque Gran Bretaña no había abandonado el continente por voluntad, a corto plazo ni siquiera podía sopesar un retorno poderoso. Era necesario tomar algunas decisiones muy duras. Churchill había prometido camaradería y los hechos lo iban a poner a prueba de inmediato.

Al cabo de unos pocos días las naves de la flota francesa que se negaron a rendirse a la Royal Navy fueron atacadas por las británicas, que hundieron varios barcos. Se hizo por orden de Churchill, a pesar de las reservas expresadas por muchos de sus principales asesores navales. En Mers-el-Kébir (Argelia francesa) casi mil trescientos marinos franceses perdieron la vida a manos de sus antiguos aliados británicos. Cuando Churchill anunció esta acción en la Cámara de los Comunes, la emoción le hizo llorar; pero la mayoría del Parlamento la acogió con vítores. La acción enviaba un mensaje claro a Estados Unidos. Gran Bretaña no seguiría el camino de Francia. Pero lógicamente las relaciones con De Gaulle y la France Libre se vieron perjudicadas por la iniciativa. En un almuerzo en Downing Street, De Gaulle dio a entender que esta acción no ayudaría a que los franceses tomaran las armas al amparo de los británicos, sino que quizá los tentaría a dirigir sus cañones contra los antiguos aliados. Tales palabras desataron la cólera de la anfitriona, Clementine, la leal esposa del primer ministro, que hablaba el francés con fluidez. Pero el hecho es que las relaciones con Francia se habían complicado.

Hacia finales de 1940, Gran Bretaña se había tenido que marchar por la fuerza de la Europa continental. La prioridad inmediata de Churchill, en esa fase, era la supervivencia de su nación. En las semanas posteriores los jóvenes aviadores de la RAF y la producción —justo a tiempo— de los Hurricane y Spitfire frustró el deseo de Hitler de invadir la costa inglesa. Si lord Halifax hubiera sucedido a Chamberlain como primer ministro, quizá el resultado habría sido muy distinto; pues, a diferencia de Churchill, Halifax era partidario de alguna forma de negociación para evitar más derramamiento de sangre. Aunque su apuesta por este curso de acción mientras era el ministro de Exteriores de Churchill acabó fracasando, muchos años más tarde proporcionó la inspiración, y aun el punto de partida, para una película de Hollywood: *El instante más oscuro* (*Darkest Hour*, 2017). Churchill se impuso en el debate con el argumento de que aún estaban en condiciones de resistir cualquier posible invasión alemana.

Irónicamente, Gran Bretaña estaba protegida de una invasión enemiga por los mismos obstáculos que impedían que regresara con rapidez al continente. Para Hitler era difícil lanzar con éxito una invasión anfibia de las islas británicas; para Churchill no era más fácil volver a Francia. Se generó una tensa situación de tablas en la que los dos ejércitos enfrentados fortificaron las playas de uno y otro lado del canal de la Mancha. Pero eso no significaba que Churchill hubiera renunciado a operar a través del estrecho. Sabía que las derrotas vividas en Noruega y en Francia habían dejado una Gran Bretaña demasiado débil como para regresar con fuerza al continente, más aún cuando la Luftwaffe todavía bombardeaba sus ciudades y sus fábricas. El campo de maniobra, por lo tanto, estaba ciertamente limitado. Es posible que su posición política no hubiera sobrevivido a otra gran derrota. Pero esto no suponía, de nuevo, que se conformara con no hacer nada.

En un despacho para el general Ismay, emitido el 4 de junio de 1940 —el mismo día del discurso de «lucharemos en las playas»—, Churchill escribió:

> No debe permitirse que ese hábito mental absolutamente defensivo que ha hundido a los franceses arruine también toda nuestra iniciativa. Es de la mayor importancia mantener al mayor número posible de tropas alemanas distribuidas por las costas de los países que han conquistado y deberíamos empezar a organizar, de inmediato, fuerzas de asalto en aquellas costas en las que la población simpatiza con nosotros [...]. ¡Sería maravilloso que los alemanes tuvieran que andar preguntándose en qué punto los iban a golpear la próxima vez, en lugar de que ellos nos obliguen a nosotros a levantar murallas y aun techos en torno de nuestra isla![11]

Había que favorecer la resistencia en Francia. Se dio la orden de que Europa ardiera. Se creó una nueva organización, la SOE [Dirección de Operaciones Especiales, en sus siglas inglesas], para coordinar las operaciones por detrás de las líneas enemigas. Las operaciones de los comandos fueron ganando intensidad; se empezó con asaltos de lanchas pequeñas e individuales, dirigidos por hombres como el capitán March-Phillips, que progresivamente dieron paso a incursiones mayores como la Operación Cuadriga (*Chariot*), que con valentía dejó fuera de servicio el dique seco de Saint-Nazaire, en Normandía.

En este mundo dominado por los hombres se sumergió de pronto una mujer joven que sintió hallarse a «la vanguardia de la revolución». Con apenas veintinueve años, Joan Bright era eficiente y aventurera, glamurosa y respetable, sociable y de fiar. Pertenecía a «una familia corriente con ingresos por debajo de lo corriente» y en su crianza, como la de sus cuatro hermanas, quizá faltó el dinero, pero abundaron las experiencias. Había nacido en Argentina, de padres británicos, y pasó la infancia en España, antes de regresar a Inglaterra. Su familia la animó a forjarse la vida que quisiera y ella se formó como secretaria y no volvió nunca la vista atrás:

> Con un cuaderno y una máquina de escribir, yo podía ser una intérprete valiosa y móvil de los pensamientos ajenos, una máquina humana con el poder de dar y recibir confidencias.[12]

En los primeros años de la década de 1930 trabajó en la legación de Gran Bretaña en Ciudad de México. A su vuelta rechazó varios trabajos, tanto para el político conservador británico Duff Cooper como para el lugarteniente del Führer, el alemán Rudolf Hess. En cambio, aceptó un empleo de máximo secreto en una nueva unidad clandestina del Servicio de Inteligencia Secreta británico (SIS): la Sección D del MI(R), encargada de planear actos de subversión y sabotaje por detrás de las líneas enemigas. Se incorporó en la primavera de 1939, es decir, que estaba ayudando a la campaña bélica británica antes incluso de que la guerra se hubiera declarado.

Desde las oficinas de la Caxton Street de Londres ayudó a organizar las primeras operaciones guerrilleras en Noruega, como apoyo a la campaña de Narvik. Esa Sección D tuvo una vida corta, pues no tardó en integrarse en la nueva SOE de Churchill. Parte de sus funciones pasaron a Operaciones Combinadas, pero Joan fue testigo de los primeros pasos de la respuesta armada que acabaría por fructificar en Normandía en 1944. Su pericia no había pasado inadvertida, en todo caso. La trasladaron al Secretariado de Planificación Conjunta, situado en el corazón de la maquinaria bélica británica, y al cabo de poco Joan vivía y trabajaba en el ojo de la tormenta. Mientras la Luftwaffe estuvo soltando sus bombas en el Blitz —una campaña de bombardeo concertado con el objetivo de amedrentar Londres y otras ciudades británicas—, ella lo vivió todo. Su piso quedó destruido, varios colegas perdieron la vida, pero ella mantuvo la calma y siguió adelante.

La respuesta de Churchill fue prometer al pueblo que «[los alemanes] lo pagarían». Una parte destacada de ese juramento fue acelerar las operaciones contra objetivos del enemigo en Francia. Las planearía y llevaría a término un nuevo Mando de Operaciones Combinadas, cuyos líderes serían elegidos a partir de su disposición a combatir en terreno enemigo. Primero pensó en el almirante sir Roger Keyes, veterano de las incursiones navales durante la primera guerra mundial; luego en lord Louis Mountbatten, un favorito de Churchill que, además, gozaba de conexiones con el rey. Cuando fue elegido para ese puesto, en 1942, las hazañas de Mountbatten a bordo del *HMS Kelly* ya se habían cantado en una película propagandística dirigida y protagonizada por Noël Coward. El Mountbatten de la ficción era un personaje desbordante, la clase de comandante audaz que nunca flaqueaba en la lucha contra el enemigo. El historiador Correlli Barnett lo describió como «el Sam Goldwyn de Operaciones Combinadas» y exactamente así de hollywoodiense era la imagen que Churchill deseaba que sus comandantes encarnaran.

El Mando de Operaciones Combinadas nació de los fracasos de Galípoli y Narvik. Fue un intento deliberado de coordinar operaciones anfibias y poner fin a las rivalidades y la confusión entre las distintas ramas de las fuerzas armadas. Mountbatten fue ascendido a vicealmirante, pero también se le concedieron grados honorarios del ejército y la fuerza aérea (teniente general y mariscal del Aire, respectivamente) para reflejar la naturaleza singular, «triservicio», de su nuevo mando. Entró a formar parte del Comité de los jefes del Estado Mayor y gozó de un asiento en la mesa suprema y acceso directo al primer ministro. Mountbatten tenía claro que su función era facilitar el regreso a Francia. Pero no era menos evidente que pasaría tiempo hasta disponer de los recursos, la experiencia y el saber hacer necesarios. Con tal fin se dispuso a formar un equipo. El capitán John Hughes-Hallett, de cuarenta años, fue de los primeros y de los más entusiastas. Había estado dirigiendo un Centro de Formación Conjunta en Escocia y no tardó en consolidarse como el principal asesor naval de Mountbatten. Pero este, al igual que Churchill, no tenía reparo en incluir asimismo a figuras menos convencionales, que desafiaran la ortodoxia política y el *statu quo* militar.

El personaje menos ortodoxo de todos los excéntricos fue sin duda Geoffrey Pyke, un pensador tan ocurrente como hiperactivo, conocido por su defensa radical de la educación. Pyke no se preocupaba lo más mínimo ni de su apariencia personal ni de obedecer órdenes. Mountbatten lo conoció a través de Leo Amery y lo nombró director de Programas de Operaciones Conjuntas, un puesto desde el que fue bombardeando a su jefe con extensos artículos en los que apuntaba nuevos equipos y estratagemas. Con frecuencia estos *pykeísmos* (como los denominaba Mountbatten) iban precedidos por aforismos y citas como «Lo inconcebible hace solo dos años son las realidades de hoy».

La respuesta de Pyke a la derrota en Noruega fue sugerir nuevos modos de continuar con la lucha. Él también abogaba por una campaña de guerrilla por detrás de las líneas, pero a condición de que utilizara tecnologías novedosas; defendía, por ejemplo, acciones de asalto y retirada por tropas especialmente instruidas y montadas en trineos rápidos que él mismo empezó a diseñar. Cuando le reprocharon que los alemanes descubrirían fácilmente esos equipos, sugirió ocultarlos a plena luz: se haría que parecieran trineos alemanes y se les colocarían advertencias de prohibición (*Verboten*) o un supuesto Departamento Especial de Rayos Letales, que frenarían la curiosidad de los soldados enemigos. No fue su única idea alocada. Los complejos preparativos del Día D requirieron la contribución de profesionales expertos en el servicio militar, pero también de pensadores independientes.

Sin embargo, cuando Operaciones Combinadas empezó a contemplar el regreso a Francia, la guerra ya se estaba desplazando a otros teatros. El camino hacia el Día D sería largo y daría un largo rodeo por Washington y el norte de África. Narvik y Dunkerque habían sido un recordatorio visceral tanto de las dificultades propias de las operaciones anfibias como de las limitaciones del poder militar británico.

Aun así, a pesar de todo este apoyo y centralización, Churchill se vio obligado a establecer prioridades y delegar. Eligió concentrarse en la estrategia militar, en la seguridad y en la política exterior y otorgó una independencia considerable a otros ministros tanto en los asuntos de Interior como en la economía (nacional e imperial). Tuvo que colaborar estrechamente con los gobiernos de los dominios, de cuyas tropas y recursos dependía, y permitió repetidamente que sus líderes y figuras destacadas asistieran, cuando estaban de visita, a las sesiones del Gabinete de Guerra. La contienda estaba dirigida por una cantidad enorme de ministerios, departamentos y comités, algunos públicos, otros secretos, y por mucho que Churchill quisiera estar al tanto de todo, no podía hacerlo todo él.

Churchill, después de los discursos inspiradores con los que contribuyó a reavivar y consolidar el estado de ánimo y la voluntad de combate del pueblo británico, se dio cuenta de que las guerras no se ganaban con evacuaciones, sino con victorias en el campo de batalla. Se entregó personalmente a desarrollar una política de belicismo hasta el momento de la victoria final, lo que significaba en este caso derrotar a los alemanes en Europa. Pero tal perspectiva aún se antojaba muy remota, y no necesariamente posible, en el otoño de 1940.

THE WHITE HOUSE
WASHINGTON

April 3
11 pm

Dear Winston

What Harry & Geo. Marshall will tell you all about has my heart & mind in it. Your people & mine demand the establishment of a front to draw off pressure on the Russians, & these peoples are wise enough to see that the Russians are today killing more Germans & destroying more equipment than you & I put together. Even if full success is not attained, the big objective will be.

Go to it! Syria & Egypt will be made more secure, even if the Germans find out about our plans.

Best of luck — make Harry go to bed early & let him obey Dr. Fulton USN. whom I am sending with him as super nurse with full authority.

As ever
FDR

Carta del presidente Roosevelt a Winston Churchill,
3 de abril de 1942.

3

Discusiones con los Aliados

Ningún amante ha estudiado nunca todos los caprichos de su amada como hice yo con los del presidente Roosevelt.[1]

«Nunca en el campo del conflicto humano debieron tanto tantos a tan pocos.»[2] Con estas palabras inmortales, Winston Churchill resumió el hito alcanzado por los jóvenes pilotos de los cazas durante la batalla de Inglaterra.

Al mismo tiempo hubo que darse cuenta, con horror, de que Gran Bretaña y su Imperio se habían quedado solos en el frente. La Fuerza Aérea (RAF) dominaba el cielo; la Marina (Royal Navy) controlaba las aguas territoriales; pero el ejército de Tierra aún se estaba lamiendo las heridas, después de Dunkerque, y solo podía ofrecerse a defender con valentía las playas del país —al lado del «ejército de padres», los voluntarios del Home Service— y ofrecer resistencia, en el caso de que Hitler aún se decidiera a invadirlos. Pero había una guerra que librar y había un enemigo al que derrotar (y al que se había unido Italia). Se estaba librando todavía la batalla del Atlántico, en las aguas del océano y por debajo y por encima de ellas, para que Gran Bretaña pudiera seguir disponiendo de las vitales conexiones estratégicas con Estados Unidos y el Imperio; no sin vacilaciones, se había empezado a atacar con bombarderos blancos situados en Alemania; y en el norte de África el ejército de Tierra obtuvo algunos éxitos inesperados no contra los alemanes, sino contra los italianos, cuya ambición militar había sobrepasado su capacidad real.

Las dos fechas que cambiaron el rumbo de la guerra fueron el 22 de junio de 1941 y el 7 de diciembre 1941. A partir de estos dos momentos, Churchill supo que Gran Bretaña (y su Imperio y la Commonwealth) habían dejado de combatir en solitario. Cuando la Wehrmacht inició un proyecto estratégico de Hitler que resultó estar muy mal concebido —ansiaba adquirir «espacio vital» (*Lebensraum*) en el sector occidental de la Unión Soviética, para que residieran allí habitantes de etnia alemana, y también hacerse con el dominio de las reservas petrolíferas del Cáucaso y los recursos agrícolas de Ucrania y Bielorrusia—, el primer ministro británico tuvo constancia de que Stalin y la Unión Soviética habían pasado a ser aliados en la guerra contra Alemania. Aunque ideológicamente eran socios muy poco parejos, el viejo dicho según el cual «el enemigo de mi enemigo es mi amigo» se convirtió en el fundamento pragmático de una relación beneficiosa —aunque marcada por la desconfianza mutua— entre Stalin y Churchill. Según la frase que el británico le dirigió a su secretario privado Jock Colville: «Si Hitler invadiera el Infierno, en la Cámara de los Comunes le dedicaría al Diablo, al menos, una referencia favorable».[3]

Aunque Stalin —y más adelante también Franklin Roosevelt— se mostraron suspicaces e incluso críticos con las obligaciones de Gran Bretaña en el Mediterráneo y el Imperio, lo que probablemente impidió la derrota de Stalin a las puertas de Moscú, en el invierno de 1941-1942, fue la decisión de Hitler de someter el flanco meridional antes de lanzar la Operación Barbarroja (*Unternehmen Barbarossa*). Los británicos estaban ayudando a los griegos, y en Yugoslavia se produjo un golpe de Estado en contra de los nazis. Hitler tomó la resolución fatal de demorar el asalto a la Unión Soviética de principios del verano a mediados de la estación, haciendo una pausa para derrotar primero a Grecia y Yugoslavia. Así, cuando sus famosos ejércitos acorazados llegaron a las afueras de Moscú, sus soldados vestían finos uniformes de verano, a pesar de que el invierno había entrado ya con fuerza y desvanecido la ocasión de una victoria estratégica inmediata de los alemanes. El Churchill que se ahogaba recibió así una primera cuerda de salvamento.

La segunda se materializó en la mañana del domingo 7 de diciembre de 1941. Los aviones del Servicio Naval Imperial de Japón surcaron el cielo claro para atacar a la Flota del Pacífico en su fondeadero de la base estadounidense de Pearl Harbor. Causaron daños catastróficos, pero, por fortuna, los portaaviones estaban en el mar. Al día siguiente, mientras los japoneses atacaban igualmente la colonia británica de Hong Kong, Estados Unidos le declaró la guerra a Japón y, el 11 de diciembre, a Alemania e Italia, decisión favorecida directamente por la previa declaración de guerra de Hitler a Estados Unidos. Desde el punto de vista de Churchill, se había hecho realidad lo que él había aspirado a lograr desde el momento en que asumió el cargo de primer ministro, en mayo de 1940: que Estados Unidos entrara en la guerra contra Alemania (y por si acaso, contra Italia).

Cabría decir que, si las declaraciones de guerra constituyeron tan solo la apertura, los movimientos centrales fueron los acuerdos sobre estrategia y la secuenciación de las campañas que derrotarían a Alemania, Italia y Japón. Y ello pese a que —como Churchill estaba a punto de descubrir— guerrear junto con aliados cuyos calendarios y objetivos estratégicos eran tan dispares requería una habilidad política del mayor nivel y de ámbito global, que a la postre se fue desarrollando en el transcurso de los tres años siguientes en el marco de grandes conferencias. Sin embargo, en diciembre de 1941, para Churchill, Roosevelt y sus Estados Mayores militares, la primera prioridad era acordar una posición específica de los países occidentales antes de sentarse a negociar con Iósif Stalin y la Unión Soviética. Esto llegaría más adelante.

Churchill y Roosevelt hablaron por teléfono justo después del ataque de Pearl Harbor. El presidente estadounidense confirmó lo sucedido con la frase: «Ahora vamos todos en el mismo barco». El británico escribió más tarde que aquella noche «durmió el sueño de los bienaventurados y agradecidos por la salvación» y reflexionó así:

> Así que [...] ¡habíamos vencido, después de todo! Sí, después de Dunkerque; después de la caída de Francia; después del espantoso episodio de Orán [el ataque contra la flota francesa]; después de la amenaza de la invasión, cuando, salvo por el Aire y la Marina, éramos un pueblo casi desarmado; tras la letal contienda de los submarinos, aquella primera batalla del Atlántico, que se ganó apenas por un palmo; después de diecisiete meses de luchar en solitario y en mi caso, de diecinueve meses de responsabilidad ciertamente angustiosa [...] habíamos ganado la guerra.[4]

Con la ventaja de poder echar entonces la vista atrás, enumeró las múltiples frustraciones que había vivido durante el cortejo a Roosevelt y

Estados Unidos. Churchill era medio estadounidense por nacimiento —su bella madre había nacido en Brooklyn, Nueva York— y se enorgullecía de «la sangre americana [que] fluía por mis venas». Había visitado Estados Unidos en 1895, 1900-1901, 1929 y 1931-1932, había dedicado tiempo a recorrer las ciudades principales, se había reunido con sus dirigentes, había escrito sobre su historia, su cultura y sus costumbres. Pasado 1940 estaba resuelto a atraer a los estadounidenses a la guerra y, según sus propias palabras de admisión: «Ningún amante ha estudiado nunca todos los caprichos de su amada como hice yo con los del presidente Roosevelt».

Churchill siempre había creído que este momento llegaría, que Estados Unidos no abandonaría a las democracias occidentales; pero su fe tuvo que pasar por pruebas duras y el proceso se prolongó y complicó mucho más de lo que le habría gustado. Se había visto obligado a ceder bases británicas a los destructores norteamericanos, a entregar reservas de oro nacionales y a aceptar pagos diferidos por productos vitales del Préstamo y Arriendo. Roosevelt había ido acercándose a la guerra muy despacio: había ido asumiendo un papel cada vez más destacado en la defensa del Atlántico. Pero lo que finalmente obligó a Estados Unidos a entrar en combate no fue la diplomacia británica, sino la agresión japonesa.

Cuando la alianza anglo-estadounidense se materializó, sin duda el primer ministro británico sintió un alivio genuino y evidente. Este paso transformó decisivamente la dinámica de la contienda y creó la gran alianza contra el fascismo que acabaría posibilitando Overlord, pero también generó complicaciones propias. Churchill confiaba en que desde el momento en que Estados Unidos formara parte del harén los británicos estarían en condiciones de «hablar con ellos de un modo muy distinto», pero la realidad no confirmó sus deseos.

Desde luego el primer ministro actuó con celeridad. Se apresuró a visitar Washington durante la Navidad para defender apasionadamente que la gran prioridad de los aliados occidentales tenía que ser el «primero, Europa»; más concretamente, anteponer la derrota de Alemania a cualquier otra cosa. Sin embargo, no era tan fácil: Estados Unidos estaba furioso con Japón y la cólera no menguó cuando se supo que, el 10 de diciembre de 1941, los nipones habían hundido también dos acorazados de la Royal Navy (el *HMS Prince of Wales* y el *HMS Repulse*) aprovechando que —lamentablemente— los pillaron sin cobertura aérea. Japón quedaba como amo y señor del Pacífico y las posesiones imperiales de Gran Bretaña en Malasia, Singapur y Birmania estaban seriamente amenazadas. Ni siquiera se podía descontar que la India corriera peligro. En la posterior conferencia Arcadia, entre Gran Bretaña y Estados Unidos, Churchill logró acordar que se lucharía para contener a Japón en el Pacífico, si bien el empeño principal de las fuerzas aliadas se centraría en derrotar primero a Alemania. Una vez vencida, la prioridad sería Japón. Para Churchill y el Reino Unido, después de más de dos años de guerra, esto suponía un triunfo estratégico de enorme importancia.

No obstante, aunque en esta conferencia se acordaron las prioridades de la acción de los aliados occidentales, aún faltaba aplacar a Stalin, que insistía una y otra vez, siempre que se presentaba una ocasión, en que era urgente abrir un segundo frente de combate en la Europa occidental. Instaba al Reino Unido y Estados Unidos a luchar en Francia para aliviar la presión que soportaba el Ejército Rojo, que había sido apaleado severamente —pero no derrotado— en los primeros meses de la Operación Barbarroja. En la práctica, en 1942, ni Estados Unidos ni Gran Bretaña eran remotamente capaces de sopesar una iniciativa de ese tipo y de gran calado. Al igual que en 1917, el ejército de Tierra de Estados Unidos debía resolver el desafío de ampliar sus números y su potencial para poder intervenir con fuerza tanto en Europa como en el resto del mundo. De hecho, las cifras se habían incrementado con rapidez —a mediados de 1941 ya disponía de un millón y medio de hombres, entre oficiales y tropa—, pero faltaban instrucción, experiencia de combate y pertrechos. También tuvo que pasar un tiempo hasta que la economía estadounidense hizo realidad sus posibilidades máximas de producción. En febrero de 1942 los estadounidenses tenían un destacamento en Islandia, pero en el Reino Unido contaban con menos de cinco mil hombres y solo había dos divisiones en camino.

Para los británicos, el gran problema era el cansancio acumulado y la gran exigencia del Imperio. En 1942 combatían con intensidad en el Mediterráneo y el norte de África, donde estaban empantanados en una lucha que se había iniciado a finales de 1940, contra los italianos. Este había sido el único teatro en el que Churchill había sido capaz de combatir activamente contra el enemigo. La Flota del Mediterráneo, capitaneada por el almirante Cunningham, y el ejército de Egipto, a las órdenes del general Wavell, habían empezado obteniendo victorias significativas contra las fuerzas de Mussolini, hasta el punto de que durante un tiempo pareció que a principios de 1941 se habría conseguido expulsar al enemigo del norte de África. En febrero, el teniente general Richard O'Connor comunicó la derrota de las fuerzas italianas en el desierto libio con un mensaje muy británico (que jugaba con la terminología de la caza) dirigido a su superior, el general sir Archibald Wavell: «Zorra muerta a campo abierto». Quizá O'Connor podría haber seguido avanzando hasta Trípoli y haber puesto fin a la guerra en el norte de África; pero de un modo un tanto prematuro, Churchill pasó a dirigir la mirada hacia Grecia y los combates en el Mediterráneo oriental. Durante la pausa operativa en el desierto, posterior al hundimiento de los italianos, Hitler envió al Afrika Korps —dirigido por el teniente general Erwin Rommel— a apuntalar lo que aún quedaba de su aliado itálico en el norte de África. El éxito de Rommel en el desierto, durante 1941, supuso otro año difícil para Churchill; pero también estableció el escenario donde emergió uno de los dos grandes comandantes británicos que destacaron en la segunda guerra mundial: Bernard Law Montgomery. (Para quien tenga curiosidad, el otro fue William Joseph Slim, comandante del Décimo Cuarto Ejército en Birmania.)

Por descontado, combatir en el norte de África y en el Mediterráneo también servía para defender el Imperio. Aunque Roosevelt y Marshall no sentían deseos de destinar fuerzas estadounidenses a la defensa del Imperio británico, el gobierno de Churchill era un gobierno imperio y, por lo tanto, estaba obligado a incluir en sus decisiones la defensa del Imperio. Una derrota y retirada británica del Mediterráneo amenazaba con erosionar todavía más las líneas de abastecimiento que unían el Reino Unido con la India y el Pacífico (por la vía del canal de Suez), con poner en peligro un recurso tan crucial como los yacimientos petrolíferos de Irán e Irak, con reforzar a las potencias del Eje y con infligir un golpe a la moral británica que —al sumarse a las derrotas anteriores— bien podía haber resultado fatal. En los primeros meses de 1942 los planificadores británicos temieron —no sin razón— que si los alemanes, italianos y japoneses coordinaban su estrategia podían bastarse para sitiar y clausurar todas las grandes rutas marítimas imperiales. En tal caso, Gran Bretaña habría sucumbido.

Los británicos, en suma, tenían demasiadas urgencias en otros lugares como para olvidarlo todo y centrarse en Francia. Los Aliados —y Gran Bretaña en particular— aún estaban a la defensiva. Sin embargo, la llegada de los primeros estadounidenses al teatro europeo, y de su material, no tardó en reavivar las discusiones sobre la guerra en el Oeste de Europa y la posibilidad de intervenir en Francia.

A Churchill le gustaba afirmar que solo había algo peor que ir a la guerra con aliados: ir sin ellos. A principios de 1942 contaba no con uno, sino con dos aliados nuevos y poderosos. Pero los dos acudían a las mesas de negociación con aspiraciones propias y conceptos propios de qué estrategia había que seguir para dirigir y ganar la guerra. Los rusos necesitaban ayuda desesperadamente; los estadounidenses querían derrotar a Alemania en Europa lo antes posible para así poder volverse contra Japón. Británicos y estadounidenses habían acordado una estrategia común que priorizaba Alemania, y el presidente Roosevelt ardía en deseos de ver a sus tropas en acción; pero más allá de la idea general, faltaban los detalles. Aunque se había hablado de diversas operaciones, no se había decidido nada. En este preciso momento Churchill recibió una carta importante:

La Casa Blanca
Washington

3 de abril
23.00

Querido Winston,

Harry y Geo. Marshall le hablarán de algo que me importa y me ocupa. Vuestro pueblo y el mío reclaman establecer un frente que alivie la presión que los rusos sufren, y a nuestros pueblos no se les escapa que en la actualidad los rusos están matando a más alemanes y destruyendo más material que vosotros y nosotros juntos. Aunque no se lograse un éxito total se habrá hecho realidad el gran objetivo.

¡Adelante! Siria y Egipto quedarán más seguras, incluso si los alemanes averiguan nuestros planes.

Que tengas mucha suerte. Haz que Harry se vaya a dormir pronto y que haga caso del doctor Fulton, de nuestra Marina, al que envío con él como superenfermera con plenos poderes.

Como siempre,

FDR[5]

La comunicación entre Churchill y Roosevelt, durante la guerra, se realizó en su mayoría por telegrama, por teléfono transatlántico o a través de intermediarios. Que el presidente enviara una carta escrita a mano era una ocasión rara, que debía tratarse con toda seriedad. El presidente la había escrito en el papel verde de la Casa Blanca a las once de la noche del 3 de abril y fue entregada en mano al primer ministro británico cuatro días después, por medio de Harry Hopkins.

Hopkins era uno de los asesores más próximos al presidente estadounidense. Su salud era muy escasa: por efecto de un cáncer se le había retirado buena parte del estómago. Tenía un aspecto demacrado y, con frecuencia, desaliñado. A Mary Churchill le parecía un hombre «terriblemente flaco, de pelo ralo». Charles Wilson, el médico de Churchill, dibujó un retrato aún más sombrío: «Tiene los labios muy pálidos, como si hubiera estando sangrando internamente, la piel amarilla como un pergamino, y los ojos apenas se abren una rendija».[6] Por eso Roosevelt hizo que un médico de la Marina estadounidense lo acompañase en la misión de Londres.

Pero la apariencia física puede ser engañosa. Hopkins era un hombre de una energía increíble. Había estado colaborando con Roosevelt durante la década de 1930, luchando contra la Gran Depresión y, desde enero de 1941, estaba siendo el emisario principal del presidente estadounidense con Winston Churchill. Hopkins se destacó por defender que su país apoyara a Gran Bretaña; se hizo famosa la frase en la que el primer ministro británico expresó su admiración por él con una cita del libro bíblico de Rut: «Donde tú vayas, allí iré yo, y donde tú vivas, allí viviré yo; tu pueblo será mi pueblo y tu dios será mi dios».

En esta ocasión Hopkins no llegó a Londres solo. Estuvo acompañado por el general George Marshall, jefe del Estado Mayor y comandante supremo del ejército de Tierra de Estados Unidos. Con su 183 centímetros de altura, vestido elegante, apariencia correcta y atenta a los detalles, Marshall era muy distinto de Hopkins en casi todo: en el carácter, el temperamento y la imagen. A juicio de Joan Bright era «un hombre muy recto» que en ninguna circunstancia habría «variado en nada su punto de vista o recogido algo las velas para acomodarse a la posición de la persona con la que hablaba».[7] Aunque estos dos estadounidenses coincidían en que la guerra se ganaría o se perdería en Europa y que el gran enemigo era Hitler, su concepto de Churchill y los aliados británicos era muy distinto. Hopkins recurría a la amistad, el diálogo y el humor para ser admitido en el círculo íntimo de Churchill; Marshall mantenía una distancia deliberada. Acudió a Londres con escepticismo, sin confiar en la estrategia bélica británica; y con la determinación de dar prioridad a los combates en Francia y defender la independencia de los estadounidenses.

La carta del presidente pretendía abrir conversaciones dirigidas a establecer un nuevo frente en el oeste de Europa. Fue el prefacio a un segundo documento, un memorando secreto, con el título de *Operaciones en la Europa occidental.* Este plan militar estadounidense —elaborado por Marshall y su protegido, el general Eisenhower, entregado por Hopkins y respaldado por Roosevelt— no podía haber sido más claro. Estados Unidos quería que se emprendiera una operación que cruzara el canal de la Mancha y lo hiciera lo antes posible. La formulación no daba lugar a ambigüedades:

> Se prefiere la Europa occidental como teatro en el que realizar la primera gran ofensiva de Estados Unidos y Gran Bretaña. Según todos los criterios de comparación es un escenario claramente preferible a cualquier otro. En cuanto al tiempo necesario para obtener resultados efectivos, la selección de este teatro ahorrará muchos meses: nuestra ruta más corta hacia Alemania pasa por Francia. En ninguna otra área podemos obtener la superioridad aérea abrumadora que resulta esencial para atacar por tierra con éxito; aquí, y solo aquí, puede emplearse el gran grueso de las fuerzas terrestres y aéreas británicas. En esta área Estados Unidos puede concentrar y mantener una fuerza más numerosa que en ninguna otra. Un ataque británico-estadounidense que pase por la Europa occidental ofrece el único método viable de emplear el gran grueso del poder de combate de Estados Unidos, el Reino Unido y Rusia en una acción concertada contra un enemigo único.[8]

El plan proponía emprender de inmediato asaltos y operaciones aéreas a través del Canal, con el fin de que las tropas adquiriesen experiencia; se acompañaría de un esfuerzo decidido para crear una fuerza de invasión de 5.800 aviones de combate y 48 divisiones, con la inclusión de cerca de un millón de soldados estadounidenses. El objetivo era capturar las playas situadas entre Le Havre y Boulogne. Se admitía que se necesitaría tiempo para disponer de tantas fuerzas estadounidenses en Gran Bretaña y se calculaba que, como muy pronto, el Día D podría situarse el 1 de abril de 1943. Sin embargo, el plan preveía asimismo realizar una operación antes, si las circunstancias lo exigían. Paralelamente, también se abogaba por una operación más limitada para establecer una cabeza de playa en Francia en el caso de que en el frente oriental Rusia se hundiera o los alemanes se desintegraran.

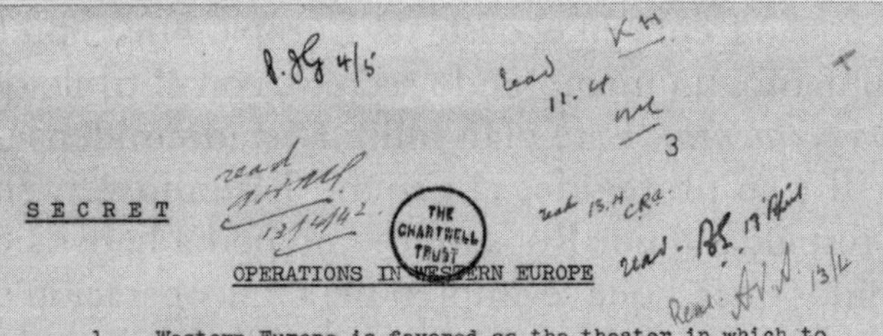

SECRET

OPERATIONS IN WESTERN EUROPE

1. Western Europe is favored as the theater in which to stage the first major offensive by the United States and Great Britain. By every applicable basis of comparison, it is definitely superior to any other. In point of time required to produce effective results, its selection will save many months. Through France passes our shortest route to the heart of Germany. In no other area can we attain the overwhelming air superiority vital to successful land attack; while here and here only can the bulk of the British air and ground forces be employed. In this area the United States can concentrate and maintain a larger force than it can in any other. A British-American attack through western Europe provides the only feasible method for employing the bulk of the combat power of the United States, the United Kingdom and Russia in a concerted effort against a single enemy.

Another, and most significant consideration is the unique opportunity to establish an active sector on this front this summer, through steadily increasing air operations and by raids or forays all along the coasts. This initial phase will be of some help to Russia and of immediate satisfaction to the public; but what is most important it will make experienced veterans of the air and ground units, and it will offset the tendency toward deterioration in morale which threaten the latter due to prolonged inactivity.

Finally, successful attack through Western Europe will afford the maximum possible support to Russia, whose continued participation in the war is essential to the defeat of Germany.

2. Decision as to the main effort must be made now. This is true even if the invasion cannot be launched during this year. A major attack must be preceded by a long period of intensive

- 1 -

Documento estadounidense «Operaciones en la Europa occidental».

La entrega de esta misiva y el memorando, y las conversaciones posteriores, marcan la llegada de los estadounidenses al teatro europeo. Era algo que Churchill deseaba desde mayo de 1940, y para ello había estado trabajando. Cabe suponer, por lo tanto, que los contenidos de esta carta fueron música para sus oídos; a fin de cuentas, él se había comprometido de forma tan pública como clara con la restauración de Francia y la destrucción del nazismo en Europa. No obstante, la debilidad británica hizo que, en ese momento, tanto él como los jefes del Estado Mayor británicos prefiriesen una orientación muy distinta.

A corto plazo, Pearl Harbor había agravado aún más la debilidad de Gran Bretaña. No era la circunstancia adecuada para arriesgarse a atravesar el Canal. En el Pacífico se habían estado apoyando en que la fuerte presencia de las fuerzas armadas estadounidenses disuadiera (y, de ser preciso, contestara) las agresiones japonesas. En consecuencia, la pérdida de la flota estadounidense dejó en una situación de exposición muy temible al Imperio británico del Oriente. Al cabo de unas semanas tal situación desembocó en la caída de Hong Kong, la capitulación de Singapur (la rendición más numerosa en la historia del ejército británico) y el hecho de que Japón amenazara también el océano Índico y Australia. Peor aún: los británicos volvían a emprender la retirada en el norte de África. Los primeros meses de 1942 fueron una etapa sombría. En julio de 1942, Harry Butcher, edecán de Marina de Eisenhower, comentó que «Rommel ya casi huele el Canal [de Suez] y los *japos* están a las puertas de la India».

A cada derrota le seguía otra derrota y, por si el dolor no era suficiente, se vivió la vergüenza de que dos acorazados alemanes huyeron de Francia a Alemania por el canal de la Mancha. Parecían repetirse los desastres de 1940 y ello precisamente en el momento en que Churchill ansiaba impresionar a sus nuevos aliados estadounidenses y soviéticos. Alexander Cadogan, subsecretario de Estado en el Foreign Office, confió sus temores al diario personal: «Nuestros soldados parecen muy incapaces [...]. Nuestros generales son unos inútiles, y nuestros hombres, ¿combaten acaso?».[9] El primer ministro también repetía ese estribillo. «¿Es que no tenéis en ese ejército ni un solo general que pueda ganar batallas, ninguno que tenga ideas? ¿Tenemos que ir siempre así, perdiendo una batalla tras otra?», le preguntó Churchill al general Brooke, a boca de jarro, delante del Gabinete. El Jefe del Estado Mayor General Imperial no tuvo que esforzarse poco para no perder el temple ante el exabrupto del primer ministro, y agarró los lápices con tanta fuerza que alguno se partió. En público, Brooke defendía a sus hombres con tenacidad, pero en privado también se preguntaba por qué sus tropas no combatían mejor y, en un momento de debilidad, concedió que la mitad de los comandantes de los cuerpos y las divisiones «carecen de carácter, imaginación, energía y capacidad de liderazgo».

Como era previsible, en la prensa se iban alzando voces cada vez más críticas con la gestión gubernamental de la campaña bélica. Churchill se vio obligado a defender la gestión en el Parlamento. En este ambiente cargado de dudas sobre la propia capacidad y de recriminación entró la brisa fresca de Hopkins y Marshall, con su proyecto de atacar Francia.

Joan Bright lo observó todo desde su oficina de Whitehall y, según su recuerdo posterior:

> Bien, yo creo que 1942 fue un año espantoso [...] porque aquel año estuvo a punto de perderse la batalla del Atlántico. Fue un año horrible, en el Lejano Oriente las cosas iban realmente mal. Nos estaban derrotando por todas partes, siempre perdíamos. Y los rusos nos gritaban que teníamos que [...] desembarcar [...] en el continente, o sea, que a estadounidenses y rusos nuestro punto de vista no les convencía demasiado.[10]

Las tropas británicas tenían auténticas dificultades para mantener sus posiciones en el norte de África y en el Pacífico. Desde Londres la estrategia estaba clara: los Aliados deben capear la tormenta del presente, liberar el norte de África, recuperar el control del Mediterráneo y solo entonces contemplar el volver a Francia. Entre tanto Operaciones Combinadas seguiría planeando incursiones, de escala creciente, contra la costa francesa. Pero Churchill estaba ante un dilema. Había trabajado con denuedo para crear la alianza con Estados Unidos y en última instancia la victoria dependía de los hombres y materiales de este país; por lo tanto, no podía arriesgarse a distanciar a Roosevelt y Marshall. No podía hacer caso omiso de su plan. Fue necesario recurrir a un juego diplomático de gran complejidad.

En cuanto a la táctica, los británicos decidieron aceptar de palabra la estrategia estadounidense de centrarse en Francia, a la vez que dirigían al nuevo aliado hacia el Mediterráneo. Hopkins y Marshall fueron recibidos con toda la panoplia de la hospitalidad churchilliana. Cenaron y tomaron vino con el rey y el primer ministro como anfitriones. En la tarde del 14 de abril fueron invitados a una reunión del Comité de Defensa, convocada especialmente con la intención de abordar el plan estadounidense, en la que participarían ministros clave y los jefes del Estado Mayor, además del primer ministro. Churchill abrió la sesión afirmando que «no vacilaba en aceptar cordialmente el plan» y la concluyó con el comentario de que «resultaba evidente que había unanimidad absoluta en el marco general. Las dos naciones marcharían juntas en una noble hermandad de las armas».[11] Pero la sal estaba en los detalles y no dejó de expresar una reserva de alcance general, alegando que «resultaba esencial seguir defendiendo la India y el Próximo Oriente» porque Gran Bretaña no podía permitirse perder un ejército de seiscientos mil hombres y «la fuerza de trabajo de la India». Recordó asimismo que Gran Bretaña no podía abandonar la defensa de Australia. El jefe del Estado Mayor del Aire, Charles Portal, expresó la lúgubre sensación de que a los cazas británicos los barrerían del mapa, en el plazo de unos pocos meses, si se los destinaba a operaciones de apoyo en un espacio aéreo tan protegido como el de Francia, de no contar con el respaldo de los cazas estadounidenses.

Así pues, entre bambalinas, Churchill y los británicos se dedicaron laboriosamente a ir persuadiendo a sus homólogos estadounidenses de que, se mirara como se mirase, antes de volver a Francia era imprescindible haber completado las operaciones que ellos deseaban emprender en el norte de África. Al principio los norteamericanos no cedieron y Marshall destacó por su insistencia: si Francia era un objetivo imposible, quizá Estados Unidos dirigiría la mirada al este y optaría por combatir contra Japón, en el Pacífico. Según apuntó Hopkins en la reunión del Comité de Defensa: «Si se impusiera lo que ansía la opinión pública en Estados Unidos, el grueso de la campaña estadounidense se dirigiría contra Japón».

En la práctica, Churchill, que anticipó cuál iba a ser la posición de los estadounidenses, ya había dado instrucciones de redactar planes para posibles operaciones en Francia. De pronto los nombres en clave empezaron a abundar en Whitehall, a medida que se exploraban posibilidades: Sledgehammer, para una operación limitada contra Francia; Bolero, para la acumulación de fuerzas estadounidenses en el Reino Unido. Ahora bien, ¿cómo se reuniría a las fuerzas necesarias para un gran asalto a Francia? ¿Qué aspecto tendría una operación a gran escala? De los planes ya existentes para realizar incursiones en el continente, ¿podrían derivarse acaso oportunidades inmediatas, aunque más limitadas?

En junio, Churchill tumbó los planes de desembarcar en el continente una división con varias unidades blindadas, para una misión de tan solo dos o tres días. A pesar de que todavía era partidario de operaciones de asalto a pequeña escala, entendía que en Francia no debían emprender ningún desembarco importante «salvo que sea para quedarnos» y «salvo que los alemanes queden desmoralizados por haber fracasado de nuevo frente a Rusia».

Por otro lado, los mandos británicos estaban divididos con respecto a en qué lugar de Francia habría que desembarcar para cualquier gran operación: si en las playas de Normandía (según preferían Mountbatten y el Estado Mayor de Operaciones Combinadas) o más al norte, en el Paso de Calais (la opción favorita del Mando de Cazas, que así podría actuar con más facilidad desde las bases británicas). Churchill parecía decantarse por atacar en todas partes al mismo tiempo. El 15 de junio envió un despacho a los jefes del Estado Mayor en el que transmitía la opinión de que el asalto debería incluir como mínimo seis desembarcos pesados en su primera oleada, además de un mínimo de media docena de amagos «que, si la suerte nos acompaña, pudiéramos aprovechar». Abogaba por efectuar ataques reales y de distracción a lo largo de un tramo muy extenso de la costa atlántica, en Noruega, Dinamarca, Holanda, Bélgica, el Paso de Calais («donde se librará principalmente la batalla aérea»), en la península de Cotentin, en Brest, en Saint-Nazaire y en el estuario del Gironda. Las oleadas, por su parte, debían ser como mínimo tres. Quizá pretendía provocarlos, deliberadamente, para que sus jefes del Estado Mayor expusieran sus objeciones; pues era del parecer de que

> salvo que estemos dispuestos a arriesgar las fuerzas colosales de las tres primeras oleadas en una costa hostil, con la certeza de que muchos ataques nuestros no darán fruto y de que si fracasamos se habrá perdido todo, no deberíamos intentar una operación bélica tan extraordinaria en las condiciones de la guerra moderna.[12]

Esta siguió siendo su opinión, en lo esencial, hasta bien entrado 1943. La operación de cruce del canal de la Mancha solo debía organizarse cuando la perspectiva de éxito fuera abrumadoramente clara. Cuando se debatió el documento, avanzado el día, Churchill les dijo a los jefes que el éxito «dependería en buena medida de la magnitud y violencia de un primer asalto que debería extenderse a lo largo de un frente lo más amplio posible». Se encomendó pues a los comandantes de las Fuerzas Nacionales, el general Paget, de Marina, el almirante Ramsay, y del Aire, el mariscal Sholto Douglas, y a su Estado Mayor de planificación conjunta, que investigaran qué resultaba posible y respondieran. Señalaron que la escala y el ritmo de cualquier operación estarían limitados por la falta de embarcaciones de asalto y transporte, por la dificultad de acceder a las playas y abandonarlas, por la necesidad de capturar puertos y aeródromos y por la capacidad de los puertos del sur de Inglaterra, como punto de partida de la operación. Para poder abastecer el frente sería necesario tomar los puertos de Le Havre y Cherburgo. Se identificó las playas de Normandía como el punto de desembarco más prometedor, pero el poder aéreo de los alemanes debería combatirse sobre todo en la zona de Calais, más próxima a las bases aéreas británicas. Habían identificado los principales desafíos de la empresa. Todos ellos continuaron suponiendo un importante dolor de cabeza para los planificadores, a lo largo de los dos años siguientes; pero hasta que no se lograra acordar con los estadounidenses las grandes cuestiones estratégicas, no tenía sentido trazar planes detallados. Además, cualquier plan futuro se veía afectado por la evolución de los hechos del presente.

Por desgracia, en el Mediterráneo, a los británicos las cosas les iban de mal en peor. Mientras estaba en la Casa Blanca, en junio de 1942, Churchill tuvo que soportar la humillación de recibir la noticia de que habían perdido Tobruk (en Libia) de boca del presidente Roosevelt y el general Marshall. No era, desde luego, la forma en la que confiaba en impresionar a sus socios estadounidenses. Además, Rommel amenazaba de nuevo Egipto. Al regresar, la prensa y el Parlamento británicos lo recibieron con una tormenta de críticas. El 2 de julio tuvo que afrontar una moción de confianza contra el gobierno, en la Cámara de los Comunes, con comentarios tan hirientes como el del parlamentario laborista Aneurin Bevan, que le reprochó que «el primer ministro gana un debate tras otro y pierde una batalla tras otra».

En Washington, en junio, y en Londres, en julio, se siguió debatiendo sobre la apertura del Segundo Frente. El general Dwight D. Eisenhower, a la sazón de cincuenta y un años, llegó a la capital británica para asumir el puesto de comandante estadounidense del teatro. Al igual que su mentor, el general Marshall, «Ike» era un firme partidario de asaltar Francia a través del Canal. Pero también tenía dotes diplomáticas y era por naturaleza un buen forjador de equipos.

En coherencia con los sentimientos expresados en la carta del presidente de Estados Unidos, aunque aceptaron que hasta 1943 no se podría emprender una invasión a gran escala, los mandos militares estadounidenses siguieron abogando por alguna clase de operación limitada, a lo largo de 1942, que aliviara la presión que los rusos sufrían. La idea adquirió aún más urgencia tras la caída de Sebastopol, el último bastión ruso de Crimea. Harry Butcher, edecán de Eisenhower, escribió que «el Ejército Rojo está asumiendo el grueso de los combates. Tanto en nuestro país como en Gran Bretaña la prensa reclama con insistencia un segundo frente».[13] Era necesario actuar en Francia «para salvar la vida de un aliado que se está ahogando». También admitió que era comprensible que los británicos, después de haber sufrido una sucesión de derrotas en los tres años anteriores, se mostraran cautelosos y realistas. Los estadounidenses, más frescos, «quizá se inclinan a asumir más riesgos».

En julio de 1942 imperaba en las dos orillas del Atlántico una confusión creciente sobre las distintas posibilidades y sus diversos nombres en clave, que el primer ministro y el presidente se esforzaron por codificar en los telegramas transatlánticos de su correspondencia. Roosevelt sentó unas bases más claras en su telegrama del día 9.

El nombre en clave de la operación definitiva fue cambiando con el paso del tiempo. Lo que empezó siendo la Operación Roundup («Redada») dio paso a la Super Roundup y acabó siendo Overlord.

Pero a corto plazo el presidente aceptó que no se podía pensar en Roundup hasta haber completado Bolero, la acumulación y el traslado de las fuerzas estadounidenses a Gran Bretaña. También reconocía que no era muy probable que Sledgehammer («Almádena», la operación ofensiva más limitada) se llevara a cabo; se reservaba para una situación de emergencia. Pero aún había que precisar la naturaleza de esas operaciones. Se trazaron planes para una conquista limitada a la península de Cherburgo que, si se conseguía, daría paso a la liberación de las islas del Canal.

Los británicos siguieron frenando la iniciativa y Churchill resolvió situarse en cabeza y como centro de las conversaciones. Así, cuando en julio de 1942 llegaron el general Marshall y el almirante King y se reunieron con integrantes del Estado Mayor General británico antes que con él, montó en cólera. Según la versión de Butcher, recorría a grandes

COPY.

(44)

WASHINGTON,
July 9th, 1942.
1002

PRIME MINISTER'S PERSONAL TELEGRAM

No. 163. B.D.

The President

TO THE PRIME MINISTER.

SERIAL No. T.976/2.
9.VII.42

Reference your No. 106 of July 6th. It is recommended that our code words be clarified as follows:

1. That the term "Bolero" be used to designate the preparation for and movement of United States forces into the European theatre, preparations for their reception therein and the production, assembly, transport, reception, and storage of equipment and supplies necessary for support of the United States forces in operation against the European continent.

2. That the term "Sledgehammer" be used to designate an offensive operation of the British and American troops against the European continent in 1942 to be carried out in case of German internal collapse or imminent Russian military collapse which necessitates an emergency attack in order to divert German forces from the Russian front.

3. That the term "Roundup", or any other name which you may desire, be used to designate an offensive operation against German dominated Europe to be carried out by combined American and British forces in 1943 or later.

THE CHARTWELL TRUST

(Sgd) ROOSEVELT.

Received by teleprinter 9. 7. 42.

Sent to:- Gen. Ismay.

59

Telegrama de Roosevelt a Churchill, 9 de julio de 1942.

zancadas la sala de Chequers (residencia de campo oficial del primer ministro de Gran Bretaña) arrancando páginas de un código legislativo nacional y reprendiendo a Harry Hopkins, a quien le decía, con lenguaje especialmente vigoroso, que «él era el hombre al que había que ir a ver en primer lugar; él era el hombre con el que Estados Unidos debía negociar; los jefes del Aire y la Marina estaban subordinados a él».[14] Entre las prioridades innegables del primer ministro figuraban establecer una estrategia con los estadounidenses pero resistiéndose a sus planes para cualquier traslado inmediato a Francia.

Se apeló a argumentos logísticos cuidadosamente desarrollados. El punto flaco más evidente del concepto estadounidense de Sledgehammer era que aún se tardaría en poder disponer de las fuerzas norteamericanas necesarias en Gran Bretaña. En 1942, Estados Unidos solo podía garantizar tres divisiones y media. Además, se planteaban dudas complejas sobre cómo atravesarían el Atlántico las tropas norteamericanas, cómo desembarcarían en las playas europeas y cómo se las abastecería una vez desembarcadas. Hasta reunir los navíos suficientes (de escolta, transporte y desembarco) y en los puertos necesarios, haría falta tiempo. Aún no se contaba con la cantidad necesaria de lanchones para un desembarco agresivo y numeroso; menos todavía, del tipo adecuado para desembarcar tantas unidades de tanques y otros vehículos blindados.

Por su parte, los estadounidenses esperaban que los británicos proporcionaran la mayoría de las tropas, el apoyo de la Marina y la protección aérea de cualquier operación. Pero los británicos, con otras muchas obligaciones simultáneas, sencillamente no daban abasto. Tampoco dominaban plenamente los cielos continentales. Cabía poner en duda incluso el valor estratégico de establecer tan solo una presencia limitada al otro lado del Canal. No estaba claro en cuánto ayudaría tal iniciativa a los rusos, teniendo en cuenta que los alemanes ya disponían de una presencia poderosa en Francia y, por lo tanto, quizá no se verían obligados a retirar tropas del Este. Además, en última instancia era improbable que cualquier cabeza de puente pudiera conservarse durante mucho tiempo en ausencia de la capacidad de ir aportando refuerzos sostenidos.

Aparte estaba el riesgo de que pareciera que uno hacía demasiado poco o incluso que no hacía nada. Si no se lanzaba Sledgehammer y las fuerzas anglo-estadounidenses se dedicaban únicamente a Bolero —ir acumulando unidades en Gran Bretaña para el gran asalto posterior—, a corto plazo no serían de ninguna utilidad a los rusos y se podría decir que los aliados se quedaban cómodamente cruzados de brazos en Occidente mientras el Ejército Rojo asumía los duros combates del Este. Churchill y Roosevelt querían evitar que se diera esta impresión. Pero el tiempo corría en su contra. La ventana que permitía actuar en Francia se estaba cerrando con rapidez, pues el invierno atlántico y las mareas altas complicarían el cruce del Canal mucho más que el clima de primavera o verano.

En julio, Eisenhower estaba elaborando los detalles de Sledgehammer en colaboración con Paget, Douglas y Ramsay. Su informe concluyó que «debido a la revisión del cálculo de las naves de desembarco de las que se podrá disponer en otoño entendemos que la operación no podrá emprenderse antes del 15 de noviembre».[15] E incluso entonces no se tenía claro que pudiera contarse con la cantidad suficiente de planeadores británicos, ni de pilotos estadounidenses. No se podía prever el respaldo de grupos de la resistencia local, porque la Gestapo vigilaba con extrema atención y dedicación. No cabía duda, en suma, de que la operación solo sería viable en caso de un hundimiento anímico de los alemanes. A partir de finales de septiembre dispondrían tan solo de períodos breves de días consecutivos de buen tiempo y, al no poseer ningún puerto, se consideraba imposible defender las cabezas de playa.

Churchill resumió su punto de vista en uno de sus telegramas urgentes (marcados con la famosa nota de «Resuélvase hoy»), dirigido en este caso al presidente Roosevelt. El 14 de julio de 1942, tras presentarse como «exmiembro de la Marina» —lo que traía a la memoria que su correspondencia de guerra se había iniciado en 1939, cuando Churchill aún era Primer Lord del Almirantazgo—, escribió esta nota «absolutamente personal y secreta»:

> Churchill quería hacer hincapié en lo que él creía «meridianamente claro»: no había encontrado a nadie que creyera viable Sledgehammer, deseaba ver a los estadounidenses completando Gymnast («Gimnasta») y deseaba asimismo que se acordara con los rusos el intento de Júpiter. Entre tanto el esfuerzo se centraría en continuar con Roundup.

Gimnasta fue el nombre en clave inicial de una operación contra los territorios franceses del norte de África, que luego se bautizó como Torch («Antorcha»). Júpiter implicaba atacar a los alemanes en Noruega. El telegrama expresa pues el deseo de Churchill de pasar a la ofensiva, pero no en Francia, donde los alemanes eran demasiado fuertes y los riesgos, extraordinarios. En un telegrama más detallado abundó en algunas de las razones por las que pensaba así. Reservar los barcos precisos para una operación limitada en Francia (Sledgehammer) perjudicaría las importaciones británicas; incluso en caso de tener éxito, dañaría, más que beneficiaría, al gran asalto de Roundup y la campaña bélica en general, porque se perderían lanchones de desembarco esenciales, se estorbaría la instrucción de las tropas, se crearía un frente estrecho al otro lado del Canal, cuyo mantenimiento desviaría recursos de la operación mayor, y, por último, haría que menguaran los aviones disponibles para bombardear Alemania. El primer ministro descartó mencionar aquí las ventajas de que Gran Bretaña se hiciera con el control del norte de África y el Mediterráneo, pero calificó Gimnasta como un medio excelente para aliviar la presión sobre los rusos; esta operación sí que sería «el auténtico Segundo Frente de 1942» y «el golpe más fructífero y seguro que puede asestarse este otoño».

Así pues, se planteaba que la mejor alternativa a Sledgehammer era atacar el norte de África: invadir las posesiones de Vichy y también dos países nominalmente neutrales: Marruecos y Argelia. Se trataría de una operación dirigida por los estadounidenses, que supondría la entrada de Estados Unidos en el teatro bélico europeo. De hecho, cabía la posibilidad de que se recibiera con los brazos abiertos a los estadounidenses, no desde luego a los británicos, al no habérseles perdonado la acción contra la flota francesa fondeada en Argelia. De ser un éxito, esta operación aliviaría la presión que sufrían los británicos que combatían en Egipto y Libia; abriría un nuevo frente contra las fuerzas de Rommel en el desierto; facilitaría concluir de una vez la campaña norteafricana y, por último, daría libertad para que las unidades británicas de la región se sumasen a la campaña de Francia. Por otro lado, los Aliados tendrían ocasión de practicar las operaciones anfibias y los desembarcos en una costa mucho menos defendida que la francesa y las tropas recién llegadas de Estados Unidos no tendrían que enfrentarse a los alemanes, ya curtidos en la guerra. Además, la operación podía desarrollarse en un plazo relativamente corto y con una abrumadora superioridad aérea y naval.

Estas consideraciones prácticas fueron haciendo que Roosevelt se inclinara cada vez más hacia la estrategia que Churchill prefería. A este proceso ayudó la sostenida debilidad de los británicos en el norte de África. Los estadounidenses fueron comprendiendo que no podían permitir que los británicos salieran derrotados del Mediterráneo. En cualquier caso, entre los comandantes estadounidenses también había división de

PRIME MINISTER'S (129)

PERSONAL TELEGRAM

SERIAL No. T. 999/2.

<u>COPY</u>

<u>ACTION THIS DAY</u>

FORMER NAVAL PERSON TO PRESIDENT
<u>Absolutely Personal and Secret</u>

No.114.

I am most anxious for you to know where I stand myself at the present time. I have found no one who regards "SLEDGEHAMMER" as possible. I should like to see you do "GYMNAST" as soon as possible, and that we in concert with the Russians should try for "JUPITER". Meanwhile all preparations for "ROUND-UP" in 1943 should proceed at full blast, thus holding the maximum enemy forces opposite England. All this seems to me as clear as noonday.

W.S.C.

14. 7. 42.

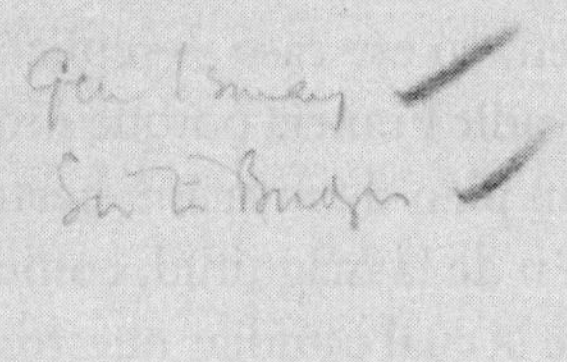

Telegrama de Churchill a Roosevelt, 14 de julio de 1942.

opiniones. El almirante Ernest J. King —un anglófobo situado al mando de la Flota de Estados Unidos— siguió reclamando que se destinaran más recursos al teatro del Pacífico. Como no podía ser de otro modo, esto afectó a los suministros que podían destinarse a recuperar Francia.

Entonces se produjo la desafortunada incursión de Dieppe, en agosto de 1942. Era el paso siguiente en la estrategia churchilliana de ir intensificando los asaltos en territorio francés. El objetivo había sido capturar, y defender brevemente, la ciudad de Dieppe, en la costa de Francia. Se trataba de una operación anfibia compleja, con participación de los tres servicios de las fuerzas armadas, en una escala que Mountbatten y su equipo de Operaciones Combinadas no habían intentado aún.

La operación estuvo precedida por un tenso enfrentamiento en la sala del gabinete, el 30 de junio. Al capitán John Hughes-Hallett, incorporado como asesor de Marina de las Operaciones Combinadas, se le encomendó la ingrata tarea de presentarle los planes al primer ministro:

> De pronto, el señor Churchill se volvió hacia mí ¡y me preguntó si le podía asegurar el éxito! El J[efe del] E[stado] Ma[yor] G[eneral] I[mperial] [el general Brooke, nombrado posteriormente lord Alanbrooke] me interrumpió y me pidió que no contestara. «Señor, si o bien [Hughes-Hallett] o cualquier otro pudiera garantizar el éxito —dijo Alanbrooke—, entonces la operación no tendría ningún sentido. Si necesitamos esta operación es precisamente porque nadie tiene ni la menor idea de cuál va a ser su resultado.» Entonces, el señor Churchill dijo que aquel no era el momento de que le enseñaran qué es la adversidad. «Pues bien, en ese caso —replicó Alanbrooke— debéis renunciar a la idea de invadir Francia porque ningún general responsable se asociará con ningún plan de invasión hasta que no hayamos cumplido con una operación de la magnitud, como mínimo, del asalto de Dieppe; una base sobre la cual estudiar nuestros planes.»[16]

Operación Jubileo: el desastre de Dieppe

«Lo último que [los alemanes] habrían imaginado era que cometiéramos la estupidez de repetir la misma operación.»[17] Con estas palabras, el vicealmirante Louis Mountbatten, al mando del cuartel general de

Operaciones Combinadas, autorizó planificar la Operación Jubilee («Jubileo») de ataque al puerto de Dieppe. Sucedía a la Operación Rutter, con el mismo objetivo, cancelada un mes antes. El 3 de julio de 1942 se había informado con gran secretismo a seis mil soldados aliados, que estaban ya a bordo de las naves de desembarco, que su blanco era Dieppe. Sin embargo, al demorarse seis semanas, resulta inconcebible que, cuando se lanzó Jubileo (el 19 de agosto), los alemanes no estuvieran al corriente de que se pretendía asaltar Dieppe. Allí, la situación se vivía con angustia. «Tommy kommt» («Vienen los ingleses»), se escuchaba a menudo en las conversaciones de los alemanes. Estaban preparados.

La magnitud de la tragedia del 19 de agosto —3.623 hombres murieron, resultaron heridos o cayeron presos, de los 6.086 que desembarcaron, en su mayoría de la 2.ª División de Infantería canadiense— confirma la escala del desastre que la Operación Jubileo supuso. Proporcionalmente, fue uno de los índices de bajas más altos de la Europa occidental en la segunda guerra mundial. A ello debe añadirse la pérdida de un destructor de la Royal Navy y 33 naves de desembarco, con otros 550 muertos y heridos, así como la merma de cien aviones aliados (ante todo Spitfire y Hurricane), con 109 aviadores fallecidos, heridos o presos. Compárese con la modesta cifra de las bajas alemanas: en tierra, 591 muertos o heridos, más 48 aviones derribados. Para Winston Churchill —que estaba en El Cairo, recuperándose del castigo de una reciente cumbre con Stalin en Moscú— la noticia del fracaso de Jubileo fue otra píldora amarga, más cuando aún no habían pasado dos meses desde la caída de Tobruk, en el norte de África.

El propósito de la Operación Jubileo había sido un asalto anfibio contra el puerto de Dieppe, ocupado por los alemanes, con la intención de poseer la ciudad por breve tiempo y, a largo plazo, verificar si era viable organizar un ataque directo contra un puerto dominado por el enemigo para luego retirarse combatiendo. El plan incluía desembarcos en seis playas distintas, de los cuales cinco representaron un fiasco. Como excepción positiva entre todos estos elementos negativos, gracias a Jubileo se llegó entre otras a la conclusión de que cuando se montara por fin el Segundo Frente europeo, el asalto debía protegerse con el nivel máximo de la seguridad operativo, realizarse en playas abiertas y resolver la logística mediante puertos creados *ad hoc*, lo que fue la génesis de los posteriores Mulberry.

Si bien hubo fallos en los niveles operativo y táctico de la guerra, debemos ver Jubileo en el contexto estratégico más amplio de la dirección general de la contienda. Churchill estaba sometido a una enorme presión, tanto de los estadounidenses como de los rusos, que reclamaba volver con celeridad a Francia; pero el fracaso de Jubileo demostró sin vuelta de hoja que una operación como Sledgehammer —regresar con fuerza al norte de Europa en 1942— no lograría su objetivo y sembró múltiples dudas sobre la viabilidad de Roundup, una invasión en 1943, que se antojaba demasiado arriesgada. Aunque Churchill había confiado en que Jubileo ofrecería cierto grado de éxito local —lo que contribuiría sobre todo a menguar las críticas de Stalin sobre la falta de voluntad de los británicos para enfrentarse a los alemanes en tierra—, luego tuvo la posibilidad de proponer la Operación Antorcha, un asalto anglo-estadounidense en el sector occidental de la costa norteafricana. Este ataque, unido a las invasiones subsiguientes de Sicilia y el sur de Italia, permitió ganar tiempo durante el que analizar en profundidad los fallos de Jubileo y preparar mucho mejor la futura Operación Overlord, en 1944.

Churchill se impuso en la discusión estratégica con los estadounidenses y los convenció de que, aunque el objetivo primordial era derrotar a los alemanes, el camino del éxito pasaba por el Mediterráneo y solo más adelante volvería a Francia. Entre tanto, Stalin tendría que contentarse con que Hitler retirase algunas divisiones alemanas de Rusia para responder a la nueva amenaza mediterránea; con el bombardeo incesante de Alemania desde los aeródromos ingleses; y con el abastecimiento de armas por medio de los convoyes del Ártico. Todo ello dio margen a que se pudiera analizar más tranquilamente Jubileo y modificar los futuros planes en consecuencia.

Uno de los grandes fallos de Jubileo fue la inteligencia. En Dieppe el reconocimiento fue pobre y no se tenía constancia clara de las posiciones alemanas. Se creía, pero sin tener constancia cierta, que la 10.ª División Acorazada alemana estaba de reserva en los alrededores de Amiens. La capacidad de combate de la 302.ª División Estática alemana, encargada de la defensa, tampoco se conocía. El estudio de la topografía, en especial de la naturaleza de las playas, fue deficiente. Al ser estas de guijarros, muchos tanques y otros vehículos blindados quedaron atascados y se perdieron. La cooperación entre las fuerzas de desembarco y las aéreas también fue inadecuada, y el temor a perder un buque capital llevó a la Royal Navy a no dedicar ningún acorazado a bombardear la costa. Como el año anterior, en aguas de Singapur, les habían hundido los *HMS Prince of Wales* y *HMS Repulse*, el temor era comprensible; pero la solución del futuro era la superioridad aérea sobre el campo de batalla, no la negativa a recurrir a un gran potencial de artillería. En 1942 aún había mucho que aprender. Por fortuna, en 1944, cuando se puso en práctica Overlord, estas lecciones ya se habían aprendido. Aun así, las sombras de Galípoli, Noruega y, al poco, Jubileo, ayudaron bien poco a ahuyentar el «perro negro» de Churchill (un término victoriano que él utilizaba para aludir a estados de ánimo depresivos).

Esta operación fallida fue un recordatorio claro de las dificultades asociadas a los asaltos anfibios. En consecuencia, sumó un clavo más a la tumba de Sledgehammer. Capturar un puerto ocupado por el enemigo por medio de un ataque frontal no resultaría fácil. Brooke vio en ello una lección «para la gente que clama porque se invada Francia». Churchill también quería extraer de ello lecciones sin que «nadie mencione la palabra "fracaso"», pero en realidad la conclusión era que los Aliados todavía no estaban listos para volver a Francia. En palabras del profesor Paul Kennedy, la lección psicológica de Dieppe fue que cuando los Aliados quisieran desembarcar en Francia «no les bastaría con ser buenos, tendrían que ser excelentes».[18]

Hughes-Hallett observó toda la operación de los buques próximos de la Marina. Le correspondió a él poner en práctica algunas de las lecciones que se extrajeron. Su recomendación principal fue crear una fuerza de asalto permanente que apoyara futuras incursiones, y comenzar con los preparativos y la instrucción minuciosa que serían imprescindibles para volver al continente. En concreto, se le ordenó formar y dirigir una nueva Fuerza J (con la J de Jubileo, el nombre en clave de la operación de Dieppe). Estableció el cuartel general en Cowes, en la isla de Wight, y al principio disponía de un puñado de barcos de asalto y unas pocas flotillas de naves de desembarco. Se trató de un primer paso esencial para la creación de la fuerza profesional del Día D.

Cuando Churchill tuvo noticia del resultado de la incursión de Dieppe, se hallaba en el Próximo Oriente. Estaba a punto de volver de su último viaje ultramarino. Había partido con una misión doble: destituir al general Auchinleck del mando en el norte de África y reunirse —por vez primera— con Stalin, en Moscú. Eran dos acontecimientos relacionados entre sí. Para Churchill cambiar la dirección militar de Egipto era crucial para restaurar la moral e insuflar energías renovadas en el enfrentamiento con Rommel. La responsabilidad recayó sobre el general Alexander —comandante del teatro en su conjunto— y el general Montgomery, quien tras la muerte repentina del general Gott (apodado «Strafer», «el Castigador») asumió el mando del Octavo Ejército. Para los británicos, la prioridad más inmediata seguía siendo vencer en el desierto. Antes de poder centrarse en otros frentes, necesitaban imponerse en la batalla que ya estaban librando.

Este fue también el meollo del mensaje que Churchill llevó a Moscú: en 1942 no habría Segundo Frente en Francia y los aliados angloestadounidenses habían decidido priorizar la Operación Antorcha, es decir, atacar el norte de África francés. El primer ministro británico comparó más adelante llevar esta noticia al Kremlin con «llevar un cargamento de hielo al Polo Norte»:

> Me disgusta el trabajo que tengo que hacer.
> Mi punto de vista seguro que no será bien recibido.
> ¿Puedo convencerles de lo que hemos acordado?
> ¿Aullará Stalin con sus juramentos caucásicos?
> ¿O podré someterlo a mi conjuro de medianoche?
> Este problema me resulta angustiante.
> No es bueno ir sin nada que vender.
> No habrá Segundo Frente en 1942.[19]

Estos versos forman parte del poema «Balada del Segundo Frente», escrito por el general Wavell mientras estaba sentado en el suelo del bombardero Liberator B-24 que llevaba a los británicos de Moscú a Teherán. En el texto, Wavell da voz, con tono humorístico, a las inquietudes que vivió Churchill durante la cumbre. Aunque Stalin lo recibió con calidez —lo que Churchill calificó de «suntuosidad totalitaria»— la cuestión de las fechas de apertura del Segundo Frente no tardó en dominar y agriar las conversaciones. El 13 de agosto Stalin utilizó una reunión crucial en su despacho del Kremlin para expresarse sin tapujos. Según Ian Jacob, uno de los asesores militares de Churchill, al que se ordenó entrar para que se ocupara de las actas:

Stalin parecía sentirse muy cómodo e hizo sus comentarios con una voz muy suave y amable, con algún gesto puntual de la mano derecha, sin mirar nunca a la cara al primer ministro.[20]

Pero lo que Stalin dijo, con aquel tono tranquilo y mesurado, estaba pensado para herir a Churchill en lo más hondo de su alma. Los alemanes no eran superhombres, sino que el ejército británico carecía del suficiente coraje para enfrentarse a ellos. Roosevelt y Churchill debían honrar sin más demora el plan de apoderarse de la península de Cherburgo. Al final, Churchill tuvo que recurrir a una amenaza de las suyas (abandonaría Rusia *ipso facto*), a prometer que en 1943 sí habría Segundo Frente y a soportar una sesión privada y nocturna de bebida y comida (más suntuosidad totalitaria durante la cual Stalin devoró un cochillino). Así, aunque el proceso acabó en un ambiente de cordialidad, los soviéticos habían expuesto sus deseos con toda claridad y los británicos no podían llamarse a engaño.

Tales deseos, por otro lado, los compartían amplios sectores del Parlamento, la prensa y la opinión pública de Gran Bretaña, que consideraban que el país debía implicarse más en el apoyo a los aliados soviéticos. Desde el otoño de 1942 la presión se intensificó. Ahora el telón de fondo era la batalla de Stalingrado, que aparecía semana tras semana en los periódicos y cines, descrita como una defensa heroica de los rusos frente a los invasores alemanes; lo cual, sin duda, contrastaba con las rendiciones británicas en Libia y Singapur. Según había afirmado Roosevelt ya en abril: «Vuestro pueblo y el mío reclaman establecer un frente que alivie la presión que los rusos sufren, y a nuestros pueblos no se les escapa que en la actualidad los rusos están matando a más alemanes y destruyendo más material que vosotros y nosotros juntos». El Fondo de Ayuda a Rusia de la Cruz Roja recaudó entre los británicos un primer millón de libras para suministros esenciales y equipos médicos, en tan solo tres meses, entre octubre y diciembre de 1941; y ello a pesar de la carestía que imperaba en el país. Siguió recolectando durante el resto de la guerra, por medio de donaciones individuales, días «de la bandera», conciertos y una gran diversidad de acciones de alto perfil. Churchill no podía ignorar esa corriente de apoyo a Rusia, pues la tenía muy cerca, tan cerca como en su propia casa: la presidenta del Fondo no era otra que su esposa Clementine. El primer ministro insistió en enviar los materiales vitales a través de la peligrosa ruta de los convoyes del Ártico hacia Arkángel y Múrmansk, abogó por el bombardeo Aliado de Alemania e hizo cuanto pudo por activar Antorcha; pero aun así muchos —tanto en Rusia como en Estados Unidos y la propia Gran Bretaña— seguían reclamando más. Su amigo y antiguo rival lord Beaverbrook, el magnate de la prensa, dimitió del Gabinete en febrero de 1941 y utilizó sus cabeceras para liderar una campaña que exigía el «Segundo Frente ahora».

A finales de 1942, Churchill había conseguido imponer la estrategia preferida por los británicos: combatir en el norte de África, no en Francia. Lo había logrado aun a pesar de la oposición de sus aliados estadounidenses y soviéticos, y frente a la elevada presión y las críticas intensas de su propio país. En realidad, adoptar esta estrategia suponía reconocer que Gran Bretaña se hallaba en una situación de debilidad y que su Imperio no alcanzaba ni a sostenerse a sí mismo. A la postre, Roosevelt y Stalin no tuvieron más opción que aceptarlo así, los estadounidenses porque aún no disponían de las fuerzas necesarias para invadir Francia por sí mismo (y a tal fin además necesitaban utilizar el Reino Unido como base de operaciones avanzada), y los rusos porque, por duras que fueran sus palabras, estaban siendo atacados directamente y debían conformarse con cualquier ayuda que los aliados occidentales le pudieran ofrecer.

Resulta fácil entender por qué el Día D se pospuso a 1943. Ni británicos ni estadounidenses creían que un asalto a gran escala fuera viable y la Operación Sledgehammer les parecía demasiado limitada y a la vez arriesgada. Sin embargo, no resulta igual de obvio por qué la invasión Aliada de Francia no se produjo hasta 1944. La respuesta la hallamos en parte en la ley de las consecuencias imprevistas. La decisión de continuar con la Operación Antorcha y las acciones derivadas de esta contribuyeron a retrasar más la acumulación de fuerzas en el Reino Unido. En el momento de los hechos, Churchill no previó de inmediato que fuera a suceder así. Noviembre de 1942 fue un mes positivo para los ejércitos anglo-estadounidenses. El general Montgomery derrotó definitivamente a Rommel en la segunda batalla de El Alamein, obteniendo una victoria muy ansiada por los británicos, y empezó a avanzar hacia el este por el desierto libio. Por su parte, en el otro extremo del norte de África el general Eisenhower desembarcó en Marruecos y Argelia y avanzó hacia el oeste. Los alemanes estaban atrapados en un movimiento de pinza.

Este éxito inicial llevó a Churchill a evaluar de nuevo la impresión general. En una nota para los jefes del Estado Mayor, a principios de diciembre, consideró que el más importante de los factores nuevos era la inminente derrota de Alemania en Rusia, que quizá redujera 180 divisiones alemanas a «poco más que brigadas» y, probablemente, impediría que el enemigo pudiera trasladar tropas del teatro oriental al occidental. En consecuencia, revisó con mayor optimismo el calendario al que se aspiraba en 1943: se preveía haber despejado la costa norteafricana a finales de enero, abrir el Mediterráneo en marzo, haber reunido todas las naves necesarias para desembarcar en la costa francesa del Canal en junio, completar los preparativos de Roundup en julio y culminar la liberación de Francia en agosto o septiembre.

Por desgracia, pronto quedó claro que la pinza de estadounidenses y británicos en el norte de África no se cerraría tan rápido como estos habrían deseado. Las tropas terrestres del Oeste, capitaneadas por los estadounidenses, empezaron topándose con más resistencia de la esperada por parte de las fuerzas de Vichy; la situación política seguía siendo volátil; y los intentos de avanzar hacia Túnez se frustraron al cabo de poco por el tiempo lluvioso y las carreteras intransitables. Por su parte, el Octavo Ejército británico empezó sacando partido a la victoria en Egipto, atravesó el desierto libio, recuperó el puerto de Tobruk y avanzó bastante, hasta alcanzar la ciudad costera de El Agheila. Pero desde entonces la vastedad de las distancias —los alemanes habían dañado de gravedad el puerto crucial de Bengasi (Benghazi)— los frenó porque entorpeció mucho el abastecimiento. Además, la resistencia de los alemanes fue resuelta y tenaz y Rommel demostró ser un comandante capaz, con un ejército nada desdeñable. El servicio de inteligencia calculaba que en la zona habría unos cincuenta mil alemanes y treinta mil italianos. Incluso descontando el hecho de que no todas las tropas eran de primera línea y que carecían de tanques y artillería, seguían suponiendo un obstáculo considerable y, en consecuencia, se tardó varios meses en derrotarlas.

Entre tanto, en Francia, Hitler había respondido a los acontecimientos eliminando todo vestigio de la independencia de Vichy y reforzando el control sobre el país. Además, se dedicó a fortificar más aún la costa francesa. En marzo de 1942, la «Directiva del Führer n.º 40» había reconocido que era probable que los Aliados recurrieran a desembarcos e identificado —de forma correcta— el riesgo de que los británicos asaltaran las playas con lanchones de transporte, paracaidistas y fuerzas aerotransportadas. La orden dictaba defender los blancos más probables y, por lo tanto, entre 1942 y 1944 se construyeron a lo largo de la costa atlántica miles de puestos de artillería fortificados, baterías antiaéreas y puestos de mando y de observación. En conjunto, la dificultad de un eventual asalto desde el Reino Unido iba aumentando. A su vez las bajas constantes que los U-Boote (los submarinos alemanes) causaban en la batalla del Atlántico estaban amenazando las líneas de abastecimiento británicas, y la guerra del Pacífico reducía igualmente las magnitudes de los transportes estadounidenses. El calendario que Churchill preveía no tardó en parecer poco realista.

Ante este telón de fondo, Churchill, Roosevelt y sus jefes del Estado Mayor se reunieron de nuevo para sopesar los pasos posteriores. La conferencia se celebró en Anfa, a las afueras de la ciudad portuaria marroquí de Casablanca, entre el 14 y el 24 de enero de 1943. Simbólicamente fue un momento de importancia. El comandante en jefe de la nación norteamericana, a pesar de su discapacidad (Roosevelt necesitaba una silla de ruedas por efecto de una poliomielitis), había atravesado el Atlántico para reunirse con el primer ministro británico en el propio teatro en el que sus tropas combatían ahora hombro con hombro. Harold Macmillan, el diplomático que era ministro residente de Gran Bretaña en Argel, comparó la cumbre con el encuentro de dos grandes emperadores romanos. Por un lado, la conferencia representó, para los dos líderes, poder huir de la rutina de Washington y de Whitehall; pero también era el momento de determinar cómo se desarrollaría en adelante la estrategia bélica conjunta.

Según Ian Jacob, integrante crucial del equipo británico, las aspiraciones de Churchill eran irrealizables, por excesivas. Quería aprovechar el éxito en todos los teatros imaginables: despejar la costa norteafricana para luego tomar Sicilia y además reconquistar Birmania e iniciar una invasión moderada de Francia. Estaba resuelto a resistirse a las exigencias de su aliado —la primacía de Francia— y preparó al equipo para dar continuidad a la estrategia de ir convenciendo progresivamente a los estadounidenses, estrategia que él equiparaba a «el goteo del agua sobre las piedras». Era consciente de que el general Marshall aún era partidario de emprender la Operación Roundup —invasión de Francia a gran escala— en cuanto se presentara la primera ocasión. El jefe del ejército estadounidense, en efecto, seguía estando convencido de que el camino más rápido a Berlín pasaba directamente por la Francia occidental.

Todos estos asuntos se debatieron ahora por extenso. El Comité Combinado celebró conferencias una o dos veces al día hasta formular una estrategia militar común mientras el presidente y el primer ministro utilizaban sus residencias, bastante más lujosas, para albergar reuniones menos formales con los principales asesores, centradas en los grandes temas de la política. Luego se analizaron y ratificaron las recomendaciones de los jefes del Estado Mayor, en tres sesiones plenarias a las que sí asistieron Churchill y Roosevelt, los días 15, 18 y 23 de enero. De aquí emergió una aceptación más o menos completa del punto de vista que los británicos preferían: el asalto a gran escala a través del Canal debería demorarse de nuevo, subordinado a nuevas operaciones destinadas a garantizar el control del Mediterráneo y reducir la fuerza de los alemanes antes de emprender ninguna gran operación en Francia.

En la reunión plenaria del 18 de enero el general Alan Brooke estuvo en condiciones de informar de que tras «varios días de discusión» el Comité Combinado había acordado esbozar un documento que «establece la orientación estratégica general para 1943». Se estableció como prioridad lidiar con la amenaza de los U-Boote. Este sería el destino primero de los recursos Aliados porque «proporcionará seguridad para todas nuestras operaciones». Más allá de esto se confirmó la primacía de combatir contra Alemania (antes que contra Japón) con el objetivo de obligar al enemigo a retirar del frente ruso fuerzas terrestres y aéreas. Pero esto debía conseguirse mediante operaciones que partirían del norte de África, no del Reino Unido. Como siguiente objetivo se había elegido la isla de Sicilia. Se acordó que los Aliados seguirían «preparando fuerzas y reuniendo lanchas de desembarco en Inglaterra para el asalto a través del Canal», asalto que solo se adelantaría «en el caso de que la fortaleza de los alemanes en Francia mengüe ya sea por la retirada de sus tropas o por un hundimiento interno».[21] También se dio luz verde a operaciones específicas del Pacífico, incluida la captura de Rabaul y la Nueva Guinea Oriental (provincia de Papúa-Nueva Guinea); y se trazaron planes para una ofensiva en Birmania, a fin de año, y para crear cabezas de puente en el río Chindwin. La Ofensiva Aérea Conjunta se centraría en Alemania, desde bases del Reino Unido, con la intención de quebrantar la moral de los germánicos. Además, se haría todo lo posible por inducir a Turquía a sumarse a la guerra en el bando de los Aliados.

El general Brooke apenas podía dar crédito a su suerte. Churchill compartía el sentimiento. Su aliado había aceptado casi en su totalidad la estrategia preferida por los británicos. Sin duda a ello ayudó el hecho de que los estadounidenses no acudieron a la conferencia tan preparados ni con una perspectiva tan uniforme. El almirante King seguía decidido a defender las operaciones navales de Estados Unidos en el Pacífico, a las que se continuó dedicando una parte importante de las cifras de producción de sus astilleros, en especial de las naves de transporte y desembarco. Más adelante, los estadounidenses se quejaron de que en Casablanca los británicos acudieron en mayor número y maniobraron para dejarlos fuera de juego; pero las actas de las sesiones recogen muchas razones de sentido común por las que Roosevelt, Marshall y los estadounidenses en general apenas tenían más opción que asentir a la estrategia conjunta.

Después de Antorcha, desde luego, hubo que extraer conclusiones que sugirieron la necesidad de adoptar nuevos preparativos antes de lanzar el ataque sobre Francia. En la costa occidental de Marruecos los desembarcos se habían visto dificultados por la altura de las olas del Atlántico. En Argelia, la resistencia había sido mayor de lo previsto. Y en conjunto se había tratado de un asalto dirigido contra una costa menos defendida que la francesa. El primer enfrentamiento con los alemanes en Túnez había puesto de manifiesto la dificultad continua de lidiar con un enemigo curtido en la batalla. Por otro lado, las operaciones del Pacífico, que ahora competían por los recursos, no podían abandonarse sin más. La amenaza de los U-Boote en el Atlántico dificultaba trasladar hombres y materiales transoceánicamente en los números en que se los necesitaba para el paso del Canal, más aún porque destructores y escoltas estaban dedicados a proteger los convoyes tanto del Atlántico como los dirigidos a Rusia. Los obstáculos logísticos que faltaban por resolver eran enormes. Los estadounidenses aún no disponían de divisiones suficientes para tomar y defender la costa norteafricana, combatir en el Pacífico y emprender una gran invasión de la Europa noroccidental. Aún faltaban buques de transporte y lanchones de desembarco, en especial naves capaces de trasladar los tanques. En cambio, resultaba más sencillo organizar el asalto a Sicilia desde el norte de África: la operación quizá sacaría a Italia de la guerra y ayudaría a los Aliados a controlar el Mediterráneo, lo que a su vez abriría una ruta de transporte más rápida entre Europa y el Pacífico y, en consecuencia, liberaría buques necesarios para otros teatros.

Para Roosevelt y Churchill, la demora no dejaba de representar un problema político de importancia. Si los Aliados cesaban los ataques después de asegurarse el control del norte de África, y pasaban a acumular las fuerzas precisas para asaltar la Francia occidental, habría un lapso considerable —mientras las unidades se congregaban en el Reino Unido— durante el cual sus ejércitos no se enfrentarían a ningún enemigo en terreno europeo. En Casablanca ya les preocupaba la perspectiva de que hubiera siquiera unos pocos meses de espacio entre las operaciones de Túnez y Sicilia. El calendario óptimo para regresar a Francia, en lo que a la meteorología y las mareas respectaba, se situaba entre mayo y septiembre. Los ritmos de transporte y producción suponían que las naves de desembarco y las fuerzas militares necesarias no podrían reunirse en el Reino Unido a tiempo de emprender una ofensiva de primavera o verano. Estos factores, cuando se sumaban, imposibilitaban casi por completo realizar un asalto a gran escala en 1943. Por lo tanto, era mejor aprovechar el impulso que se había tomado en el Mediterráneo y sentar las bases para la gran operación ya en 1944.

Como era previsible, todo el proyecto se manejaba con cautela, una reserva natural si tenemos en cuenta el nivel de complejidad y los riesgos asociados al fracaso. Esta cautela hizo que los planificadores militares prefirieran construir su relación mutua y refinar las tácticas en lo que se creía que sería un teatro de operaciones más seguro. Dennis Wheatley —más conocido como autor de *thrillers* y novelas sobre lo oculto— estaba trabajando a escasas salas de distancia del primer ministro, en el edificio del Tesoro, como integrante de la inteligencia de guerra: era miembro de la Sección de Control de Londres, encargada de crear elaborados planes de engaño con los que proteger las operaciones británicas. En esta condición era de las pocas personas autorizadas a leer todas las actas del Gabinete de Guerra, el Comité de Defensa y los jefes del Estado Mayor. Era de la opinión —al menos con posterioridad a los hechos— de que a juicio de Churchill la Operación Roundup no sería una invasión a gran escala sino, «como el nombre en clave da a entender, un desembarco para hacer una "redada" de aquellas unidades alemanas que aún ofrezcan resistencia tras la derrota y desintegración del ejército alemán, que se habría logrado por algún otro medio».[22]

El nivel de apoyo del primer ministro a la operación de desembarco desde el Reino Unido, ciertamente, fue variando según fuera el momento: según evolucionaban los hechos y según con quién estuviera hablando. En 1943, Brooke dejó traslucir su furia ante la falta de consistencia de Churchill y su desesperante voluntad de «¡emprender TODAS las operaciones de forma simultánea, aunque no tengamos los transportes necesarios!». El primer ministro, en efecto, quería flexibilidad para poder aprovechar los éxitos cuando y donde se produjeran, más aún cuando antes de 1942 las victorias habían sido muy escasas; por otro lado, poner todos los huevos en la misma cesta le parecía un riesgo inasumible. De ahí que no tuviera reparo en presionar a sus comandantes y explorar todas las opciones. Además, estaba en su propia naturaleza el ir buscando sin descanso nuevas posibilidades de entrar en acción.

Sin embargo, después de Casablanca no fue el único (ni se discutía por ello con Brooke) que abogaba por retrasar más la invasión de Francia. Antes al contrario, esta era la estrategia comúnmente aceptada por los jefes del Estado Mayor británicos. En mayo de 1943 —hacia las mismas fechas en las que Brooke se quejaba de Churchill— Eisenhower recordaba que el Jefe del Estado Mayor General Imperial británico había afirmado que «entraba en su voluntad reconsiderar el proyecto de paso del Canal, incluso hasta el punto de borrar de la estrategia Aliada ese concepto tan atrevido». El diario de Brooke, aquel mismo mes, recoge su exasperación porque el general Marshall aún quería pasar directamente a Francia; de ahí que más adelante Brooke comentara que «los estadounidenses todavía no habían entendido que el regreso a Francia lo estábamos preparando con nuestras acciones del Mediterráneo». Entre los Aliados, no todos hacían hincapié exactamente en lo mismo, es innegable. Aun así, el debate resultaba más complejo de lo que a veces se da por supuesto en nuestros días.

Donde sí estuvieron de acuerdo Roosevelt y Churchill, en la cumbre de Casablanca, fue en la necesidad de exigirle a Alemania la rendición incondicional. Con ello enviaban un mensaje claro a su Aliado ausente, el gobierno soviético, a las potencias neutrales y por último también a sus enemigos: estaban decididos a llegar hasta el final.

En 1943 hubo acuerdo sobre los pasos principales que habría que dar en aquel largo camino. La prioridad inmediata sería el Mediterráneo, pero se acelerarían los preparativos para entrar con fuerza en Francia a principios de 1944. Era una solución de compromiso, pero el hecho de que a la postre fuera aceptada por el presidente estadounidense y por Marshall y Eisenhower suponía reconocer que esta vía era la más segura y menos arriesgada y la que permitiría obtener la victoria al coste que se imaginaba menor de los posibles. Con la perspectiva del tiempo, sabiendo que Overlord fue un éxito, se puede poner en duda la conveniencia de aquella decisión (y en efecto se la ha puesto en duda); pero desde la perspectiva militar no cabe duda de que antes de iniciar cualquier operación a gran escala en Francia y desde el Reino Unido era imprescindible superar toda una serie de obstáculos.

Esto no significa, aun así, que Churchill estuviera dispuesto a abandonar del todo las operaciones en Francia. En la sesión plenaria de la conferencia de Casablanca del 18 de enero recuperó la idea de un asalto más limitado con el objetivo de capturar y mantener una cabeza de puente en la costa francesa. En 1942 se había opuesto a la Operación Sledgehammer, pero en aquel momento le dijo al Comité Combinado que en 1943 la situación parecía ser más favorable y a su juicio debían «afilar» la idea, nombrando a un comandante y eligiendo una fecha de inicio. Roosevelt se mostró de acuerdo y sugirió preparar un calendario mensual de la acumulación de fuerzas. También sugirió dar el mando a un británico. El primer ministro replicó que el tema del mando convenía resolverlo más adelante, pero que en ese momento era idóneo designar un comandante británico «capaz de planificar la operación». En última instancia era del parecer de que el mando de tal clase de operación debía corresponder a un oficial del país que aportara el mayor número de tropas. En enero de 1943 no cabía duda de que cualquier operación limitada de paso del Canal a corto plazo sería un asunto antes que nada británico, puesto que por entonces solo había en el Reino Unido una única división estadounidense.

La velocidad de la acumulación de las fuerzas militares se estudió de nuevo en la última sesión plenaria, el 23 de enero. Cuando Churchill manifestó su decepción porque para el 15 de agosto de 1943 tan solo habría en el Reino Unido cuatro divisiones equipadas al completo, Marshall contestó que probablemente serían cinco y que, al acabar aquel año, bien pudieran ser diecinueve. El primer ministro preguntó entonces si el asunto podría acelerarse recurriendo a los transatlánticos de lujo como transportes de tropa o, alternativamente, reduciendo la cantidad de pertrechos necesarios para respaldar a las tropas (una cifra que se calculaba en ocho toneladas iniciales por persona, más 1,3 toneladas por hombre y mes). También abogó por ahorrar en vehículos y reservas, con la convicción de que «lo verdaderamente esencial son los hombres que lucharán en las playas». Sin duda aquellos comentarios despertaron sorpresa y desconcierto entre los mandos militares, pero Churchill volvería sobre el tema. No había dejado de ser un producto del ejército victoriano; no siempre fue capaz de comprender las colosales exigencias logísticas de los ejércitos modernos.

Al empezar 1943, pues, la invasión de Francia se había pospuesto, pero no cancelado. Se habían establecido principios relativos a su mando y planificación. Muchos de los retos que en Casablanca se habían puesto sobre la mesa influyeron luego en su desarrollo. Para Churchill la clave era aprovechar la oportunidad más inmediata. Entrar en Sicilia y tomar el control del Mediterráneo representaba una ventaja evidente. Francia, en cambio, era una empresa mucho más arriesgada y él prefería permanecer a la espera, aguardar a que el enemigo se debilitara, acumular fuerzas en gran cuantía y, cuando las circunstancias cambiaran —si las circunstancias cambiaban— estar preparados para atravesar el Canal.

Carta y sobre enviados a Churchill y guardados por John Martin, junio de 1942.

GO HOME.

Winston Churchill,

White House,

Washington, D. C.

Carta y sobre enviados a Churchill y guardados por John Martin, junio de 1942.

4

No va a funcionar, pero tiene que hacerlo usted de perlas

> Muy bien, pues si vosotros no nos seguís en el Mediterráneo, nosotros no os seguiremos en el canal de la Mancha.[1]

El año que hizo posible el Día D fue el de 1943. En enero, en la conferencia de Casablanca, aún se antojaba una posibilidad remota: una operación que se iba a planear, pero no necesariamente a emprender. Churchill y Roosevelt habían decidido nombrar a un comandante, pero, por el momento, no había ni planes concretos ni tropas a las que dirigir. En consecuencia, se acordó no elegir a un comandante supremo, sino, en su lugar, encomendar a alguien que se ocupara de la planificación detallada. La tarea recayó sobre el general Frederick Morgan, a quien se nombró COSSAC, siglas correspondientes a «Jefe del Estado Mayor del Comandante Supremo Aliado», con la particularidad de que aún no se había seleccionado a ningún «comandante supremo». La entrevista en la que le otorgaron el puesto fue «una deliciosa invitación a cenar en Chequers», el 4 de abril, con el primer ministro. Por su parte, Churchill comunicó que Morgan le parecía «un oficial capaz y razonable».

Morgan no era un comandante experto en los campos de batalla. Había prestado servicio como oficial de artillería durante la primera guerra mundial y posteriormente en la India. Había luchado en la retirada de Francia, en 1940, y desde entonces se labró una reputación como buen planificador operativo. Cuando los Aliados entraron en el norte de África se le pidió un plan de ocupación del Marruecos español; cuando sopesaban cómo aprovechar el éxito de Túnez, se le encomendó estudiar una invasión de Cerdeña. En la práctica ninguno de los dos planes resultó necesario. Morgan se acostumbró a que sus proyectos quedaran en nada y no se hacía ilusiones sobre la naturaleza extraña e improbable de su último encargo. En el informe que le dedicó el Colegio del Estado Mayor en 1928 se había concluido que «posee un sentido del humor vivo pero amable que es probable resulte valioso». Lo iba a necesitar, en cualquier caso. Tras su nombramiento, el general Brooke le dijo: «Bien, ahí está. No va a funcionar, pero tiene que hacerlo usted de perlas». Más adelante Morgan escribió: «Los meses posteriores fueron de esfuerzo denodado en un ambiente de incertidumbre y dudas persistentes. Hasta el último momento no pude tener la seguridad de que no había trabajado en vano, que no había aportado otro proyecto más para la vasta biblioteca de los descartes».[2]

El 18 de abril de 1943 Churchill envió un despacho a los jefes del Estado Mayor sobre el nuevo papel del jefe del Estado Mayor del Comandante Supremo Aliado. En Casablanca había dado a entender que estaba preparado para revisar Sledgehammer y quizá emprender un asalto limitado a Francia durante el año siguiente, sobre todo en la circunstancia de una derrota alemana en el Frente Oriental. Pero en este momento defendió el punto de vista contrario: «Como un hundimiento alemán resulta sumamente improbable y no hay que contar con él durante el presente año, y dado que no se dispone ni de los refuerzos estadounidenses ni de las barcazas para el desembarco, no podemos realizar Sledgehammer en 1943».[3] En su lugar el general Morgan debía trabajar con el Mando de Cazas y Operaciones Combinadas para preparar una «operación de señuelo, anfibia» tal que provocara una gran batalla aérea capaz de hacer menguar el poder de la Luftwaffe. Debían desplegar «camuflaje y engaños especialmente elaborados» para que la amenaza de la invasión siguiera vigente y el enemigo no se atreviera a marcharse del Oeste de Europa. Solo entonces se continuaría con Bolero, la acumulación progresiva de fuerzas y el «estudio a largo plazo» de Roundup (el gran asalto de la costa francesa desde la británica), a la vez que se iban haciendo «disposiciones nuevas, mes a mes, en el caso de un hundimiento de los alemanes». Por si quedaba alguna duda sobre qué prioridad daba Churchill a este nuevo papel, el primer ministro especificó también que «no es preciso que la organización del general Morgan sea muy amplia o numerosa». En una nota anterior para Brooke había dejado claro que no tenía sentido continuar con «la creación de esta materia tan vasta y complicada cuando hasta el momento solo una división de Estados Unidos ha llegado al país y no hay perspectiva inmediata de refuerzos pesados».[4]

Sin lugar a dudas, pues, Churchill dirigía el foco principal al Mediterráneo y la posterior operación contra Sicilia. Las órdenes que los jefes del Estado Mayor emitieron luego para el general Morgan se formularon con más diplomacia, pero, a la postre, equivalían a lo mismo. El blanco de los Aliados era derrotar a las fuerzas de batalla alemanas en el noroeste de Europa:

> A este fin el Comité Combinado se esforzará por reunir las fuerzas más poderosas posibles (subordinadas al despliegue anterior en otros teatros) en preparación constante para regresar al continente si la resistencia alemana se debilitara en 1943 hasta el grado que se precisa. Entre tanto, el Comité Combinado debe estar presto para ordenar operaciones limitadas de la índole que resulte práctica con las fuerzas y los materiales disponibles.[5]

En particular se encomendó a Morgan y su equipo preparar tres conjuntos de planes. En primer lugar, una estrategia elaborada de engaño y camuflaje, concebida para hacerse extensiva a todo el verano, de modo que los alemanes siguieran temiendo que durante 1943 habría una gran operación de asalto a través del Canal. Con ello se aspiraba a inmovilizar fuerzas del enemigo en Francia y aliviar así la presión que sufrían tanto los rusos en el Frente Oriental como los ejércitos británico-estadounidenses en el Mediterráneo. Se especificaba que era preciso emprender una operación de señuelo anfibia, según el deseo de Churchill. En segundo lugar, se le pedía un plan para volver al continente en el caso de que los alemanes se desintegrasen, «en cualquier momento del futuro, a partir de este momento, con las fuerzas de las que se pueda disponer en ese instante». Y en tercer lugar, Morgan debía planear un asalto a gran escala en el continente para 1944, en la fecha «más temprana posible».

Morgan se topó con varios obstáculos. Para empezar, su cuartel era administrativo, carecía de fuerzas operativas situadas bajo su mando directo y requería, por lo tanto, la cooperación con otros departamentos. Las unidades del ejército seleccionadas para invadir Europa eran el Primer y el Segundo Ejército, que juntos formarían el 21.º Grupo de Ejércitos; pero esas tropas estaban al mando del general Paget, como comandante en jefe de las fuerzas nacionales de Gran Bretaña. En el ejército estadounidense la situación era equivalente: el general Devers dirigía las fuerzas que se estaban congregando en el Reino Unido para la eventual campaña de Francia. El mariscal del Aire Leigh-Mallory no tardaría en asumir el mando de la Fuerza Aérea Expedicionaria de los Aliados; de la faceta naval se encargaba el comandante en jefe de Portsmouth, el almirante Little. De forma transversal a todo ello estaba asimismo Mountbatten, con su cuartel general de Operaciones Combinadas, que por descontado se interesaba por cualquier operación anfibia. Tal era el mundo nuevo y extraño por el que Hughes-Hallett tuvo que navegar. Como estaba al mando de las fuerzas de asalto naval de cualquier operación contra Francia, se subordinaba a Operaciones Combinadas a la vez que utilizaba los recursos navales de Portsmouth y colaboraba con el nuevo equipo de Morgan, que al cabo de poco lo eligió como su jefe del Estado Mayor de la Marina. Por decirlo con sus propias palabras, «abundó la "charleta" constante entre el general Morgan y los oficiales más señeros del C[uartel] G[eneral de] O[peraciones] C[ombinadas]».

Este fue el momento —en mayo de 1943, cuando el equipo de Morgan empezó a trabajar— en el que la Operación Roundup (invasión de Francia por el norte) pasó a llamarse Operación Overlord. Pero aún debía andarse mucho camino. El último capítulo ha puesto de manifiesto que su planificación no podía considerarse de forma aislada: formaba parte de una guerra global en la que Churchill y Roosevelt tenían dificultades para gestionar la escasez de recursos, para equilibrar las demandas en competencia y para responder a la evolución incesante de los acontecimientos. La demora y el avance lento fueron en cierta medida el resultado de priorizar la guerra en el norte de África y el Mediterráneo; pero si esos objetivos se priorizaron fue porque antes de poder sopesar seriamente la liberación de Francia los Aliados debían satisfacer una serie de requisitos previos. Cabría resumirlos como sigue:

—Intensificar el grado de cooperación entre los distintos servicios británicos y estadounidenses.
—Controlar el mar.
—Dominar el aire.
—Acumular una cantidad colosal de hombres y materiales.
—Debilitar al enemigo y ocuparlo en frentes muy alejados entre sí.

—Disponer de suficientes naves de desembarco, capaces de trasladar al ejército hasta la costa con seguridad y luego de ir reabasteciéndolo.
—Dotar a los oficiales y la tropa tanto de experiencia de combate real como de un estado de ánimo excelente.

Vale la pena examinar con atención cada uno de estos requisitos previos. ¿Había alguno que se hubiera podido satisfacer antes de la primavera de 1944?

Intensificar el grado de cooperación entre los distintos servicios británicos y estadounidenses

John Martin, que tenía el cargo de «secretario privado principal» de Churchill, acompañó a su jefe a Washington D. C. en junio de 1942. No era una visita de bajo nivel, sino que era bien notorio que el primer ministro británico sería huésped del presidente en la Casa Blanca. Entre los documentos de Martin sobrevive una carta sellada en Denver (Colorado). Se dirigía simplemente a «Winston Churchill, Casa Blanca, Washington, D. C.». El contenido era aún más sucinto: una orden escrita a máquina, anónima, en una hoja por lo demás blanca: «¡Márchese!». Con posterioridad a los hechos, buena parte de lo que se ha escrito sobre la asociación de guerra entre Gran Bretaña y Estados Unidos se ha centrado en la proximidad, en la creación de una «relación especial» (concepto acuñado por Churchill, pero que este no popularizó hasta después de la guerra, cuando pronunció el famoso discurso sobre el «telón de acero» en el Colegio Westminster de Fulton, Misuri, en 1946). Se tiende pues a olvidar que en 1942 estos sentimientos de hermandad distaban de resultar universalmente compartidos en ambos bandos del Atlántico. Diversas figuras de la opinión pública estadounidense seguían siendo ferozmente aislacionistas y antibritánicas, así como diversas figuras de Gran Bretaña eran prorrusas y antiestadounidenses. Desde lo más alto de la jerarquía —desde los propios primer ministro y presidente— hasta los puestos más bajos, hizo falta tiempo para forjar los estrechos lazos políticos y militares y para desarrollar la confianza y el trabajo en equipo sobre los que la alianza se sostuvo y que posibilitaron Overlord. La cooperación, planificación y colaboración de los Estados Mayores, de los distintos servicios armados de británicos y estadounidenses, que se necesitaba para asaltar la «Fortaleza Europa» que Hitler controlaba, no podía ser en ningún caso el fruto de burócratas empleados en los despachos, sino que debía forjarse y ponerse a prueba en la guerra. Antes de Pearl Harbor se habían producido algunas conversaciones secretas entre militares británicos y estadounidenses. Nada más producirse el ataque japonés se estableció un marco de asociación definido al crearse el Comité Combinado de los Jefes de los Estados Mayores (CCS, en sus siglas inglesas más habituales). Aquí se juntaron los dos Estados Mayores Conjuntos de ambos países (por lo tanto, los comandantes militares de sus respectivas fuerzas militares terrestres, aéreas y navales); los jefes británicos dispusieron de una representación permanente en Washington y se estableció un canal de comunicación constante con sus homólogos estadounidenses. Las grandes decisiones estratégicas relativas a Overlord y el Día D se adoptaron durante una serie de grandes cumbres celebradas a lo largo de 1943, que culminaron en la conferencia de Teherán, del mes de noviembre, a la que asistió también Stalin en representación de la Unión Soviética. (Para más información sobre estas reuniones, véanse pp. 130 y ss.) Estas reuniones a menudo resultaban difíciles, pero con empeño se consiguió forjar una estrategia compartida. Una clave de la cooperación de los Aliados fue el principio, adoptado ya desde inicios de 1942, de que las fuerzas británicas servirían a las órdenes de un comandante estadounidense del teatro en cuestión, y viceversa. El mando recaería sobre el país que dispusiera del contingente más numeroso en cada escenario de guerra. Churchill desempeñó un papel destacado en la creación de este marco, pero una cosa era establecer la estructura y otra muy distinta crear un clima de confianza y resolver las suspicacias y rivalidades nacionales.

En el cuartel del jefe del Estado Mayor del Comandante Supremo Aliado, como no podía ser de otro modo, el general Morgan y su representante estadounidense, el general Barker, se hallaron en el centro de todas esas suspicacias nacionales mutuas. Barker «cobró fama, entre los hombres de su propio servicio, de haberse "vendido a los británicos"» y al general Morgan, por efecto del propio «esfuerzo de internacionalidad, no tardaron en verme como alguien [...] "vendido a los yanquis"».[6] Con frecuencia, Morgan se encontró con que al tratar con las autoridades británicas sobre Overlord, «uno debía ser consciente de su escepticismo hacia todo el asunto en general» y consideraba que «su idea de cooperación consistía en que los otros cooperasen con ellos, pero no a la inversa». En ocasiones sintió que «no era fácil convencerse de la *bona fides* de los británicos». Con los estadounidenses «la clave era más bien mantener su entusiasmo desbordante dentro de unos límites prácticos» y gestionar su desconfianza hacia las aventuras de los británicos en el Mediterráneo, los Balcanes y el Egeo. Si para los británicos Eisenhower era «un simple mascarón político-militar», para los estadounidenses Montgomery estaba exageradamente sobrevalorado.

Desde los niveles superiores, Churchill, Eisenhower y Morgan intentaron todos ellos combatir esos prejuicios nacionales uniendo a los grupos en lo posible. Churchill optó por dar ejemplo y recibió a comandantes británicos y estadounidense en Downing Street y en Chequers. También dio su bendición al Club Churchill, que se creó en el centro de Londres, en una de las casas evacuadas de Westminster School, y quedó abierto a todos los oficiales (y soldados de otros grados, si poseían formación universitaria) de Estados Unidos y los dominios. El club contó con la minuciosa decoración de Robert Lutyens y fue gestionado por Pamela Churchill (de casada, Harriman), nuera del primer ministro y consumada anfitriona y relaciones públicas. Se celebraban conciertos y charlas para introducir a los visitantes en la historia, la cultura y la sociedad británicas. En una faceta más práctica, el general Morgan usó hábilmente el restaurante y bar de su cuartel general en la Norfolk House (plaza de St. James) para reunir a británicos y estadounidenses que formaban parte del equipo o acudían de visita; con ello sentó un precedente para modelos posteriores. Llegados a abril de 1944, Harry Butcher comentó que la camaradería se había «reforzado mucho por el hecho de que hacia las once de la mañana, nos tomamos en nuestras mesas un café a la americana, y hacia las cinco de la tarde, un té a la británica».

Cuando se le encargó a Eisenhower el mando de Antorcha se nombró a un almirante británico, Andrew Cunningham, responsable naval de la operación. Después de Casablanca, cuando Ike fue elegido comandante supremo de los Aliados en el norte de África, contó con lugartenientes británicos de las tres ramas: Cunningham, para la Marina; Tedder, para el Aire; y Alexander, para el ejército de Tierra. Cuando Cunningham regresó a Londres con la función de Primer Lord del Mar, le sustituyó otro británico, el almirante Ramsay, el arquitecto de la evacuación de Dunkerque, que había trabajado en los planes iniciales de Roundup y coordinado el aspecto naval de la campaña de Sicilia. En el norte de África y en Sicilia los generales estadounidenses Bradley y

Patton prestaron servicio junto a los generales británicos Montgomery y Anderson. Alexander pasó a ser el comandante del teatro de Italia, pero Eisenhower se llevó consigo, cuando le dieron el mando de Overlord, a Montgomery, Ramsay y Tedder. Es cierto que no siempre estuvieron de acuerdo y sin lugar a dudas perduraron elementos de rivalidad y competencia personal, a veces con sus consecuencias (destacándose, en esta faceta negativa, Montgomery y Patton); pero se conocían bien los unos a los otros y, al menos en la mayoría de los casos, acertaron a trabajar bien juntos.

Estos lazos no se forjaron instantáneamente. En 1942, Eisenhower tenía muy claro que

> la base al completo de la cúspide de nuestra organización era nueva. Una y otra vez, durante el verano, viejos amigos del ejército me advirtieron de que el concepto de unidad de los Aliados que tomábamos por sólida base de nuestro proyecto de mando era impracticable e imposible; que todo comandante situado en mi posición estaba condenado a fracasar y no pasaría nunca de ser una cabeza de turco sobre la cual cargar el odio de la derrota de la operación en su conjunto.[7]

Desde luego, hubo varios incidentes. Durante el estadio final de la campaña tunecina, en marzo de 1943, el comandante del cuerpo británico, el general sir John Crocker, criticó severamente ante la prensa la actuación de una división estadounidense, lo que generó mucho antagonismo y mala sangre entre estadounidenses y británicos. Por el contrario, en junio de 1943, con el norte de África despejado y los Aliados preparados para invadir Sicilia, Churchill elogió el liderazgo de Eisenhower, y el general Marshall estaba dispuesto a afirmar que en aquel momento la mayor preocupación de los alemanes «no procedía tanto de las tropas perdidas» como «del hecho de que Estados Unidos y Gran Bretaña hayan funcionado como un gran equipo». Allí, en el norte de África, en 1942-1943, los comandantes de Overlord vivieron la primera experiencia de trabajar juntos frente al enemigo común: el general Erwin Rommel, el mismo comandante con el cual se enfrentarían un año y medio más tarde, en Normandía.

El hecho de manejar la misma lengua simplificaba las cosas, sin duda; pero no borraba las diferencias culturales. Cuando Eisenhower dio su apoyo a un plan de los británicos de abrir sus hogares a los estadounidenses, el señor Stevenson, presidente de la Cruz Roja de Estados Unidos, le contestó que por lo general una familia británica necesitaba dos o tres años para invitar a un extranjero a su casa. Las tensiones crecían en proporción al incremento de la presencia de tropas estadounidenses en el Reino Unido. Que el personal de servicio negro recibiera un trato racista por parte de sus compatriotas blancos despertó los reproches de algunos ciudadanos británicos. Churchill evitó las preguntas que se le formularon al respecto en la Cámara de los Comunes en septiembre de 1942, pero el tema surgió de nuevo en el Gabinete de Guerra, el 13 de octubre. Aquí se decidió que, aunque las autoridades del Reino Unido no interferirían en absoluto en la segregación del ejército estadounidense, en sus propias fuerzas armadas o establecimientos civiles no admitirían que se impusiera. En su lugar —en documentos que, desde la perspectiva actual, ciertamente parecen racistas— sugerían explicar el punto de vista de los estadounidenses blancos ante la opinión pública y, a la vez, evitar el contacto de los británicos con los afroamericanos. Para el Gabinete, lo esencial era intentar esquivar cualquier conflicto con el aliado estadounidense. No por ello dejaron de surgir peleas entre los soldados británicos y estadounidenses, jóvenes con un sobrante de energía que reñían por costumbre en las calles de los puertos meridionales del país donde se los había destacado, como Southampton. Las cenas y copas organizadas para los oficiales no daban para más. La relación especial era real y funcionaba, pero, como todas las relaciones, requería de tiempo y siempre tuvo límites.

Controlar el mar

«Dicho en sus propias palabras, lo único que verdaderamente asustó a Churchill durante la guerra fue el peligro de los submarinos alemanes: "Esa batalla me angustió más incluso que el glorioso combate aéreo que se dio en llamar *batalla de Inglaterra*"».[8]

Churchill había prestado servicio en dos ocasiones como Primer Lord del Almirantazgo (el ministro civil responsable de la Marina Real británica): primero en 1914-1915, años iniciales de la primera guerra mundial; luego, y durante un período similar, al empezar la segunda, en 1939-1940. Aunque ninguno de los casos representó un éxito universal —los dos estuvieron marcados por las fricciones con los almirantes—, Churchill siempre estuvo absolutamente convencido de comprender y dominar a la perfección los asuntos navales. A finales de 1942 tanto él como el presidente de Estados Unidos tenían claro que la batalla del Atlántico debía ser objeto de la mayor prioridad, frente a cualquier otro teatro de operación, incluido cualquier asalto a través del Canal.

Esta batalla se expresó con cifras: en una columna, las pérdidas de los mercantes Aliados; en la otra, la cantidad de U-Boote (submarinos alemanes) enviados a pique; en uno y otro bando, la columna de la producción frente a la de los hundimientos. Churchill solía hablar mal de sus propias capacidades matemáticas. En sus memorias autobiográficas *My Early Life* (*Mi juventud*), redactadas en 1930, escribió:

> Una vez tuve la sensación de haber comprendido la totalidad de las Matemáticas, de que todo se me revelaba en toda su profundidad, del nadir al cenit, como quien ve el tránsito de Venus —o incluso el espectáculo del alcalde de Londres—, una cantidad que pasa a través del infinito y cambia su signo del más al menos. Vi exactamente cómo pasó y por qué la tergiversación era inevitable; vi cómo un paso implicaba todos los siguientes. Pero sucedió después de la cena y lo dejé correr.[9]

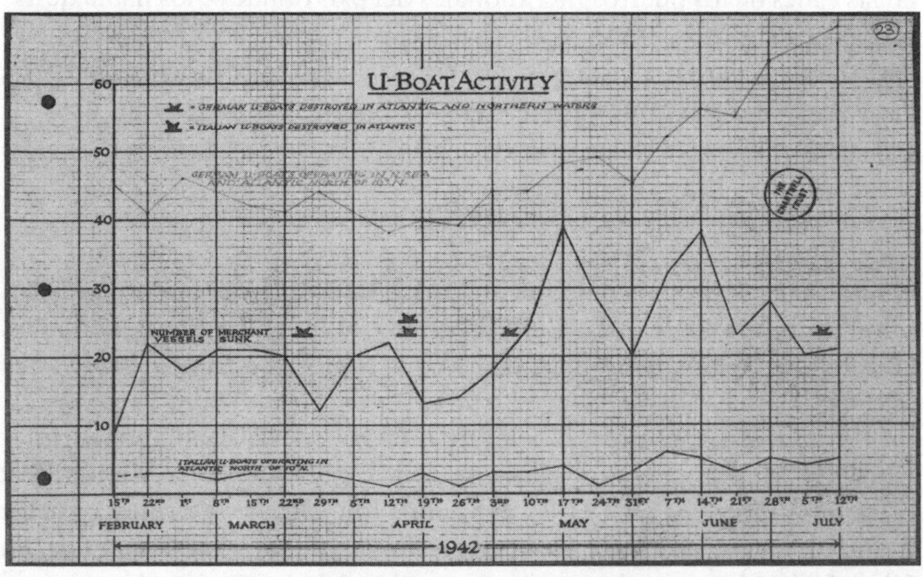

Tabla que muestra la actividad de los submarinos alemanes, febrero a julio de 1942.

Uno de los mecanismos a los que Churchill recurría para digerir la ingente cantidad de información que llegaba a su escritorio era hacer que le convirtieran las cifras y estadísticas complejas en gráficos y tablas. Eran documentos en color, dibujados a mano en especial para él, que presentaban las realidades que las cifras describían de un modo mucho más visual y fácil de captar. El mensaje que transmitían con respecto a la destrucción sufrida por la flota mercante del Atlántico era inconfundible; más adelante, Churchill escribió: «¡Cuántas veces deseé trocar cualquier intento de invasión a gran escala por ese peligro sin forma ni medida que se expresaba en gráficos, curvas y estadísticas!».[10]

El telón de fondo de la conferencia de Casablanca, de enero de 1943, fue una crisis en el Atlántico. En aquel momento, los alemanes disponían de más de doscientos U-Boote operativos, que cazaban formando «manadas de lobos» y concentraban sus esfuerzos en la brecha de la zona media del océano, donde sus submarinos podían atacar sin ser hostigados desde el aire: el alcance de los aviones Aliados no les permitía llegar hasta esa zona desde las bases de Terranova ni Islandia. Solo en el año anterior, en 1942, se perdieron ya 1.664 mercantes Aliados: casi ocho millones de toneladas. Aunque la capacidad productiva de Estados Unidos era colosal, los alemanes aún estaban hundiendo los buques con más rapidez de la que sus enemigos conseguían producirlos y, a la inversa, fabricaban más U-Boote de los que perdían. Ello tuvo como efecto directo una mengua en las importaciones, y un factor crucial para la campaña bélica de los Aliados —el abastecimiento de petróleo— descendió a un nivel peligrosamente bajo.

Gran Bretaña, al ser insular y haber quedado aislada de la mayor parte de la Europa continental próxima por la ocupación de Hitler, dependía de las importaciones marítimas para su supervivencia: por entonces, el transporte aéreo aún no existía a gran escala. Como el tráfico mediterráneo resultaba casi imposible, las principales rutas de abastecimiento eran las que surcaban el Atlántico. Si estas también se cortaban, no cabía descartar que el país tuviera que hincar la rodilla y rendirse a negociar. En todo caso, un país tan gravemente sitiado no valdría como base avanzada para una liberación Aliada de Francia. Pero la campaña submarina alemana no solo amenazaba la capacidad estadounidense de reunir tropas y materiales en Gran Bretaña, sino que ocupaba recursos importantes de ambas Marinas en defensa de los convoyes, lo que reducía las posibilidades de tomar la ofensiva en el Canal.

La joven Christian Oldham tuvo ocasión de ver cómo se iba desarrollando la batalla. Había nacido en 1920 y, como se sentía obligada a aportar lo que pudiera y era hija de un almirante, no tardó en darse cuenta de que su decisión más razonable era sumarse al Servicio Femenino de la Royal Navy (WREN, en sus siglas inglesas; a sus integrantes se las conocía como «las *wrens*»). Después de una instrucción básica ocupó un puesto administrativo en el cuartel general del Servicio en Londres, cerca del Arco del Almirantazgo. Al igual que Joan Bright, trabajó en la capital durante el Blitz y pudo «robar» algunos momentos de placer, entre la caída de las bombas, con la asistencia a conciertos o teatros. Pronto quedó al cargo de una instalación de desmagnetizado de East Tilbury (cerca de la desembocadura del Támesis), donde desimantaba los cascos de los buques mercantes para que no atrajeran las minas magnéticas. Christian fue cobrando seguridad y, en consecuencia, buscó también una mayor responsabilidad.

A principios de 1942 completó una formación de oficial. Se le encomendó supervisar el trazado cuidadoso de las rutas seguidas por los buques y asumió responsabilidad sobre equipos de *wrens*, primero en Plymouth, luego en Edimburgo y a la postre en Belfast, todos ellos centros vitales para la batalla del Atlántico. El trabajo podía implicar turnos de quince horas, pasando los últimos datos de inteligencia y avistamiento de radar, trazando sobre el mapa el avance de los convoyes Aliados y tomando nota de los hundimientos. Desde esa posición no le quedaba duda: «Teníamos que vencer la batalla del Atlántico. Si la perdíamos, perderíamos la guerra entera».[11]

No será de extrañar, pues, que en Casablanca los líderes combinados de los Aliados reconocieran este peligro con la afirmación de que «las medidas necesarias para combatir la amenaza de los submarinos son un destino prioritario de los fondos de las Naciones Unidas [el término que se prefería en Estados Unidos para designar al conjunto de los países que luchaban contra las potencias del Eje] y deben proporcionarnos la seguridad para todas nuestras operaciones».[12]

Imponerse en la batalla del Atlántico y establecer el control propio del océano fue un proceso que se extendió a la mitad de 1943. Se hizo realidad mediante una combinación de recursos, tácticas, tecnología e inteligencia. Churchill utilizó el poder de convocatoria de su puesto para reunir a todas las autoridades relevantes en un nuevo Comité Antisubmarinos que contribuyó a coordinar la respuesta británica, sumando las tres ramas de las fuerzas armadas y distintos departamentos gubernamentales. Ordenó suspender los convoyes del Ártico, aunque transportaban a Rusia materiales muy necesitados allí, y concentró a todos los escoltas navales de Gran Bretaña en el Atlántico. Se urgió a acelerar la entrega de los aviones Liberator, cuyo gran alcance ayudaba a eliminar los espacios muertos de la cobertura aérea. Además, se introdujeron nuevas tecnologías. El radar de onda corta, indetectable por los U-Boote, permitió a los aviones británicos localizar los submarinos en superficie. Se recurrió a nuevos morteros antisubmarinos, que se disparaban hacia delante. Se puso empeño en bombardear las dársenas y los centros de producción de los U-Boote, con escaso éxito, debido a la gran resistencia de las estructuras de hormigón; pero la introducción de nuevos «grupos de soporte» de buques que, con independencia de los convoyes, se dedicaban a cazar, ubicar y destruir submarinos tuvo un impacto colosal, en especial cuando se los acompañaba de portaaviones escolta (por lo general, antiguos mercantes reconvertidos para el transporte de aviones): con esto se eliminaron efectivamente las brechas del espacio aéreo y los aviones pudieron establecer pantallas defensivas alrededor de los convoyes y actuar directamente a la ofensiva contra el enemigo.

Lo que en su momento no era evidente —ni se permitió que figurase en las primeras historias de la guerra naval— fue el papel complementario que interpretó la inteligencia. La modificación de los códigos de cifrado británicos ayudó a ocultar los convoyes británicos a la perspicaz detección de los descodificadores alemanes; por el otro lado, el hecho de que en Bletchley Park los británicos descifraran la configuración del tráfico de los U-Boote, que se conocía con el nombre en clave de Shark («Tiburón»), fue lo que ayudó a guiar los nuevos grupos de soporte hacia sus objetivos. En mayo de 1943 la situación del Atlántico ya estaba encaminada a transformarse.

Aun así, en aquel momento esto todavía no resultaba obvio de inmediato. En Belfast, Christian vivió con angustia el trazado del curso del ONS-5, un convoy lento de cuarenta y tres buques con destino a Norteamérica. El avance fue tortuoso, las aguas estaban agitadas y, para mayor alarma de Christian, una enorme «manada de lobos» se les acercó y empezó a sembrar la destrucción. «Las señales se sucedían una tras otra y el teletipo zumbaba sin descanso.»[13] En esta ocasión la profesionalidad tuvo que sobreponerse a una angustia muy personal: John, con el que se había prometido poco antes, era teniente primero a bordo del destructor

HMS Oribi. En cierto momento, su barco embistió el submarino U-125, pero, por suerte, el *Oribi* no se fue a pique y John resultó ileso (y más adelante se casó en efecto con Christian). El U-Boot, por el contrario, se hundió.

Este convoy zarpó en unas fechas que suponían un punto de inflexión. Los alemanes habían empezado a sufrir pérdidas gravosas y el almirante Dönitz optó por retirar los submarinos del Atlántico; con ello, los Aliados satisfacían uno de los requisitos imprescindibles para Overlord. El éxito todavía tardó un tiempo en confirmarse y algo más en poder sacar partido de él, con la acumulación de fuerzas y suministros en Gran Bretaña; pero en cualquier caso los Aliados estaban en condiciones de retirar recursos navales del Atlántico y destinarlos a operaciones ofensivas contra el continente. Esto no significa que los riesgos no fueran considerables. Los U-Boote, a salvo en las «madrigueras» poderosamente defendidas de la costa francesa, aún podían participar de forma relevante en el intento de impedir cualquier asalto a través del Canal. Además, allí contaban con el respaldo de flotillas de lanchas torpederas rápidas (S-Boote, en su designación alemana; E-boats, para los Aliados) que actuaban desde los puertos de Cherburgo o Le Havre. Estas pequeñas embarcaciones eran capaces tanto de colocar minas con fines defensivos como de atacar las naves de un desembarco Aliado.

Dominar el aire

Para el éxito de Overlord, obtener el dominio del aire era tan importante como tomar el control del mar. En 1942, los británicos habían abogado por descartar Sledgehammer (una operación más limitada en la Bretaña o Normandía) con el argumento de que la fuerza de cazas quedaría destruida con celeridad en un enfrentamiento continuo con el enemigo en territorio continental. El posterior asalto de Dieppe, en el mes de agosto, pareció confirmar este temor a la clara superioridad de la fuerza aérea alemana. En cualquier batalla aérea sobre Francia los alemanes gozarían de la ventaja de «jugar en casa», volar más cerca de sus bases y poder repostar con más rapidez. La supremacía aérea, por lo tanto, se consideraba requisito clave para toda invasión triunfante de Europa, en especial cuando se aspiraba a proseguir hasta entrar en la propia Alemania. Una de las condiciones esenciales que Churchill impuso a Overlord fue pues que «antes de que se produjera el asalto, debía producirse una reducción sustancial en la fuerza de cazas alemanes desplegada en la Europa noroccidental».[14]

La estrategia de los Aliados se basaba en el desgaste y la dispersión, sumada a una producción colosal. El objetivo de británicos y estadounidenses era acumular capacidad de combate al mismo tiempo que reducían sistemáticamente la de Alemania e Italia mediante el bombardeo sostenido de los centros industriales; entre ellos, las fábricas de rodamientos y las plantas de producción de aceites sintéticos, que proporcionaban componentes vitales y el combustible de aviación a la Luftwaffe. Churchill y Roosevelt también confiaban, en un principio, que este método convenciera a Stalin de que así Alemania no podía dedicar al Frente Oriental todo el potencial aéreo que habría deseado.

La estrategia Aliada que emergió de la conferencia de Casablanca consistía en intensificar el bombardeo de Alemania, para hundir tanto la moral como la capacidad productiva del enemigo, y a la vez mantener las operaciones del Mediterráneo y la amenaza de saltar a Francia desde Gran Bretaña. Churchill ordenó al general Morgan que diera prioridad a las operaciones de engaño tendientes a alejar a la Luftwaffe de Francia e implicarla en una batalla aérea general que redujera su poderío. Algunos planes y medidas que se fueron adoptado para tal fin fueron bastante más exitosos que otros, pero en última instancia lo que verdaderamente minó el poderío aéreo de los alemanes no fueron las iniciativas venidas de Gran Bretaña, sino del frente ruso.

No deja de resultar un tanto irónico, de hecho, que, dado que los Aliados occidentales confiaban en utilizar su poderío aéreo para aliviar la presión sobre la Unión Soviética, fuera la Fuerza Aérea rusa —supuestamente muy inferior— la que contribuyera decisivamente, en aquel período, a debilitar a la Luftwaffe. En parte lo consiguió por el simple peso de sus números: si en el verano de 1943 los rusos habían logrado movilizar diez mil aviones en el frente, el total de las fuerzas alemanas, sumando el este y el oeste, se limitaba a 3.551 aparatos de combate (en condiciones de entrar en servicio). Por otro lado, la capacidad productiva tanto de rusos como de estadounidenses era muy superior a la alemana, y sus fábricas quedaban fuera del alcance de posibles ataques alemanes. La caída de Mussolini y el armisticio pactado con Italia en septiembre de 1943 agravaron más aún las urgencias de la Luftwaffe, puesto que la Regia Aeronautica, la fuerza aérea italiana, dejó de actuar en el teatro del Mediterráneo. Los alemanes estaban perdiendo comba, pero hasta que los Aliados reunieron las fuerzas precisas para desgastar del todo a la Luftwaffe, aún se tardó tiempo. Sea como sea, al igual que con la guerra naval, el año de 1943 fue testigo de un cambio decisivo en la balanza del poder.

No por ello hay que menospreciar otro factor: el bombardeo incesante de Alemania por parte de los Aliados. Churchill había apoyado esta estrategia desde el mismo momento en que fue elegido primer ministro, por ser una de las pocas maneras en las que aún podía combatir activamente contra el enemigo. Pero, de nuevo, fue un proceso lento. En 1942 llegó a Gran Bretaña la 8.ª Fuerza Aérea estadounidense y se nombró como jefe del Mando de Bombarderos británico a Arthur Harris, un mariscal del Aire absolutamente centrado en este objetivo. Harris favoreció los bombardeos de área sobre las ciudades y los centros de producción de Alemania e introdujo incursiones a mayor escala. La conferencia de Casablanca aceleró más el ritmo y puso en marcha la Operación Pointblank («A quemarropa») contra blancos industriales y militares. Como los estadounidenses bombardeaban Alemania de día y la RAF británica, de noche, la Luftwaffe tuvo que ir destinando cada vez más recursos a la defensa directa de la patria.

Llegados a febrero de 1944, el análisis de la situación llevó a los Aliados a considerar que la Operación Pointblank estaba a punto de culminar sus objetivos. La División de Guerra Económica estadounidense calculó que la producción de los cazas monomotores se había reducido de 950 mensuales a tan solo 250; la de los cazas bimotores, de 225 a 50; y la de un elemento crucial, los rodamientos, había menguado entre un 40 % y un 50 %.[15]

Pero no todo se reducía a los números. Las tácticas de los Aliados también resultaban más flexibles y permitían agilizar el despliegue de los recursos aéreos en los diversos teatros y operaciones, con lo que desempeñaban un papel estratégico aquí (con los bombardeos) y allí uno táctico (con el apoyo a las tropas terrestres). En cada escenario de guerra había un mando aéreo independiente que colaboraba con el comandante correspondiente del ejército de Tierra. Esto no equivale a decir que todo fuera paz y armonía. En un capítulo posterior analizaremos el intenso debate que se libró en torno de la estrategia de bombardeo durante el preludio inmediato al Día D; pero gracias a las estructuras de mando internacionales e interservicios de los Aliados, estos asuntos pudieron discutirse y resolverse. Baste decir aquí que, a finales de 1943, los Aliados disponían de los números, la experiencia y la confianza en su poder aéreo necesarios para sopesar con realismo Overlord.

Este relato general tuvo reflejo en las historias personales de incontables individuos, muchas de las cuales se han perdido hoy sin que se tenga constancia escrita. El 3 de julio de 1941, Roland MacKenzie entró en una oficina de reclutamiento de Calgary y se ofreció voluntario para la Real Fuerza Aérea del Canadá. Los trece años anteriores había trabajado en la banca, tras dejar de estudiar a los dieciséis años; el oficial que lo entrevistó lo describió como: «29 años, 5 pies y 10 pulgadas [1,78 m], 145 libras [65,7 kg], confiado, sencillo, recto, conservador, pulcro y aseado, delgado, de expresión clara, rápido, prudente, despierto, sincero y reservado».[16] Carecía de experiencia de vuelo previa pero era uno de los muchos canadienses que aún se sentía lo suficientemente vinculado a Gran Bretaña como para dejar en suspenso la propia vida y arriesgarse a perderla durante los cuatro años siguientes. En septiembre de 1942 se había graduado con tanta brillantez en la escuela de pilotos de Saskatoon que pronto le encargaron instruir a otros pilotos, una tarea que en ningún caso dejaba de ser peligrosa. Roland formó parte de la enorme expansión de hombres y materiales que posibilitó Overlord. En junio de 1943 lo enviaron al Reino Unido, donde empezó a trabajar como instructor de bombarderos. En su cuaderno de bitácora sobrevive una emotiva nota manuscrita: «Por la adversidad hasta las estrellas: 6 semanas de vida en el Mando de Bombarderos, probabilidad de sobrevivir: 1 entre 3».[17] Se estaba preparando para el papel que interpretaría en apoyo del Día D, con plena conciencia de los riesgos.

Los Aliados, desde luego, gozaban de amplias posibilidades de reclutar a personal. Las tripulaciones de los cazas y los bombarderos procedían de múltiples lugares del Imperio británico y la Commonwealth, desde Canadá hasta el Caribe. David Olusoga nos ha recordado en su libro *Black and British* que más de un centenar de hombres de las Indias Occidentales fueron condecorados por el servicio que prestaron con la RAF o la Real Fuerza Aérea del Canadá.

Acumular una cantidad colosal de hombres y materiales

Nada más producirse el ataque a Pearl Harbor se empezaron a reunir en Gran Bretaña fuerzas de Estados Unidos y otras naciones. Al principio, en corta cantidad. La 34.ª División estadounidense llegó a Irlanda del Norte en enero de 1942; el mes siguiente arribaron los primeros destacamentos de la 8.ª Fuerza Aérea, con destino al sur de Inglaterra. Un año más tarde había en el país más de un millar de aviones estadounidenses, ocupados principalmente con el bombardeo de Alemania. La acumulación de fuerzas terrestres tardó más en ser cuantiosa. La Operación Antorcha y el despliegue de estadounidenses en el norte de África comportó que, incluso a principios de 1943, en el Reino Unido tan solo hubiera una división del aliado norteamericano. Por otro lado, tampoco era posible transferir una gran cantidad de tropas a la orilla europea del Atlántico sin disponer allí de la importante infraestructura que se requería para sostenerla.

En mayo de 1942, Churchill autorizó crear un Comité para Bolero, en Londres, que estudiaría los requisitos del incremento de la presencia estadounidense. Se necesitaba, por ejemplo, apropiarse de tierras agrícolas para construir en ellas campos de vuelo e instrucción. Los británicos preveían que el personal de servicio superaría el millón de personas y habría que construir más de setecientos aeródromos. Como los propios recursos de personal se estaban usando ya al límite de sus posibilidades, tal objetivo no podía lograrse de inmediato, menos aún cuando el transporte naval del Atlántico todavía estaba amenazado por los alemanes. Se tardó pues un tiempo en armar a las fuerzas Aliadas, igual que se tardó en otra de las metas: desgastar al enemigo.

Debilitar al enemigo y ocuparlo en frentes muy alejados entre sí

Aun así, lo que probablemente resultó más decisivo a la hora de dar la vuelta a la situación fue el tema al que Churchill optó por quitar importancia en la *Historia de la segunda guerra mundial*, que el primer ministro redactó ya durante la guerra fría: que el ejército alemán quedara aplastado en Rusia, en el Frente Oriental, en 1943. Llama la atención que dedicara a este asunto tan solo seis páginas del volumen IV (al asedio de Stalingrado, hoy Volgogrado) y tres del volumen V (a la batalla de Kursk). Bien al contrario, estas colosales batallas terrestres, libradas por ejércitos enormes —mucho mayores que los desplegados por británicos y estadounidenses en el norte de África o el Mediterráneo—, supusieron con gran diferencia la mayoría de las pérdidas de los alemanes en combate. En otoño, el Ejército Rojo había hecho retroceder a la Wehrmacht a lo largo de varios cientos de kilómetros de un frente sumamente extenso, y había reconquistado Kiev, en Ucrania.

Resulta fácil comprender por qué Churchill no deseaba atraer una especial atención sobre la magnitud real del éxito de los rusos. El argumento central en apoyo del asalto de Francia había sido aliviar la presión que aquellos sufrían. A lo largo de 1942 el primer ministro tuvo un conocimiento innegable de que en la práctica los rusos estaban matando aún a más alemanes, y destruyendo más equipos, que la suma de británicos y estadounidenses. A principios de 1943, cuando se informó a Moscú de que en Casablanca se había decidido atacar Sicilia —antes que Francia—, las relaciones de Gran Bretaña con la Unión Soviética estuvieron a punto de romperse. En marzo, Stalin reprochó a Churchill que incumpliera repetidamente las promesas de abrir un segundo frente de combate en la Europa occidental; escribió: «Considero mi deber advertiros, con toda la severidad que el asunto exige, de cuán peligroso sería, desde la perspectiva de nuestra causa común, que siguiera demorándose la apertura del Segundo Frente, en Francia [...] un asunto este sobre el que no puedo guardar silencio».[18] En privado, Churchill se mostró dispuesto a admitir que era «del todo consciente de la pobre aportación que hacemos, británicos y estadounidenses, al habernos enfrentado a quizá tan solo una docena de divisiones alemanas durante la mayor parte de este año».[19]

Pero la naturaleza de los temores que los Aliados occidentales sentían con respecto a la Unión Soviética también estaba cambiando. En 1942 les inquietaba la posibilidad de que los rusos se derrumbaran y hubiera que requerir a una intervención en Francia, urgente pero limitada, como medida radical que distrajera la atención de los alemanes y contribuyera a apuntalar un tanto al socio oriental. A mediados de 1943 la situación era muy distinta. La magnitud del éxito soviético en el campo de batalla introdujo un elemento nuevo en la planificación de los Aliados: el temor a que Alemania se derrumbara y la Unión Soviética quedara en posesión de una vasta extensión territorial del continente. No era con ese objetivo, desde luego, con el que Gran Bretaña había entrado en guerra en 1939.

Ciertamente, los alemanes se enfrentaban a una dispersión de frentes cada vez más agotadora. En febrero de 1943 la inteligencia militar británica observó una retirada de tropas de Francia hacia los frentes ruso y norteafricano, y calculó que en Stalingrado el enemigo habría perdido, por destrucción o rendición, unas treinta divisiones. Otro factor de no menos importancia era la mengua en la calidad del ejército alemán, que hasta entonces había parecido especialmente poderoso. En aquel momento, sin embargo, los alemanes reformaban sus divisiones y las enviaban a combatir junto con tropas inexpertas, en número escaso y con carencias de equipamiento. Por otro lado, la mera transferencia de tropas de un frente operativo a los otros daba a entender que las reservas se les estaban acabando.

Otro de los requisitos que Churchill había exigido para poder emprender el Día D era «que no haya más de doce divisiones móviles de Alemania en el norte de Francia en el momento en que la operación se iniciara, y que los alemanes no tuvieran posibilidad de formar más de quince divisiones durante los dos meses posteriores».[20] Las cifras estaban yendo en la dirección deseada, en particular cuando se tomaba en cuenta los efectivos y la calidad de las divisiones alemanas; pero, en febrero de 1943, la inteligencia británica aún informaba de que los alemanes contaban con treinta divisiones operativas en Francia y los Países Bajos. Por desgracia, cuando Alemania empezó a prever que la ofensiva de los Aliados en Francia se iba a hacer realidad, ese número todavía se incrementó más.

¿Deberían los Aliados haber atacado Francia con todas sus fuerzas en 1943? En su momento, diversos comentaristas estadounidenses lo consideraban oportuno y algunos historiadores también lo han defendido desde entonces. Por descontado es imposible saber cuál habría sido el resultado; pero si se contempla desde Westminster o la Clasa Blanca, se trataba de una propuesta sin duda muy arriesgada. Hasta por lo menos mediados de 1943 Alemania aún amenazaba las líneas transatlánticas de abastecimiento de Gran Bretaña, era capaz de montar una defensa aérea poderosa en Francia y quizá aún habría logrado transferir a un número importante de tropas desde Rusia y el Mediterráneo; por otro lado, iniciar el asalto a la costa norte de Francia en 1943 no era gratis, sino que habría tenido por coste que los Aliados no habrían avanzado más tras la victoria de Túnez, Italia habría seguido siendo una potencia enemiga y el Mediterráneo, un mar en disputa. Incluso en este caso tampoco se puede tener la certeza de que habrían conseguido reunir las fuerzas suficientes como para enfrentarse a un enemigo menos debilitado que en 1944. Además, se habría producido un período de inactividad en el que la opinión pública de Gran Bretaña y Estados Unidos quizá habría puesto el grito en el cielo y, simultáneamente, habría permitido a los alemanes consolidar las defensas que tenían en Francia. En el caso de que la invasión fracasara —que Dieppe se repitiera a una escala muy superior—, ello habría acarreado consecuencias muy gravosas para la estrategia bélica Aliada. Para empezar, se antoja improbable que el gobierno de Churchill hubiera logrado sobrevivir a tal derrota catastrófica. Roosevelt también habría quedado sometido a una presión política mayor que tal vez le hubiera obligado a centrar los esfuerzos de su país en el Pacífico. El estado de ánimo de los Aliados y los países del Imperio y la Commonwealth habría sufrido un golpe severo; por el contrario, en Alemania, la moral habría mejorado y ello quizá los habría ayudado a reagruparse y dar estabilidad al Frente Oriental. Todo esto, por descontado, forma parte del reino de lo contrafactual. Sin embargo, es la clase de conjeturas a las que el primer ministro británico, el presidente estadounidense, el Estado Mayor Conjunto y sus planificadores debían entregarse diariamente.

Disponer de suficientes naves de desembarco, capaces de trasladar al ejército hasta la costa con seguridad y luego de ir reabasteciéndolo

A menudo se pasa por alto que la capacidad de trasladar con éxito a tropas y equipos hasta las playas también fue un factor relevante en el éxito del Día D. Gran Bretaña y Estados Unidos disponían de armadas poderosas y navíos suficientes para pasar en ellos el Canal; pero, al no contar con puertos amplios y de gran calado (los de la costa francesa, indudablemente, iban a ser defendidos con uñas y dientes), no tenían modo de hacer efectivo el desembarco. Planificar el Día D, por lo tanto, dependió de garantizar el acceso a una cantidad y diversidad de lanchas y barcazas de desembarco. Eran imprescindibles para cualquier operación anfibia y, al comenzar la guerra, simplemente ni siquiera existían en gran número. Un informe de abril de 1939 concluyó que, durante los seis meses siguientes, Gran Bretaña no dispondría de lanchas para desembarcar siquiera a una brigada; y que antes de dos años no podía contemplar la captura y defensa de ningún territorio enemigo.

Cuando la guerra estalló, no obstante, la producción se aceleró. A finales de 1941 se estaban construyendo en Gran Bretaña 348 embarcaciones de este tipo, mientras que el programa de 1942 preveía entregar 1.168 en mayo de 1943. Los estadounidenses también pasaron a la producción en gran escala.[21]

Aun así, no bastaba con la fabricación. También había que contar con el equipo de marinos, no muy numeroso pero especializado, capaz de manejar aquella flota. En una fecha temprana como octubre de 1941 Mountbatten defendía ya la necesidad de formar a 16.000 hombres.

Churchill, Roosevelt, el Comité Combinado y sus equipos de planificación dedicaron un tiempo extraordinariamente largo a lidiar con la logística de las naves del desembarco. Se las necesitaba además en el norte de África, Sicilia, Italia y, en gran cantidad, en el Pacífico. Había que mantenerlas y desplazarlas. En Normandía debía contarse con ellas en cantidad suficiente no solo para el asalto inicial, sino para los cruciales días posteriores en los que sería imprescindible reforzar las cabezas de playa reabasteciéndolas desde el mar. La planificación tenía que prever asimismo las lanchas perdidas por mal tiempo o acción del enemigo.

En la operación definitiva de Overlord intervino la asombrosa cantidad de 4.126 barcazas y gabarras de desembarco: entre ellas, especialmente grandes, 55 para la infantería y 236 para los tanques; de las barcazas menores, otras 248 para la infantería y 837 para los tanques, más 502 de asalto y 464 para los equipos motorizados, además de una diversidad de embarcaciones más especializadas. Como era de esperar se tardó un tiempo en reunir las naves, reclutar y entrenar a las tripulaciones y desarrollar los procedimientos y tácticas necesarios para tal armada.

Dotar a los oficiales y la tropa tanto de experiencia de combate real como de un estado de ánimo excelente

Por último, estaba el tema de la moral. Los Aliados iban cobrando ventaja en lo relativo a la cantidad y calidad de las armas, pero antes de 1943 no habían desarrollado ni promovido la autoestima necesaria para usarlas con efectividad. El ejército de Tierra de Gran Bretaña no obtuvo ninguna victoria grande y decisiva contra los alemanes hasta la segunda batalla de El Alamein, en noviembre de 1942. No es de extrañar pues que Churchill hiciera todo lo posible para saborear y celebrar aquel momento: ordenó tañer las campanas de las iglesias del país y anunció con orgullo, en la cena anual del alcalde londinense en su residencia oficial, la Mansion House: «Tenemos victoria, una victoria clara y relevante. El brillo reluciente de los cascos de nuestros soldados ha calentado y alegrado el corazón de todos nosotros».[22] En cuanto a las tropas estadounidenses, sufrieron su propio bautismo de fuego en la batalla del Paso de Kasserine, en Túnez, en febrero de 1943. A partir de aquí fueron adquiriendo experiencia y curtiéndose en los combates.

Churchill, Eisenhower y Montgomery creían firmemente, los tres, en el valor de una moral alta, un estado de ánimo favorable al combate. Winston conocía sin duda aquel dicho de Napoleón según el cual, en la guerra, «en comparación con la fuerza física, la moral vale por tres, y aquella, por uno». Todos ellos creían que los comandantes debían actuar a la vista de sus hombres. Para Eisenhower esto era muy fructífero porque elevaba la moral, lo que, «en circunstancias más o menos iguales, adquiere un valor supremo en el campo de batalla». Por su parte, para Montgomery, «uno de los principales factores del éxito en la batalla es el factor humano», y Churchill consideraba que «las batallas no se ganaban a partir del cálculo aritmético de las fuerzas que se enfrentaban». Tras haberse situado en el centro del escenario en 1940 y convertirse en la voz e imagen principal de la campaña bélica de Gran Bretaña, Winston sabía que debía implicarse en la forja y mantenimiento de esa confianza. En internet encontraremos piezas fantásticas del noticiario Pathé News que muestran al primer ministro visitando a las tropas en el norte de África, en junio de 1943. Excéntrica y característicamente vestido con su mono de cremallera, salacot, gafas de sol, bastón y puro; sin duda fue una atracción estelar en sus desplazamientos de una unidad a otra, siempre atento a la foto. Lo veremos hablando ante un público numeroso en el anfiteatro de Cartago, visitando a una unidad estadounidense, pasando en coche entre tropas que lo vitorean mientras él saluda formando con los dedos la V de la victoria, dirigiéndose a otros hombres desde la caja de un camión. Se nota a la legua que disfrutaba con este papel. Es el liderazgo deliberado desde el frente de un hombre con un talento natural para el espectáculo, que disfruta delante de los focos.

La moral de combate es una cualidad que no resulta fácil definir, pero que requería contar con los equipos y la instrucción adecuados, haber tenido experiencias victoriosas y confiar tanto en los mandos como en los compañeros.

A finales de 1943 se habían cumplido en gran parte los requisitos previos esenciales para Overlord. Los Aliados controlaban el mar y su dominio del aire era cada vez mayor. Alemania había perdido al socio europeo y se había excedido mucho en sus ambiciones: combatía en varios frentes al mismo tiempo sin la posibilidad de igualar el ritmo de producción de los Aliados. Británicos y estadounidenses habían desarrollado y puesto a prueba un sistema de mando combinado. Sus tropas habían luchado codo con codo en el norte de África y Sicilia y habían adquirido una experiencia muy valiosa en la planificación y ejecución de desembarcos anfibios en costas defendidas por el enemigo. Todo esto no significaba que el asalto de Francia fuera a resultar pan comido. Todos los implicados sabían que esta operación se caracterizaba por unas dimensiones por completo distintas.

Para empezar, las invasiones del norte de África y Sicilia habían confirmado las dificultades inherentes a las operaciones anfibias. En Sicilia, en julio de 1943, los Aliados gozaban de una superioridad aérea abrumadora y se enfrentaban a un ejército italiano que ya estaba desmoralizado y a una fuerza alemana de poco más de dos divisiones, es decir: muy inferior a la desplegada en Francia. Pero aun así se toparon con obstáculos y sufrieron bajas considerables. La meteorología volvió a provocarles problemas, porque el asalto aerotransportado inicial tuvo que lidiar con fuertes vientos. En consecuencia, los paracaidistas quedaron dispersos y varios planeadores se estrellaron contra el mar. También hubo dificultades en la coordinación de los bombardeos aéreos y navales con los desembarcos en las playas: varios aviones sucumbieron al «fuego amigo» y diversas unidades aterrizaron en puntos erróneos. Aunque se logró tomar las playas, los alemanes acertaron a frenar el avance de las tropas de Montgomery y a la postre pudieron huir de la isla sin caer presos.

Thomas Rodgers, más conocido como T. L., formaba parte de la Compañía C del 504.º Regimiento de Paracaidistas. Procedía de un pueblo del estado de Alabama, llamado Andalusia. En palabras de un camarada, T. L. era «tranquilo, discreto y reservado», un hombre alto que «fumaba poco y [lo que quizá era infrecuente entre los paracaidistas] nunca bebía ni maldecía». Se lanzó sobre Sicilia el 10 de julio, durante la segunda noche de operación, y pudo considerarse afortunado por llegar a tierra sano y salvo: desde su propio bando se abatió a veintitrés de los aparatos e incluso a varios de los paracaidistas ya en descenso. Esto puso de relieve un problema que sin duda era urgente corregir, lo que derivó en la creación de una unidad especial de exploradores (*Pathfinders*): voluntarios especialmente formados para lanzarse en paracaídas por detrás de las líneas enemigas y por delante de la fuerza principal, para luego utilizar luces y el radar para guiar a los demás con seguridad. Por su carácter, T. L. encajaba a la perfección en esta unidad especial de voluntarios: «Cuando se le preguntaba si aceptaba una misión peligrosa, reflexionaba un momento y luego respondía con suavidad: "Iré"». Ofrecerse voluntario como explorador fue una decisión trascendental que le llevó a interpretar un papel crucial en la Operación Overlord.

A corto plazo, no obstante, Sicilia puso de manifiesto que Normadía podía llegar a resultar muy difícil. La costa del norte de Francia era la sección más poderosamente defendida del «Muro Atlántico» de Hitler: una serie colosal de fortificaciones de hormigón que debía extenderse desde la frontera del país galo con España hasta el norte de Noruega. Además, en el Canal aún persistían los peligros de los U-Boote, las S-Boote (lanchas armadas) y las minas. La Luftwaffe se había debilitado, pero no extinguido; y el ejército alemán aún mantenía en Francia un gran número de divisiones (entre ellas, algunas blindadas, las Panzer, de un poderío formidable). En resumen: la victoria no podía darse por hecha. Todavía había que estudiar lo sucedido y aprender de los errores. John Selwyn Lloyd, un joven oficial británico del Estado Mayor del Segundo Ejército (que con el tiempo sería ministro de Exteriores), estuvo entre los numerosos militares a los que se les encargó estudiar aquellos desembarcos en las playas y desarrollar nuevas técnicas para llevar a los soldados a tierra o recogerlos allí. Visitó Sicilia en 1943 y participó en pruebas con las lanchas y naves de desembarco y en el examen de los obstáculos de las playas.

Por otro lado, la guerra también tenía un impulso propio. Igual que el norte de África llevó a Sicilia, el éxito en Sicilia culminó con el derrocamiento de Mussolini y el paso de los Aliados a la zona peninsular italiana; un paso demasiado tardío, que llegaba tarde para impedir que los alemanes tomaran el control del país. Churchill abogó fervientemente por dar continuidad al éxito siciliano en la península itálica, y siguió insistiendo en ello aun cuando se habían empezado a reunir en Gran Bretaña las fuerzas estadounidenses de Overlord. Antes incluso de la invasión de Sicilia, aunque repetidamente protestara acerca de que no tenía ninguna intención de interferir con los planes de invadir la costa septentrional de Francia, sin embargo, no solo instaba a Eisenhower a aprovechar con celeridad cualquier oportunidad que se presentara con la caída de la isla, sino que expresó el temor a que Ike interpretara esta misión sin la ambición deseable. En julio, se mostró convencido de que la estrategia correcta para 1944 era combatir sin reservas en Italia, avanzar hasta la línea del río Po y conservar las opciones, o bien capturar Viena, o bien dirigirse hacia el sur de Francia. Desde entonces se convirtió en el principal defensor de efectuar dos operaciones anfibias sucesivas, concebidas para saltarse la presencia de las fuerzas enemigas en la península. La primera, con desembarcos en Salerno en septiembre de 1943, pretendía tomar Nápoles; con la segunda —en Anzio, en enero de 1944—, se quería facilitar la captura de Roma. Ambos desembarcos se toparon con una resistencia feroz y los alemanes contraatacaron con dureza, con la intención de obligarlos a embarcarse y huir. A las fuerzas de Anzio les costó mucho abrirse paso desde las cabezas de playa. En una carta sincera para el general estadounidense MacArthur —comandante de las fuerzas Aliadas en el Pacífico suroccidental— Churchill admitió que lo que él confiaba en que sería «un gato montés» iba camino de convertirse en «una ballena varada».

En la práctica, Italia distó de ser el punto flaco de Europa, según Churchill creía; domeñar su alargada y montañosa figura costó una enormidad de hombres y de materiales. El primer ministro británico había pedido específicamente desviar de Francia a Italia a todo un grupo de paracaidistas estadounidenses. De resultas, T. L. Rodgers y el 504.º Regimiento se desplegaron en Salerno y Anzio y pasaron los meses siguientes combatiendo trecho a trecho hacia el norte de la península. Uno de sus compañeros replicó enojado, enumerando toda una lista de batallas ya libradas, cuando le dijeron que la tarea de los paracaidistas era fácil y que su papel era dar glamur al ejército: «Sicilia, Salerno, el Paso de la Metralla, los Llanos de Nápoles, el Volturno, Cassino y sesenta y tres días en Anzio. Anda, majadero, ¡lárgate que se está enfriando la papilla!».[23] Pero a medida que el tiempo pasaba y que las bajas iban aumentando, los líderes militares estadounidenses expresaron el recelo de que estas operaciones estaban desviando recursos de la batalla principal, que debía librarse en Francia. Para Brooke y los jefes del Estado Mayor británicos, Salerno y Anzio eran un aviso muy útil sobre las dificultades que encontrarían al asaltar las playas de Normandía.

Aun así, el impulso natural de la guerra y la dificultad de abandonar las operaciones una vez que ya se habían iniciado contribuyeron a mantener a los Aliados lejos de la costa septentrional de Francia.

A medida que transcurrían los seis últimos meses de 1943, como las fuerzas estadounidenses empezaron a llegar a Gran Bretaña en cantidad y los requisitos previos para un asalto desde Gran Bretaña se cumplían uno tras otro, Churchill se corrigió y abogó porque Overlord fuera la principal operación conjunta de 1944. Esto no significa que la viera como la única operación, pues, a todas luces, también tenía la mirada puesta en la posguerra.

Acabada la contienda, si Gran Bretaña seguía siendo una potencia imperial —como Winston sin duda esperaba que sucediera—, necesitaría controlar el Mediterráneo oriental. Churchill era consciente tanto de la inestabilidad de los Balcanes como del dominio soviético de Grecia, en especial tras la rendición de los italianos, y le enfureció que Eisenhower se negara a dedicar recursos de su mando mediterráneo para permitir que los británicos ocupasen las islas griegas del Dodecaneso, antigua posesión italiana de la que Alemania se había apoderado. Entre estas islas destacaba Rodas. En un telegrama enviado a Roosevelt el 8 de octubre de 1943, rogó que se sopesara de nuevo su propuesta, en una coyuntura crítica, e hizo hincapié en que «esta operación podría encajar en nuestro plan sin detrimento ni del avance en Italia, por el que como sabes siempre he abogado, ni de la acumulación de fuerzas para Overlord, que estoy dispuesto a apoyar lealmente».[24] Obsérvese el contraste revelador entre la defensa activa de las campañas mediterráneas y la aceptación pasiva de la de Normandía. Como no será de extrañar, la réplica del presidente estadounidense incluyó una severa reprimenda. Para él, la cuestión griega era del todo secundaria y no le parecía conveniente perjudicar por ello el tema primario: «Estratégicamente, si tomamos las islas del Egeo [incluida Rodas], me pregunto adónde podremos ir desde allí; y, a la inversa, en qué saldrán ganando los alemanes por el mero hecho de retener por un tiempo la posesión de esas islas».[25]

Un telegrama de Churchill a su ministro de Exteriores, Anthony Eden, que estaba de visita en Moscú, refleja este estado de cosas. Se es-

(78)

OUTWARD TELEGRAM

[This Document is the Property of His Britannic Majesty's Government, and should be kept under Lock and Key.]

P

[This telegram is of particular secrecy and should be retained by the authorised recipient and not passed on]

(31)

[Cypher] SPECIAL (EXTRA)

FROM FOREIGN OFFICE TO MOSCOW

No. 174 Extra
29th October, 1943 D: 2.20 p.m. 29th October, 1943.

P P P P

PRIME MINISTER'S PERSONAL TELEGRAM
SERIAL No. T. 1764/3.

MOST IMMEDIATE

DEDIP

Most Secret and Personal

Following from Prime Minister for Secretary of State.

1. There is of course no question of abandoning Overlord which will remain our principal operation for 1944. The retention of landing-craft in the Mediterranean in order not to lose the battle of Rome may cause a slight delay, perhaps till July, as the smaller class of landing-craft cannot cross the Bay of Biscay in the winter months and would have to make the passage in the Spring. The delay would however mean that the blow when struck would be with somewhat heavier forces, and also that the full bombing effort on Germany would not be damped down so soon. We are also ready at any time to push across and profit by a German collapse. These arguments may be of use to you in discussion.

2. See also my telegram No. 171 Extra. I see you have discouraged the Turkish Foreign Secretary from coming to see you in Cairo on your way home, but of course if U.J. liked the idea about the Submarines it might be very convenient for you to handle the matter yourself in Cairo. At the same time you would of course ask for facilities for the use of the Air bases from which the Aegean islands can be defended and attacked. Should action be found possible we will send a precise military statement of what we want.

O.T.P.

Telegrama de Churchill a Eden, 29 de octubre de 1943.

cribió el 29 de octubre y confirma que el primer ministro aspiraba aún a obtener el mejor fruto posible de los dos mundos al mismo tiempo. Sobre Overlord, acepta que será prioritario, quizá con alguna demora porque las lanchas utilizadas en la captura de Roma no podrían cruzar el golfo de Vizcaya hasta la primavera; a cambio, se atacaría con más fuerzas y el ataque aéreo sufriría menos; aunque en caso de un hundimiento de los alemanes, habría que aprovecharlo. Sobre las islas griegas, convenía hablar con Turquía por si podía disponerse «de bases aéreas desde las que se pueda defender y atacar las islas del Egeo. Si la acción acaba por considerarse posible, enviaremos una declaración militar precisa de lo que queremos».

Churchill pretendía mantener en el teatro italiano mucho material —como lanchas de desembarco de las consideradas esenciales— durante todo el tiempo posible. Ante la negativa de Roosevelt, intentó enrolar a la Unión Soviética y Turquía en sus planes de ofensiva contra las islas del Dodecaneso. En los siglos XV y XVI los turcos habían dedicado mucha sangre, tiempo y esfuerzo en tomar Rodas de manos de los europeos; ahora, Churchill quería que abandonaran su neutralidad y ayudaran a los británicos a defenderlas frente a los alemanes, cediendo el uso de sus bases navales y aéreas. Los turcos rechazaron la propuesta, como quizá era de esperar.

Para Churchill estas campañas de Italia y el Mediterráneo cumplían también la función de conquistar laureles, pues, en aquel momento, ya resultaba evidente que los estadounidenses aportarían el grueso de las fuerzas de Overlord y, por lo tanto, el comandante de la campaña francesa sería de Estados Unidos: Marshall o Eisenhower. Ike se alzó con el puesto en diciembre de 1943 y el general británico «Jumbo» Wilson le sucedió en la posición de comandante supremo del Mediterráneo. Esto fue una decepción para Brooke, ya que Churchill le había dado a entender que se lo encomendaría a él.

Aun así, Churchill todavía tuvo que librar una batalla de retaguardia durante el otoño para frenar la sugerencia estadounidense de unificar los teatros de Overlord y el Mediterráneo en un único Mando europeo que alcanzaría una magnitud colosal. Sin duda, temía que el resultado no sería otro que un único y todopoderoso comandante en jefe estadounidense, muy probablemente el general Marshall. En cambio, con Wilson como comandante supremo del Mediterráneo y Alexander al mando del 15.º Grupo de Ejércitos, que combatía en Italia, siempre podía presumir de que los británicos estaban al frente de uno de los teatros. La conquista de Roma era un premio rutilante al que no estaba dispuesto a renunciar sin más.

El primer ministro británico se dirigió con este ánimo a la conferencia de Teherán, primer encuentro de «los Tres Grandes» —él mismo, Roosevelt y Stalin—, que se celebró en la capital iraní en noviembre de 1943. De camino a El Cairo —donde Churchill se reuniría con Roosevelt antes de la cumbre triple—, Winston se mostró exasperado con «los males de los estadounidenses». Estaba tan animado que a Brooke le inquietaba qué línea pudiera adoptar su jefe en la conferencia, ya que Churchill parecía inclinado a decirle al presidente estadounidense: «Muy bien, pues si vosotros no nos seguís en el Mediterráneo, nosotros no os seguiremos en el canal de la Mancha», y, en consecuencia, parecía dispuesto a aceptar que Estados Unidos dirigiera el grueso de su esfuerzo hacia el Pacífico. No debió de ayudar la mala salud que sufría, agravada por el cansancio de los viajes. Tampoco debió de mejorar su estado de ánimo el hecho de que Roosevelt se negara a debatir con él una estrategia europea durante la reunión previa en Egipto. La presencia de Chiang Kai-shek, el líder nacionalista chino, hizo que las conversaciones de El Cairo se centraran sobre todo en la guerra en el Asia oriental y el Pacífico.

El 26 de noviembre, Winston envió a Clementine una larga carta desde El Cairo. Algunos pasajes destacados son muy reveladores con respecto a las frustraciones del primer ministro:

> Llevamos ahora cinco días aquí y hasta el momento solo hemos abordado en serio la faceta china del problema. Sin embargo, entre bambalinas han ido pasando muchas cosas tendientes a ir acercando cada vez más a británicos y estadounidenses en estos asuntos grandes y sombríos a los que nos enfrentamos. Mañana, con el primer canto del gallo, partimos hacia EL CAIRO-TRES [Teherán] y estaremos allí confío que de tres a cuatro noches. U. J. [*Uncle Joe*, «el tío Joe», como Churchill apodaba a Stalin] se reunirá con nosotros en la tarde del 28. Ha sido imposible resolver nuestros problemas principales sin saber antes cuáles son sus deseos y sus puntos de vista [...].

Cuéntame qué dice la opinión pública sobre los distintos asuntos. Por supuesto, sé que en Londres se comenta que mi dirección de la guerra en el Mediterráneo, durante estos dos últimos meses, ha sido frustrante. Pero no me corresponde a mí contestar a eso. Tampoco puedo fingir que pueda defender adecuadamente lo que ha pasado en la práctica. He estado luchando con las manos atadas a la espalda, pero ahora confío en llegar a acuerdos mejores y adelantar las decisiones necesarias para futuros golpes, al fin fuertes [...].

Aún no he logrado tomar el control de los asuntos según confío y pretendo hacer una vez allí, pero tengo la impresión de que las cosas adoptarán el rumbo que yo quiero. Mañana nos ponemos en marcha tan temprano que ahora dormiré una hora antes de cenar con la embajada de El Cairo.

Mi más tierno amor, querida Clemmie. No sabes cuánto deseo que estuvieras aquí conmigo y pudieras ver todo este espectáculo tan diverso.[26]

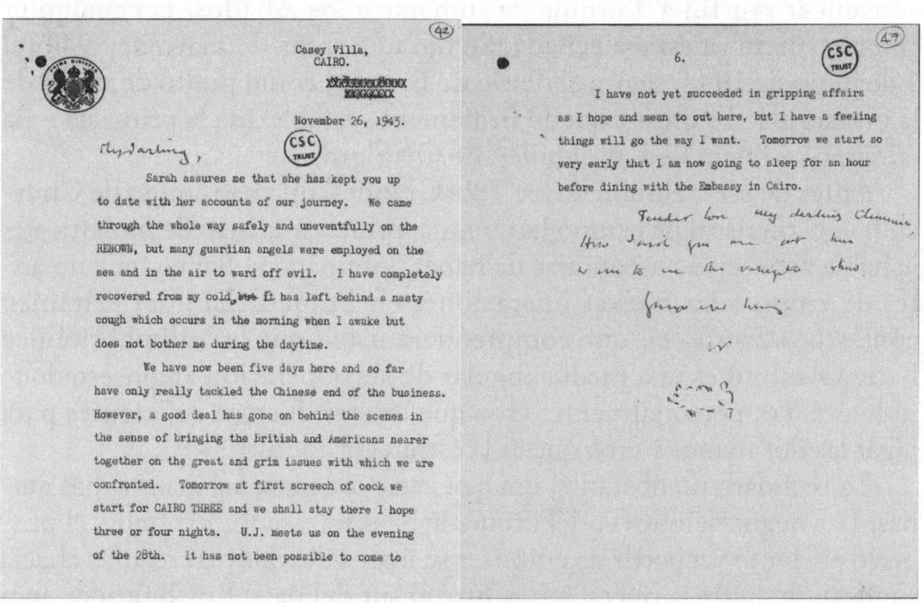

Casey Villa,
CAIRO.

November 26, 1943.

My darling,

Sarah assures me that she has kept you up to date with her accounts of our journey. We came through the whole way safely and uneventfully on the RENOWN, but many guardian angels were employed on the sea and in the air to ward off evil. I have completely recovered from my cold, ~~but~~ it has left behind a nasty cough which occurs in the morning when I awake but does not bother me during the daytime.

We have now been five days here and so far have only really tackled the Chinese end of the business. However, a good deal has gone on behind the scenes in the sense of bringing the British and Americans nearer together on the great and grim issues with which we are confronted. Tomorrow at first screech of cock we start for CAIRO THREE and we shall stay there I hope three or four nights. U.J. meets us on the evening of the 28th. It has not been possible to come to

6.

I have not yet succeeded in gripping affairs as I hope and mean to out here, but I have a feeling things will go the way I want. Tomorrow we start so very early that I am now going to sleep for an hour before dining with the Embassy in Cairo.

Tender love my darling Clemmie
How I wish you were out here
w me to see the variegated show.
Your ever loving
W

Primera y última página de una carta de Churchill a su esposa Clementine, 26 de noviembre de 1943.

Teherán supuso una decepción para Churchill. Roosevelt puso todo su empeño en establecer una relación bilateral con Stalin y «los deseos y los puntos de vista» del tío Joe resultaron coincidir con los del presidente. Los líderes de Rusia y Estados Unidos tenían una preferencia compartida y clara por asaltar la costa norte de Francia desde el otro lado del Canal a finales de la primavera de 1944. La operación contaría con el apoyo de una ofensiva soviética simultánea en el Frente Oriental más una invasión Aliada del sur de Francia por parte de las tropas destinadas en Italia. Se quebrantó el principio de seguridad según el cual los nombres en clave no debían manifestar ninguna conexión reconocible con su operación, y se bautizó el ataque meridional como *Anvil* («Yunque»), presumiblemente porque sería el *yunque* sobre el cual el *Señor Supremo* (Overlord) terminaría de aplastar al enemigo. Churchill intentó hacer hincapié en la importancia de seguir combatiendo en Italia y los Balcanes, con el argumento de que a corto plazo estas operaciones seguirían desviando tropas alemanas del frente ruso y más adelante harían lo mismo con el frente de Normandía. También afirmó que un éxito en el Mediterráneo quizá serviría para convencer por fin a Turquía de sumarse a los Aliados. En cualquier caso, la suerte ya estaba echada. Se fijó una fecha de mayo de 1944 (el 1 de junio de 1944, según el diario de Brooke) como punto de inicio de la invasión de Francia y quedó firmemente establecida la primacía —la «tiranía», a juicio de Churchill— de Overlord.

Antes de esta reunión de los Tres Grandes, un viejo amigo de Churchill —el mariscal de campo Jan Smuts, primer ministro de Sudáfrica— le había aconsejado asegurarse de haber dominado el flanco italiano antes de emprender nuevas operaciones en Francia. El líder británico contestó: «Confío en que comprenderá usted que la lealtad británica hacia Overlord es una piedra angular de la cooperación anglo-estadounidense. Yo, personalmente, creo que existen fuerzas suficientes para jugar las dos manos y creo que es la estrategia adecuada».[27]

La realidad, no obstante, era que cada vez tenía las manos más atadas. Las negociaciones con Turquía habían fracasado. En Italia, el progreso era lento y a partir de entonces se iban a desviar más recursos hacia Francia, incluida la operación contra el sur del país. Los Balcanes eran una vía sin salida e Italia quedaba como teatro secundario. Con independencia de las dudas de Churchill, para volver a casa habría que pasar por Francia en dirección a Berlín.

La respuesta del primer ministro a esta situación —según quien fuera amiga suya de toda la vida, Violet Bonham Carter— fue comentar con amargura:

> Y allí estaba yo, sentado con el gran oso ruso a un lado, con las garras desplegadas, y al otro lado el gran búfalo estadounidense; y entre los dos se sentaba el pobre asno inglés, que era el único, el único de los tres, que sabía cuál era el mejor modo de volver a casa.[28]

En el contexto de la enrevesada senda que los Aliados occidentales recorrieron hasta hallarse prestos a invadir la Europa occidental en junio de 1944, fue necesario dar muchos pasos. A las órdenes de Montgomery, Stan Hollis combatió con su 6.º Batallón de los Green Howards desde El Alamein hasta Túnez, pasando por el desierto occidental; luego enlazó con las primeras tropas estadounidenses que, tras desembarcar en la zona en noviembre de 1942, combatieron en la Argelia y el Marruecos francés. Cuando el norte de África quedó libre de todas las fuerzas del Eje, Stan Hollis formó parte de la siguiente jugada estratégica de Montgomery: la invasión Aliada de Sicilia, que se inició el 9 de julio de 1943. Mientras Stan batallaba en el puente de Primosole, en la llanura de Catania —donde estuvo a punto de perder la vida—, cabe decir que el general Montgomery consolidaba su comprensión de cómo combatir victoriosamente en un campo de batalla de mediados del siglo xx. En los meses finales de la primera guerra mundial había podido observar que la coordinación cuidadosa de blindados, infantería, artillería y potencia aérea, con reservas y gasto ingentes de la munición, bastaba para sojuzgar posiciones bien defendidas y restaurar la maniobrabilidad sobre el campo de batalla. Así lo consiguió a la postre en El Alamein —sin olvidar que el coste humano fue elevado—, en la invasión de Sicilia y la posterior invasión de Italia. El 23 de diciembre de 1943 le ordenaron retirarse a preparar la invasión de Europa.

Al regresar a Londres, Montgomery quedó situado de nuevo bajo el mando supremo del general Dwight D. Eisenhower, pero se le encomendó desarrollar los planes para lo que sería la Operación Overlord (la invasión de Europa). Tuvo que lidiar con las consecuencias del desastroso asalto al puerto de Dieppe, la Operación Jubileo, en la que casi un millar de soldados canadienses perdieron la vida y cerca de dos mil cayeron presos: se demostró que capturar un puerto bien defendido de la costa atlántica francesa estaba entre lo sumamente peligroso y lo simplemente imposible. Decidió pues que la invasión futura se haría a través de las playas. Su viejo adversario Erwin Rommel, colocado ahora al mando de las defensas occidentales de Francia, llegó prácticamente a la misma conclusión. Por lo tanto, se aceleró la construcción del Muro Atlántico, en gran medida mediante trabajos forzados. Se estaban sentando las bases del enfrentamiento definitivo entre los Aliados occidentales y Alemania en algún punto de la costa de Francia. Pero ¿dónde, cuándo? Stan Hollis —que se había retirado de Italia junto con su batallón para prepararse para la batalla por Europa— se hacía las mismas preguntas.

El camino internacional del Día D: calendario de las conferencias clave de 1943

El presidente, el primer ministro y el Comité Combinado de sus jefes del Estado Mayor se reunieron regularmente durante 1943 con la finalidad de desarrollar una estrategia conjunta. Todas estas cumbres tuvieron influencia en el calendario y la naturaleza últimas de Overlord.

La conferencia de Casablanca

El año se abrió con la conferencia de Casablanca (nombre en clave: Símbolo), celebrada entre el 14 y el 24 de enero de 1943 en el Marruecos francés. La prioridad inmediata era determinar los pasos siguientes de los ámbitos político y militar, coordinando el avance de estadounidenses y británicos en Túnez, desde el oeste y el este respectivamente, y llegar a acuerdos sobre la administración del norte del África francés. En la conferencia se decidió asimismo que el siguiente objetivo de los Aliados sería Sicilia. Esto suponía reconocer que aún no disponían de la fuerza necesaria para enfrentarse a los alemanes en la costa atlántica de Francia, poderosamente fortificada, lo que en la práctica retrasaba el Día D hasta 1944. La conferencia reconoció que antes de asaltar a través del canal de la Mancha era necesario derrotar a los U-Boote en el

Atlántico y seguir bombardeando Alemania. Aun así, se decidió nombrar a un general británico para que continuara desarrollando planes para operar contra Francia.

La Tercera Conferencia de Washington

En mayo, Churchill se decidió a la mediación diplomática. En Washington (nombre en clave: Tridente, 12 al 25 de mayo) se reunió con el presidente y el Comité Combinado. Luego voló a Argel (29 de mayo a 4 de junio) en compañía de los generales Marshall y Brooke. Allí se les sumó el secretario de Exteriores, Eden, y se reunieron con Eisenhower y los mandos militares que estaban a punto de iniciar la Operación Husky: la invasión de Sicilia. En estas reuniones se cerró lo relativo al asalto de esta isla, pero no hubo consenso sobre si después se saltaría a Italia o no. En cambio, sí se acordó posponer el paso del canal de la Mancha hasta mayo de 1944, dado que, contando con las demás operaciones, sería imposible acumular las fuerzas y equipos necesarios antes de tal fecha. Mientras que Churchill abogaba resueltamente por sacar partido del éxito en Sicilia atacando la península italiana, para Marshall debía darse primacía a Overlord. Eisenhower estaba dispuesto a contemplar la continuación de las acciones en Italia mientras en el Reino Unido no se dispusiera aún de las fuerzas precisas para asaltar Francia.

La conferencia de Quebec

La conferencia de Quebec (nombre en clave: Cuadrante, 17 al 24 de agosto) se celebró en Canadá en el contexto del éxito de la invasión aliada de Sicilia, cuando Mussolini ya había caído. El primer ministro canadiense, William Lyon Mackenzie King, actuó de anfitrión de Churchill y Roosevelt, pero quedó excluido de los debates cruciales de los Aliados. Aunque el primer ministro británico aceptó el principio de la primacía de Overlord frente al Mediterráneo, sin embargo, instó a seguir actuando en Italia con el objetivo, en parte, de reducir la concentración de las fuerzas alemanas en Francia, y abogó por capturar Cerdeña y Córcega. En la conferencia también se debatió sobre el plan de atacar de forma simultánea el sur de Francia (Operación Anvil, «Yunque») en mayo de 1944, con la meta igualmente de mantener ocupados a los alemanes e impedir que pudieran acumular defensas en contra de Overlord. En la cumbre se habló asimismo de la guerra en el Pacífico y de la futura cooperación de los Aliados en el desarrollo de las armas atómicas.

La conferencia de Teherán

El año acabó con la conferencia de Teherán (nombre en clave: Eureka, 28 de noviembre a 1 de diciembre), precedida y seguida por dos reuniones de Churchill, Roosevelt y sus Estados Mayores en El Cairo (23 al 26 de noviembre y 4 al 6 de diciembre). Churchill habría querido utilizar la primera conferencia cairota para coordinar la estrategia europea con Roosevelt, antes de reunirse con Stalin en Teherán; pero Roosevelt era reticente a practicar la diplomacia bilateral antes de encontrarse por vez primera con el líder soviético, y su deseo se frustró además porque, al haber acudido también el líder nacionalista chino Chiang Kai-Shek, los debates se centraron antes que nada en el Lejano Oriente. En la propia Teherán, Churchill no tuvo más remedio que aceptar la firme decisión, por parte de estadounidenses y rusos, de dar prioridad a Overlord sobre las operaciones de Italia, aunque en la práctica la fecha del asalto desde el Reino Unido se pospuso a principios de junio. Los soviéticos accedieron a lanzar simultáneamente una ofensiva propia en el Frente Oriental, la Operación Bagratión; se habló asimismo de las medidas de distracción y de los planes de atacar el sur de Francia (la Operación Yunque, que pasó a llamarse Dragoon [«Dragón», en referencia a los soldados de caballería que combatían desmontados]). También se debatió mucho sobre la importancia de que Turquía entrara en la guerra de parte de los Aliados, aunque, en la posterior segunda conferencia cairota, İnönü, el presidente turco, descartó abandonar la neutralidad.

En estas conferencias y entre ellas se fue debatiendo sobre las posibles fechas del Día D, pero, al menos, a finales de 1943 se habían sentado unas bases claras para Overlord. Churchill, Roosevelt y el Comité Combinado no volvieron a reunirse hasta el 6 de junio.

TOP SECRET

Supreme Headquarters
ALLIED EXPEDITIONARY FORCE
Office of the Chief of Staff

(175)

SHAEF/18231/Ops

25 March 1944

Dear *Prime Minister*

I do not know whether the suggestion I am going to make is practicable or whether it will be repugnant to you personally.

The large scale exercise which it is necessary to carry out about 3rd - 5th May, will seriously detract from the degree of surprise that Plan 'FORTITUDE' is designed to achieve, if the enemy should interpret it in the true sense, as our final rehearsal. Accordingly everything possible must be done to convince the enemy that this exercise is the first, and that Operation 'OVERLORD' is the second of a series of exercises which must be carried out before D day.

I, therefore, submit for your considered opinion the proposal that when you next address the Nation you include a statement somewhat in the following terms: "It will be necessary to hold a series of exercises during the next few months which, being unprecedented in scale, will call for many restrictions on the public. These must be borne with patience and it is the duty of every citizen to refrain from speculation." I consider that such an address, framed in your own words, would greatly assist in concealing from the enemy the date of 'OVERLORD'.

It is intended that after your statement a similar warning will be given to the DUTCH, BELGIAN and FRENCH peoples through the medium of the BBC, primarily with the object of preventing untimely uprising in their countries.

Faithfully,

Dwight D Eisenhower

The Right Honourable Winston Churchill,
"Chequers".

TOP SECRET

Carta de Eisenhower a Churchill, 25 de marzo de 1944.

5

La mentira como guardaespaldas

> En tiempos de guerra [...] la verdad es tan preciosa que debería contar siempre con la asistencia de las mentiras como guardaespaldas.[1]

A últimas horas de la tarde del 30 de noviembre de 1943, Churchill celebró su 69.º cumpleaños en un lugar tan inesperado como los alrededores de la delegación diplomática rusa en Teherán, la capital de Irán. Participaba en una sesión plenaria de la primera conferencia de los Tres Grandes, que lo reunía con el presidente Roosevelt y el mariscal Stalin. El primer ministro británico y el presidente estadounidense contaban con la compañía de sus principales asesores políticos y militares: no faltaban Hopkins, Harriman, Marshall, King, Eden, Dill, Brooke, Cunningham, Portal ni Ismay. Por su parte, Stalin estaba con Mólotov, su ministro de Asuntos Exteriores, y un héroe militar soviético, el mariscal Voroshílov. Se había llegado al acuerdo de lanzar la Operación Overlord en mayo de 1944. Con independencia de la fecha exacta, británicos y estadounidenses se habían comprometido a iniciar, en un plazo inferior a seis meses, la invasión a través del Canal «a una escala tan grande como se pueda, según permita la disponibilidad de naves de desembarco en ese momento».

Hacia el final de la reunión, la conversación viró hacia las dificultades de ocultar a ojos del enemigo los preparativos de una ofensiva tan colosal. Churchill hizo referencia al número de almacenes para pertrechos que se estaban construyendo en la costa meridional de Inglaterra y el nuevo aspecto que iba adquiriendo el litoral. Pidió a Stalin consensuar un plan de ocultación conjunto, tras lo cual el líder soviético contó que «en ocasiones similares los soviéticos habían logrado su fin construyendo tanques, aviones y aeródromos falsos» en sectores en los que no se planeaba ninguna operación pero que se sabía no escaparían a la inteligencia alemana. El recurso se había llegado a aplicar a gran escala y con la adición de mensajes de radio deliberados, creados para invitar al enemigo a atacar tales objetivos falsos. Churchill contestó que «en tiempos de guerra [...] la verdad es tan preciosa que debería contar siempre con la asistencia de las mentiras como guardaespaldas». La cita completa la hemos tomado de sus memorias de guerra; en las actas contemporáneas se dice tan solo «la verdad merece recurrir a la mentira como guardaespaldas».

Durante aquellas conversaciones de Churchill con Stalin en Teherán, al primer ministro no se le escapaba que el engaño era tan solo una parte del blindaje crucial que los servicios de inteligencia debían ofrecer para el éxito del Día D. Para poder engañar al enemigo, era imprescindible saber qué pensaba y planeaba. A fin de evaluar el éxito, sería necesario ver en tiempo real cómo respondía el enemigo a las acciones Aliadas. Y en todo momento resultaría esencial protegerse contra el espionaje enemigo y asegurarse de que los planes Aliados estaban a salvo. En pocas palabras: la inteligencia y el engaño eran dos caras de la misma moneda y Churchill sabía que una de las condiciones imprescindibles de un buen engaño era intentar descubrir mediante el espionaje qué creía el enemigo que ibas a hacer tú. Si se lograba este fin, se podía construir un plan de engaño que reforzara las convicciones erróneas del enemigo sobre tus intenciones futuras. Aunque, por supuesto, el enemigo intentaría hacer exactamente lo mismo.

Churchill siempre se había interesado por la inteligencia, la contrainteligencia, el engaño y el espionaje. Disfrutaba al tener noticia de las misiones secretas y las acciones de espionaje exitosas y, en 1944, su historia de relación personal con los servicios de seguridad era ya muy prolongada. De hecho, según ha destacado Warren Dockter en su reciente ensayo incluido en la *Cambridge Companion to Winston Churchill*, la primerísima aventura militar del futuro primer ministro —la de Cuba en los meses de noviembre y diciembre de 1895, con su 21.º cumpleaños entre medio— contó con la sanción oficial de la Oficina de Guerra precisamente por el claro valor que aportaba como inteligencia. Churchill y un amigo y asimismo oficial, Reginald Barnes, utilizaron un tiempo de permiso del ejército para adoptar el papel de observadores militares británicos y acompañar a una columna española en la supresión de un levantamiento nacional de los cubanos. Pero también se les había encomendado reunir información sobre las tácticas y el armamento de los españoles. Antes de marcharse, los dos jóvenes subalternos habían sido convocados al despacho del general Chapman —director de la inteligencia militar del ejército de Tierra—, que les proporcionó «mapas y mucha información valiosa» y les pidió «reunir información y estadísticas sobre diversos asuntos», entre ellos el efecto de las nuevas balas máuser del arsenal español.

El joven Churchill había podido observar con sus propios ojos la importancia de la inteligencia militar como corresponsal de guerra y también como soldado, en la segunda guerra de los bóeres. Cuando llegó al Parlamento, elegido por la circunscripción de Oldham, solicitó reorganizar y financiar mejor la División de Inteligencia del ejército, que según denunció estaba agonizando «por la escasez de fondos y de cerebros».

Durante la era eduardiana, en su papel de ministro de Interior, consolidó la creación de los nuevos servicios de seguridad nacional e inteligencia exterior —germen de los posteriores MI5 y MI6— y respaldó la inspección clandestina del correo y la formación de un registro de residentes extranjeros. Como Primer Lord del Almirantazgo, en 1914-1915, dio su apoyo a los trabajos de intercepción, desciframiento y análisis de la «Sala 40» de la Marina, precursora de Bletchley Park. En la década de 1920 recurrió a los contactos que tenía con la comunidad de la inteligencia para dar solidez a su campaña contra el comunismo y, en la década siguiente, hizo lo mismo contra la Alemania nazi. Tras ser nombrado primer ministro en 1940, insistió en manejar directamente los datos «crudos» del espionaje, y organizó una unidad estadística propia primero en el Almirantazgo y luego en Downing Street para que le ayudaran a formular sus propias interpretaciones y análisis.

Estas informaciones llegaban al despacho de Churchill a través de una enorme variedad de canales civiles y militares. Una de sus hijas, Sarah, era la supervisora de una sección en la Unidad de Interpretación Fotográfica del Departamento de Inteligencia de la RAF en Medmenham, donde a veces tuvo que trabajar en turnos de noche, de doce horas de duración, examinando las fotos del reconocimiento aéreo para ajustar las operaciones en Europa y el norte de África. Según escribió más tarde, «aunque a menudo el trabajo resultaba confuso y tedioso, tenía no obstante momentos fabulosos de descubrimiento y emoción». También había inteligencia humana, obtenida del interrogatorio de presos y de la red de agentes que manejaba en el extranjero el Servicio de Inteligencia Secreta (el SIS, también conocido como MI6). Se interceptaban los mensajes de radio de los alemanes y se analizaban para identificar la posición de las unidades enemigas. Pero Churchill acertó al adscribir la prioridad a los trabajos de inteligencia con las señales especiales que realizaba la Escuela de Cifrado y Codifición del gobierno en Bletchley Park, con el nombre en clave de Ultra. Ocultos a la vista de todos en pleno campo de Buckinghamshire, un equipo de analistas y descodificadores se ocupaba de desvelar los códigos de comunicación del enemigo, como las máquinas de cifrado Enigma, terriblemente complejas, que los alemanes utilizaban para proteger sus mensajes diplomáticos y militares más secretos.

A finales de 1943, Churchill se hallaba sentado como una araña en el centro de su propia red mundial de inteligencia. El MI5 —el servicio de inteligencia especializado en los asuntos de Interior— se encargaba de buscar y detener a los espías alemanes instalados en Gran Bretaña y había logrado convertirlos a casi todos en agentes dobles. De la coordinación se encargaba el Comité de los Veinte, así llamado por la cruz doble de los numerales romanos, XX. En cuanto a la SOE (siglas inglesas de la Dirección de Operaciones Especiales) introducía agentes clandestinos en los países ocupados para que dieran respaldo a las acciones de guerrilla y sabotaje. Por su parte, la Dirección de Guerra Política (PWE) diseminaba propaganda de forma encubierta para socavar la moral del enemigo y promover la resistencia. La Sección de Control de Londres (LCS) concebía y coordinaba los planes de engaño destinados a proteger las operaciones militares; este departamento militar clandestino colaboraba con el Estado Mayor de Planificación Conjunta. Todas estas organizaciones se habían mejorado y ampliado durante la guerra y antes del Día D manejaban unos recursos de personal, medios, financiación y poder que en tiempos de paz habrían resultado inconcebibles.

Coordinar esta estructura compleja de organizaciones que se solapaban y a veces competían en secreto no era una tarea sencilla. El Comité de Inteligencia Conjunta informaba directamente al primer ministro y los jefes del Estado Mayor. Pero Churchill contaba además con un propio oficial de enlace con los servicios de seguridad: Desmond Morton, un asistente de confianza. Morton, como muchos de los que participaron en la inteligencia de guerra, se había distinguido en el servicio durante la primera guerra mundial —aún llevaba un proyectil peligrosamente alojado cerca del corazón— y era la clase de personalidad piratesca cuya compañía resultaba especialmente apreciada por el primer ministro. Por su parte, sir Stewart Menzies —el jefe del SIS, apodado «C»— le trasladaba a Churchill, diariamente, una selección de inteligencia sin procesar obtenida en Bletchley Park. El acceso a este material, como es lógico, estaba sometido a un control extraordinariamente riguroso: Churchill lo recibía en una caja especial, sellada y de un discreto color beis, para entrega exclusiva a su persona y de la que solo él tenía la llave. Su secretario privado Jock Colville cometió el error de apuntar este secreto en su diario, en octubre de 1940, y al caer en la cuenta del error rayó toda la página hasta dejarla irreconocible. Cuando los responsables principales del descifrado solicitaron disponer de más recursos en octubre de 1941, Churchill promulgó de inmediato una orden por la que disponía satisfacer la solicitud «con prioridad absoluta». El trabajo de Bletchley Park no fue de conocimiento público hasta 1974. En consecuencia, su función no se refleja en las primeras historias de la segunda guerra mundial, ni en las oficiales de Gran Bretaña ni en las memorias del propio Churchill. Sin embargo, fue la base de todas las actividades de la inteligencia. Esta carta, enviada al director de Correos es un raro testimonio en el que, con la guerra en activo, el primer ministro menciona a la organización y deja constancia de su apoyo personal y sostenido. En concreto, agradece la asistencia que el servicio postal está ofreciendo, «en particular en lo que atañe a satisfacer las vastas necesidades de comunicación [del establecimiento de Bletchley] y proporcionarle determinada maquinaria especialmente técnica y delicada», y pide hacer extensivo ese agradecimiento, aunque siempre «de manera confidencial», a los oficiales correspondientes.

(201)

October 16, 1943.

<u>Personal and Confidential.</u>

My dear Postmaster-General,

I am glad to learn from the Director of the establishment at Bletchley of the very valuable assistance which your Department is affording him, particularly with regard to satisfying the vast communication needs and in the provision of certain highly technical and delicate machinery.

You are at liberty to convey, confidentially, my appreciation of this invaluable contribution to the war effort to those officials who are directly engaged in assisting this organization.

Yours very sincerely,

Captain the Rt. Hon. Harry F.C. Crookshank, M.P.

Carta de Churchill al director de Correos, 16 de octubre de 1943.

El primer ministro insistió en reunirse siempre que fuera posible con los implicados en las tareas bélicas clandestinas y, sin lugar a dudas, gozaba de escuchar de primera mano los detalles de las operaciones secretas. Ningún otro ocupante del 10 de Downing Street había manejado hasta entonces tanta información secreta. Sin embargo, esta circunstancia conllevaba sus propios problemas. Churchill tenía que resolver peticiones en competencia y gestionar rivalidades entre las distintas organizaciones, así como decidir qué se revelaba, cuándo y a quién. Tendió a bombardear repetidamente a los comandantes del campo de batalla con información «de alto secreto» (designada en ocasiones con el nombre en clave Boniface, «Bonifacio») derivada de sus fuentes de inteligencia secreta, pero debía vigilar hacerlo de tal modo que no pusiera en peligro a los agentes ni comprometiera el material obtenido con el desciframiento de los códigos alemanes. Se estableció pues el principio de que no podía organizarse ninguna operación Aliada a partir de la información de Ultra si, al hacerlo así, se desvelaba que se había conseguido quebrantar el código alemán; por lo tanto, siempre debía contarse con alguna historia falsa pero verosímil sobre la fuente de obtención de los datos. Por ejemplo, se corría a enviar un avión con la misión de sobrevolar una posición del enemigo conocida de antemano gracias a Ultra, pero como si estuviera realizando una mera misión de reconocimiento fotográfico.

Véase un ejemplo de cómo Churchill utiliza la información de Bonifacio para comunicarse con un comandante de guerra; en este caso Montgomery, en Túnez, en los estadios finales de la campaña norteafricana, en marzo de 1943. En el telegrama reproducido en la página siguiente, Churchill supone que todos están al corriente de Bonifacio, concretamente: de que «la 164.ª División ha perdido casi todos sus vehículos y armamento pesado»; que «la 21.ª y 15.ª [divisiones] Panzer se están reagrupando en los cerros del sureste de El Hamma»; y que el comandante en jefe de los destacamentos de Mareth pensaba retirarse a Zouitinat y solicitaba protección a la 15.ª División Acorazada. «Debería haber recibido usted todo esto por otros canales, pero, para mayor seguridad, lo repito.»

Cuando se celebró la conferencia de Teherán, los británicos habían logrado detener a los agentes de Alemania en su país, habían desarrollado una extensa red de agentes dobles capaz de generar desinformación, escuchaban las comunicaciones alemanas en tiempo real y habían establecido en la Francia ocupada una malla de espías y de grupos guerrilleros preparados para emprender acciones de sabotaje.

Joan Bright había llegado a familiarizarse mucho con todo este mundo. Su eficacia calmosa y sus modos simpáticos habían atraído la atención del general «Pug» Ismay, asesor militar y jefe del Estado Ma-

Scrambled to C.'s office 4 p.m.
28.3.43.

Despatched (121)

CLEAR THE LINE. PRIME MINISTER'S
PERSONAL TELEGRAM
SERIAL No. T.391/3

PRIME MINISTER TO GENERAL MONTGOMERY.
Personal and Secret.

(To be transmitted through 'C').

1. Bravo: I was sure of it. Now the question is the cop.

2. Presume you know all Boniface, viz: Firstly, 164th Division has lost nearly all its vehicles and heavy weapons. Secondly, 21st and 15th Panzers are regathering on heights south-east of El Hamma. Thirdly, Italian Commander-in-Chief (quote) of Mareth garrisons (unquote) asked 15th Panzer Division to provide a battle group to cover his last retreat at Zouitinat, a point about 13 miles south-east of El Hamma and 13 miles south-west of Gabes. You should have received all this through other channels, but to make sure I repeat it.

God bless you.

W.S.C.
28.3.43

Telegrama «personal y secreto» del «primer ministro» al «general Montgomery», 28 de marzo de 1943.

yor de Churchill; y la habían ascendido a la «planta principal» de Whitehall, donde dirigía un Centro de Información Especial para los mandos militares británicos y mantenía las actas de los jefes del Estado Mayor. En sus propias palabras: «Tomé posesión de una moqueta, una mesa larga de madera pulida, mapas en las paredes, una silla cómoda y diversos secretos oficiales».[2] De hecho, había pasado a ser una de las personas mejor informadas de todo el Reino Unido: una guardiana de los secretos oficiales. En condición de tal fue también una de las pocas que estaba al corriente de la pieza definitiva del rompecabezas de la inteligencia: el plan de engaño cuyas mentiras actuarían como guardaespaldas de la verdad, según la imagen de Churchill.

Este, mientras bromeaba con Stalin en Teherán, era perfectamente consciente (más que la mayoría) de que los británicos tenían experiencia en tales operaciones de distracción. En abril de 1942, cuando empezó a sopesar los planes estadounidenses de asaltar el continente, ya planteó una primera formulación de esa imagen de las mentiras como guardaespaldas de la verdad: a Hopkins y Marshall les dijo que «los verdaderos objetivos podrían [...] hallarse oscurecidos entre una nube de rumores». Los británicos, de hecho, dominaban estas artes oscuras.

En 1940, cuando en el norte de África se enfrentaban a los italianos en situación de inferioridad numérica, el general Wavell había creado una «Fuerza A» con la tarea especial de engañar a los italianos en el desierto. La capitaneaba el teniente coronel Dudley Clarke. Dennis Wheatley, que consideraba a Clarke «el Padre del Engaño», lo describió como un hombre de escasa altura y pelo rubio, «con un extraño sigilo en sus movimientos y la inquietante costumbre de aparecer de pronto en una sala sin que nadie se hubiera apercibido de su entrada».[3] Construyó una red formidable de agentes secretos y emprendió operaciones de distracción por todo el colosal teatro del Mediterráneo, como el Próximo Oriente y África. Posteriormente, en tanto que comandante en jefe de la India, Wavell empleó al mayor Peter Fleming —hermano de Ian Fleming, el creador de James Bond, que trabajaba a su vez en la inteligencia naval— para dirigir la sección de engaño en el subcontinente asiático. Estas operaciones de ultramar fueron tan exitosas que en octubre de 1941 culminaron con la creación de la Sección de Control de Londres (LCS), con el mandato de coordinar las maniobras de distracción de los Aliados en todo el mundo y liderar la planificación de engaños en el teatro europeo.

PRIME MINISTER'S
PERSONAL TELEGRAM

COPY

SERIAL No. T. 750/2

68

IZ 354
TOO 1230/21
TOR 1415Z/21

MOST SECRET.

MOST IMMEDIATE.

From: Armindia.

To: Air Ministry.

12461/C 21.5.42.

Private for Prime Minister from General Wavell.

I have always had considerable belief in deceiving and disturbing enemy by false information. C in C Midest instituted special Branch Staff under selected officer charged with deception enemy and it has had considerable success. I have similar branch in India and am already involved in several deception plans. These however can have local and ephemeral effect only, unless part of general deception plan on wide scale. IHQS can only be provided from place where main strategical policy is decided and Principal Intelligence Centre is located. Coherent and long term planning of deception must be centred there. Fully appreciate value of work done by I S S B and Controlling Officer but have impression the approach is defensive rather than aggressive and confined mainly to cover plans for particular operations. May I suggest for your personal consideration that policy of bold imaginative deception worked between London, Washington and Commanders in the field by only officers with special qualifications might shew good dividend, particularly in case of Japanese.

TOO 1230/21

(Circulation)

Col. Jacob.

D

Sent to

Telegrama del general Wavell a Churchill, 21 de mayo de 1942.

Wavell escribió a Churchill para pedir que su unidad se reforzara. «Siempre he tenido mucha fe en los efectos de engañar y perjudicar al enemigo mediante información falsa», empezaba diciendo, para luego solicitar una «política de engaño atrevida e imaginativa», de una orientación más «agresiva» que «defensiva», y bien coordinada entre Londres, Washington y los comandantes de los diversos teatros activos. En cambio, con sedes dispersas y desconectadas solo podían «conseguirse efectos locales y efímeros». Su unidad empezó a adquirir más prominencia desde junio de 1942, en parte porque los Aliados por fin estaban en condiciones de ir sopesando operaciones más ofensivas en Europa —que por fuerza necesitarían planes de engaño—, pero también porque se había nombrado al teniente coronel John Bevan oficial de control. Bevan coincidía con muchos oficiales de la inteligencia bélica en haberse distinguido durante la primera guerra mundial, pero en su caso distaba de ser el típico militar de carrera. En 1918 le habían encomendado la tarea de determinar qué orden de batalla llevarían los alemanes para su ofensiva de primavera. Esta labor llamó la atención de Churchill, que era entonces ministro de Municiones. Bevan pasó luego el período de entreguerras dirigiendo la empresa familiar, una correduría de bolsa, aunque bien conectado en los círculos políticos y militares, pues era cuñado del general Alexander. No tardó en forjar una buena relación personal con el general Brooke, lo que aseguró que la voz de la LCS tuviera presencia en las reuniones de los jefes del Estado Mayor, en la cumbre misma de la toma de decisiones de los Aliados.

Bevan se rodeó asimismo de otras personas bien conectadas, inteligentes, creativas y no del todo ortodoxas, como el autor Dennis Wheatley —cuyo bastón y sobretodo de la RAF, de forro escarlata, sin duda le daban el aspecto de una de las criaturas de sus propias novelas de terror— o el segundo de Bevan, el comandante Ronald Wingate, licenciado con matrícula en dos carreras del colegio oxoniense de Balliol, quien, durante la primera guerra mundial, había servido como oficial político en Adén y luego pasó buena parte de su carrera en la India, donde fue nombrado gobernador del Beluchistán. La Sección tenía su sede estratégicamente situada en los edificios del Tesoro, cerca del despacho del propio Churchill y no lejos del lugar donde Joan Bright trabajaba con el general Ismay y los jefes del Estado Mayor. La LCS, por lo tanto, estaba bien ubicada para colaborar tanto con los equipos de planificación bélica como con las demás agencias de inteligencia. De hecho, en sus primeros días la unidad carecía de asistencia secretarial propia y Dennis Wheatley tuvo que pedirle ayuda a Joan Bright a la hora de pasar a máquina un plan de engaño de alto secreto. Por descontado esta situación céntrica también era ideal para abordar asuntos clandestinos en cenas de alcohol abundante, aprovechando la intimidad de la zona de clubes del Pall Mall londinense.

La primera experiencia práctica de la LCS consistió en proteger la Operación Antorcha: los desembarcos en Marruecos y Argelia. Los planificadores Aliados temían —y no sin razón— que la acumulación de fuerzas en Gran Bretaña o en el diminuto enclave británico de Gibraltar podría ser detectada por los agentes del enemigo en España, de modo que, cuando se congregaran para asaltar las playas, fueran objeto del ataque de los U-Boote o los bombarderos de la Luftwaffe. La historia que se inventó inicialmente como pantalla para la acumulación británica fue que se concentraban fuerzas para atacar o bien Noruega, o bien Francia. El engaño no era tarea fácil. Para que el relato fuera convincente había que disponer de tropas en el Reino Unido y equiparlas como si en efecto fueran a cumplir esa misión; las tropas debían creer que sus destinos probables eran atravesar ora el mar del Norte, ora el canal de la Mancha. Pero como todos los recursos disponibles se estaban desviando hacia el apoyo de Antorcha y la provisión de equipos para combatir en el norte de África, obviamente iba a ser muy difícil convencer a las autoridades de que les proporcionaran ropas y suministros para una misión ¡ártica! En palabras de Wheatley: «Casi toda la gente con la que hablamos ni siquiera se molestaba en esconder el hecho de que el chanchullo que habíamos inventado como pantalla era demasiado absurdo».[4]

Tuvieron más éxito con la pantalla creada para la convergencia de las fuerzas Aliadas en el norte de África. Se hizo correr informaciones de que reforzarían Malta, invadirían el sur de Francia o atacarían Italia o Grecia. Estos supuestos objetivos se hicieron llegar por medio de agentes dobles, por canales diplomáticos, al engañar a las tropas implicadas y al plantar inteligencia falsa. El propósito era generar incertidumbre y favorecer que el enemigo optara, como mínimo, por la cautela. Si tenemos en cuenta el hecho de que las fuerzas aéreas y submarinas de Alemania se mantuvieron más al este de los objetivos reales, parece razonable concluir que la estrategia tuvo cierto éxito. De todo ello se fue aprendiendo y extrayendo lecciones que se aplicaron en el Día D. También se adoptaron medidas similares en la primavera siguiente, cuando los Aliados dieron otro gran paso: invadir Sicilia.

Una operación de engaño en particular —Carne Picada (*Mincemeat*)— ha adquirido especial fama desde entonces. En una trama que luego cobró forma en un libro superventas y un largometraje de éxito, idóneamente bautizados como *El hombre que nunca existió* (la película se versionó de nuevo en 2022 con el título de *Operation Mincemeat*, en castellano: *El arma del engaño*), se utilizó el cadáver de un vagabundo galés al que se dio la identidad de un oficial del Estado Mayor británico y se le abandonó en la costa del Mediterráneo español. El cadáver portaba planos —falsos— que sugerían que los británicos pensaban atacar antes el Mediterráneo oriental, o Cerdeña, que el norte de África. Al recuperarse el cuerpo, los despachos falsos llegaron a manos de los alemanes. Aunque no se lo creyeron «a pies juntillas» (en contra de lo que Wheatley sin duda creía), el ardid les generó la suficiente incertidumbre como para impedir que trasladaran más tropas hacia el oeste. La Operación Carne Picada —ingeniada por un teniente de aviación del MI5 (servicio de inteligencia interior de Gran Bretaña), pero desarrollada en gran medida por un equipo del MI6 (la sección de inteligencia en el extranjero) con el apoyo de la LCS de Bevan— pone de relieve la compleja naturaleza interdepartamental de estas operaciones. También es un buen ejemplo de creación de un plan creíble, pues los Aliados habían sopesado en efecto atacar Cerdeña; más aún, una parte de los planificadores británicos siguieron creyendo que habría sido una operación menos costosa que la de Sicilia y más eficaz para recuperar el control del Mediterráneo. Churchill recibió un informe personal de Bevan.

Tras el nombramiento del general Morgan, el coronel Bevan y su equipo trabajaron con el jefe del Estado Mayor del Comandante Supremo Aliado para mantener la presión sobre los alemanes destacados en Francia; para ello desarrollaron varios engaños más (aun cuando a la postre no fueron tan exitosos) con supuestas operaciones contra Noruega o la costa francesa. Según especificó Churchill en la directriz que le envió a Morgan, se trataba de mantener ocupado e inquieto al enemigo desplegado en Francia, atraer a los aparatos de la Luftwaffe para que salieran al combate y, muy especialmente, impedir que se enviaran refuerzos a Italia. Inevitablemente, todo esto generó más nombres en clave y se pergeñó una sucesión de operaciones de engaño interrelacionadas para que los alemanes estuvieran cuanto más confusos, mejor. Bajo la designación general de Cockade («Escarapela») se habló de la Operación Tindall —cinco divisiones zarparían teóricamente de Escocia hacia Stavanger, en Noruega—, que se canceló para liberar fuerzas para Starkey —supuesto ataque a Boulogne-sur-Mer por parte de catorce divisiones británicas y canadienses—, tras la cual se emprendería casi de inmediato, en teoría, la Operación Wadham: asalto de dos divisiones del ejército estadounidense contra la Bretaña. Ambas misiones, no obstante, también acabaron por «cancelarse» en el último minuto.

En sus memorias, el general Morgan expuso con franqueza las dificultades inherentes a organizar estas acciones de engaño. No siempre se contaba con los recursos necesarios para hacerlas convincentes. Como quizá no era de extrañar, el Almirantazgo se negó a prestarles siquiera los acorazados obsoletos para encarnar una supuesta flota de invasión, y el Mando de Cazas de la RAF tampoco permitió que los aviones de reconocimiento del enemigo accedieran al espacio aéreo británico, aunque fuera para sobrevolar y fotografiar los aviones y aeródromos simulados.

Aun así, estas misiones falsas se emprendieron a una escala cada vez mayor y con un refinamiento creciente; utilizaron tropas reales y movimientos de buques; contaron con el apoyo de ataques aéreos genuinos contra posiciones del enemigo. La mayor de todas fue la Operación Starkey. Se produjo entre finales de agosto y principios de septiembre de 1943 y consistió en una finta de una fuerza naval auténtica frente a la costa francesa, en la zona de Calais. Se pretendía poner a prueba la respuesta de los alemanes y atraer a la Luftwaffe a entablar batalla aérea con la RAF. Para ello se reunió una fuerza colosal en las aguas comprendidas entre los puertos británicos de Gravesend y Southampton, con un centenar de naves de desembarco grandes y otras 260 menores, más 175 embarcaciones falsas y 95 barcos de cabotaje. Se contaba también con una flota especial de veinte buques transoceánicos, diseñada para comprobar si los convoyes podían volver a atravesar el Canal (algo que no se había intentado desde la caída de Francia). En la práctica era una fuerza naval tres veces superior a la que se había utilizado en la incursión de Dieppe.

El ejército emprendió un ejercicio con movimiento a gran escala para crear la impresión de que varias divisiones se estaban concentrando en el sur de Inglaterra. Unos cuantos comandos lanzaron incursiones contra la costa francesa. El Comité de los Veinte utilizó su red de agentes dobles para pasar a los alemanes inteligencia falsa, que sugería que el asalto era inminente. Hubo tres días de barrido de minas y limpieza de una ruta para una fuerza que atravesara el Canal. Se instalaron unidades antiaéreas en los aviones y se cargaron tanques en las barcazas de desembarco de Dover. Los aeródromos alemanes de la región de Calais sufrieron un bombardeo intenso. Entre los implicados, pocos debieron de tener constancia de que en realidad participaban de una enorme maniobra de distracción.

Churchill se mostró especialmente interesado por el progreso de la operación de engaño y al iniciarse esta envió un telegrama para desear buena suerte. Apenas cabe duda de que, para él, la misión era importante sobre todo en cuanto distraía de los desembarcos Aliados en Salerno (Italia) y alejaba del Mediterráneo a una parte de la Luftwaffe.

A Hughes-Hallett, ascendido a comodoro, se le encomendó la planificación naval. El 8 de septiembre los barcos zarparon de sus fondeaderos y rodearon el estrecho de Solent en dirección a Dover, para luego emprender rumbo a Boulogne y las playas de los alrededores de Fécamp. Hallett iba a bordo del destructor *HMS Albrighton*. La fuerza simulada salió al Canal y mantuvo contacto estrecho (mediante el uso de una frecuencia VHF codificada) con el mariscal del Aire Leigh-Mallory, que les proporcionaba cobertura de cazas y estaba dispuesto a lanzarse al ataque si la Luftwaffe mordía el cebo. Además, las embarcaciones costeras y de desembarco generaron una pantalla de humo; varias unidades móviles que recorrían los acantilados del sur de la costa británica creaban interferencias de radio. Los buques llegaron a situarse a menos de diez millas náuticas de la costa francesa, donde dieron la vuelta. El 9 de septiembre todos habían regresado a puerto sanos y salvos.

En la práctica, Starkey no logró provocar la batalla aérea que la RAF desearía haber emprendido. Los mensajes de radio interceptados daban a entender que los alemanes sospechaban que era un engaño y, por lo tanto, no hicieron intervenir a sus fuerzas. A juicio de quienes la habían planificado, la operación había sido un fracaso. Sin embargo, hubo algunos aspectos positivos. Los buques lograron bajar por el Canal sin hallar apenas oposición. Las baterías costeras de la zona de Calais abrieron fuego, pero sin provocar daños; y al disparar revelaron sus posiciones y, en consecuencia, los bombarderos estadounidenses tuvieron ocasión de atacarlas. En su conjunto la operación contribuyó a generar entre los alemanes incertidumbre al respecto de las intenciones de los Aliados y reforzó la sospecha de que el objetivo último de su intento de invasión no sería otro que Calais. Por otro lado, fue un ejercicio sumamente valioso, que permitió instruir a muchos hombres de Tierra y Marina, y puso a prueba la cooperación internacional y entre servicios que iba a resultar vital para el éxito de los desembarcos; además, confirmó que la Fuerza Aérea estadounidense y la RAF eran capaces de colaborar adecuadamente. También puso de manifiesto las dificultades propias de reclutar lanchas de desembarco en la cantidad suficiente, y sirvió para refinar y mejorar los procedimientos de carga. Y, lo que quizá fue todavía más importante, se pudieron extraer lecciones valiosas para la operación de engaño aún mayor que acompañaría a la propia Overlord.

La cita de Churchill sobre las mentiras como guardaespaldas de la verdad no pasó por alto a los integrantes de la Sección de Control de Londres, pues la LCS tenía acceso a todos los documentos del Gabinete de Guerra. La respuesta de John Bevan consistió en rendirle homenaje: bautizó como Guardaespaldas (*Bodyguard*) la operación de engaño para Overlord. Es preciso comentar aquí que, de nuevo, este nombre parecía quebrantar los protocolos básicos de seguridad, pues desvelaba su propósito demasiado abiertamente. En todo caso, llegados a este punto se aplicaron todas las técnicas que la unidad había estado desarrollando desde 1942, y a una escala mucho mayor. A principios de 1944 los alemanes tenían claro que los Aliados estaban acumulando unas fuerzas colosales en Gran Bretaña y sin duda no tardarían en intentar invadir el continente. Ya no podía resultar convincente pretender que esas tropas se dirigirían al Mediterráneo o al Pacífico. Se había tomado la decisión de desembarcar en las playas de Normandía y el objetivo crucial era engañar al enemigo para que creyera que los Aliados iban a asaltar otros lugares del norte de Europa; más aún, incluso con los desembarcos iniciados, confiaban en conseguir que el enemigo creyera que esta operación era solo de distracción y que el asalto real se produciría en otro punto. De lograrse este fin, quizá durante unas semanas los alemanes retendrían fuerzas lejos de Normandía; esto concedería a los Aliados un tiempo vital para establecer, asegurar y reforzar la cabeza de puente.

El plan, desarrollado por Bevan y la LCS, y perfeccionado por el teniente coronel David Strangeways —al que Montgomery hizo venir de Italia—, perseguía su meta dirigiendo el cebo hacia los temores ya existentes entre los alemanes. Era evidente que Rommel había identificado la región del Paso de Calais como un emplazamiento probable de la invasión: era el punto más cercano a Gran Bretaña y, por lo tanto, a los

Aliados les resultaba más fácil reforzarlo por mar y protegerlo por aire; por otro lado, un desembarco exitoso en ese lugar, unido a una brecha, les dejaría casi expedito el camino de París. Para reforzar esta impresión se necesitaba fabricar una ilusión de una escala colosal. Lo mínimo sería disponer de todo un grupo de ejércitos falso. Por eso, mientras las fuerzas de la invasión genuina se concentraban en el sur del país, en Kent y Essex, a ambos lados del estuario del Támesis, se creó un supuesto Primer Grupo de Ejércitos de Estados Unidos (el FUSAG, en sus siglas inglesas). Para ello se recurrió a unidades reales del ejército, que los alemanes sabían que estaban en Inglaterra, y se generó un tráfico de radio falso que indicaba que se reunían y formaban en el este del país (aunque en la mayoría de los casos no estaban allí). Los mensajes se acompañaron de lanchas de desembarco simuladas, la aparición de tropas y vehículos con insignias falsas, y falsas pruebas de inteligencia pasadas por una red de agentes dobles. Se conocía incluso al teórico comandante en jefe del Grupo, el general George Patton, que había caído en desgracia poco antes por un incidente ocurrido en Sicilia: había abofeteado a dos soldados que habían sucumbido al estrés postraumático. Se sabía que los alemanes temían a Patton y que daban por sentado que (como en efecto ocurrió) se le asignaría un papel específico en cualquier campaña francesa. Esta parte del plan general de Guardaespaldas pretendía, por un lado, engañar a los alemanes y, por el otro, esconder y proteger la acumulación real de fuerzas. Se la conoció como Robustez Sur (*Fortitude South*).

Robustez Norte fue el intento simultáneo de recurrir a más medidas de engaño para mantener la incertidumbre con respecto a Escandinavia. Se sabía que Hitler temía que los Aliados pudieran atacar Noruega; en este caso, los propios alemanes lo consideraban también una amenaza creíble. A fin de cuentas, los británicos tenían tropas en Escocia, habían atacado Narvik en 1940 y desde entonces habían fomentado las acciones de la guerrilla noruega. Geoffrey Pyke, que trabajaba para Mountbatten y Operaciones Combinadas, había dedicado tiempo a trabajar en nuevos vehículos montados en esquíes, con los que atravesar el hielo y la nieve. Añádase que Churchill había insistido de forma repetida a sus jefes del Estado Mayor en la necesidad de emprender un ataque similar, y algunas operaciones de distracción anteriores, como Tindall, se habían esforzado por dar alas a esta posibilidad. Ahora, los Aliados podían aprovechar ese miedo: crearon un supuesto Cuarto Ejército británico, a las órdenes del teniente general sir Andrew Thorne —que era en efecto el comandante de las fuerzas británicas en Escocia— y sugirieron, falsamente, que este lideraría un asalto a Stavanger, simultáneo con un ataque soviético contra Noruega. Para reforzar esta impresión se desplegó la variedad habitual de tácticas de engaño: ejercicios de tropas, tráfico de radio creado deliberadamente y equipos simulados. Pero en esta ocasión también se recurrió a una iniciativa diplomática novedosa. En sus comunicaciones con el gobierno de Suecia —un país neutral— las autoridades británicas empezaron a dar a entender que la liberación de la vecina Noruega quizá estaba próxima. Como parte del ejercicio se les planteó a los suecos un escenario del todo ficticio: en el caso de que, tras un ataque de los Aliados, la ocupación alemana se hundiera, ¿querrían ofrecer ayuda humanitaria a Noruega y auxiliar a la policía del país? Se daba por sentado —correctamente— que la noticia llegaría hasta Berlín, filtrada por los integrantes progermánicos del gobierno sueco.

Aquí no hay espacio para hacerles justicia, en toda su complejidad, a los planes de distracción. Se utilizó una enorme diversidad de canales para sugerir que los Aliados estaban sufriendo retrasos en la acumulación de sus fuerzas; o que esperaban a una ofensiva de los soviéticos; o a que la campaña de bombardeos diera más frutos. Se sugirió incluso que se sopesaba atacar el golfo de Vizcaya. Justo antes del Día D, el actor Clifton James —doble de Montgomery— hizo una increíble representación pública en Gibraltar, en la que interpretó al general británico delante de agentes enemigos para convencerlos de que el ataque a Francia no podía resultar inminente, dado que uno de los principales comandantes estaba en el Mediterráneo. La idea, como decíamos, era mantener al enemigo en la incertidumbre. Aquí se da una ironía. En 1942, Churchill había abogado por atacar la Europa ocupada a partir de una multiplicidad de puntos de la costa atlántica —desde Noruega hasta el estuario del Gironda— utilizando al menos media docena de amagos «que, si la suerte les favorece, se podrían aprovechar». Aunque esta idea nunca pareció factible y habría dividido en demasía los recursos de los Aliados —Eisenhower y Montgomery tenían claro que el golpe militar debía asestarse de forma concentrada, para lograr el máximo impacto—, aun así, por supuesto, era posible crear amenazas y distracciones diversas. Había que provocar confusión en el enemigo, obligarlo a dudar.

La Operación Guardaespaldas se puso en marcha en una escala y con un grado de refinamiento que no fue posible hasta 1944, después de varios años de experimentación, práctica y formación de redes. El engaño había demostrado su valor y se había convertido en un elemento plenamente integrado en el proceso de planificación. Churchill no participó directamente en el desarrollo de estas operaciones de señuelo, pero era muy partidario de esta clase de subterfugios y los defendió y patrocinó consistentemente.

Aunque la sugerencia de que el primer ministro británico anunciara la celebración de una cumbre inexistente con Roosevelt no se llevó a la práctica, a Churchill sí que se le asignó un pequeño papel. El 26 de marzo se dirigió a la nación británica y, en sus comentarios finales, advirtió a la audiencia de que «para desconcertar y engañar al enemigo, así como para seguir ampliando la instrucción de las tropas, se producirán muchas falsas alarmas, muchos amagos y muchos ejercicios de alineación».[5] Tales palabras se añadieron a petición de Eisenhower, que el día anterior le había enviado al primer ministro un mensaje de alto secreto con el deseo de convencer a los alemanes de que los ejercicios que preveía realizar en la costa sur, del 3 al 5 de mayo, se quedarían justamente en eso; más aún, tenía la esperanza de que al principio el enemigo considerase Overlord como un amago más.

Churchill sabía, por descontado, que el plan de engaño era inevitablemente la sombra del plan genuino, y no se le escapaba que era necesario que funcionaran los dos. Las primeras señales fueron positivas. Cuando se empezó con los preparativos finales, las tropas alemanas siguieron diseminadas a lo largo de la costa francesa. Sabían que se avecinaba un golpe, pero no dónde ni cuándo iba a caer el martillo.

Piers for Use on Beaches

CONDITIONS OF BEACH

Average gradient is 1 in 200 and beaches are open to the south west.

CONDITIONS OF TIDE

2. Range of spring tides is 30 feet and the strength of the tide parallel to the beach is 4 knots at springs.

SCAFFOLDING PIERS

3. A pier to be of use for unloading ships of 20 foot draught would have to be 1 mile in length and 40 foot in height at the seaward end. The present type of scaffolding pier does not exceed 20 foot in height. It is doubtful whether a pier of these large dimensions could be made with scaffolding, but in any case tha amount of material required would be prohibitive.

PONTOON PIERS

4. A pontoon pier would have to be similar in length. All floating piers suffer from the disadvantage of having to be securely moored with heavy anchors. Even then they are most vulnerable and will not stand up to a gale of wind. The strength of the tide is so great that the moorings will have to be very large. If large pontoons were moored, 20 yards apart, at least 200 anchors would be required. The sea-ward end of a floating pier must be particularly well moored and the mooring chains form an obstacle to ships coming alongside. Owing to the poor ratio between the weight of a floating pontoons and the weight they can carry, and to their vulnerability to sea wind and tide, they are not favoured in comparison with scaffolding piers on open beaches.

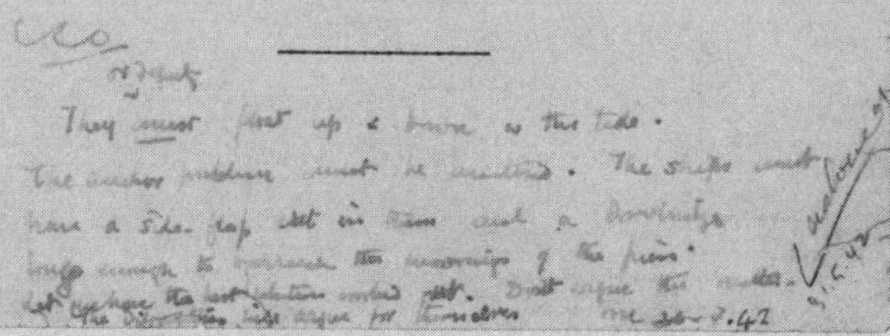

Acta sobre el «Uso de muelles en las playas», con anotaciones de Churchill, 26 de mayo de 1942.

6

«Moras» y «Grosellas»

Caballeros, esta operación la veo cada vez más clara.[1]

En la planificación militar —en especial en el nivel operativo de la guerra: en la campaña— se da una relación muy estrecha entre el comandante, el Estado Mayor, el plan y el resultado. Esto es esencial porque tanto el plan como su resultado son responsabilidad personal del comandante. El Estado Mayor se ocupa de buena parte de los detalles, pero la esencia del plan —la idea operativa— es cosa del comandante. La responsabilidad empezaba y acababa por el jefe.

Aunque el general Dwight D. Eisenhower, *Ike*, iba a asumir el mando global en Europa, el general Bernard Montgomery mandaría sobre las tropas de tierra en la fase de asalto, por lo que él era el responsable de conseguir el éxito general de la Operación Overlord y la campaña de Normandía. Esta victoria fue la que permitió derrotar a los alemanes en el oeste en 1944-1945 y contuvo la futura expansión del Ejército Rojo en Europa. En un análisis último, lo que determinó el resultado victorioso fueron las botas sobre el terreno —las fuerzas de Tierra—, aunque por descontado con el valiosísimo apoyo de las fuerzas aéreas y navales. El arquitecto de los cimientos del éxito de Overlord fue Bernard Montgomery.

Como hemos visto, en 1944 la planificación del regreso a la Francia noroccidental había pasado por muchas manos y muchos cambios del nombre en clave. A Mountbatten y su equipo de Operaciones Combinadas se les encomendó los preparativos iniciales, pero estaban limitados por la escasez de recursos. Las cosas cambiaron con la llegada de los estadounidenses y en 1942 Eisenhower y los comandantes británicos del ejército nacional (Paget, Douglas y Ramsay) desarrollaron los planes de un ataque a gran escala (con el nombre en clave de Roundup).

Durante la serie de cumbres de los Aliados se había decidido, en la conferencia Tridente (Tercera Conferencia de Washington, mayo de 1943), que los socios occidentales abrirían el Segundo Frente de Europa en 1944. Ike —coordinador consumado de la cooperación Aliada— fue nombrado comandante del Cuartel Supremo de la Fuerza Expedicionaria Aliada, mientras que a «Monty», el guerrero, se lo situó al mando del 21.º Grupo de Ejércitos, que debía conseguir el éxito del plan en su conjunto. Sin embargo, en 1943 tanto Ike como Monty llevaban un tiempo muy comprometidos con las operaciones del norte de África, Sicilia e Italia. Para acelerar los planes de regreso a Europa y planificar asimismo toda una serie de posibles contingencias, se eligió al teniente general Frederick Morgan como jefe del Estado Mayor del Comandante Supremo Aliado (COSSAC, en sus siglas inglesas), pese a que, como ya dijimos, no se había determinado quién sería ese comandante supremo. Se trataba de una tarea en gran medida ingrata, pero que fructificó con un borrador de plan para la Operación Overlord.

El primer plan de Morgan preveía el asalto de tres divisiones en un frente estrecho, limitado a la zona de Caen, en Normandía. La otra gran opción, atacar por el Paso de Calais, se había descartado por los argumentos de que las defensas costeras, según se creía, eran demasiado poderosas, y que el perfil de la costa dificultaba más los desembarcos. En octubre de 1943, en Argel, cuando le mostraron a Eisenhower los planes del jefe del Estado Mayor del Comandante Supremo, el estadounidense quedó horrorizado y expuso su reticencia a asumir el mando global; el comentario, sobre el que se ha escrito mucho, decía: «¡Ese ataque inicial es pegar con la mano floja!». Ike no fue el único que criticó el borrador. A Churchill y el Jefe del Estado Mayor General Imperial, Brooke, el plan del COSSAC tampoco les dio apenas confianza. Quizá esto explique en parte por qué, al principio, sintieron muy poco entusiasmo por Overlord.

Ike solicitó reunirse con Monty en Argel el 27 de diciembre para hablar sobre Overlord. En el encuentro los dos coincidieron en que el plan del jefe del Estado Mayor del Comandante Supremo Aliado debía reforzarse y que esto no sería gratuito, sino que probablemente exigiría demorar el Día D, del mes de mayo al de junio de 1944. Los dos generales se vieron de nuevo en Marrakech, donde Churchill se recuperaba de un momento agónico.

Llegados a diciembre de 1943, el primer ministro británico estaba completamente exhausto. Las conferencias de los Aliados en Teherán y El Cairo lo habían dejado agotado, pero luego viajó a Túnez para reunirse con Eisenhower. El viaje fue la gota que colmó el vaso y se derrumbó, con una neumonía que puso en peligro su vida. La crisis se produjo el 14 de diciembre. Su médico, lord Moran, escribió:

> Apenas tenía aliento y transmitía mucha angustia. Le tomé el pulso: estaba disparado y era muy irregular. La base de los pulmones estaba congestionada y por debajo de las costillas se le podía tocar la punta del hígado [...]. Cuando me senté junto a su lecho y se le oía la respiración tan agitada, me quedó claro que ya habíamos llegado a un punto delicado. El corazón tardó cuatro horas en recuperar su ritmo normal y me sentí aliviado al contarle un pulso regular de 120.[2]

Moran solicitó la asistencia de más médicos y se corrió a formar un equipo de expertos. Le administraron un digitálico, medicación habitual para los problemas del corazón, y sulfadiazina (un medicamento antibacteriano) para combatir la neumonía. Se informó al Gabinete de Guerra y Clementine Churchill acudió en avión desde Gran Bretaña. En Cartago, Churchill afirmó estar preparado para morir; según le dijo a su hija Sarah, que viajaba con él: «No te preocupes; si me muero ahora, no tiene importancia, porque los planes de la victoria están ya listos y es solo cuestión de tiempo».[3] Un estudio reciente del episodio por parte de dos asesores médicos eminentemente cualificados, Allister Vale y John Scadding, llegó a la conclusión de que el temor a morir no era exagerado: para empezar, la tasa de mortalidad general entre los enfermos de una neumonía de esa clase a principios de la década de 1940 era superior al 40 % para los que eran de la edad de Churchill y como él padecían del corazón.

Gracias a recibir los mejores cuidados disponibles, contar con la reconfortante presencia de su esposa y de su hija y gozar de la protección de un destacamento de la Guardia de Coldstream, Churchill superó el trance. Pasadas las Navidades, se dirigió a Marrakech para tomarse un tiempo de recuperación. Era uno de sus lugares favoritos desde antes de la guerra, y se llevó consigo los planes de Overlord. Durante esa convalecencia empezó a informarse de los detalles de una operación para la cual faltaban entonces tan solo seis meses.

El día de fin de año, Eisenhower y Montgomery volaron a Marruecos. Churchill celebró con ellos que poco antes los hubieran situado al mando de Overlord. Ike acababa de renunciar a su posición como comandante supremo del teatro mediterráneo y regresaba a Estados Unidos para descansar allí por breve tiempo antes de asumir el nuevo papel. Montgomery volvía directamente a Gran Bretaña.

Si los alemanes hubieran acertado a atacar en esos momentos la residencia de Churchill en Marrakech, ¡podrían haber arruinado el nuevo año de los Aliados y obstaculizado seriamente la liberación de Francia! En cambio, Montgomery pudo rememorar una divertida cena con la señora Churchill y lord Beaverbrook. La salud del primer ministro había mejorado un tanto y pudo sumarse a cierto cabildeo intensivo con los dos generales. Bombardeó a Eisenhower con peticiones y preguntas referidas a los desembarcos aún pendientes de los Aliados en Anzio y aprovechó la ocasión para compartir con Montgomery el plan de Overlord. Era la primera vez que Monty podía verlo al completo y Churchill ardía en deseos de saber qué le parecía, como primera impresión. El general británico —famoso por su austeridad— se retiró a su habitación temprano, sin unirse a la celebración con la que el primer ministro continuó pasada la medianoche; aprovechó el tiempo para apuntar sus primeras reacciones. Su duda más acuciante consistía en que el desembarco inicial se desarrollaba en un frente demasiado estrecho y confinaba a un área demasiado reducida. Esto provocaría confusión en el momento de bajar a las playas y de abandonarlas. Entre las áreas de desembarco de británicos y estadounidenses debía existir una separación mayor y más clara. Según Montgomery, Churchill recibió esta información a la mañana siguiente, cuando estaba en la cama. Según el recuerdo de Winston, por el contrario, la conversación fue más vivaz y el momento estelar se produjo más avanzado el día:

> Cuando [Montgomery] llegó a Marrakech nos aguardaban dos horas de coche hasta el lugar del pícnic, a los pies del Atlas. A primera hora de la mañana le había dado el plan que durante tantos meses habían preparado el general Morgan y el Estado Mayor Conjunto anglo-

estadounidense, en Londres. Nada más leer el resumen dijo: «Esto no va a funcionar. Necesito más pegada en el primer golpe».[4]

Dado que Montgomery aún no actuaba con un encargo oficial ni había tenido ocasión de consultar con el mariscal Tedder o el almirante Ramsay —jefes respectivamente de las fuerzas aéreas y navales de los desembarcos de Normandía—, pidió una respuesta por escrito. Churchill contestó que se lo quedaría para su información personal pero, en la práctica, lo utilizó de inmediato: el 2 de enero, a través del general Ismay, dirigió a los jefes del Estado Mayor un telegrama urgente de varias páginas en el que se refería a «las críticas muy duras [de Montgomery], de que la propuesta de hacer desembarcar tantas divisiones en una extensión de playas tan reducida resultaría no poco impracticable y generaría una confusión imposible de aclarar».[5] En la primera página de su telegrama, el primer ministro también hizo hincapié en la necesidad de sustituir palabras como «asalto» o «invasión» con otras como «entrada» o «liberación». Se esforzó por acertar en el tono y en los detalles de la operación. «Invasión» debía reservarse para Alemania y esta distinción era importante. Desde Londres, Brooke —que estaba a punto de ser ascendido a mariscal de campo— comentó que Churchill «¡está de nuevo muy activo!». El primer ministro no era el único. Montgomery también se apresuró a trabajar para perfeccionar el plan.

Desde el momento en que Churchill le enseñó a Montgomery lo planeado, la situación empezó a cambiar. El general tenía claro que, si se le encomendaba la dirección, necesitaría dar forma al plan, hacérselo suyo y asegurarse, por último, de que fuera un éxito. Para Montgomery, si (como preveía el COSSAC) se optaba por un desembarco inicial de tres divisiones con el paso añadido de otras trece en el día D+12, se repetiría el caos y la confusión que habían caracterizado los desembarcos de Salerno, en el sur de Italia, en septiembre de 1943 (y que, de hecho, aún se repetirían una vez más en Anzio, en enero de 1944). Para Montgomery el plan de la campaña requería:

— Que los desembarcos iniciales se efectuaran en el frente más amplio posible.
— Que cada cuerpo desarrollara sus propias operaciones, en el marco del plan general, desde sus propias playas, sin que ningún otro cuerpo desembarcara en estas.

—Que los ejércitos británico y estadounidense se mantuvieran separados.
—Que las operaciones se desarrollaran de modo que las fuerzas británicas contaran con un buen puerto, y que las fuerzas estadounidenses tuvieran el suyo propio.

Después de haber expresado estos pensamientos generales, se sentaron las bases para organizar tres días de conferencia extraordinaria en Londres, durante los cuales Montgomery recibió la información oficial sobre el plan por parte de los mandos del COSSAC. A las nueve de la mañana del 3 de enero, Monty convocó su primera reunión sobre Overlord. Tal vez porque, consciente de la falta de adecuación de su plan, Morgan autorizó que dos de sus principales planificadores se encargaran de transmitir la información y explicar lo mejor posible por qué habían adoptado las decisiones que en efecto habían tomado. Al acabar, Monty anunció una pausa de veinte minutos, tras la cual él daría su propia opinión. Al subir al estrado, expresó un desacuerdo total con las propuestas planteadas por el jefe del Estado Mayor del Comandante Supremo Aliado. Quería centrarse en una cabeza de puente muy extensa, tal que por el oeste llegara quizá hasta Saint Malo y, por el este, hasta Dieppe. En ningún caso quería un eje tan estrecho centrado en Caen. Para el asalto inicial, harían falta más tropas. Les dio a los planificadores veinticuatro horas para reconsiderar el planteamiento.

Al día siguiente se retomó la conferencia. Monty cuestionó todas las cifras en las que se había basado el plan de las tres divisiones e insistió en que el primer desembarco debía incluir cinco. Aceptó que atacar al oeste de la península de Cotentin representaba una ambición excesiva, pero consideró imprescindible desembarcar en el lado este de la península: lo que acabó siendo la playa de Utah. También puso en duda la validez de la estructura de mando y control que se había propuesto. Según el plan del COSSAC, el asalto inicial debía dirigirlo durante la primera semana el 1.er Ejército de Estados Unidos, con un Cuerpo estadounidense, uno británico y uno canadiense a sus órdenes. Luego, las tropas británicas y canadienses pasarían a las órdenes del 1.er Ejército canadiense y la jefatura general se encargaría al comandante británico del 21.º Grupo de Ejércitos. Parece probable que Morgan creyera que este batiburrillo internacional iba a resultar atractivo a Eisenhower; en todo caso, para Monty era una receta que garantizaba la confusión y el desastre.

El tercer día de conferencia los puntos principales quedaron establecidos. El asalto contaría con cinco divisiones y era preciso disponer de más naves para los desembarcos. La cabeza de puente se extendería a lo largo de ochenta kilómetros. (Para más información sobre las playas, véase p. 182). Las tropas aerotransportadas no se centrarían en tomar Caen lo antes posible, sino en los flancos que iban desde el río Orne, al este, hasta el extremo sur de la península de Cotentin en el oeste, con la misión de allanar la conquista del puerto de Cherburgo por parte de las tropas terrestres. También quedó claro, en aquel estadio, que Monty era escéptico con respecto al uso de puertos artificiales (cuyo nombre en clave era Mulberry, «mora»). En cualquier caso, todos los que asistieron a la conferencia se transformaron por el carácter enérgico y decisivo que Monty insufló en el proceso de planificación. Dado que era, por un lado, el representante de Eisenhower en Londres y, por el otro, el comandante de las fuerzas terrestres, todos los presentes reconocieron la autoridad de Montgomery. A partir del 6 de enero de 1944 —cinco meses antes del Día D— el estado de ánimo imperante en el 21.º Grupo de Ejércitos fue de optimismo, en contraste claro con el ambiente derrotista que había caracterizado la organización del COSSAC. Monty se expresó con toda claridad: ¡se habían acabado los «lloriqueos»!

El hecho de que las acciones de Montgomery durante la primera semana de enero tuvieran un efecto electrizante no significa que el papel de Eisenhower en esta planificación inicial fuera desdeñable. Aunque en principio Ike había preferido que el mando del 21.º Grupo de Ejércitos se confiara al general Harold Alexander, por su carácter más amable, sin embargo, entendía que se trataba de una decisión de los británicos; y cuando Brooke, como Jefe del Estado Mayor General Imperial, convenció a Churchill de que el mejor candidato era Monty, Eisenhower lo aceptó. Es posible que este se sintiera cuestionado por Monty; y quizá al principio también Churchill se sentía incómodo con él. A fin de cuentas, no era nada raro que Brooke cuestionara los puntos de vista del primer ministro: ¿de veras necesita a otro general indómito? Pero Brooke era consciente de que Monty —a pesar de sus maneras pomposas y engreídas— era un guerrero y un ganador. De las experiencias vividas en la primera guerra mundial, Monty había aprendido que era esencial identificar los riesgos de una batalla y mitigarlos con una preparación y planificación exhaustiva, tal que incluyera la formación de reservas logísticas adecuadas. Defendía la importancia de un «campo de batalla ordenado».

El 21 de enero, Montgomery esbozó a Eisenhower el plan revisado. Aumentar la fuerza de desembarco y ampliar la cabeza de puente tendría en efecto un coste claro: un mes de demora. El otro tema que se cerró definitivamente fue rechazar los planes de mando y control propuestos por Morgan: Monty dirigiría todas las fuerzas terrestres en campaña desde el principio de Overlord hasta cuando Eisenhower decidiera activar formalmente el 12.º Grupo de Ejércitos de Estados Unidos, a las órdenes del general Omar Bradley. En la práctica, lo hizo el 1 de agosto de 1944, cuando la campaña de Normandía se acercaba a su fin. Desde este momento en el que Eisenhower asumió en persona el mando general, la influencia de los británicos y en concreto de Churchill sobre la dirección de las operaciones en el oeste empezó a menguar.

De hecho, la capacidad de Churchill de influir directamente en la estrategia militar desapareció cuando el control de las operaciones militares fue a un Montgomery que estaba subordinado a Eisenhower. El primer ministro pasó entonces a supervisar la entrega de los elementos prácticos imprescindibles para el éxito de la operación.

Montgomery y su equipo de planificación debían hacer frente, como problema crucial, a las dificultades de mantener las cabezas de playa en ausencia de un puerto. Desde 1942 había consenso en que las playas de Normandía representaban el terreno más viable para un desembarco de las fuerzas Aliadas. Estaban protegidas del oleaje atlántico y, sin quedar fuera del alcance de la cobertura aérea Aliada, sus defensas eran menos poderosas que en la costa del Paso de Calais. Pero había que resolver un asunto crucial: se carecía de un fondeadero profundo al que llevar los suministros necesarios para sostener a las tropas en un teatro en rápida expansión. Se confiaba en tomar Cherburgo (en la punta de la península de Cotentin) con prontitud, pero su puerto no era lo suficientemente grande para mantener a un ejército de más de un millón de hombres. La conquista de Le Havre, probablemente, requeriría de varias semanas.

La respuesta a tal problema, no obstante, había surgido en el transcurso de los dos años precedentes y había demostrado ser bastante fructífera. Se trataba de los Mulberry («mora»), puertos artificiales que permitían descargar y proteger de las condiciones meteorológicas a los buques mayores, y los Gooseberry («grosella»), rompeolas artificiales para los lugares menos profundos, que garantizaban aguas en calma a las naves menores y, sobre todo, a las importantísimas gabarras de desembarco. Los muros de estos puertos artificiales se creaban a partir de una serie de elementos especializados de acero y hormigón. Churchill, fascinado por el potencial de la ciencia y la tecnología, se interesó vivamente por los detalles.

Una buena idea suele tener muchos padres y, desde luego, el diseño, la creación y el funcionamiento de estos puertos en el Día D implicó a una cantidad enorme de equipos de especialistas. Churchill podía reivindicar el papel de padrino. Según él mismo se interesó por destacar más adelante, el artículo sobre «Medidas para una guerra naval» que había redactado para Lloyd George en 1917 ya preveía alguno de los cambios. Allí propuso crear una base artificial sobre los bajíos de Horns Rev, en aguas de Dinamarca, integrados por

> una cantidad suficiente de barcazas o cajones estancos de fondo plano, no de acero, sino de hormigón [...]. Cuando no estuvieran llenos de agua, flotarían y se los podría remolcar hacia el emplazamiento de la isla artificial [...]. De este modo podría crearse un puerto a prueba de torpedos y de mal tiempo, como un atolón, en zona de mar abierto, con fondeaderos regulares para los destructores y submarinos y plataformas de descenso para los aviones.[6]

Esto no significa, claro está, que Churchill fuera el único en reflexionar sobre este tipo de proyectos, ni en 1917 ni más adelante; por otro lado, no consta que hiciera circular ni publicar de nuevo su viejo artículo sobre las medidas necesarias para una guerra naval después de 1940, cuando fue nombrado primer ministro. La responsabilidad de llegar a las mismas conclusiones al enfrentarse a un problema similar fue de aquellos a quienes se les había encomendado hacer realidad el regreso a Francia. La solución fue llegando paso a paso, pero en cada uno de esos pasos Churchill estuvo ahí para proporcionar apoyo y patrocinio. Primero, surgió la idea de construir in situ un muelle temporal mediante pontones, que permitiera descargar los barcos hasta las playas. Mountbatten la planteó en Operaciones Combinadas y el jefe de los ingenieros militares, el coronel Bruce White, la desarrolló. Los obstáculos eran formidables. Cualquier estructura debía ser capaz de lidiar con el ascenso de las mareas en el Canal —hasta nueve metros de altura con una fuerza de cuatro nudos— y el martilleo de las tormentas atlánticas. Si se utilizaban pontones flotantes, habría que hallar el modo de amarrarlos con toda seguridad.

El concepto recibió la aprobación del primer ministro a finales de mayo de 1942. Usó su pluma de tinta roja para anotar la respuesta en el mismo documento:

> Es imprescindible que floten con el ascenso y el descenso de la marea. Hay que solventar bien el problema de los amarres. Los barcos deben contar con una abertura lateral y un puente levadizo largo, que llegue más allá de los anclajes del amarradero. Trabajemos para dar con la mejor solución. No discutamos sobre teorías. Los obstáculos hablarán por sí mismos.[7]

Este documento se reprodujo como facsímil en sus memorias de guerra y Churchill lo hizo enmarcar y colgar en una pared de su estudio de Chartwell. Aquí empezó una campaña concertada del primer ministro para que se fuera actuando sobre el asunto. El 26 de septiembre envió una nota a los jefes del Estado Mayor y al ministro de Producción, en la que expresaba su convicción de que

> deberíamos disponer de entre tres y cuatro millas de estos muelles modulares. Por supuesto podrían utilizarse en muchos puntos, en secciones cortas. Les ruego que no descarten la idea sin darle la debida consideración.[8]

El alumbramiento se le encargó a Mountbatten, en tanto que jefe de Operaciones Combinadas. A finales de octubre estaba lidiando con la logística; informó de que una gran operación contra las playas francesas necesitaría la descarga sostenida de entre diez mil y doce mil toneladas diarias y que para manejar la mitad del total harían falta cuatro muelles. Se investigaba a partir de tres posibles diseños. Churchill mantuvo el asunto en la agenda del comité de los jefes del Estado Mayor, insistió en recibir informes regulares sobre los avances al respecto y le envió a Mountbatten mensajes repetidos en los que le animaba a «seguir presionando». Como no podía ser menos, el primer ministro buscó el consejo de su asesor científico lord Cherwell, que a su vez se procuró la ayuda del brigadier Jefferis, jefe del MDI, una organización dependiente del Ministerio de Defensa británico y especializada en la investigación sobre armamento, establecida con el patrocinio del primer ministro y bautizada con el apodo de «la juguetería de Churchill». Este, en efecto, quería que las mentes más brillantes se ocuparan de resolver el problema y no estaba dispuesto a renunciar a la idea.

En marzo de 1943, Churchill volvió al ataque. Quería saber si ya se podían utilizar los muelles para reducir la necesidad de lanchas de desembarco en la Operación Husky, la invasión de Sicilia, y se lamentaba así:

> A este asunto no se le presta la atención que requiere. Los experimentos con modelos y tipos diversos solo han servido para demorar la solución y que aún no tengamos nada. Hace ya casi seis meses que insté a construir varias millas de muelles. ¿Se ha consultado al brigadier Jefferis?[9]

Churchill recurrió también a escribir al general Eisenhower para señalar que «en la zona de "Husky", las condiciones son incomparablemente más favorables para el uso de muelles modulares rápidos que en la zona del canal de la Mancha». Insistió en el tema aun a pesar de que Mountbatten ya le había informado de que se disponía de lanchas suficientes para sostener a las fuerzas implicadas en Sicilia, donde se contemplaba que el abastecimiento desde la playa se limitaría a un mes y una división y media; esto eran tiempos y cantidades muy inferiores a la escala requerida para Normandía. Entre tanto, se continuaba con las pruebas.

El asunto también figuraba en la agenda del general Morgan como parte de su planificación de Overlord. Pero seguían topando con dificultades. Los muelles de pontones quizá servirían para descargar directamente en las playas, pero necesitarían amparo contra la mala mar constante que era esperable en otoño. Sin alguna clase de protección que pudiera desplegarse con especial rapidez, también se temía que las lanchas menores propias del asalto inicial sufrieran bajas muy cuantiosas en condiciones de gran oleaje. Todo apuntaba a la necesidad de crear puertos completos, autónomos, y barreras a gran escala. De lo contrario, toda la operación corría peligro. En este punto, Hughes-Hallett, el comodoro naval que estaba al mando de la fuerza de asalto, tuvo una brillante idea:

> El domingo 20 de junio asistí a la misa matinal de la Abadía, con Brian Egerton y Richard Fenning, como era nuestra costumbre; y pasé la

> mayor parte del servicio dándole vueltas a todo este asunto. Mientras se entonaba el Himno me vino de pronto a la cabeza, en un destello, que debíamos crear —y estaba en nuestra mano hacerlo— una zona artificial de aguas protegidas, a escala napoleónica, con el método de hundir una multitud de barcos que bloqueen el área creando unos rompeolas enormes. Todo ello en menos de quizá doce horas a contar desde los primeros desembarcos.[10]

Teniendo en cuenta el carácter religioso del lugar donde tuvo la idea, no fue raro que la atribuyera a la inspiración divina. Usar barcos de bloqueo permitió crear con rapidez el núcleo de los puertos Mulberry, puesto que podían dirigirse a su posición navegando antes de que se los enviara a pique. Luego, el emplazamiento podía reforzarse con la adición de otros elementos, gigantescos bloques de hormigón y estructuras de acero que se tardaría más tiempo en reunir. Este sistema posibilitó acelerar mucho la planificación de los puertos. En la primera conferencia de Quebec se acordó que habría dos Mulberry, uno estadounidense, en las aguas de las playas de Omaha, y otro británico en Arromanches. A Hughes-Hallett le preocupaba que el puerto norteamericano pudiera construirse por meras razones políticas, dado que un colega estadounidense le había confesado que «los chicos de nuestro ejército de Tierra [...] están decididos a contar con un puerto propio». Cuando advirtió que esto resultaba técnicamente imposible —porque la profundidad del agua ante las playas de los estadounidenses no era adecuada para hundir los buques y las demás estructuras estancas de bloqueo—, le contestaron que «pero ellos se han empeñado en disponer de un puerto artificial propio, casi como un símbolo de estatus; y piensan tenerlo, digamos lo que digamos usted o yo, de modo que más nos valdría acomodarnos a su deseo».[11] La construcción británica se acabó conociendo, de manera informal, como Port Winston (Churchill declinó una propuesta de llamarlo oficialmente «Port Churchill»).

El nombre era adecuado. Churchill no solo entendió la necesidad de estos puertos artificiales, sino que asumió la misión de asegurarse de que se entregaran a tiempo para el Día D, en junio. Después de recuperarse de la enfermedad que había sufrido en el norte de África, y ante el conocimiento de que se había fijado una fecha para Overlord, se entregó a fondo en la cuestión de los preparativos. Como la producción de guerra debía satisfacer exigencias en competencia mutua, le preocupaba que no se cumplieran los objetivos o no se diera prioridad a las innovaciones que él prefería.

El resultado fue un llamamiento a la acción inmediata. Después de regresar de Marruecos, en enero de 1944, despachó un mensaje para Cherwell, Ismay y el general Laycock —sucesor de Mountbatten en Operaciones Combinadas— para expresar su inquietud ante «los continuos fracasos del asunto del Puerto Sintético». Luego presidió una sesión nocturna en la sala de reuniones del Gabinete de Guerra, el lunes 24 de enero, y recurrió al poder de su cargo para convocar una conferencia a la que asistieran todos los departamentos políticos y militares claves. Se trataba de «analizar todos los temas relacionados con los Puertos Sintéticos, los muelles y las plataformas de desembarco». Era un asunto marcado con el aviso churchilliano de urgencia: «Resuélvase hoy».

Los ministros responsables de las carteras de Producción, Abastecimiento y Transporte de Guerra se reunieron con varios altos comandantes de Overlord. Asistió Bruce White, diseñador de los muelles artificiales y ascendido poco antes a brigadier. Eisenhower estuvo representado por su jefe del Estado Mayor, el general estadounidense Walter Bedell Smith. Cherwell tenía la misión de apoyar a Churchill en las materias más técnicas.

El primer ministro abordó el asunto afirmando que estaba «preocupado por los informes recientes sobre el desarrollo de "la Mora" y temía que algunos proyectos se habían retrasado». Luego se debatió con franqueza. El Almirantazgo manifestó claramente que, además de los dos puertos Mulberry —cuya construcción in situ necesitaría quizá entre tres y cuatro semanas—, se requerían cinco espigones Gooseberry para poder proporcionar una protección inmediata a los transportes en las aguas menos profundas de las playas. El contraalmirante Tennant, de la Fuerza Naval Expedicionaria Aliada, confirmó que, en ausencia de estas instalaciones, si las condiciones no eran de calma de las aguas, podían perderse diariamente del 20 % al 30 % de las naves de desembarco. El primer ministro no soltó la vara en ningún momento, reclamando acción directa. ¿Qué avances se habían producido en los distintos elementos requeridos para construir los puertos? ¿Cómo podía «adelantarse con la mayor energía» su construcción y entrega? ¿Se disponía de suficientes remolcadores para trasladarlos al otro lado del Canal? ¿Cuántos barcos se necesitaba hundir como elementos de bloqueo y de dónde vendrían? ¿De qué podían encargarse los estadounidenses?

A los presentes no les cupo ninguna duda sobre la urgencia del asunto y lo mucho que estaba en juego. Se manejaban escalas inmensas. Para crear los dos Mulberry y los cinco Gooseberry era necesario disponer de 7.500 metros de barcos de bloqueo y remolcar casi un millón de toneladas de material desde los puertos británicos, por mar abierto, recorriendo un centenar de millas náuticas. Se dio un plazo de solo siete días para que los asistentes enviaran informes de respuesta. Cuando se encontraron de nuevo el lunes siguiente, en el mismo lugar y a la misma hora (a las diez de la noche en la sala de reuniones del Gabinete de Guerra), se puso de manifiesto que la vara del primer ministro había surtido efecto. Se notificaron las cifras de producción actualizadas de los bloques de acero para muelles y las calzadas flotantes (las «Ballenas»), de los cajones estancos de hormigón reforzado (los «Fénix») y las enormes cruces de acero para la interconexión (los «Bombardones») y el primer ministro expresó su satisfacción ante la convicción de que «una parte muy importante de los requisitos se cumplirá en un plazo adecuado». (Para más información sobre los diferentes elementos usados en los puertos Mulberry, véase p. 181.) Faltaba resolver el cuello de botella de la cantidad de remolcadores disponibles, pero se dio prioridad a traerlos de Estados Unidos en más cantidad.

En la reunión del 24 de enero también se reconocieron algunos fracasos. Había diversos proyectos brillantes de científicos e ingenieros, pero no todos dieron fruto. Se anunció que se abandonaban los planes de crear barreras contra el oleaje mediante cañerías que descargaban una corriente constante de burbujas de aire, o bolsas de aire inflables con cortinas de hormigón (nombre en clave: Lilo, «Colchoneta»). Hubo algo menos de consenso respecto a descartar la viabilidad de las pistas de aterrizaje temporales («Tentáculos»). Churchill expresó su incomodidad por el hecho de que al único prototipo existente en Estados Unidos se le quisiera dar otros usos. Veía una posible ventaja en estas estructuras a la hora de asegurar el dominio aéreo de las playas, que resultaba crucial; pero aun con reticencia cedió cuando el mariscal del Aire Leigh-Mallory —comandante en jefe del servicio aéreo de la Fuerza Expedicionaria Aliada— confirmó que el alcance de «nuestros» cazas era suficiente para ofrecer una cobertura aérea completa sobre las playas y que no debía olvidarse que se tardaría un mínimo de cuarenta y ocho horas en levantar el aeródromo artificial y, en ese tiempo, se esperaba que la RAF ya hubiera construido dos en tierra.

(13)

THIS DOCUMENT IS THE PROPERTY OF HIS BRITANNIC MAJESTY'S GOVERNMENT

The circulation of this paper has been strictly limited.

It is issued for the personal use of..

MOST SECRET. Copy No. 49

C.O.S.(44) 53 (O)

20TH JANUARY, 1944

WAR CABINET

CHIEFS OF STAFF COMMITTEE

MERCHANT SHIPPING REQUIRED FOR MULBERRIES

Memorandum by the First Sea Lord

At Quadrant+ the Combined Chiefs of Staff were informed that the provision of Artificial Harbours was necessary to the success of OVERLORD. After QUADRANT the Combined Chiefs of Staff were informed x

(i) that two harbours were required

(a) An American Harbour assigned to American Forces

W.S.C.

(b) A British Harbour assigned to British and Canadian Forces.

(ii) that sunken ships should be used as possible components for the shallow water Breakwater to the full extent of their availability.

2. On the 9th October the Chiefs of Staff took note that an American Mulberry and a British Mulberry would be required for OVERLORD and on the 12th January that, in addition to two Mulberries, shelters would be required for landing craft which have been given the name "Gooseberries".

3. As instructed the Admiralty has examined the operational requirement for the composition of the Breakwater in conjunction with S.A.C. and the War Office. It has been established that the most satisfactory solution will be a combination of Bombardon and Phoenix in water of over 2 fathams and blockships in water of under 2 fathoms.

\+ C.C.S. 307, C.C.S. 108th Mtg. and C.O.S.(Q) 8
x C.C.S. 117th Mtg and C.C.S. 307/2
C.O.S.(43) 243rd Mtg. (O)
C.O.S.(44) 9th Mtg. (O) and C.O.S.(44) 17 (O)
C.O.S.(44) 1st Mtg. (O) and
C.O.S.(43) 776 (O) 2nd Revise

--1--

Documento preparado para los jefes del Estado Mayor, donde se detallan diversos requisitos para la construcción de puertos artificiales, 20 de enero de 1944.

Si la evolución de las cosas hubiera sido algo distinta, quizá se habría debatido sobre la posibilidad de utilizar un portaaviones hecho de ¡hielo! Puede sonarnos absurdo, pero era una idea genuina de la fértil mente de Geoffrey Pyke. Tras estudiar las cualidades moleculares del hielo puro, había descubierto que si pequeñas partículas de otras sustancias (como la pulpa de madera) se suspendían en agua y congelaban, el material resultante poseía una increíble resistencia a la tensión. Además, costaba que se fundiera y, por el contrario, la reparación era muy fácil. En septiembre de 1942 le envió a Mountbatten un memorando de más de doscientas páginas, donde explicaba que este nuevo material ganaría la guerra y cambiaría el mundo. El *pykeísmo* de apertura era esta cita de *El escándalo del padre Brown*, de G. K. Chesterton: «El padre Brown dejó el cigarro y dijo con voz clara: "No es que no puedan ver la solución; es que no pueden ver el problema"».

El documento proponía una cantidad asombrosa de usos para ese nuevo material, al que se dio el nombre de *pykrete*.[12] Se sugería que, en efecto, podía bastar para ganar la guerra por sí solo, pero la idea que verdaderamente atrajo la atención del almirante Mountbatten fue la posibilidad de crear enormes montañas de pykrete que, en funciones de portaaviones imposible de hundir, podrían viajar libremente por el mundo. Se realizaron numerosas pruebas. El nombre en clave del proyecto, a propuesta de Pyke, que era judío, fue Habbakuk (grafía errónea de Habakkuk o Habacuc, profeta menor de las escrituras hebreas).

A Mountbatten le entusiasmaba demostrar las propiedades del hielo reforzado. Se contaba que se ganó la confianza del primer ministro al lanzar un bloque de pykrete en una bañera caliente, para demostrar que no se fundía. En la conferencia de Quebec, en agosto de 1943, pidió llevar un bloque a una sesión del Comité Combinado y le disparó con su revólver. Brooke observó horrorizado que «la bala rebotaba en el bloque y nos pasaba junto a las piernas zumbando como una abeja furiosa». Los que aguardaban fuera creyeron que la tensión había llegado a tal punto que los Jefes habían abierto fuego unos contra otros. Churchill escribió ácidamente, en sus posteriores memorias de guerra: «Pero en la guerra, ¿quién no desea reírse un rato entre tanto cráneo? Aquí nos reímos a gusto».

Al final, el proyecto de los portaaviones de hielo reforzado resultó ser demasiado complejo, o tal vez demasiado revolucionario, en particular en una época en la que los recursos ya estaban muy solicitados y las armas más convencionales se necesitaban en cantidades ingentes. Pero en fechas aún tardías, como en junio de 1943, Churchill todavía manifestó la esperanza de que algún producto pudiera utilizarse a tiempo e «interpretara un papel decisivo en la guerra contra Japón», o que el pykrete se usara en plataformas estáticas (los «maródromos») en apoyo de la invasión de Francia. No fue así.

Otro problema relacionado con el Día D era cómo descargar a las fuerzas Aliadas en las playas frente a los eventuales obstáculos y la potencia del fuego de los defensores. En las costas, la defensa se organizaba con un sistema de capas. Empezaba por instalar obstáculos hundidos, que en condiciones de marea alta no se veían, tales como estructuras de acero serrado y estacas de madera minadas, concebidas para dejar fuera de combate las lanchas del desembarco y los vehículos que se dirigieran a tierra. Una vez en la playa, las tropas de asalto debían pasar alambradas, más obstáculos y minas de tierra, además de superar el barrido de las baterías de cañones, los fortines y los baluartes situados en lo alto. Para ir más allá de la playa debían atravesar un muro de hormigón marítimo. Aunque los bombardeos desde mar y aire contribuirían poderosamente a debilitar esas defensas, no las eliminarían. Para avanzar con éxito se necesitaba contar con suficiente blindaje pesado y móvil, tal que proporcionara apoyo inmediato a la infantería, así como equipos especializados en abrir un camino expedito con la mayor celeridad posible. La incursión de Dieppe había puesto de relieve la dificultad de desembarcar tanques en una costa tomada por el enemigo y, más aún, fue un ejemplo espantoso de la vulnerabilidad de los infantes atrapados en una playa. Este escenario era la pesadilla de Churchill y, en consecuencia, no es de extrañar que se tomara un especial interés en desarrollar soluciones.

La asociación de Churchill con el desarrollo de los tanques nos retrotrae de nuevo —una vez más— a la primera guerra mundial. Como Primer Lord del Almirantazgo, en 1914-1915, se había negado a limitarse estrictamente a los asuntos navales y había abrazado la evolución de las nuevas tecnologías que pudieran ayudar a romper la situación de tablas en el Frente Occidental. El mismo motivo que le llevó a abogar por la operación de los Dardanelos le había movido a apoyar el desarrollo del Servicio Aéreo de la Royal Navy —e incluso a tomar él mismo lecciones de aviación— y patrocinar las primeras investigaciones en unas «naves terrestres» de gran blindaje, que permitieran a los británicos retomar la ofensiva. En un memorando dirigido al primer ministro Asquith y escrito en enero de 1915 resumió el problema como «atravesar cien o doscientos metros de espacio abierto y alambradas» y sugirió como solución

> [...] pertrechar diversos tractores de vapor con pequeños refugios blindados, a prueba de balas, en los que puedan situarse hombres y ametralladoras [...]. El sistema de la oruga permitiría cruzar las trincheras con relativa facilidad y el peso de la máquina destruiría todas las alambradas.[13]

En este mismo documento había solicitado asimismo producir escudos grandes y usar pantallas de humo que dieran cobertura a las tropas atacantes. Una vez más, por lo tanto, cuando estalló la segunda guerra mundial ya estaba familiarizado con el desafío al que debían hacer frente los planificadores del Día D, y preparado para apoyar las innovaciones técnicas. De aquí que reconociera a un alma gemela en la persona del general de división Percy Cleghorn Stanley Hobart.

Hobart fue uno de los pioneros de la guerra blindada moderna. Era un defensor apasionado de los ejércitos móviles y mecanizados, y poseía un carácter indómito que durante la mayor parte de su carrera lo enfrentó a los jefes de la clase militar. El historiador y estratego Basil Liddell Hart lo comparó con los Guderian y Rommel, que desarrollaron las fuerzas blindadas alemanas (unidades Panzer) y los principios de la guerra relámpago (*Blitzkrieg*), no sin comentar que «según es típicamente británico, a diferencia de a Guderian y Rommel, a él [Hobart] no le dieron oportunidad de mandar en la guerra, como sí se les dio a aquellos». El primero que puso a Winston en la pista de Hobart fue un parlamentario independiente, el autor Alan Herbert, que le escribió en octubre de 1936 hablando del general como «un experto absoluto, o casi, en el tema de los tanques, creo yo», que «tiene un montón de cosas interesantes que decir a alguien que, como usted, entiende de la Defensa». Mientras Hobart estaba al mando de la 1.ª Brigada de Tanques, Churchill emprendía su campaña a favor del rearme británico y contraria a apaciguar a Hitler. Como era evidente, se encontraron y Hobart advirtió de la necesidad de disponer de más carros blindados. En aquel momento Churchill, como tantos otros, aún no era del todo consciente de hasta qué punto las fuerzas blindadas transformarían la guerra moderna. Sin embargo, una vez elegido primer ministro, y a la vista del éxito que los Panzer alemanes se anotaron en la Europa occidental en 1940, comprendió que había que acelerar mucho la producción de los tanques británicos, hasta ponerse a la altura del rival.

En este momento se había forzado a Hobart a retirarse del ejército. Lo habían enviado a Egipto con la misión de formar una fuerza móvil para la guerra del desierto —que luego se convertiría en la 7.ª División Acorazada, las famosas «Ratas del Desierto» cuyas victorias en el norte de África encabezó Montgomery—, pero había discutido con su comandante en jefe, que lo calificó de «indebidamente optimista» con respecto a las capacidades del Real Cuerpo Acorazado. Durante el verano de 1940, pues, vivía en Chipping Campden, en el distrito de Cotswold (condado de Gloucestershire), apenado por su destitución y sin más papel que la colaboración con los voluntarios de la defensa local, la Guardia Interior. Por fortuna, aún contaba con algunos amigos en posiciones destacadas, que hicieron llegar su mala situación a oídos del primer ministro. Tras reunirse con Hobart en Chequers, en octubre, Churchill quedó convencido de que era exactamente la clase de comandante de tanques que él necesitaba en aquel momento. Por lo tanto, le envió una nota al general Dill (a la sazón, Jefe del Estado Mayor General Imperial, es decir, jefe del ejército de Tierra) instando a que se le diera a Hobart el mando de una de las nuevas divisiones de tanques.

Hobart asumió la responsabilidad de formar e instruir a la 11.ª División Acorazada, pero, llegados a septiembre de 1942, su personalidad abrasiva, la firmeza de sus ideas sobre la guerra blindada, la mala salud y la edad (a sus cincuenta y siete años, se lo consideraba demasiado viejo para dirigir una división en combate) estaban provocando toda clase de tensiones, por lo que Churchill tuvo que intervenir para salvar su carrera por segunda vez. Así, en una nota dirigida al secretario de Estado para la Guerra, describió a Hobart como:

> Un hombre sin duda excepcional en sus logros intelectuales y de gran fuerza de carácter, por lo que —aunque no sea fácil trabajar con él— es desde luego de lamentar que no contemos con más hombres como él en nuestras fuerzas armadas. La persecución a la que se lo ha sometido me ha parecido terrible [...]. El Alto Mando del Ejército no es un club.[14]

La nota llegó en un momento idóneo. El general Alan Brooke era entonces el Jefe del Estado Mayor General Imperial y estaba dispuesto a respaldar a Hobart; y los preparativos de la invasión de Francia, aunque subordinados a corto plazo a la guerra del Mediterráneo, volvían a figurar claramente en el orden del día. Era evidente que para despejar las playas se necesitarían blindados pesados y para hacer realidad tal objetivo nadie parecía más experto que el general Hobart. Así pues, le dieron el mando de una unidad nueva, la innovadora 79.ª División —nombre que el ejército británico continúa utilizando para la unidad encargada de pensar con originalidad—, y no solo eso: con el patrocinio de Churchill y Brooke, también le dieron libertad para desarrollar una fuerza capaz de liderar el asalto a las playas normandas.

Según había previsto Churchill en 1915, los tanques se habían adaptado ya a la función de despejar obstáculos: en la batalla de El Alamein, por ejemplo, se habían utilizado carros de combate provistos de una suerte de manguales, para limpiar los campos minados. Pero Hobart logró llevar las modificaciones a un nivel superior. Se estudiaron todos los tipos de escollos que los alemanes podían colocar y se diseñaron soluciones. Se crearon pantallas, similares a un casco de navío, que permitían que los blindados navegaran hasta las playas; hubo tanques capaces de disparar bombas para reventar las fortificaciones de hormigón; tanques de trazado de rutas, que establecían caminos en las zonas de arena blanda; otros con puentes para superar obstáculos; también tanques con lanzallamas y cortadores de alambradas. Según la concepción de Hobart, esto era inseparable de la capacidad de disparar y combatir, de modo que estos blindados no solo contribuían a despejar impedimentos, sino que también podían defenderse y participar de la ofensiva.

Por otro lado, Hobart no trabajaba en situación de aislamiento. Tanto Operaciones Combinadas como el MDI se esforzaban también por innovar y desarrollar nuevas armas y equipos para los desembarcos. Lord Cherwell, el asesor científico del primer ministro, los seguía de cerca y el hecho de que él aprobara algún proyecto en particular solía resultar crucial a la hora de atraer la atención de Churchill. Por su parte, al primer ministro nada le entusiasmaba más que escaparse a Londres a contemplar las últimas pruebas. No todas las innovaciones funcionaron o demostraron su utilidad. No hizo falta contar con tanques provistos de focos para la guerra nocturna, pues se decidió atacar de día (y, además, las luces los convertían en blancos claros del fuego enemigo). Tras evaluar una propuesta para superar los acantilados, que llevaría los tanques y transportes mecanizados directamente de los navíos hasta lo alto de las escarpaduras, se concluyó que era «técnicamente viable» pero «imposible de aplicar en el plano táctico» en las costas de Normandía. Al poco de realizarse los desembarcos se tendió una cañería suboceánica (PLUTO, en sus siglas inglesas) que a la postre se convirtió en una fuente constante de suministro de combustible desde la isla de Wight; esta innovación fue esencial para el éxito de Normandía.

La táctica también era importante. Para que los tanques pudieran desembarcar en las playas por delante de la infantería, se necesitaba una coordinación extraordinaria. La producción de naves de desembarco en número suficiente —en especial de las mayores, capaces de transportar tanques— supuso un cuello de botella y un motivo de grave inquietud hasta los primeros meses de 1944. Además, utilizarlas requería desarrollar procedimientos operativos especiales. Las naves de transporte de los tanques eran más pesadas y navegaban más despacio que los transportes de tropas, más ligeros. Por lo tanto, todos los barcos debían organizarse cuidadosamente en el mar, a cierta distancia de las playas, y ajustarse a una programación minuciosa de los oficiales navales. Una vez alcanzada la costa, el asalto debía dirigirse de modo que los equipos especialistas y los tanques pudieran colaborar entre sí para despejar los obstáculos y campos de minas con la mayor celeridad y eficiencia; de lo contrario, el flujo constante de tropas hacia las playas no tardaría en formar acumulaciones que ofrecerían blancos fáciles a la artillería enemiga. Una vez capturada una playa se asignaría a oficiales de la Marina —especialmente formados para esta labor— que dirigirían el tráfico de acceso y retirada de los puntos de desembarco.

Todo esto requería de mucha instrucción. El primer ministro seguía prestando gran atención al proceso. Dedicó tiempo a visitar a las fuerzas británicas y estadounidenses, incluidos los paracaidistas estadounidenses de las inmediaciones de Winchester, a los que les dijo que les aguardaba «interpretar un gran papel» e iban a ser «la expresión más moderna de la guerra». En la mañana del 31 de marzo de 1944 estaba en Yorkshire, donde visitó la División de la Guardia Acorazada y contempló la operación de un camión que circulaba por el agua. Todo el mundo seguía ultimando sus preparativos, dondequiera que estuviese.

Hughes-Hallett, en tanto que comandante de la fuerza de asalto naval, se había esforzado mucho por ampliar su mando. A finales de 1943 la Fuerza J ascendía a quince mil hombres, entre oficiales y tropa, y era capaz de desembarcar una división entera en las diversas playas. Hallett controlaba de forma directa 28 embarcaciones de asalto, doscientas de transporte de tanques y un número muy superior de barcazas de desembarco de tropas, cañoneras, motoras y lanchas de apoyo; además, por toda la costa inglesa se iban amasando otros recursos navales, tanto británicos como estadounidenses. Hallett había desarrollado asimismo procedimientos —que puso a prueba y en los que formó a sus tropas— para reunir, transportar y lanzar el asalto. Le recompensaron con el mando del crucero pesado *HMS Jamaica*, que, sin embargo —lo cual él probablemente lamentó mucho—, no llegó a participar en el Día D.

Después de haber ayudado en la formación de otros en Canadá, el viaje de Roland MacKenzie lo llevó ahora hasta Escocia. Llegó en julio de 1943 y pasó un tiempo en Banff y en Edzell, donde se familiarizó con las tácticas y los equipos propios del teatro europeo. Luego partió a Staffordshire, donde se unió a su tripulación y emprendió una formación operativa intensiva previa a las salidas de combate. En enero de 1944 fue calificado como «por encima de la media» y se le declaró preparado.

En cuanto a T. L. Rodgers y el 504.º Regimiento de Paracaidistas de la Infantería, después de llegar a Liverpool los transfirieron al campamento de Stoughton, en Leicestershire. Cuando su unidad se asentó y —según Ross Carter, uno de sus integrantes— empezó a familiarizarse con la cerveza y las mujeres del lugar, lo que ayudó a propagar la sarna y los embarazos, la misión de vigilarlos recayó sobre el abstemio T. L. Mientras varios integrantes de la unidad seguían comportándose, de nuevo en palabras de Ross, como «bárbaros zafios», T. L. y otros veinticuatro hombres se presentaron voluntarios para actuar como exploradores en Normandía. Al despedirse, Rodgers le dijo a su amigo Ross: «Tendré todo el cuidado que pueda, Ross; pero esta vez, quizá no pueda tener tanto cuidado como se necesite».

Christian Oldham (ya con el apellido de Lamb, después de haberse casado) también aportaba cuanto podía. En febrero de 1944 la habían reclutado para un trabajo de alto secreto. La ubicaron en una diminuta habitación de un sótano del centro de Whitehall, rodeada de mapas detallados de la costa de Normandía. Se le encomendó «delinear» con la mayor minuciosidad posible «todo lo que pueda distinguirse desde cualquier punto del compás en cualquiera posición de

Churchill donde más le gustaba estar: rodeado por los comandantes Aliados en el norte de África, en 1943. *De izquierda a derecha*: el ministro de Exteriores británico Anthony Eden, el general sir Alan Brooke, el mariscal en jefe del Aire Tedder, Winston Churchill, el almirante Cunningham y los generales Alexander, Marshall, Eisenhower y Montgomery.

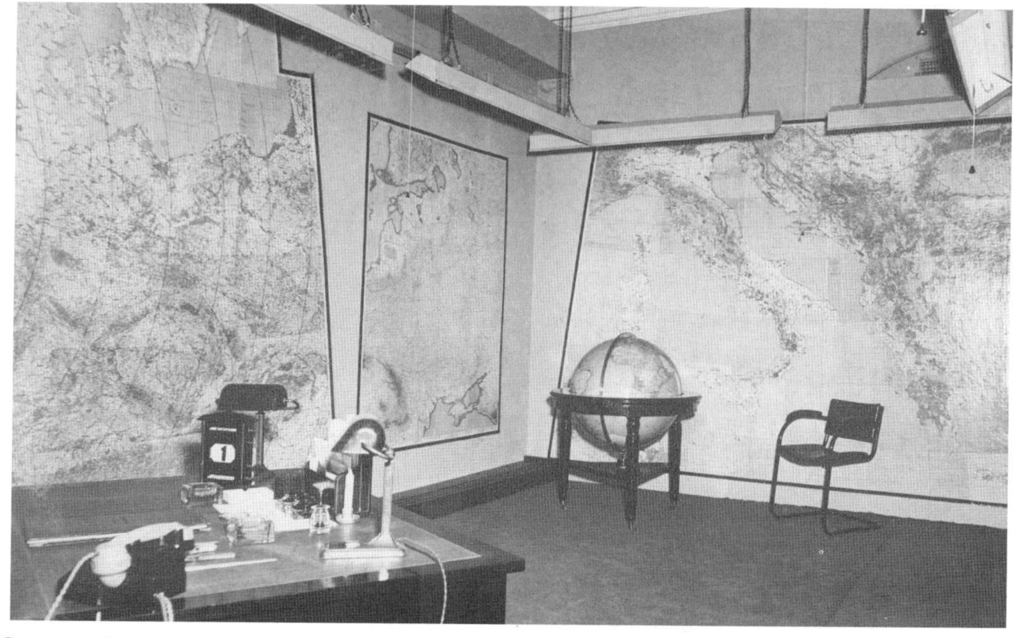

Si no podía estar en frente, el segundo lugar preferido de Churchill era la sala de mapas.

Churchill con paracaidistas estadounidenses, en marzo de 1944.

Observando un ejercicio preparatorio de la invasión, en Yorkshire, marzo de 1944.

Con Monty en Francia, en 1944.

Comandantes supremos: con Eisenhower hacia el mes de marzo de 1945.

El dominio de los mares
y del aire, junio de 1944.

Derribando el Muro Atlántico de Hitler, en junio de 1944.

A punto para el desembarco, junio de 1944.

Antiaéreos y obstáculos en las playas, junio de 1944.

El asalto de la costa, junio de 1944.

Comandos en la playa,
7 de junio de 1944:
la escena que vivió Tony Hugill.

El general O'Connor, Churchill, Smuts,
Montgomery y Brooke, 12 de junio de 1944.

Churchill habla ante las tropas británicas
y canadienses, en Normandía,
el 22 de julio de 1944.

El general De Gaulle habla
en Francia, en 1944.

Joan Bright Astley en la Conferencia
de Yalta, en febrero de 1945.

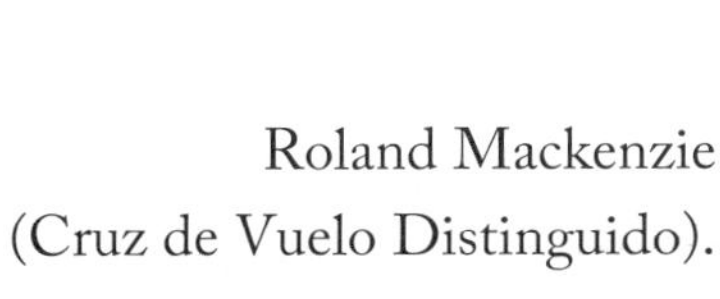

Roland Mackenzie
(Cruz de Vuelo Distinguido).

Christian Oldham (de casada, Lamb) como joven *wren*.

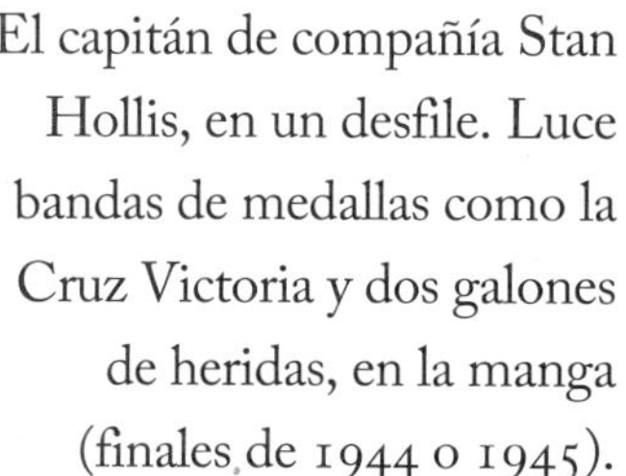

El capitán de compañía Stan Hollis, en un desfile. Luce bandas de medallas como la Cruz Victoria y dos galones de heridas, en la manga (finales de 1944 o 1945).

T. L. Rodgers con los demás exploradores de su unidad, en junio de 1944. Rodgers es el tercero por la izquierda, en la fila superior. Lleva la cara ennegrecida para un salto nocturno.

desembarco, tal que desde el puente de las naves de desembarco pueda utilizarse para confirmar la identificación». A sus poco más de veinte años, estaba al tanto de uno de los secretos mejor guardados de toda la guerra: sabía en qué playas concretas iba a producirse el desembarco. A veces se cruzaba con Churchill en las escaleras. Para el primer ministro, estos mismos secretos provocaron una época de especial inquietud.

En efecto, aunque la instrucción y los equipamientos especializados eran esenciales para el Día D, el verdadero dolor de cabeza era la escala ingente de recursos ordinarios que se debían acumular: hombres, fusiles, uniformes, pertrechos básicos. El desafío logístico de reunir a las tropas en el sur de Inglaterra y abastecerlas con lo necesario para una campaña larga y cada vez más intensa en Europa era ciertamente abrumador. Eisenhower trabajaba con la premisa de que «una división reforzada en operaciones activas consume entre seiscientas y setecientas toneladas de material por día». Cuando se combatiera en una posición fija, necesitarían munición; cuando se desplazaran, combustible; siempre, por supuesto, les haría falta la comida. Al cabo de unas pocas semanas de iniciarse el asalto había treinta y seis divisiones en el continente. Todas requerían servicios médicos, administración, apoyo de los ingenieros, entretenimiento y cuidados.

Churchill, enfrentado a las dimensiones colosales de un ejército moderno, temía que la cola logística fuera demasiado larga y amenazara la libertad de maniobra de los soldados. Sus ídolos históricos —grandes comandantes como Alejandro Magno y Napoleón— habían podido aprovechar los triunfos del campo de batalla moviéndose con rapidez; pero sus siglos eran épocas más sencillas, en las que los ejércitos podían alimentarse de la tierra. Churchill, por el contrario, temía que el asalto quedara empantanado y debieran soportar otra situación de tablas, sangrienta y prolongada, en una guerra de trincheras. Compartía tales ideas con Hobart y Liddell-Hart, partidarios de una campaña mecanizada capaz de desplazarse con celeridad.

A medida que la planificación militar evolucionaba, Churchill se reunía de forma regular con Eisenhower para mantenerse informado. Como en Italia se avanzaba con más lentitud de lo previsto —los Aliados tenían dificultades para salir de la cabeza de playa de Anzio— se tomó la decisión de no continuar con la Operación Yunque (el desembarco en el sur de Francia) hasta haber iniciado los desembarcos de

Normandía. Churchill recibió la decisión con los brazos abiertos, pues sabía que Yunque haría menguar los recursos destinados a Italia. Si por su parte Montgomery habría preferido cancelar del todo Yunque, en cambio Eisenhower aún consideraba que sería fundamental para abrir otra ruta de refuerzo de hombres y suministro de pertrechos a la campaña francesa. La cuestión se reabrió de nuevo tras el Día D y provocó una disputa agria entre el comandante supremo y el primer ministro británico. Pero en este momento Churchill parecía aceptar, a grandes rasgos, la revisión del plan de Overlord. Según el diario de su secretario privado Jock Colville, en nota del 4 de abril: «la perspectiva de un 2.º Frente le preocupa, aunque dice que [la operación] "la ve cada vez más clara"».

Tres días después, el Viernes Santo, Churchill habló ante la asamblea de todos los líderes militares, en la St. Paul's School, cuartel general de Montgomery. Posteriormente, le escribió a Roosevelt: «No estoy de acuerdo con las impresiones que corren a ambos lados del Atlántico según las cuales sufriremos bajas especialmente gravosas. Antes bien creo que serán los alemanes los que sufrirán bajas de enorme consideración cuando nuestra hermandad se lance sobre ellos».[15]

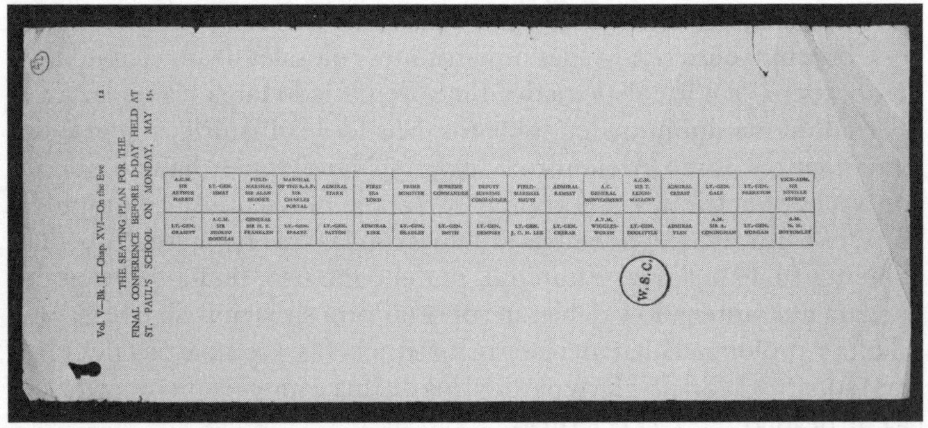

Vol. V—Bk. II—Chap. XVI—On the Eve 12

THE SEATING PLAN FOR THE FINAL CONFERENCE BEFORE D-DAY HELD AT ST. PAUL'S SCHOOL ON MONDAY, MAY 15.

A.C.M. SIR ARTHUR HARRIS	LT.-GEN. ISMAY	FIELD-MARSHAL SIR ALAN BROOKE	MARSHAL OF THE R.A.F. SIR CHARLES PORTAL	ADMIRAL STARK	FIRST SEA LORD	PRIME MINISTER	SUPREME COMMANDER	DEPUTY SUPREME COMMANDER	FIELD-MARSHAL SMUTS	ADMIRAL RAMSAY	A.C. GENERAL MONTGOMERY	A.C.M. SIR T. LEIGH-MALLORY	ADMIRAL CREASY	LT.-GEN. GALE	LT.-GEN. [illegible]	VICE-ADM. SIR NEVILLE SYFRET
LT.-GEN. GRASETT	A.C.M. SIR SHOLTO DOUGLAS	GENERAL SIR H. E. FRANKLYN	LT.-GEN. SPAATZ	LT.-GEN. PATTON	ADMIRAL KIRK	LT.-GEN. BRADLEY	LT.-GEN. SMITH	LT.-GEN. DEMPSEY	LT.-GEN. J. C. H. LEE	LT.-GEN. CRERAR	A.V.M. WIGGLESWORTH	LT.-GEN. DOOLITTLE	ADMIRAL VIAN	A.M. SIR A. CONINGHAM	LT.-GEN. MORGAN	A.M. N. H. BOTTOMLEY

W.S.C.

Distribución de los asientos para la conferencia de la St. Paul's School sobre Overlord, 15 de mayo de 1944.

El 15 de mayo volvió a la St. Paul's para asistir a la conferencia final sobre los preparativos del Día D. Acudieron asimismo los jefes del

Estado Mayor y todos los grandes comandantes militares. Churchill tomó la palabra después del rey. Harry Butcher no se hallaba presente, pero, tras conversar con varios asistentes, concluyó que «el primer ministro habló largo y tendido pasando de la contención al entusiasmo. Abogó por la valentía, el ingenio y la persistencia como cualidades humanas más valiosas que el equipamiento».[16] Eisenhower lo describió como «uno de los típicos discursos de combate [de Churchill]», no sin comentar que los estadounidenses quedaron «especialmente impresionados» por una de sus frases. El primer ministro había repetido el comentario que dirigiera antes a Colville, y dijo ante los reunidos: «Caballeros, esta operación la veo cada vez más clara». Si para el general Ismay esto significaba tan solo que, cuanto más pensaba Churchill en ello, más seguro estaba del triunfo final, para Eisenhower—y en general para los estadounidenses, entonces y más adelante—, en cambio, esto quería decir que, «aunque durante mucho tiempo había dudado de que resultara viable y anteriormente había defendido que siguiera posponiéndose después de diversas operaciones emprendidas en otros lugares, a la postre, en aquella etapa ya tardía, pasó a creer como nosotros que así era como se debía actuar para obtener la victoria».[17] En escritos posteriores, Churchill insistió en que utilizó aquella expresión «como un deseo de golpear con la mayor fuerza posible incluso si las condiciones limitantes que establecíamos no se cumplían en su totalidad». Aunque el discurso fue bueno, sin querer proporcionó munición a quienes querían demostrar que era de los últimos en sumarse a la fiesta.

En los últimos meses previos al Día D, Churchill había tenido tiempo para reflexionar sobre esta operación inminente. Con frecuencia volvió sobre el tema del obvio desequilibrio existente entre las fuerzas que combatirían en el frente y la cantidad colosal de vehículos y personal de apoyo que se necesitaba para sostenerlos. El 17 de mayo hizo llamar a Brooke junto a su lecho para reprocharle que el plan de la invasión incluía a «mil oficinistas de tercer rango» y «proporcionaba un camión por cada cinco hombres». Dos días más tarde cenó con Montgomery y el equipo de este. El encuentro no se describió igual en los recuerdos de Churchill que en los de Monty, pero según parece el primer ministro había querido hablar con el Estado Mayor del general para interrogar a sus miembros con respecto a determinadas cantidades. Según la versión de Montgomery, se llevó a Churchill a un lado y le dijo que era demasiado tarde para introducir cambios, que la decisión final se había tomado y que no le permitiría discutir con su personal, pues este había realizado «un trabajo fabuloso preparando la invasión». Añadió que si creía que su plan era erróneo «eso solo puede significar que habéis perdido la confianza en mí». Luego se produjo un silencio extraño hasta que a Churchill se le humedecieron los ojos. Tras recuperar la compostura, el primer ministro pasó a la sala adyacente y se dirigió al equipo de Monty: «Con ojos centelleantes les dijo: "No se me ha permitido debatir con ustedes, caballeros"». Los dos grandes líderes bélicos acababan de librar una justa. El estado de ánimo de Churchill podía variar con rapidez y la frustración no tardó en dar paso al reconocimiento de la carga que Montgomery soportaba y la comprensión de que era imprescindible que lo respaldara delante de su equipo.

En sus memorias, Churchill confirma lo sucedido, pero desmiente que Montgomery hubiera amenazado con presentar la dimisión. Cuenta además que, en el asunto de los números, no cedió:

> Podría añadir aun que todavía considero que la relación entre los vehículos de transporte y los combatientes, en la primera fase de la invasión a través del Canal, era excesivamente elevada, hasta el punto de que los riesgos de la operación crecieron y la ejecución se obstaculizó.[18]

Aunque Churchill no desarrolló personalmente los planes del Día D, estaba al corriente de los problemas principales y utilizó su poder de mecenazgo para ayudar y apoyar a cuantos trabajaban para superarlos. Después de centrarse en la fecha de junio, con seis meses de tiempo, prestó mucha atención a los detalles, aunque sin duda algunas de sus intervenciones fueron menos apreciadas por los comandantes que otras. Le interesaban en particular los aspectos militares, que había estado estudiando desde la primera guerra mundial; pero no se le escapaba el hecho de que la operación acarrearía consecuencias enormes para la población civil: en varias partes del país estaba a punto de dictarse el confinamiento. Así pues, aunque Churchill quizá viera la operación cada vez más clara, lo cierto es que el panorama no estaba en absoluto libre de preocupaciones.

«Moras» y «Grosellas». Guía para legos

Los puertos artificiales utilizados en apoyo de Overlord fueron el fruto de un enorme programa constructivo desarrollado por todo el Reino Unido, que requirió de cantidades colosales de acero y hormigón. Fue el equivalente Aliado de la fortificación hitleriana del Muro Atlántico. Los dos puertos Mulberry («Mora») constaban de estos elementos principales:

Ballenas: Bloques de estilo pontón para muelles y calzadas flotantes diseñadas para descargar suministros desde el puerto de aguas profundas (Mulberry).

Barcos de bloqueo: Buques mercantes y de la Marina en condiciones de atravesar el Canal que se hundirían deliberadamente para contribuir a formar los muros del puerto. Ofrecían una protección inicial como rompeolas mientras los demás elementos se iban remolcando y montando.

Bombardones: Enormes construcciones de acero en forma de cruz, con mil toneladas de peso y sesenta metros de longitud, diseñadas para crear estructuras interconectadas que servirían de cimientos para los puertos Mulberry.

Colchonetas : Tuberías de aire comprimido que, al liberarse, crearían una cortina de aire en ascenso que funcionaría como espigón. Tras constatarse que técnicamente no eran viables, se descartó su desarrollo.

Fénix: Grandes unidades de hormigón hueco, de varias toneladas de peso y sesenta metros de longitud, que los remolcadores situarían en posición y luego se hundirían para integrarse como elementos constituyentes de los puertos Mulberry o los rompeolas Gooseberry.

Grosellas: Rompeolas artificiales montados en la cercanía de las playas para proteger del oleaje atlántico a las naves de desembarco y las embarcaciones menores.

Tentáculos: Proyectos de pistas flotantes artificiales con las que se pretendía proporcionar una cobertura aérea constante a las playas. A la postre no se utilizaron porque era posible mantener la cobertura desde el Reino Unido.

Operación Overlord: playas y zonas de desembarco

A partir del momento en que el comandante supremo, el general Dwight Eisenhower, aprobó el plan revisado por el comandante de las fuerzas terrestres, el general Bernard Montgomery, que preveía un asalto en un frente más extenso que el previsto originalmente por el COSSAC, se pudo ir confirmando la selección detallada de las playas y zonas de desembarco. Donde fuera posible —en coherencia con uno de los principios de Monty— cada playa debía ser asaltada por la formación de cabeza de cada Cuerpo, que avanzaría por un eje propio; con esto se reducía la probabilidad de generar confusión logística. Por su parte, las fuerzas aerotransportadas se encargarían de proteger los flancos de los asaltos a las playas.

Ordenadas de oeste a este, se confirmó que las playas de asalto serían:

UTAH. Situada entre Saint-Martin-de-Varreville y Pouppeville, en la costa oriental de la península de Cotentin. Asaltarían esta playa los regimientos de Infantería 8.º y 22.º de la 4.ª División de Infantería de Estados Unidos, formación de vanguardia del VII Cuerpo estadounidense, al mando del general de división J. («Lightning Joe») Lawton Collins.

Pointe du Hoc. Aun sin ser una playa de desembarco, se encargó al 2.º Batallón de Ranger estadounidense que trepara por los acantilados de Pointe du Hoc y se apoderase de una batería de cañones pesados que amenazaba las playas de Utah y Omaha.

OMAHA. Situada entre Vierville-sur-Mer y Colleville-sur-Mer, sería asaltada por el 16.º Regimiento de Infantería de la 1.ª División de Infantería de Estados Unidos (la «Gran Uno Rojo») y por el 116.º Regimiento de Infantería de la 2.ª División de Infantería (que, para ese asalto inicial, estaría a las órdenes de la 1.ª). La 1.ª División de Infantería era la formación cabecera del V Cuerpo estadounidense, al mando del general de división Leonard T. («Gee») Gerow.

GOLD («Oro»). Esta playa, emplazada entre Arromanches-les-Bains y La Rivière, sería asaltada por la 69.ª Brigada (incluido el 6.º Batallón de los Green Howards, con Stan Hollis) y la 231.ª Brigada de la 50.ª División británica (Tyne-Tees), formación de cabeza del

XXX Cuerpo británico, mandado por el teniente general Gerald Bucknall. En el extremo occidental de la playa de Gold también desembarcaría el 47.º Comando de la Real Infantería de Marina británica (*Royal Marines*).

JUNO. Entre La Rivière y Saint-Aubin-sur-Mer, Juno se asignó a la 7.ª y 8.ª Brigadas de la 3.ª División de Infantería canadiense, una de las dos formaciones cabeceras del I Cuerpo británico, al mando del teniente general John Crocker.

SWORD («Espada»). Situada entre Saint-Aubin-sur-Mer y el río Orne, Sword la asaltaría la 8.ª Brigada de la 3.ª División de Infantería británica; por el oeste, los Comandos 41.º y 48.º de los Royal Marines de la 4.ª Brigada de Servicios Especiales; y por el este, el 4.º Comando de los Royal Marines. La 3.ª División de Infantería era la segunda formación de vanguardia del I Cuerpo británico.

Con la propuesta de desembarcar en las playas tanto de Juno como de Sword, el I Cuerpo británico tenía más unidades a sus órdenes que ninguna otra gran formación del Día D. Esta había sido la idea central del plan anterior del jefe del Estado Mayor del Comandante Supremo Aliado y quizá se mantuvo vigente con la esperanza de tomar Caen el primer día.

La tarea de proteger los flancos de las fuerzas de asalto se encomendó:

En el oeste, a las 82.ª y 101.ª Divisiones Aerotransportadas de Estados Unidos, centradas en Sainte-Mère-Église. Su misión era proteger el flanco occidental de la playa de Utah y favorecer que las fuerzas estadounidenses tuvieran la oportunidad de apoderarse del puerto de Cherburgo lo antes posible.

En el este, la 6.ª División Aerotransportada británica tenía la tarea de capturar y defender los pasos del río Orne y el canal del Orne, a fin de impedir que las fuerzas de contraataque alemanas amenazaran el flanco oriental de la operación anfibia. También se les encargó capturar la batería de cañones pesados de Merville, que podía dirigirse contra el extremo oriental de Sword.

El análisis de cómo se desarrolló la acción en las playas y zonas de desembarco se verá en el capítulo 10.

Segunda parte
LA REALIZACIÓN

(34)

COPY

FROZEN No. 1087.

TOO 041220Z.
TOR 041620z.

IMMEDIATE

From:- Sextant.

To:- Air Ministry.

FROZEN No. 1087. 4th January, 1944.

Prime Minister to General Ismay.

Your minute of January 1 about security arrangements for OVERLORD.

1.. I do not think it will be possible to conceal from the enemy that large preparations are being made along our coasts. It may, however, be possible to prevent his guessing when, where or in what strength our forces will be used.

2. I am not in favour of such sweeping restrictions as you now propose, particularly the visitors ban, nor of so early a date as February 1. We must beware of handing out irksome for irksome's sake. The question may be brought before the War Cabinet, but Sir Edward Bridges is to make the members acquainted with this expression of my opinion.

3. I entirely agree with para 5 of your minute. In this connection see a disgraceful article in the Sunday Times of January 2 by Scrutator, para. 1. in which a specific month is clearly indicated. No doubt many of these considerations are present in the minds of military correspondents and others, but none the less harm may be done. In this case I read in the local news that the Sunday Times "has stated that the operation will not take place until the month mentioned" and this no doubt is sent all over the world. You should ask the Minister of Information to consider whether any action can be taken against the Sunday Times and also that the strictest injunctions must be given to all the newspapers, and especially to their military correspondents, against discussing and speculation upon the prospects and possibilities of OVERLORD.

T.O.O. 041220z.

Telegrama de Churchill a Ismay, 4 de junio de 1944.

7

Confinamiento

> Debemos tener cuidado de evitar la imposición del fastidio por el fastidio.[1]

Churchill estaba preocupado. Gran Bretaña se había convertido en un campamento armado. Por bueno que fuera el plan de engaño y distracción, era imposible ocultar la escala de los preparativos de Overlord. En las primeras fechas de 1944 resultaba evidente que por todo el Reino Unido se estaba reuniendo una fuerza enorme con la intención de atravesar el Canal.

En junio de 1944 había en el país más de 1.600.000 militares estadounidenses, entre hombres y mujeres. A esta cifra habría que añadir las unidades de las tres ramas de las fuerzas armadas canadienses, así como otras tropas, algunas llegadas del Imperio británico y la Commonwealth, otras de varios países europeos ocupados.

La costa meridional y oriental de Gran Bretaña, en toda su extensión, estaba ahora cubierta de bases y campos de instrucción. Las zonas rurales estaban repletas de aeródromos. Esto contribuía por lo menos a confundir al enemigo con respecto a exactamente dónde se asestaría el golpe, puesto que dejaba abiertas varias posibilidades, como la de atacar por Escandinavia desde Escocia, o desde el este de Inglaterra hacia Bélgica o el Paso de Calais. En cualquier caso, cuanto más se prolongaba la espera, mayor era el riesgo de que se produjera una brecha en la seguridad.

Como le inquietaba que en la prensa se conjeturase cada vez más repetidamente sobre la naturaleza y el calendario del regreso a Francia, el

28 de enero Churchill escribió a Eisenhower para informarle de que había enviado una nota a los periódicos

> [...] en la que se les dice que no deben intentar predecir fechas, ni siquiera de meses o de estaciones; que deben evitar todo debate sobre la probabilidad o conveniencia de desembarcar en tal o cual lugar concreto o sección de la costa o territorio; y, sobre todo, que no deben publicar ningún cálculo sobre la escala que adoptarían los ataques, ni en hombres ni en material.[2]

El primer ministro se angustiaba en especial por la posibilidad de que Eisenhower no aplicara esa misma «actitud rigurosa» ante los corresponsales de prensa acreditados en su cuartel general. Temía que los periodistas aún fueran capaces de obtener algunos datos, intercambiarlos y acabar publicando una descripción ajustada de la ofensiva planeada. Por naturaleza, Eisenhower tendía a confiar en los corresponsales y entablar relaciones positivas con ellos, pero se acordó optar por la discreción y no permitir el acceso de ningún reportero al cuartel general hasta los momentos previos a la operación.

Aquellas conjeturas —en particular, las de la prensa británica— no eran de extrañar. La gran presencia militar sobre el territorio del Reino Unido tenía un efecto cada vez más directo sobre la población del país, cuya economía e infraestructuras acusaban mucho el esfuerzo. En 1944, la población civil acumulaba cuatro años de confinamiento, racionamiento y oscurecimiento forzado. El hecho de que ahora la victoria pareciera estar a su alcance solo contribuía a hacer aún más insoportables las restricciones adicionales a las libertades de expresión y movimiento. Sin embargo, esto es lo que reclamaban las fuerzas armadas con miras a salvaguardar la seguridad de la operación.

Churchill estaba atrapado entre ambos polos. En tanto que primer ministro y ministro de Defensa, era el responsable de navegar por el difícil curso que se trazaba entre los extremos de, por un lado, favorecer la operación militar y, por el otro, preservar las libertades civiles y la apariencia de una vida normal. En Marrakech, mientras se recuperaba de sus problemas de salud, no le bastaba con sopesar las consecuencias militares del plan de Overlord. El 4 de enero le envió al general Ismay un despacho en el que expresaba sus reservas sobre las restricciones propuestas para el frente nacional y reclamaba evitar «la imposición del fastidio por el fastidio».

Después de haber vuelto a Londres, propuso organizar reuniones semanales en Downing Street, cada miércoles a las 18.00 horas (una franja que antes se usaba para el Comité Antisubmarinos, ya innecesario), en las que abordar los asuntos civiles, antes que los militares. Solo participarían los ministros más directamente concernidos. Así nació el Comité de Preparativos de Overlord.

El primer encuentro se produjo el 2 de febrero. El ministro de Producción, Oliver Lyttelton, detalló qué impacto se calculaba que Overlord podía tener sobre el sistema de transporte interior. Se temía que el desplazamiento total de tropas y materiales agotara de tal modo la red de ferrocarriles que todo quedara parado. El tráfico operativo adicional se estimaba en quinientas mil toneladas, a las que habría que sumar las cuatrocientas mil de carbón que los trenes consumirían. Además, para cargar más vagones y con más rapidez sería necesario contar con nueve mil trabajadores más. Para satisfacer las necesidades especiales de las fuerzas armadas habría que reducir el tráfico «costero» habitual y recurrir más a las carreteras y los canales. Todo ello tendría consecuencias en el abastecimiento de las tropas desplegadas en el exterior. Lyttelton recomendaba exponer a la población civil a una campaña de publicidad «que deje claro a todos los habitantes de estas islas que es absolutamente imprescindible economizar en todas y cada una de las formas de transporte».

En primavera hubo disturbios industriales que contribuyeron aún más a menguar los objetivos de producción. Estaban en huelga tanto los mineros de Yorkshire como los aprendices de los astilleros de Tyneside, el Clyde y Yorkshire (que protestaban porque se les estuviera forzando a trabajar en las minas). Si la situación no se resolvía, podía llegar a convertirse en lo que Churchill describió como «un problema de la mayor gravedad», lo cual precisaba de «medidas excepcionales».

El panorama era sombrío, pero aún iba a complicarse más. El general Morgan, que ahora trabajaba para Eisenhower en los preparativos de Overlord, había escrito a los jefes del Estado Mayor para advertir que prohibir la presencia de visitantes en las ciudades costeras del sur y el este resultaba esencial para el éxito de la operación y debía haberse implantado el 15 de marzo. Se sugirió que lo anunciara así el primer ministro. En apoyo de la postura de los militares se alegaban varios argumentos. La prohibición reduciría la población de los no residentes, lo que facilitaría detectar a los agentes enemigos. Se creía que era más posible que un filtrado de información vital se produjera a través de los visitantes, y no de los residentes. Se aligeraría la carga a la que se sometía a los transportes. Un eventual bombardeo enemigo causaría menos destrozos, en ausencia de los visitantes. Por último, introducir estas medidas demostraría —ante la opinión pública y también ante el ejército de Estados Unidos— que el gobierno británico se tomaba la operación con especial seriedad. Este asunto enfrentó a las autoridades militares con las civiles: el Home Office (Ministerio de Interior, responsable de la vigencia de la ley y el orden en la nación), el Ministerio de Seguridad Nacional y el Scottish Office, [3]que no estaban convencidos del peso de los argumentos. Ponían en duda que la mera ausencia de no residentes facilitara realmente la detección de agentes enemigos o redujera el peligro de las fugas de seguridad; consideraban además que la policía solo conseguiría implantar la norma de forma parcial, por medio de controles al azar. Aun así, apoyaron que se concediera a la policía de la zona más poderes discrecionales para detener a personas sin documento de identidad, clausurar espacios a las concentraciones públicas, controlar el desplazamiento de refugiados e introducir una censura más estricta de las comunicaciones.

Ambas facciones pusieron los ojos en la sentencia del primer ministro. En este estadio no consideraba suficientemente enjundiosa la propuesta de los militares. En un despacho que envió al general Ismay y a Edward Bridges (secretario del Gabinete) con anterioridad a la siguiente reunión del Comité de Overlord, aclaró que «no [estaba] a favor de tales peticiones de enorme alcance». Tampoco quería que los estadounidenses se sintieran en condiciones de mandar en el terruño británico: «no deseamos castigar a nuestro pueblo con el afán de impresionar a Estados Unidos». Era necesario estudiar la cuestión limitándose a los motivos de seguridad y, en este campo, él era escéptico. La idea de que la ausencia de visitantes bastase para evitar que el pánico frente a un bombardeo del enemigo congestionara las carreteras le parecía «antes un eco de 1940» y, por otro lado, consideraba que la revelación de secretos podía provenir por igual de los residentes que de los visitantes:

> En particular lamento el carácter indiscriminado de estas órdenes. Apúntenme en una hoja de papel una lista de las cosas que no desean que los visitantes —en comparación con los residentes— puedan ver, y dónde se sitúa el grueso. Pues me propongo desplazarme en breve para realizar una gira por algunos de esos distritos.[4]

En la reunión del 9 de febrero se decidió que, antes de fallar en el asunto de la prohibición, era necesario disponer de más informaciones; también se aprobó conceder poderes adicionales a la policía. En una resolución equilibrada, el Comité de Preparativos de Overlord adoptó el punto de vista que Churchill favorecía: minimizar mientras se pudiera las alteraciones de la vida civil. Sin embargo, a medida que se acercaba el Día D era evidente que aumentaba el apoyo a la postura de los militares. Pese a todo, había una razón de seguridad en defensa de la demora: en cuanto se anunciara alguna clase de prohibiciones, se daría a entender al enemigo que se habían emprendido operaciones de especial calado.

Surgió un debate similar en torno de la propuesta de impedir los viajes entre el Reino Unido e Irlanda. El Estado Libre de Irlanda comprendía los condados de Irlanda del Sur (Eire) que se habían independizado de Gran Bretaña en 1922 y —para enojo de Churchill— en la segunda guerra mundial había optado por la neutralidad. Los seis condados de Irlanda del Norte, en cambio, seguían formando parte del Reino Unido y la frontera que separaba al Sur del Norte no se había cerrado. Mientras Christian Oldham trabajó en Belfast, en 1943, ella y las otras *wren* pudieron escapar al racionamiento y la austeridad que la guerra provocó en Gran Bretaña desplazándose regularmente a Dublín para comer todo lo posible y comprar ropa (que luego pasaban de contrabando, saltándose la aduana). Al ser mujeres de veintipocos años, se entendía que no representaban un riesgo para la seguridad; pero tanto los alemanes como los japoneses mantenían presencia diplomática en Dublín y los viajes entre el Reino Unido e Irlanda, por supuesto, proporcionaban una vía de huida de informaciones sobre la acumulación y los desplazamientos de tropas para el Día D.

Pero una vez más se adoptó una decisión equilibrada entre los distintos argumentos. Eisenhower, con el apoyo de los jefes del Estado Mayor británicos, consideraba que cerrar la frontera era «imprescindible para el éxito» de su operación y quería que el veto entrara en vigor cuanto antes; desde luego, no más tarde del 15 de marzo. En cambio, los ministros civiles querían retrasar la medida todo lo posible y les preocupaba qué impacto pudiera tener entre la clase trabajadora irlandesa. Se calculaba que unos cien mil irlandeses estaban empleados en el Reino Unido, muchos de ellos en puestos esenciales para la producción de guerra; y se sabía que, para ayudar a cumplir con los plazos de construcción y transporte del Día D, se los necesitaría en un número aún mayor. Temían que una prohibición —o el temor a que se instaurase— empujaría a muchos de esos obreros a dejar sus puestos y volver a su país. Para mitigar el problema sugirieron que cualquier restricción se impusiera con un aviso previo de tan solo veinticuatro horas, y además haciendo hincapié en el carácter temporal de las medidas.

El comité determinó seguir insistiendo en los preparativos. Roosevelt instó al gobierno irlandés a romper las relaciones diplomáticas con las potencias del Eje, sin éxito, hecho que luego se utilizó como excusa perfecta para la medida británica. El 12 de marzo se anunció pues la prohibición, que entró en vigor al día siguiente. El día 14 Churchill la defendió ante la Cámara de los Comunes, alegando ante todo que Dublín se había negado reiteradamente a expulsar a los representantes del Eje. Sin embargo, puso cuidado en separar la crítica al gobierno irlandés de los elogios a «la gran cantidad de irlandeses que con tanta gallardía están luchando en nuestras fuerzas armadas y las gestas de heroísmo personal con las que han mantenido vivo el honor marcial de la raza irlandesa».[5] Insistió a su vez en que «nadie, creo yo, puede reprocharnos que estemos actuando con precipitación. Ninguna otra nación del mundo habría exhibido tanta paciencia». Por consejo de sus colegas del Gabinete de Guerra, modificó sus palabras para dejar constancia de que la decisión no había sido unilateral, sino que respondía a la instigación de Estados Unidos y daba respuesta a la necesidad de proteger a las fuerzas estadounidenses. También eliminó algunas expresiones más acaloradas, para asegurarse de que el foco recaía sobre la seguridad y no sobre las objeciones que Churchill seguía planteando a la reapertura de los debates sobre la división de Irlanda (un tema que bien podía despertar considerable simpatía entre los estadounidenses). Esto no impidió que el escocés Willie Gallacher, parlamentario comunista, vinculara las dos cuestiones:

> Sr. Gallacher: No quisiera decir nada que contribuyera a complicar más una situación de por sí complicada, pero sí quisiera preguntar si no es posible —en toda contemplación posterior del asunto de Eire— sugerir que la cuestión de la partición se someta a debate cuando se esté decidiendo sobre la paz.
>
> Primer ministro: Me cuesta imaginar un enfoque más erróneo que este sobre la unidad de Irlanda.

Churchill contaba con que la medida suscitaría oposición, en especial desde Irlanda y Estados Unidos. El 19 de marzo envió un telegrama preventivo a Roosevelt donde confirmó su intención de impedir que los barcos y aviones irlandeses se dirigieran a terceros países. Se esforzó en recalcar que estas medidas no se adoptaban por despecho, sino para preservar las vidas de los soldados británicos y estadounidenses e impedir que «el representante de Alemania en Dublín pueda enviar a emisarios por mar y aire que revelen nuestros planes». Churchill destacó que no pretendía detener el comercio entre Gran Bretaña e Irlanda, pero tampoco facilitarle las cosas a De Valera, el *Taoiseach* (jefe del Ejecutivo) de Irlanda. Así, no tenía intención de tranquilizar especialmente a Dublín con respecto a las medidas, pues «carece de sentido que un médico le diga a su paciente que el medicamento que acaba de recetarle para sus crisis nerviosas no es más que agua de color» y a su juicio «debemos dejar que el miedo cumpla con su cometido sanador».

Aunque aquí tal vez se cerrara una puerta contra las fugas de seguridad, la información aún podía salir del país por muchas vías. Los diplomáticos extranjeros destinados en el Reino Unido, incluidos los de las potencias neutrales, tenían derecho a enviar comunicaciones a través de la «valija diplomática», que no estaba sometida a censura. ¿Había que suspender ese derecho? ¿Qué ocurría con los navíos y aviones que salían del país? ¿Había algún modo de detenerlos? En tal caso, ¿durante cuánto tiempo, sin dañar aún más la economía?

El político conservador Duncan Sandys, yerno de Churchill, fue uno de los autores de un extenso informe sobre «Preparativos de seguridad para Overlord», que procuraba abordar estos problemas e identificar qué medidas podían adoptarse antes de la operación militar. El documento abogaba por restringir con fuerza las comunicaciones. Debía prohibirse que los gobiernos neutrales utilizaran la valija diplomática y telegramas cifrados. Había que censurar sus comunicaciones y vetar que sus representantes pudieran salir del país. El informe reconocía que Irlanda era un eslabón débil que podía conectar Gran Bretaña con el mundo exterior, por lo que recomendaba censurar todo el correo enviado a Irlanda del Norte.

Más en general, el informe sugería varias medidas con las que reforzar más la censura postal y controlar la exportación de los periódicos locales, que tal vez podrían revelar la ubicación precisa de bases militares (y aunque se admitía que la prensa nacional cumplía con una función de propaganda importante, sin embargo, existía el peligro de que los agentes enemigos utilizaran las columnas de anuncios clasificados para intercambiar mensajes). Se propuso instaurar controles más firmes en la navegación, entre ellos un veto de acceso a la costa meridional de Inglaterra para los pesqueros; la cantidad de aliados de otras naciones que entraba en el Reino Unido debía ser la mínima posible. También se identificó el diminuto enclave de Gran Bretaña en Gibraltar, fronterizo con la España de Franco, como un punto débil en el que los servicios de Seguridad quizá debían intervenir, prohibiendo que las tripulaciones pudieran navegar a las islas británicas o zarpar desde ellas.

Un punto crucial fue que el informe apoyaba la idea de vetar a los visitantes: abogaba por instaurar restricciones en un cinturón costero comprendido entre el estuario de Wash (que separa los condados de Norfolk y Lincolnshire, en Anglia Oriental) y Cornualles (en el extremo suroccidental de Inglaterra) e incluía asimismo la zona de Escocia adyacente al fiordo de Forth. Churchill aún se resistía. En la reunión que el Comité de Overlord celebró el 1 de marzo, el primer ministro se mostró «sumamente reticente a imponer más inconveniencias a la población general salvo que tuviera la plena certeza de que con ello se mejoraba de veras la seguridad»; se encargó pues al subcomité de Seguridad que analizara si el veto podía limitarse a determinadas partes de la costa, sin prohibir el acceso en general. Aunque esta medida podía resultar popular entre quienes se marchaban de vacaciones, es obvio que la lógica de tal medida era deficiente. Una semana después el subcomité señaló que, al definir con más precisión qué áreas se excluían del veto, se tendía a «destacar los lugares en los que los preparativos se concentraban y se daban pistas al enemigo en cuanto a la dirección del asalto». El Comité de Preparativos de Overlord recibió este informe el 8 de marzo y remitió el asunto a instancias más altas. Dos días más tarde se expuso ante el Gabinete de Guerra y Churchill, a regañadientes, acabó accediendo a la prohibición. Seguía teniendo dudas de que sirviera para mejorar la seguridad, pero «era de la mayor importancia dar a las fuerzas que participarían en Overlord la tranquilidad de que se estaba haciendo todo cuanto en nuestras manos estaba por el éxito de la operación». En aquel momento ya sabía que Eisenhower había escrito a los jefes del Estado Mayor instando a aprobar el veto. Tras una demora de más de un mes, entró en vigor el 1 de abril.

La cuestión de limitar las comunicaciones diplomáticas resultaba especialmente delicada. Iba en contra de un acuerdo propio de las relaciones internacionales por el cual, desde hacía mucho tiempo, se protegía el derecho de los diplomáticos a comunicarse con toda libertad con sus propios gobiernos. Para que fuera efectivo se consideró necesario aplicarlo no solo a los países neutrales, sino también a los aliados. Solo habría dos excepciones en las que no podía asumirse el riesgo de un enfrentamiento diplomático: Estados Unidos y la Unión Soviética. Pero no se excluiría, por ejemplo, a De Gaulle y su Comité Francés de la Liberación Nacional. Era de esperar que los países afectados tomaran represalias y aplicaran también la censura a las comunicaciones de los representantes de la diplomacia británica en el extranjero. Aunque tal circunstancia podría esquivarse si los legados de Gran Bretaña usaban las instalaciones libres de sus aliados estadounidenses, surgió también una objeción inesperada en materia de seguridad. El 7 de marzo, Edward Bridges, el secretario del Gabinete, envió a Churchill una nota en la que, con deliberada brevedad, lo invitaba a encontrarse al día siguiente, antes de la reunión del Comité de Preparativos de Overlord, con el secretario de Exteriores (Anthony Eden), el lord presidente del Consejo (Clement Attlee), «C» (Stewart Menzies, el jefe del Servicio de Inteligencia Secreta MI6) y quizá los jefes del Estado Mayor. Se trataba de abordar «los puntos de especial secretismo que resultan vitales a la hora de sopesar un veto a las comunicaciones diplomáticas». Las notas previas de Churchill para la posterior sesión del Comité de Preparativos nos permiten atisbar cómo la comunidad de la inteligencia cabildeaba entre bambalinas. El Foreign Office y el MI6 sugerían que vetar las comunicaciones diplomáticas actuaría en contra de

> nuestros propios intereses, pues nos dejaría a oscuras en cuanto a qué información se está filtrando fuera del país hasta llegar al enemigo. (Hasta qué punto sabemos qué se filtra por medio de los canales diplomáticos se nos explicará de palabra.) Además, no es poca la información errónea —entre esta, la propia de nuestro plan de engaño y distracción— que llega al enemigo a través de las comunicaciones diplomáticas.[6]

He aquí la prueba de que Gran Bretaña no solo estaba interceptando ilícitamente las comunicaciones diplomáticas —supuestamente seguras— de las potencias neutrales para fines de inteligencia, sino que usaba activamente esos canales como parte del plan de cobertura de Overlord. Como era de prever, el Comité de Preparativos refirió el problema a la

(35)

PRIME MINISTER'S

PERSONAL TELEGRAM

SERIAL No. T.830/4.

PRIME MINISTER TO PRESIDENT ROOSEVELT — No. 646.
Personal and Top Secret — 15.4.44.

To safeguard the security of "OVERLORD" we have decided to prohibit foreign representatives in this country from sending or receiving uncensored communications, whether cypher telegrams or diplomatic bags. We shall also forbid couriers or other members of diplomatic staffs from leaving the country. The ban will come into force from midnight Monday, April 17, and continue until after the launching of the operation. It will not, of course, apply to your representatives or to the Soviet representative but it will cover both neutral representatives and representatives of other Allied Governments, including representatives of the French Committee of Liberation and exiled Governments in this country.

We are imposing this ban because of our desire to leave nothing undone which might promote the success of "OVERLORD" and we have been much influenced by the view of General Eisenhower who pressed strongly for it.

We shall explain to the foreign Governments that the ban is being imposed for compelling military reasons and that many other restrictions are being imposed on our own people in the interests of security.

We hope that no foreign Government will be tempted to retaliate by forbidding our diplomatic representatives to send uncensored communications. If, however, any were to do so, may we count on the help of your representative in the country concerned to enable us to continue to send and receive uncensored communications?

So much information about military plans is constantly passing between here and Washington that valuable information might well reach the enemy through cypher telegrams sent by representatives of foreign Governments in the United States.

I have no doubt that you will be ready to consider whether some corresponding action should be taken to prevent leakages through diplomatic representatives in the United States.

Distribution:	For Information:
The King	War Cabinet
Foreign Secretary	Secretary of State for Dominions
Sir E. Bridges	Lord Privy Seal
General Ismay	Minister of Aircraft Production
	Minister of Information
	Service Ministers

Telegrama de Churchill a Roosevelt, 15 de abril de 1944.

instancia del Gabinete de Guerra, que finalmente determinó no imponer la prohibición en aquel momento. No entró pues en vigor hasta la medianoche del 17 de abril. Churchill envió al presidente Roosevelt un telegrama(véase página anterior) para contarle que se prohibía el uso de las valijas diplomáticas, los telegramas cifrados y los mensajeros, con la excepción ya señalada de Estados Unidos y la Unión Soviética, pero no del gobierno de Francia en el exilio, y se interesaba por la posibilidad de recurrir a los medios secretos estadounidenses en caso de que los países neutrales y aliados aplicaran a Gran Bretaña una medida similar, en represalia. Invitaba asimismo al presidente a reforzar el control de posibles filtraciones por la vía de los diplomáticos destacados en Estados Unidos, todo ello «con el deseo de no dejar de hacer nada que pudiera favorecer el éxito de Overlord» y a instancias, asimismo, del general Eisenhower.

La presión seguía incrementándose de una manera tan gradual como inexorable. En la reunión del 15 de marzo, el Comité de Preparativos aprobó muchas de las medidas planteadas en el anterior informe de seguridad: se confirmó una censura total del correo de Eire, los países extranjeros y Gibraltar y se introdujo la misma medida en Irlanda del Norte. Se permitió forzar demoras «artificiales» en el correo de ultramar, por las que se garantizaba que la mayoría de las cartas enviadas al extranjero tardarían como mínimo un mes en recibirse. Se limitó la exportación de periódicos locales a los dominios del Imperio y a Estados Unidos, vetando el comercio con otros países extranjeros, Gibraltar, Eire e Irlanda del Norte. Los telegramas de ultramar serían objeto de demoras y paráfrasis. Todos los servicios aéreos a Irlanda se limitaban mucho y los que no se cancelaban se realizarían desde aeropuertos situados fuera de la zona de Overlord. La conexión aérea de Aberdeen con Suecia se suspendió. Los barcos pesqueros quedaron excluidos de los puertos del sur del país y se sometió a más controles la salida de todos los barcos, con la intención de retrasar su llegada a los puertos extranjeros. Se reforzaron aún más los controles de inmigración y se mantuvo en mínimos incluso la incorporación de aliados extranjeros a las propias fuerzas armadas.

Este incremento de la seguridad se produjo en un ambiente de tensión creciente que se vio agravado, por supuesto, por los fallos de seguridad. Por razones evidentes pocas personas tuvieron conocimiento de estos errores, pero Churchill, por descontado, sí estaba al corriente y sin duda contribuyeron a la inquietud con la que veía aproximarse el Día D.

El 23 de marzo ocurrió un incidente que hizo temer a los estadounidenses que Overlord corría peligro. En Chicago se había interceptado un paquete que contenía hechos esenciales al respecto de la operación y se remitía a una dirección privada de un sector de la ciudad con numerosa población alemana. Tras investigarse el asunto, se descubrió que se había debido a un error de un soldado estadounidense que, por despiste, había hecho constar como destinataria del paquete la dirección de su hermana, no la de una determinada persona del Departamento de Guerra. El error se agravó por el hecho de que el embalaje de los planes era deficiente y se había abierto y quedado a la vista de diversas personas no autorizadas. Como es lógico, se tardó cierto tiempo en desvelar todo el embrollo.

Hacia las mismas fechas, los británicos lidiaban con una filtración muy distinta. El 10 de marzo, Duncan Sandys estaba cenando en el exclusivo hotel Park Lane de Londres con el capitán Basil Liddell Hart, el eminente historiador y estratega militar que había influido en el desarrollo de las teorías modernas sobre la guerra mecanizada. Tras haber disfrutado de la comida se retiraron al salón privado del capitán Hart donde, según Sandys, «en el marco de una conversación general sobre asuntos militares sin carácter secreto, él mencionó que nuestro plan de invasión del continente no le parecía lo suficientemente prudente».[7] Sandys no podía creerse lo que estaba oyendo. Aunque gozaba de buenas conexiones en los círculos militares, oficialmente no había ninguna razón para que el capitán Liddell Hart estuviera al corriente de los planes de Overlord. Aun así, en los comentarios posteriores, Hart demostró que sabía que se planeaba desembarcar en la costa de Normandía, en playas que él había visto en su infancia; es posible que mencionara abiertamente Caen y además «dijo que, desde que Montgomery había asumido el mando, había introducido ciertas mejoras menores en el plan». Así pues, Sandys se «form[ó] la impresión de que el capitán Liddell Hart manejaba información precisa sobre las futuras operaciones militares». Alarmado por tal hecho, informó de ello al general Ismay y a Anthony Eden.

Ismay llamó al respecto la atención del primer ministro, que ordenó emprender una investigación. Por el momento, Churchill prefirió no decirle nada a Eisenhower, pues primero quería averiguar exactamente quién había estado hablando con Liddell Hart y si se trataba tan solo de oficiales británicos. Ismay no tardó en descubrir que Liddell Hart se había reunido, entre otros, con el laborista sir Stafford Cripps —ministro de Producción Aérea— en el marco de una fiesta en una residencia campestre, el fin de semana del 4 de marzo; y aquí el capitán le dijo a Cripps «que era del todo evidente que no emprenderíamos operaciones contra Europa sin una buena cobertura de cazas, lo que limitaba el punto de ataque al norte de Francia, pese a que, en su opinión, sería preferible que atacáramos por el golfo de Vizcaya».[8] Luego le entregó a Cripps un documento que este trasladó a su vez al vice primer ministro Clement Attlee. Con el título de «Algunas reflexiones sobre el problema de invadir el continente», el texto, escrito a finales de enero, conjeturaba sobre un probable asalto al norte de Francia y sugería regir las tácticas británicas «según las convenciones temporales y espaciales del pasado»; se corría el peligro de que, aunque se llegara con éxito a la playa, solo pudiera lograrse formar «una cabeza de puente poco profunda y sólida, que se ampliara con tanta lentitud que los alemanes dispusieran de tiempo para concentrarse en su contra».

Aquí había muchos elementos que por fuerza iban a enojar a Churchill: se atacaba las tácticas británicas; miembros destacados de su gobierno (de los dos grandes partidos) se dedicaban al cabildeo; y, por último, era posible que Liddell Hart hubiera recibido información secreta sobre los futuros desembarcos. A ello se añadía sin duda el temor —muy ligado a las reservas del propio Churchill— a que el capitán estuviera en lo cierto. En su conjunto era más que suficiente para entrevistarse con Liddell Hart, al que se ordenó acudir a una incómoda reunión con el general Ismay y el general de brigada Jacob, a las cinco y cuarto de la tarde del 19 de marzo. Hart admitió haber entregado copias de su documento a lord Beaverbrook, Stafford Cripps, Duncan Sandys y dos o tres generales estadounidenses (como Patton y Gerow); pero negó haber recibido información clasificada sobre el plan. Según dijo, «los generales habían hablado con él sobre el concepto general, con bastante libertad y solo por su propia condición de persona responsable».

Churchill se enfureció hasta el punto de querer promover una investigación judicial. Según le dijo a Ismay, «si ese hombre se pasa varias semanas inquieto por el asunto, le valdrá como lección, aunque al final no llevemos el asunto hasta sus últimas consecuencias». Pero tal iniciativa carecía de verdadero fundamento. Después, Churchill informó a Eisenhower y constató con furia que Liddell Hart también había estado de visita en el cuartel general estadounidense. En un estallido de cólera, le confió a Ismay:

> Creo que deberíamos aterrorizarlo y hacer que su nombre figure en la puerta de todas las fuerzas armadas de este país. La culpa es nuestra, la oveja negra es de los nuestros: deberías reconsiderar la carta del general Eisenhower desde este punto de vista y reconocer que el fallo ha sido nuestro.[9]

A Liddell Hart, que no gozaba de buena salud, se le invitó a regresar por un tiempo prolongado a su residencia de Westmoreland (donde el servicio de seguridad no lo perdió de vista).

Irónicamente, varios años más tarde, en 1969, sería él quien pronunciara la última palabra al aportar un artículo a un controvertido volumen titulado *Churchill: Four Faces and the Man* [«Churchill: el hombre y cuatro de sus caras»]. En el texto, que se centraba en la faceta del «estratega militar», llegó a la conclusión de que «desde el momento en que se logró llevar a término el desembarco de Normandía» el primer ministro dejó «de ejercer ninguna influencia relevante sobre el curso de la guerra o sobre la posterior evolución de los hechos».[10]

A finales de mayo, cuando el Día D era inminente, Churchill también vio con malos ojos la presencia en Gran Bretaña del señor J. Loy Maloney, editor del *Chicago Tribune*, bien conocido por la ferocidad de sus críticas a la actuación británica. Se le impidió salir del país. Pero Brendan Bracken, ministro de Información de los británicos, se enfureció por el hecho de que se le hubiera dejado entrar en un momento en que incluso los diplomáticos tenían restringido el acceso, y exclamó que «antes preferiría ver cómo se invita a Inglaterra a Himmler, que a Maloney». El episodio se produjo justo cuando Eisenhower reclamaba ampliar el veto a los viajes diplomáticos más allá del Día D. En la respuesta de Churchill a Ike, del día 31 de mayo, se trasluce la irritación:

> Probablemente no tendrás ni idea de las enormes fricciones e inconveniencias que este sistema [la prohibición de los viajes diplomáticos] ha causado. Baste como ejemplo el Comité de la France Libre; pero el Foreign Office se está topando con toda clase de obstáculos.
>
> [...] Debo admitir que no había caído en la cuenta de que estadounidenses sin cargo oficial tendrían la libertad de ir y venir de Estados Unidos durante todo este período en el que imponemos este veto a todas las embajadas. Entre los casos recientes destaca el editor del *Chica-*

> *go Tribune*. Se trata de un auténtico enemigo, que trabaja en un periódico que ha revelado que Estados Unidos ha logrado descifrar los códigos japoneses, un periódico que el presidente [Roosevelt] ha descrito como «la quinta columna de Estados Unidos».[11]

Añádase a esto el descuido de un importante oficial estadounidense, bajo los efectos del alcohol, y la extraña aparición (al parecer, puramente azarosa) de varios de los nombres en clave de Overlord en el crucigrama del *Daily Telegraph*: eran días de nerviosismo. Soldados corrientes que cometían errores accidentales; expertos cuyas hipótesis sobre los planes se asemejaban demasiado a la verdad. Y, en todo momento, la prensa con sus conjeturas constantes. Nadie era inmune al error. Incluso una persona tan fiable como Joan Bright confesó más tarde el momento de angustia en el que —de pronto— cayó en la cuenta de que un maletín con documentos oficiales se le había quedado olvidado en una oficina postal; por suerte, regresó a toda prisa y aún estaba allí.

Cuanto más se aguardaba a que las operaciones se iniciaran, mayor era el riesgo de que se produjeran nuevos incidentes. A Churchill le gustaba hallarse en el centro de los acontecimientos más importantes, y gozaba de tomar decisiones; pero esta presión era de otra clase, era un período prolongado a la espera de que el momento decisivo llegara. Tal presión le pasaba factura y su salud se resintió.

Churchill contaba entonces sesenta y nueve años y aún se estaba recuperando de la neumonía que, en Navidad, había estado a punto de costarle la vida. Llevaba casi cuatro años en la posición de primer ministro; era inevitable, quizá, que las consecuencias se empezaran a ver. No sufrió ninguna apoplejía o infarto, pero a quienes le rodeaban no les pasó por alto que las cosas no iban del todo bien.

Su hija Mary le acompañaba un día de principios de febrero. Habían acudido a ver una obra de teatro, *There Shall Be No Night*, de Robert Emmet Sherwood, ambientada en Finlandia entre 1938 y 1940:

> La primera escena se desarrollaba en 1938, con lo de Múnich. En la pausa dije: «Se remonta a muy atrás. Ha llovido mucho desde entonces». Papá dijo: «Yo entonces sabía qué iba a pasar. Y ahora no lo sé. Esa es la diferencia».
>
> Las últimas veces que he visto a papá me ha impresionado la inquietud con la que ve el futuro, la incertidumbre que lo acosa. Sé que él

prevé que aún tenemos por delante mucho más dolor, más dificultades y más lucha de lo que somos capaces de imaginar.[12]

Alexander Cadogan, jefe de la diplomacia británica en su calidad de subsecretario de Estado, había podido observar la actuación de Churchill a muy corta distancia, desde el estallido mismo de la guerra, al asistir a las mismas reuniones del Gabinete y acompañar en los viajes al primer ministro. En la primavera de 1944, no obstante, varias de las notas de su diario dejan constancia de cómo le preocupan la salud mental y física de Churchill:

Lun. 20 marzo. Veo al P[rimer] M[inistro] con la cara roja y confuso. Espero que no esté enfermo.

Mar. 21 marzo. Esta mañana el P. M. admite estar cansado. Casi agotado.

Mié. 19 abril. Me temo que P. M. se derrumba. Deambula sin pausa y a las 7.40 no habíamos llegado a nada [...]. Me preocupa mucho. El P. M. no es el hombre que era hace doce meses y la verdad es que no sé si podrá seguir adelante.[13]

El 7 de mayo, cuando faltaba solo un mes para Overlord, Churchill reconoció ante el general Brooke —en un episodio inusual— que se sentía con pocas fuerzas. Después de haber mirado una película en Chequers, se habían retirado a un pequeño estudio donde Churchill, sentado junto al fuego, se tomó una sopa y —con aspecto de cansancio y avejentamiento— dijo que ya no era el hombre que había sido:

Dijo que siempre había podido dormir con ganas, comer con ganas y, sobre todo, ¡beber con ganas! Pero que ahora ya no saltaba de la cama como solía y apenas deseaba sino pasar el día entero sin levantarse. Hasta ahora nunca le había escuchado reconocer que ha empezado a decaer.[14]

Harry Butcher comentó que cierto discurso de Churchill, el 26 de marzo, «carecía del vigor inspirador habitual en él»; a Jock Colville le resultó tibio. Desde luego, el lenguaje empleado muestra vestigios de cansancio y frustración. Churchill empezó dando las gracias a los oyentes por la amabilidad con la que lo habían tratado «a pesar de mis múltiples defectos», admitió que «nuestro avance no está resultando tan rápido ni decisivo como habríamos deseado», dejó constancia de la lentitud con que se progresaba en Italia e hizo referencia a la decepción ante el hecho de que los Aliados no hubieran logrado someter las islas del Egeo. Un borrador anterior contenía incluso un pasaje —a la postre, borrado— en el que se lamentaba de que debía dedicar cada minuto de la jornada a «calmar los ánimos entre nosotros y todas las demás potencias, mayores y menores». Aunque acababa concluyendo con la confianza de que «Gran Bretaña lo logrará. Nunca ha flaqueado, nunca se ha rendido», no estaba siendo «luchar en las playas».

En ocasiones se manifestaba la cólera. Eisenhower contó que el primer ministro lanzó una diatriba furibunda contra un oficial del Estado Mayor británico que en una presentación se había referido a los soldados británicos calificándolos de «cuerpos». Churchill «dijo que era inhumano hablar de los soldados con palabras tan frías, que parecía que fueran una simple mercancía o, ¡peor aún!, cadáveres».[15]

Esto no quiere decir que Churchill se mostrara así todo el tiempo. Hubo sin duda episodios más alegres. A Joan Bright le encantaba contar cómo el general Leslie Hollis estaba de servicio en el despacho de Churchill, una mañana de sábado, mientras se planeaba Overlord. Los tres jefes de los Estados Mayores británicos —Brooke, Cunningham y Portal—habían ido a pescar a un río y el general Ismay, ante la previsión de un día tranquilo, se había marchado a su casa. Como no podía ser de otro modo, sonó el teléfono. Era Churchill que, desde Chequers, pedía que el Jefe del Estado Mayor General Imperial acudiera a verlo, pues deseaba debatir con él sobre un par de temas. Hollis tuvo que explicar que el responsable del ejército de Tierra no se encontraba en Londres. Entonces, el primer ministro inquirió sobre el jefe del Estado Mayor del Aire y, desazonada, Hollis tuvo que dar la misma respuesta. Lógicamente, Churchill quiso saber también dónde estaba el Primer Lord del Mar y ella no pudo contestar sino lo mismo:

> Se produjo un silencio tenso [...]. «¿Y qué estarán haciendo los tres?» Hollis, después de darle muchas vueltas, dijo: «Primer ministro, se han ido de pesca». «De pesca», dijo él, y se enfadó, y soltó una retahíla sobre que estaba en marcha una guerra colosal y se estaban reuniendo incontables tropas para la mayor invasión de la historia, «¡y se van de pesca!». Y siguió diciendo «de pesca», «de pesca», y

luego preguntó por el general Ismay y le dije que se había marchado al campo.

Desesperado, el primer ministro dijo: «Bueno, Hollis... ¿Quizá puedes venir tú?».[16]

La anécdota, que aparece también en las memorias de Hollis, es maravillosa, aunque es probable que de tanto explicarla se hubiera ido embelleciendo. En todo caso, capta a la perfección la inquietud que sentía Churchill en esos momentos. Quería supervisar bien los preparativos. Cuando del invierno de 1943 se fue pasando al verano de 1944, la intensidad de los preparativos para la invasión de Europa —en cuestión de personal, de las unidades y de la formación— se fue incrementando. Para que la mayor operación anfibia y multinacional jamás concebida fuera un éxito, era imprescindible una instrucción rigurosa y una práctica realista por parte de todas las unidades navales, terrestres y aéreas asignadas al orden de batalla de Overlord. El campo armado en que el sur de Inglaterra se había convertido fue el escenario de algunos de los ejercicios finales, antes de lanzar la operación. Se eligió Slapton Sands, en la costa meridional de Devon, por su topografía similar a la playa de Utah, en la península de Cotentin, donde la 4.ª División de Infantería de Estados Unidos iba a emprender su acometida.

Los pueblos de los alrededores se evacuaron y cerca de tres mil residentes locales tuvieron que abandonar sus casas. La instrucción en Slapton Sands se había iniciado ya a finales de 1943, pero los días 27 y 28 de abril de 1944 se vivieron allí dos desastres. Se había previsto un ejercicio llamado «Tigre», entre el 22 y el 28 de abril, que culminaría con una práctica de desembarco de treinta mil soldados estadounidenses de la 4.ª División de Infantería. Para añadir más realismo, el ejercicio se realizaría con apoyo de la artillería naval, que batiría ruidosamente las playas sobre las cabezas de los jóvenes soldados lanzados al asalto, como parte de su inoculación bélica. El primer desembarco estaba previsto a las 7.30 del 27 de abril, pero cierta cantidad de las naves empleadas para tal fin se habían demorado por las malas condiciones del mar, ante lo cual el comandante naval de Estados Unidos ordenó demorar la hora H de la práctica hasta las 8.30. El apoyo de la artillería naval debía proporcionarlo un buque británico, el *HMS Hawkins*. Por desgracia, hubo errores en la comunicación entre la parte británica y la estadounidense. Aunque el plan del ejercicio preveía una pausa de treinta minutos entre el final del bombardeo de la costa y el inicio de los desembarcos, no todas las unidades recibieron aviso de la demora. El resultado —trágico— del malentendido fue que diversas unidades estadounidenses empezaron a desembarcar en Slapton Sands mientras el buque británico abatía aún la playa con su fuego letal. En nuestros días se desconoce aún cuántos estadounidenses perdieron la vida aquella mañana. Pero lo peor estaba aún por llegar.

La fase final del simulacro Tigre debía ser un desembarco aún más numeroso, en la misma Slapton Sands, a la mañana siguiente. Resulta sin duda llamativo que, después de la tragedia inicial, no se cancelara el ejercicio; pero lo cierto es que se continuó con él. Si bien la seguridad operativa y el secreto de la operación eran consideraciones de suma importancia en los preparativos del Día D, la Kriegsmarine tuvo conocimiento de las prácticas de Tigre. Así, aunque la Marina alemana había perdido casi todos sus buques capitales, ya fuera hundidos o neutralizados, había aún varias flotillas de Schnellboote (lanchas rápidas que los Aliados denominaban E-Boats) con sede en Cherburgo y las islas del Canal. Cuando la flota del simulacro, compuesta de naves de transporte de tropas y tanques, formó y zarpó de la bahía de Lyme hacia Slapton Sands, en la noche del 27 al 28 de abril, nueve S-Boote alemanas les fueron en pos con ánimo de atacar. El convoy T-4 debía haber contado con la protección de dos acorazados británicos, pero uno de ellos, el *HMS Scimitar*, había sufrido daños en una colisión y fue retirado del ejercicio. A su vez, aunque los radares británicos captaron el acercamiento de las lanchas, se supuso que formaban parte del simulacro, y el otro buque escolta, el *HMS Azalea*, no intervino. «Seguimos navegando en una situación de ignorancia fatal», escribió el teniente Eugene E. Eckstam, oficial médico a bordo de la primera de las dos naves de desembarco de tanques (LST, en sus siglas inglesas) que fueron objeto de la acometida de los alemanes.

Poco después de la 1.30 del 28 de abril, las S-Boote de la Kriegsmarine iniciaron el ataque. Durante una hora que resultó caótica, enviaron a pique dos LST, con una cuantiosa pérdida de vidas humanas. Otros barcos quedaron gravemente dañados. Tanto los vehículos como los hombres se habían embarcado con toda la munición y el combustible, para simular mejor un desembarco real; en consecuencia, los incendios que se desataron en los navíos afectados fueron aún más intensos. Incomprensiblemente, no se había enseñado a los soldados a usar bien los chalecos salvavidas: muchos se ahogaron con ellos porque, al habérselos atado a la cintura, se dieron la vuelta y quedaron cabeza abajo. Como la temperatura del agua era de tan solo 5,5 grados, muchos más murieron de hipotermia antes de que pudieran rescatarlos. La confusión de la noche se exacerbó más aún porque, como el simulacro se realizaba con las radios silenciadas, nadie cayó en la cuenta de que las naves de desembarco estadounidenses y los buques de escolta británicos utilizaban frecuencias distintas.

Al amanecer se comprendió que la tragedia había sido espantosa. En total perdieron la vida aquella noche 749 soldados y marinos estadounidenses; dos LST se fueron a pique y otros dos sufrieron daños de gravedad. Aunque las lanchas alemanas lograron escapar sin bajas, a principios de junio la Fuerza Expedicionaria del cuartel supremo de los Aliados (SHAEF, en sus siglas inglesas) ordenó que los bombarderos Lancaster de la RAF eliminaran sus bases mediante bombas «Tallboy», de doce mil libras (por fin disponían de explosivos capaces de destruir las defensas de hormigón). La tragedia del convoy T-4 permitió extraer otras conclusiones útiles. Los barcos debían navegar en zigzag, sin trazar líneas rectas; la flota debía unificar las frecuencias de radio; las naves de desembarco debían acompañarse de lanchas de rescate, que recogieran a los posibles náufragos; y todas las tropas debían aprender a utilizar correctamente los chalecos salvavidas. Tras los desastres del 27 y 28 de abril se produjo una ironía suprema: cuando la 4.ª División de Infantería desembarcó en la playa de Utah, el 6 de junio de 1944, tan solo perdió a 197 hombres, entre muertos y heridos. El éxito se explica en parte por el terrible precio pagado durante el simulacro de Tigre, cuya verdad se ocultó en su momento, al considerarse información clasificada. La SHAEF solo dio a conocer las bajas de Tigre en agosto de 1944, y lo hizo incluyéndolas en el informe de bajas de los desembarcos genuinos del Día D. Actualmente, en la playa de Utah hay un monumento que recuerda a los 946 militares estadounidenses que se tiene constancia fallecieron en las dos tragedias de las aguas de Slapton Sands, durante el simulacro de Tigre. Su sacrificio no fue en vano: la práctica era imprescindible para el éxito final. Aun así, esas pérdidas no contribuyeron en nada a mitigar la ansiedad con que Churchill aguardaba los desembarcos. Fue un ejemplo claro de cómo la preparación, el engaño, la seguridad y el confinamiento fueron de suma importancia.

Pese a todo, y sin perder de vista la importancia de la seguridad, el primer ministro autorizó a su secretario privado, Jock Colville, de veintinueve años, a incorporarse a la RAF y emprender un breve período de vuelos operativos en torno del Día D. El primer ministro admiraba la bravura y recordaba con cariño y nostalgia las aventuras militares de su propia juventud. Al darle tal permiso, habló de su propio deseo de ver los combates: le dijo a Colville que él «estaría entre los primeros del puente [...] si había tal posibilidad, y que sería divertido llegar allí antes que Monty». Esto supuso sembrar una idea sobre la que Churchill volvería. Pero el mero hecho de dar libertad a su secretario privado implicaba un riesgo. Se había fotografiado a Colville al lado del primer ministro. Si se lo abatía y apresaba, era conocedor de muchos secretos, incluidos los lugares y fechas probables de Overlord. Por lo tanto, se acordó que no sobrevolaría Francia hasta después del Día D. Cuando Colville se sumó a su escuadrón, descubrió que abundaban las conjeturas sobre la fecha de la operación, con una precisión peligrosa. Dado que sus nuevos colegas habían acertado a adivinar los puntos y fechas del asalto, él «solo podía confiar en que los alemanes fueran menos inteligentes en sus deducciones».

Era propio del talante de Churchill dejar traslucir sus emociones, y en los meses anteriores al Día D las emociones dominantes fueron una frustración e impaciencia crecientes. Tenía la posibilidad de supervisar los preparativos civiles e influir en ellos, pero ansiaba interpretar un papel más destacado en las operaciones militares. Eisenhower le mantenía informado, pero también a cierta distancia: trabajaba desde su propio cuartel general, situado a las afueras de Londres (en Bushy Park, cerca del palacio de Hampton Court) y con la mediación del Comité Combinado. El primer ministro británico se negaba aún a renunciar del todo a su influencia. Lo político no podía desligarse con tanta facilidad de lo militar. Seguía habiendo preguntas abiertas sobre el control y el uso del poder aéreo. Todo estaba dispuesto para que el primer ministro realizara su última incursión en la estrategia de Overlord.

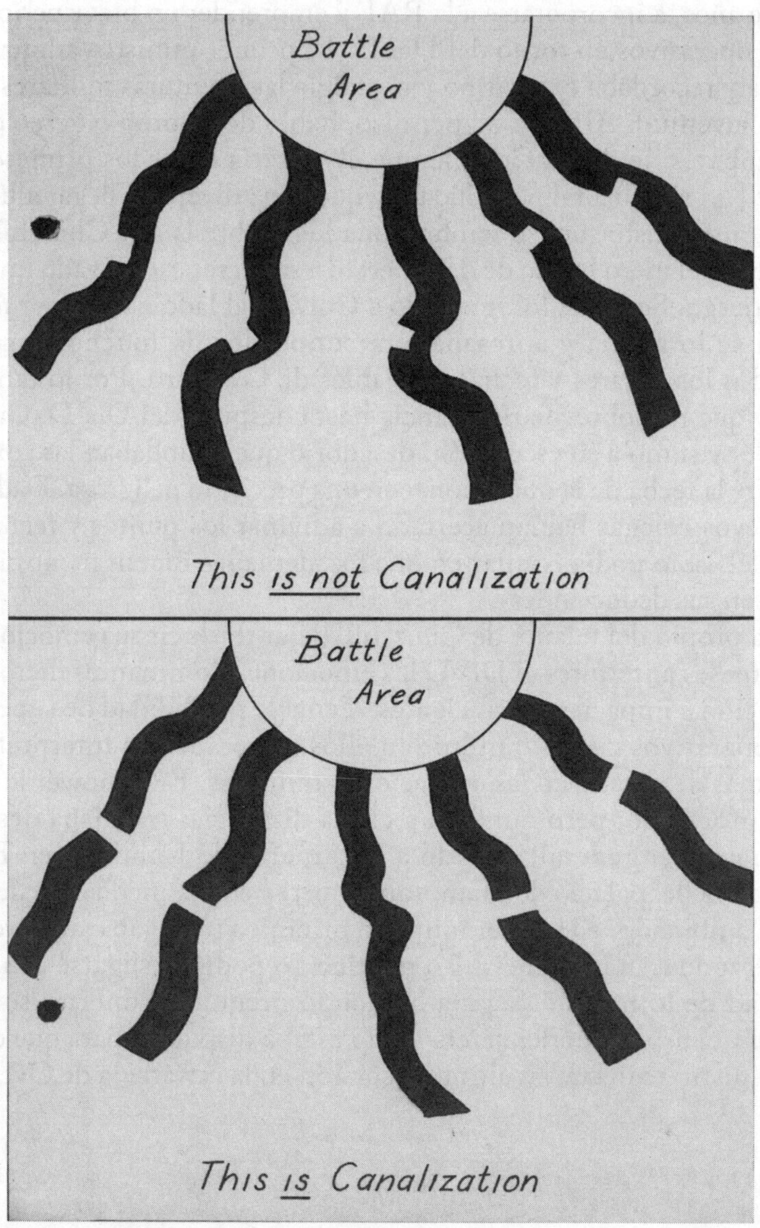

Diagrama del vicemariscal del Aire Bufton que muestra la clase de daño que debía causarse a las líneas férreas del enemigo para poder obstaculizar su actuación mediante una correcta «canalización».

8

Hasta el último gramo de la fuerza disponible

> La mortalidad debía limitarse; la cólera y el resentimiento que ello despertaría en los franceses tenían un límite que no podíamos superar.[1]

Churchill no debía lidiar solo con las dificultades propias del confinamiento. También pensaba mucho sobre qué naturaleza debía adoptar la ofensiva de los Aliados. Entre los requisitos previos de Overlord figuraba la superioridad aérea en Francia y, a principios de 1944, los Aliados habían amasado en Gran Bretaña una fuerza aérea colosal. Sin embargo, esto no equivalía a afirmar que hubiera un pleno acuerdo con respecto al modo de utilizarla.

La estructura de mando era complicada. El comandante segundo de Eisenhower era el británico Arthur Tedder, el mariscal en jefe del Aire, y la Fuerza Expedicionaria Aliada contaba con una fuerza aérea propia, al mando del mariscal del Aire Trafford Leigh-Mallory. Esta última incluía cazas, bombarderos medianos y ligeros que podían usarse en apoyo de las tropas terrestres, y naves especializadas en reconocimiento, transporte y planeo.

El control sobre los bombarderos pesados estadounidenses —parte de la Fuerza Aérea del Octavo Ejército de Estados Unidos— correspondía al teniente general James Doolittle. Este respondía ante el teniente general Carl Spaatz, en su calidad de comandante de las Fuerzas Estratégicas de Estados Unidos en Europa, quien a su vez respondía ante Eisenhower, el comandante general de todo el teatro estadounidense.

Sin embargo, los bombarderos pesados británicos los controlaba el Mando de Bombarderos, una entidad separada, dirigida por el mariscal del Aire Arthur Harris y subordinada al jefe del Estado Mayor del Aire, Charles Portal. El Mando Costero de la RAF también era independiente: lo encabezaba el mariscal en jefe del Aire Sholto Douglas. Y por encima de todos ellos estaban el Comité Combinado, Churchill y su Comité de Defensa, el Gabinete de Guerra y Roosevelt como comandante en jefe de las fuerzas estadounidenses. En sí, esto no habría supuesto ningún problema de haber existido acuerdo sobre una estrategia clara para la utilización del poder aéreo; pero tal consenso no existía. (Para más información sobre los diferentes usos del poder aéreo de los Aliados, véanse pp. 231-232.)

Eisenhower creía que todas las fuerzas aéreas de los Aliados que actuaban en el teatro europeo occidental debían subordinarse a su mando durante el período que precedía y seguía inmediatamente al Día D, pues, a su juicio, «cuando una batalla necesita hasta el último gramo de la fuerza disponible, no debe situarse al comandante en la necesidad de tener que solicitar y negociar el uso de los recursos». Spaatz y Harris consideraban que el mejor uso de las fuerzas de bombardeo pesado estratégico era continuar con lo que ya estaban haciendo puesto que el ataque a gran escala contra la industria y las ciudades alemanas socavaría la economía del país y hundiría la moral del enemigo, es decir: debilitaría la resistencia a Overlord. En particular, Spaatz era de la opinión de que el mejor modo de paralizar al contrincante era atacar el suministro de petróleo. No creían, por el contrario, que fuera adecuado utilizar el enorme —pero a menudo impreciso— poder destructivo de sus fuerzas para apoyar el asalto de las tropas terrestres o acometer objetivos militares específicos tales como ferrocarriles, carreteras o puentes; para esos fines serían más eficaces los aviones menores o el sabotaje. Harris, como era característico en él, se mostró tajante:

> El único apoyo eficiente que el Mando de Bombarderos puede ofrecer a Overlord es intensificar los ataques contra los centros industriales más adecuados de Alemania, y cuando se presente la ocasión. Si en vez de este proceso intentamos atacar emplazamientos de cañones, defensas de playa, comunicaciones o arsenales situados en los territorios ocupados, cometeremos el error irremediable de alejar nuestro mejor armamento de la función militar para la cual se lo ha equipado y for-

mado, en beneficio de tareas que no puede desarrollar con efectividad. Aunque esto pueda dar la falsa apariencia de estar «apoyando» al ejército, en realidad es el peor servicio que les podemos hacer. Nos conduciría directamente al desastre.[2]

Eisenhower no cambió de opinión. Era del firme parecer de que, para apoyar un asalto de aquella escala, se necesitaba una ofensiva de bombardeo total contra las fortificaciones y la infraestructura de los alemanes; defendía que los bombarderos eran necesarios más allá de ser «un simple adjunto del Mando Aéreo Táctico». Logró imponer su voluntad. Durante el período inmediatamente anterior y posterior a Overlord, el Mando de Bombarderos y la Fuerza Aérea del Octavo Ejército quedaron sometidos a su control general.

A juicio de Churchill, esto planteaba varias dudas. ¿Era adecuado que el bombardeo de Alemania tuviera que renunciar a tantos recursos? ¿Cuál era el mejor modo de utilizar las fuerzas de bombardeo en apoyo de las operaciones en Francia? ¿Y qué impacto tendría sobre la población francesa un bombardeo de la escala que Eisenhower proponía? En noviembre de 1943, Churchill ya había expresado su inquietud ante la posibilidad de que los alemanes «vean aliviarse considerablemente los ataques aéreos a consecuencia del inicio de Overlord», pero también había reconocido que sería muy difícil resistirse a la petición del comandante en jefe «de controlar todas las fuerzas de bombardeo estratégico durante el período estricto de Overlord, puesto que forman parte integral, y esencial, de esa operación». En la práctica, el control siempre iba a pasar a Eisenhower durante toda la fase en torno al Día D; no era cuestión de si pasaría o no, sino en qué plazo concreto. Pero esto no significaba que al primer ministro hubiera dejado de interesarle de qué modo iban a desplegarse las fuerzas de bombarderos.

Churchill ya había mantenido una relación larga con el desarrollo y la utilización del poder aéreo. En tanto que secretario de Estado para la Guerra y el Aire, justo después de la primera guerra mundial, había presidido el crecimiento inicial de la RAF; y, en calidad de ministro de las Colonias, se había esforzado por emplear ese nuevo poder para fines políticos y, a la hora de garantizar el orden en los desiertos de Mesopotamia y Transjordania (Irak y Jordania), optó por aviones, no por tropas. Durante la década de 1930 defendió con gran insistencia el rearme y, más en particular, la formación de una fuerza de bombarderos moderna. Al ascender a primer ministro en 1940, una de sus primeras acciones consistió en dar su aprobación a las incursiones de bombardeo contra el enemigo, y siguió abogando por ellas como medio de tomar la ofensiva y desgastar a Alemania con la intención de hundir su capacidad económica, socavar la moral y aliviar la presión que sufrían los frentes de Rusia y el Mediterráneo. En su celebrado discurso de la fase culminante de la batalla de Inglaterra elogió la valentía de los pilotos de los cazas («Nunca en el campo del conflicto humano debieron tanto tantos a tan pocos»), sin olvidar rendir también tributo a las tripulaciones de los bombarderos:

> [...] pero no debemos olvidar que en todo momento, noche tras noche y mes tras mes, nuestros escuadrones de bombarderos viajan largo y tendido hasta Alemania, encuentran sus blancos en la oscuridad gracias a su excelente pericia navegadora, apuntan hacia los objetivos sometidos con frecuencia a un fuego sumamente intenso y a menudo sufriendo pérdidas gravosas, siempre con la más deliberada y cuidadosa discriminación, e infligen golpes destructores al conjunto de la estructura técnica y de guerra del poder nazi.[3]

En la conferencia de Casablanca había dado su respaldo a la directiva que intensificaba la Ofensiva Aérea Combinada contra Alemania y, repetidamente, había presentado el creciente número de las incursiones dirigidas contra las ciudades germanas como un medio de apoyar a los soviéticos. También se mostró partidario de la Operación Pointblank: la campaña estratégica de bombardeo de Alemania, tanto de noche como de día, con la misión de debilitar el sistema económico, industrial y militar del país.

A su entender, la campaña de bombardeo era un requisito previo de Overlord que, a su vez, debía acompañar también a la operación. Tras haber sido testigo de cómo Gran Bretaña soportaba el Blitz, no le dolían prendas al asumir el impacto de las bombas sobre la población civil; estaba bajo la influencia de su asesor científico, lord Cherwell, quien defendía que esos bombardeos ayudarían a quebrar el ánimo del pueblo alemán. Como sin duda resulta comprensible, no obstante, no deseaba quebrantar el ánimo del pueblo francés. Antes al contrario, desde 1940 había promovido activamente la resistencia y seguía creyendo que los franceses podían interpretar —y en efecto interpretarían— un papel esencial en su propia liberación, cuando se alzaran contra los ocupantes nazis. Ahora bien, ¿podía esperar que actuaran así al mismo tiempo que sufrían una campaña de bombardeo Aliado cada vez más intensa?

Gran Bretaña y sus socios habían estado bombardeando objetivos alemanes en Francia desde 1940, y la escala e intensidad de esas acciones se habían ido acrecentando progresivamente, a medida que se disponía de más recursos. Richard Overy, en su excelente estudio *The Bombing War*, ha documentado el proceso. En julio de 1940 el Gabinete de Guerra había accedido a que se bombardeara cualquier objetivo *militar* en las regiones ocupadas de Francia; un año más tarde, el alcance se hizo extensivo a las fábricas, aunque solo a la luz del día, a efectos de aumentar la precisión y reducir las bajas civiles. A principios de 1942 los criterios se rebajaron de nuevo y Churchill consintió que se emprendiera un bombardeo general de los blancos europeos. Poco después, una incursión enorme —la mayor emprendida hasta entonces por los Aliados— lanzó 419 toneladas de bombas sobre la fábrica de motores Renault, causando la muerte de casi cuatrocientas personas. Más adelante, la desesperada situación de la batalla del Atlántico llevó a emprender incursiones devastadoras contra la ciudad portuaria de Lorient, a principios de 1943, donde las bombas Aliadas lo destruyeron casi todo... salvo su blanco: los refugios de hormigón de los submarinos, que parecían ser indestructibles.

A principios de 1944 se constataban indicios crecientes de hostilidad de los franceses a los bombardeos. Churchill temía que, ahora, la situación empeorara mucho. El plan aéreo preferido por Eisenhower abogaba por utilizar los bombarderos para maximizar los daños en la infraestructura de transportes antes del Día D, durante su desarrollo y también después. El objetivo era que las tropas Aliadas ganaran un tiempo crucial, al impedir que los alemanes pudieran trasladar refuerzos y suministros vitales hasta las cabezas de playa normandas. El plan hacía especial hincapié en bombardear los centros ferroviarios y los puntos de distribución donde era más probable que se reunieran las tropas y los equipos. Por desgracia, tales centros tendían a situarse en zonas densamente pobladas.

A finales de febrero, Churchill era consciente de que entre los Estados Mayores del Aire imperaba la división. Algunos Aliados eran favorables al plan de los transportes; otros abogaban por centrarse en bombardear los emplazamientos de la Fuerza Aérea alemana y los puntos de abastecimiento de combustible del enemigo. El «plan de los transportes» fue objeto de críticas: se reprochaba que distraería recursos de otros objetivos, que no sería efectivo salvo que se destruyera la totalidad de las instalaciones ferroviarias y que «esos ataques, en la escala que se propone realizarlos, tendrían un efecto adverso sobre los franceses».

El Gabinete de Guerra, en su afán por minimizar la pérdida de vidas civiles, había empezado por imponer restricciones operativas sobre los blancos que se podían asaltar desde Gran Bretaña. En consecuencia, solo se podían bombardear trece de los setenta y cuatro centros ferroviarios de Francia y Bélgica que Eisenhower había identificado como cruciales para el éxito de su plan. El estadounidense deseaba que fueran atacados «de día o de noche, sin ninguna clase de restricción operativa». En su calidad de jefe del Estado Mayor del Aire, el 29 de marzo Portal escribió a Churchill para confirmarle que «el que se ha dado en llamar "Plan de los Transportes" era el mejor modo de que los bombarderos estratégicos allanaran el camino para el éxito de Overlord», a la vez que advertía que «en la ejecución de este plan será inevitable causar bajas muy importantes entre los civiles que viven cerca de los grandes centros ferroviarios del territorio ocupado, por muy cuidadosos que intentemos ser con los bombardeos». El Ministerio de Seguridad Interior calculaba que, sin una evacuación, el total de bajas civiles ascendería a una cifra comprendida entre las ochenta mil y las ciento sesenta mil personas, «una cuarta parte de las cuales perderá la vida». Para los jefes del Estado Mayor, esta acción necesitaba la aprobación del primer ministro y, además, consideraban conveniente advertir a la población civil de Francia y, en especial, a los trabajadores del ferrocarril. Portal trasladó la petición de Eisenhower ante el Gabinete de Guerra, el 3 de abril. De inmediato, Churchill expuso «dudas de que esta medida fuera prudente». Refirió el asunto al Comité de Defensa y escribió a Eisenhower para comunicarle sus inquietudes con notable claridad:

> Hoy el Gabinete ha adoptado una posición muy seria, y en su conjunto contraria, a la propuesta de bombardear tantos centros ferroviarios de Francia, ante el hecho de que con ello decenas de miles de civiles franceses, hombres, mujeres y niños, perderían la vida o resultarían heridos. Dado que todos ellos son nuestros amigos esto podría considerarse un acto de una severidad inaceptable que generaría un gran odio hacia las Fuerzas Aéreas Aliadas.[4]

Le preocupaba que el plan se convirtiera en un regalo para la propaganda enemiga y sugirió poner al corriente al general De Gaulle. La contestación de Eisenhower tampoco fue tímida: «en ningún caso debemos omitir el uso preliminar de esta fuerza [aérea], que luego nos será de ayuda en los momentos de crisis». Creía que se había exagerado la cifra probable de bajas y defendía que, al fin y al cabo, «la población francesa ha quedado esclavizada. Lo único que la puede liberar es el éxito de Overlord».

El Comité de Defensa de Gran Bretaña se reunió avanzado el 5 de abril, con Churchill como presidente. Acogió a los principales líderes políticos con los jefes del Estado Mayor, y asistieron también diversos expertos en la materia del Aire, como Tedder, Norman Bottomley (subjefe del Estado Mayor del Aire) y Sydney Bufton (director de las operaciones de bombardeo). Como representantes científicos acudieron lord Cherwell y Solly Zuckerman (director científico de la Unidad de Estudios de los Bombardeos de Gran Bretaña). En la reunión quedó de manifiesto que no había consenso no solo entre los militares y los políticos, sino tampoco en el propio seno de las fuerzas armadas y los científicos. No estaba claro que el «Plan de los Transportes» fuera a resultar la estrategia de bombardeo más efectiva.

El primer ministro hizo constar su temor a que «incluso si las bajas no son tan elevadas como se ha calculado, podrían bastar para abrir una brecha insalvable entre Francia y Gran Bretaña-Estados Unidos». También puso en duda que

> el efecto que se pudiera conseguir bombardeando los centros ferroviarios justifique una masacre de miles de aliados, de nuestros amigos franceses, que arden en deseos de ayudarnos cuando llegue el día y que han mostrado sus sentimientos de amistad ayudando incansablemente a todos los aviadores de nuestras fuerzas que han sido abatidos en su territorio. Pues una cosa es lanzar ataques que causen la pérdida de muchas vidas civiles en el calor de la batalla; y otra muy distinta iniciar, sin batallas en marcha, un programa que sin lugar a dudas provocará una carnicería entre una gran cantidad de franceses inermes.[5]

Se cruzaron palabras agrias, muy probablemente más agrias aún en la reunión que en las actas posteriores. Estas se revisaron y consta que Churchill hizo borrar una de sus expresiones: «a sangre fría».

El primer ministro no creía que bombardear el ferrocarril fuera la estrategia idónea. Consideraba que el enemigo no tendría especial dificultad en trasladar sus tropas y sus materiales por carretera. La sala quedó dividida. Los dos asesores científicos adoptaron puntos de vista opuestos. Para Cherwell era improbable que el bombardeo provocara daños suficientes para obstaculizar los transportes del enemigo y era necesario explorar con más atención otras alternativas. Zuckerman, en cambio, defendía el estudio que había realizado a partir de las campañas de Túnez y Sicilia, que demostraba que lo más efectivo, a la hora de dificultar la comunicación del enemigo, era atacar sistemáticamente los centros ferroviarios. Entre los representantes del Aire también imperaba la división. Portal, Tedder y Leigh-Mallory se pronunciaron a favor del plan, pero el comodoro Bufton defendió atacar más directamente los aeródromos, las instalaciones de reparación y las fábricas de la Luftwaffe, además de bombardear los centros de instrucción militar. Entre los políticos, Attlee se mostró inquieto por el antagonismo que se despertaría en los franceses; Eden temía que el ataque alejaría a los franceses y los belgas de los británicos y estadounidenses, arrojándolos en brazos de los rusos. «Acabada la guerra, tendríamos que vivir en una Europa que miraría hacia Rusia más de lo que desearíamos.» Cuando Churchill sugirió como alternativa bombardear los yacimientos petrolíferos de Rumanía para privar a los alemanes de un combustible que necesitaban con urgencia, Portal contestó que esto no causaría ningún impacto en Overlord porque en Francia los alemanes disponían de reservas suficientes para seguir operando varios meses.

Se llegó a un punto muerto. Se decidió continuar con ataques experimentales contra tres centros ferroviarios en los que el riesgo de provocar bajas civiles era menor. El diario de Brooke recoge que se sintió frustrado por tener que aguantar estos debates hasta las 12.45 de la madrugada. Pero los días 13 y 19 de abril le aguardó un destino similar, porque el Comité de Defensa retomó la cuestión todas las semanas. En cada una de las reuniones se aportaron argumentos similares; en cada una de ellas, Churchill demoró la decisión final a la vez que autorizaba a proseguir temporalmente con los bombardeos. No iba a renunciar a sus inquietudes; por el contrario, regresaba de forma repetida a su gran preocupación. El 13 de abril se lamentó de que

> era probable que esa masacre pusiera a los franceses en contra de nosotros, y mostró sus dudas de que los resultados del plan lo pudieran jus-

tificar. La mortalidad debía limitarse; la cólera y el resentimiento que ello despertaría en los franceses tenían un límite que no podíamos superar.[6]

El 26 de abril le preocupaba que

> si los ataques se mantienen en el tiempo, provocaremos un volumen de odio sordo en Francia que afectará a nuestras relaciones con este país durante muchos años; y esto hará que la RAF, que hasta entonces ha sido objeto de admiración, sea objeto de aborrecimiento y se la acuse de matar a nuestros amigos mediante bombardeos nocturnos y ciegos.[7]

En la reunión del Gabinete de Guerra, la tarde siguiente, se acordó que el plan de bombardear los blancos situados en el territorio ocupado debía limitarse a aquellos centros ferroviarios en los que se previera que las bajas serían más escasas; y que de nuevo debía dirigirse la atención hacia los ataques contra los arsenales de munición, los campamentos militares y los parques de vehículos. En este punto, Churchill admitió que el total de bajas del programa sería muy inferior a lo previsto originalmente —unas doce mil personas, quizá—, pero seguía considerando que esto suponía conceder una ventaja a la propaganda de Vichy, controlada por los alemanes. Por otro lado, la tarea de bombardear los blancos franceses estaba recayendo de forma desproporcionada sobre la RAF, que, durante sus bombardeos nocturnos, había lanzado doce veces más peso de bombas que sus homólogos estadounidenses; Churchill temía pues que las vidas perdidas «se atribuyeran al bombardeo a ciegas que los británicos realizamos de noche». En su conjunto, creía que el bombardeo «bien puede ser que cause más perjuicios que beneficios» y se propuso debatir el asunto con Eisenhower y preparar un telegrama para el presidente. Los jefes del Estado Mayor disentían, no obstante, y adjuntaron un documento propio a las actas oficiales, en el que respaldaban el bombardeo como único plan efectivo para apoyar a las tropas e impedir una contraofensiva de los alemanes.

Llegados a este punto, el bombardeo ya había empezado, y Churchill recibía diariamente los datos de inteligencia relativos a sus efectos. Estos datos no hicieron más que agravar su inquietud. Un informe sobre las reacciones a las bombas lanzadas en las veinticuatro horas previas a las 13.30 del 29 de abril de 1944 confirmaba que «las incursiones realizadas en el área de París no han sido satisfactorias, pues han provocado demasiadas bajas entre los civiles. Las de Ruan, Lille y Villeneuve-Saint-Georges han resultado "catastróficas" para la moral de los franceses». El subrayado era del propio Churchill y se acompañaba de una nota manuscrita: «Transmitírselo al general Eisenhower».[8]

Ike lo despachó con pocas palabras el 2 de mayo, señalando que «las bajas del personal civil son inherentes a todo plan de un uso general de nuestro potencial aéreo en preparación de nuestro asalto».[9] El comandante supremo defendía que «siempre se ha reconocido que los centros ferroviarios son un objetivo legítimo de las fuerzas armadas, y a la población en general le resulta del todo evidente que los atacamos como una operación estrictamente militar». A su modo de ver —y del jefe del Estado Mayor del Aire— no había «ningún plan alternativo que resulte efectivo» y si las operaciones se limitaban del modo que se estaba sugiriendo, «el plan quedaría mutilado en su totalidad».

Ese mismo día Churchill recibió una nota en la que Brendan Bracken, buen amigo suyo y también ministro de Información, le advertía de que

> cargamos con una grave responsabilidad al consentir incursiones constantes contra una ciudad como Malinas, que, como centro de la vida educativa y religiosa de Bélgica, posee una enorme significación espiritual para el pueblo belga. No cabe duda de que el odio que estamos generando será intenso y duradero.[10]

Churchill estaba atrapado entre las necesidades operativas de Overlord y una posible ruptura política con Francia y Bélgica, que podría comportar que esos países terminaran el conflicto albergando una clara hostilidad hacia Gran Bretaña. Sus trabajadores, por otro lado, podrían sentirse atraídos por el comunismo.

Aquella noche, en el Gabinete de Guerra, Churchill comunicó la respuesta inflexible de Eisenhower. Aunque reconoció que «por motivos de política, interferir en su plan [el de Eisenhower] podría acarrar consecuencias muy graves», también lamentó no haberse «dado cuenta, en toda su extensión, de que antes de Overlord usaríamos el poder aéreo de una forma tan cruel e implacable», y sugirió que «estas operaciones aéreas se gobiernen mediante unas leyes de guerra redactadas por el Gabinete de Guerra y se acompañen de un programa colosal de lanzamiento de hojas volantes con las que avisar a los habitantes de las zonas amenazadas, incluso si con ello se incrementa un poco el riesgo en el que incurrirán nuestros aviadores».[11]

El Comité de Defensa se reunió de nuevo al día siguiente. Faltaba aproximadamente un mes para el Día D. Churchill quería examinar de nuevo la proporción de bombardeos que se dirigiría contra los objetivos ferroviarios en relación con la campaña total de bombardeo que se extendería entre aquel momento y tres meses después de la invasión. Ante la negativa de Eisenhower intentó aprovechar el encuentro para reunir argumentos de cara a una nota para el presidente Roosevelt. También quería asegurarse de que los estadounidenses «aceptaban su cuota de responsabilidad en la gran cantidad de bajas que se causarían en la población civil y amiga de los países ocupados».

Portal y Leigh-Mallory trazaron los planes de la campaña aérea. Se desarrollaría en cuatro fases. Primero se atacarían los blancos del ferrocarril; luego se asaltarían objetivos tácticos: unidades y fortificaciones del enemigo, a partir de unas tres semanas antes del Día D; seguidamente, se efectuarían operaciones en apoyo de los desembarcos en sí; y, por último, se ofrecería apoyo táctico a la campaña posterior. En los días previos a la invasión, entre el 35 % y el 40 % de las acciones de bombardeo se dirigirían contra objetivos ferroviarios; un 30 %, contra aeródromos; y un 15 %, contra las baterías que dominaban la zona del asalto. Para preservar el secreto de qué playas se utilizarían —y reforzar los planes de engaño y distracción— también se organizarían ataques contra las baterías de otras zonas de la costa.

Se planeó asimismo atacar otros blancos tales como arsenales de munición, nodos de transporte militar y bases de radar. Los que más probablemente provocarían un elevado número de bajas civiles eran los centros de comunicaciones telefónicas, las grandes vías de carreteras y ferrocarriles, los puertos y los cuarteles generales. Churchill afirmó que, con la excepción de los centros ferroviarios, nadie podía objetar seriamente el hecho de que se atacara los demás blancos, que eran claramente de naturaleza militar. Pero temía que tanto el enemigo como la propaganda extranjera destacarían el contraste entre los ejércitos alemanes y rusos, que combatían «con valentía aun sin gozar de superioridad aérea» con la «implacable utilización del poder aéreo» por parte de británicos y estadounidenses, «sin tomar en consideración las bajas civiles que provocan». Le inquietaba en particular que se señalara a los británicos como «grandes culpables» por ocuparse del bombardeo nocturno —cuya menor precisión suponía distribuir las bombas en una zona más extensa—, «mientras que los estadounidenses atacan de día mediante bombardeos de precisión». Reclamó emprender un estudio específico de la posibilidad de utilizar bombas de acción retardada, con sus ventajas e inconvenientes, y que se prestara especial atención a advertir a la población civil de Francia sobre «qué áreas resultaban peligrosas».

Churchill retomó el tema del bombardeo de los centros ferroviarios una vez más, con la intención de imponer un límite a la cantidad de bajas de civiles: consultó con Tedder si aprobaría un plan que las restringiera a diez mil. Cherwell se sumó y pidió atacar otra clase de blancos: los puentes y los arsenales de munición. Tedder se negó a entrar a fondo en el asunto de las bajas. Calculó que hasta ese momento habrían fallecido entre tres mil y cuatro mil personas, pero defendió el plan de los ferrocarriles. Cuando se atacaba los puentes, una gran parte de las bombas erraba el blanco y no servía absolutamente de nada; en cambio, al atacar un centro de comunicaciones ferroviarias «todas las bombas que caen en esa área causan alguna clase de daño militar».

Todos los políticos que estuvieron presentes en este intercambio —Clement Attlee, Anthony Eden y Oliver Lyttelton— compartían las reservas de Churchill. Attlee temía que el plan de los ferrocarriles pudiera «frustrar nuestro futuro político en Europa» y «era del parecer de que los perjuicios políticos del plan eran superiores a sus beneficios militares». El primer ministro quería hacer especial hincapié precisamente en este punto, y se acordó que redactaría una carta para el Departamento de Estado de Estados Unidos, que se comunicara al presidente. También se haría otro llamamiento a Eisenhower, con la finalidad de que intentara que las bajas civiles no ascendieran a más de diez mil.

En este momento hacía ya varias semanas que la campaña de bombardeo estaba en marcha y, probablemente, era demasiado tarde para dar marcha atrás. En todo caso, la ofensiva aérea no tardaría en pasar a su fase táctica, en la que se seguirían atacando los ferrocarriles, entre otros blancos.

El primer ministro se estaba quedando sin tiempo y sin opciones. El 7 de mayo le escribió a Roosevelt para informarle de las divisiones que, en el ámbito del Aire, despertaba el «Plan de los Ferrocarriles». Se esforzó por destacar que estas divisiones iban más allá de las nacionalidades y eran compartidas por diversos estadounidenses, antes de confirmar que «en lo que a mí respecta, no estoy en ningún caso convencido de que esta sea la mejor forma de utilizar nuestras fuerzas aéreas durante el período preliminar, sino que aún creo que el blanco principal debería ser la FAA [Fuerza Aérea Alemana]». Churchill temía que, de proseguir con el plan existente, los Aliados «dejaran un legado de odio tras de sí». «Por un lado debe recordarse que esta masacre la sufre un pueblo amistoso que no ha cometido ningún crimen contra nosotros; no la está sufriendo el enemigo alemán, con todo su historial de crueldad y brutalidad.»[12] Ahora bien, como Churchill quizá era asimismo consciente de que entre los estadounidenses empezaban a surgir dudas con respecto a su propio grado de implicación en Overlord, prefirió acabar con un mensaje de tranquilidad: «Por otro lado, como es natural, somos conscientes de la arriesgada naturaleza de la Operación Overlord y estamos absolutamente decididos a lograr que sea un éxito».

La contestación de Roosevelt, que llegó el 11 de mayo, daba apoyo a Eisenhower sin ninguna clase de ambigüedad:

> Por lamentable que sea la consiguiente pérdida de vidas civiles, no estoy dispuesto a imponer, desde la distancia, ninguna restricción a la acción militar de los comandantes responsables que, a juicio de estos, pudiera actuar en contra del éxito de Overlord o causar la pérdida de más vidas entre las fuerzas Aliadas de nuestra invasión.[13]

Con estas palabras, en la práctica, concluyó todo debate político. El episodio pone de manifiesto que la capacidad de Churchill de influir sobre la estrategia militar era limitada. En vísperas de la mayor operación emprendida hasta entonces por los Aliados, cuando tenía en frente a un comandante supremo resuelto —y apoyado en última instancia tanto por el Comité Combinado como por el presidente de Estados Unidos—, a Churchill no le quedaba más remedio que dar su aprobación a los planes militares, con independencia de sus reservas personales. Su intervención había servido para que el asunto se debatiera a fondo y tal vez contribuyera en alguna pequeña medida a reducir las bajas de los civiles franceses, por la limitación de la aplicación de los primeros bombardeos y por su insistencia en advertir adecuadamente a la población. Pero, por otro lado, la demora en la toma de una decisión firme y la repetición de las conversaciones mantuvo ocupados a los principales comandantes —Eisenhower, Tedder y Leigh-Mallory— en un momento en el que finalizar los preparativos ya les exigía al máximo.

Por desgracia, bombardear a principios de 1944 no era una medida unilateral. Ante la evidente acumulación de fuerzas de los Aliados, Hitler desató un nuevo asalto aéreo contra Gran Bretaña, un mini-Blitz que, sin lugar a dudas, agravó las preocupaciones de Churchill. Entre enero y mayo de 1944 los bombarderos alemanes volvieron a los cielos británicos, y en particular a Londres, aunque no en tanta cantidad como en 1940. Harry Butcher dejó constancia de cómo una bomba de un millar de kilos estalló en la Saint James's Square, en pleno centro de la capital, y dañó las ventanas de la Norfolk House, donde aún tenía su sede una parte de los planificadores de Overlord. Se le encargó hallar un refugio aéreo adecuado para Eisenhower, en las inmediaciones de su cuartel general londinense. Eligió un sótano de una casa propiedad del Grupo de Oxford, que predicaba la camaradería cristiana, por lo que resultó algo controvertido; Churchill no tardó en ofrecerle otro acomodo, después de que Eisenhower le comentara al primer ministro que «le parecía un tanto incongruente, como líder militar, optar por la seguridad de un refugio aéreo dirigido por pacifistas». No eran palabras muy justas con el Grupo de Oxford, en realidad: muchos de sus miembros habían tomado las armas contra el fascismo.

Vista desde la perspectiva del presente, la campaña alemana dio poco fruto. Es posible que al principio se temiera por la suerte de algunas de las fuerzas de la invasión Aliada, cuyo punto de reunión, en la costa sur, quizá resultaba vulnerable. Por fortuna, la Luftwaffe era una sombra de lo que había sido y apenas logró obstaculizar los preparativos de Overlord. Aun así, el bombardeo implicó someter a la población civil a una prueba más, y tuvo un efecto negativo sobre la moral. Al final contribuyó a debilitar a las fuerzas aéreas alemanas antes de la operación de paso del Canal, puesto que los bombarderos perdidos en los cielos británicos dejaban de estar disponibles para el contraataque desde Francia. Sin embargo, esto solo se pudo ver claramente a posteriori. En aquel momento, la amenaza se agravaba por el creciente temor a que la renovación del ataque aéreo germano fuera tan solo el preludio a la intervención del nuevo armamento secreto de Hitler.

Desde finales de 1942, en efecto, la inteligencia Aliada había comenzado a recabar indicios de que los alemanes estaban experimentando con cohetes de largo alcance (que luego se conocerían con el nombre de V2). No tardó en asociarse el proyecto con un centro de investigación situado en Peenemünde, en la costa báltica alemana. En el mes de abril del año siguiente ya se había notificado de ello al primer ministro y se había creado un comité de investigación especial, presidido por Duncan Sandys. Se reunió más inteligencia a partir de fotografías de reconocimiento, el interrogatorio de prisioneros y los análisis de los científicos británicos; pero no bastó para detallar las especificaciones del arma. En junio, el Ministerio de Seguridad Interior calculó que un cohete cargado con diez toneladas de explosivos podría devastar un radio de 260 metros y en consecuencia se notificó a Churchill que «si uno de estos cohetes cayera en el área de Londres, contando una vez por hora durante treinta días, las bajas acumuladas podrían ascender a unos 108.000 fallecidos e igual número de heridos de gravedad». El primer ministro consultó con Cherwell, que era escéptico al respecto: dudaba (no sin razón) de si los alemanes podrían producir tal armamento en la cantidad necesaria y se preguntaba incluso si no sería más bien un bulo bien elaborado. Pero el gobierno no se podía permitir hacer caso omiso de una posible amenaza de esa escala. En consecuencia, en la noche del 17 de agosto de 1943, Peenemünde fue blanco de una incursión masiva: el Mando de Bombarderos de la RAF empleó 597 aviones para lanzar 1.937 toneladas de bombas. Lograron obstaculizar y ralentizar la producción de los cohetes, pero no detenerla.

Luego se tuvo noticia de un segundo tipo de arma. En septiembre de 1943 se sabía que los alemanes estaban desarrollando también aviones sin piloto (los V1), aunque en lo relativo a los detalles predominaba, de nuevo, la confusión. El Comité de Defensa se reunió el 25 de octubre. Se convocó a los científicos, se aumentó el reconocimiento fotográfico (con Sarah Churchill entre las personas encargadas de analizar las fotografías) y se intensificaron las incursiones de bombardeo contra los posibles centros de producción. La presión era cada vez mayor. Comenzó a constatarse la presencia de puntos de producción en el norte de Francia, incluidas «estaciones de esquí» cuyas rampas apuntaban contra Londres. A finales de 1943 se habían identificado ya ochenta y ocho y se sospechaba de por lo menos cincuenta emplazamientos más. El reconocimiento fotográfico y otras fuentes de espionaje no tardaron en relacionar esos lugares con las bombas volantes sin piloto, que sustituyeron a los cohetes como amenaza más inminente. El nuevo armamento alemán se designó con el nombre en clave de «Ballesta» y se emprendieron operaciones de bombardeo contra las bases de lanzamiento; pero no era fácil localizarlas ni destruirlas.

Todo esto agravó la inquietud que acosaba al primer ministro durante este período crucial. Si el enemigo lograba desplegar los cohetes y las bombas volantes en una cantidad significativa, quizá pudiera provocar una enorme dislocación en Londres o los puertos del sur: desplazaría a mucha población, obstaculizaría más la producción y los transportes (donde ya se encontraban dificultades para cumplir con los requisitos de Overlord) y amenazaría la necesaria concentración de fuerzas terrestres y navales. En el mensaje que dirigió a la nación el 26 de marzo, Churchill advirtió que Gran Bretaña tal vez sería «objeto de nuevas formas de ataque del enemigo». Se trataba de una amenaza adicional, que requería de una supervisión diaria. También supuso desviar a otros blancos algunos aparatos de las fuerzas de bombardeo estratégico.

Este es el contexto en el que Roland MacKenzie fue destinado al 166.º Escuadrón. Llegó a la base de la RAF en Kirmington el 2 de abril de 1944. Entre esta fecha y el 6 de junio emprendió dieciocho misiones a bordo de su Lancaster Mark III. Son un buen ejemplo de cuán diversas y azarosas fueron las misiones que las fuerzas de bombardeo estratégico tuvieron que realizar en las fechas previas a Overlord. Así, en las noches del 9, 10 y 18 de abril bombardeó los centros de distribución de la carga ferroviaria de Villeneuve-Saint-Georges (a las afueras de París), Aulnoye y luego Ruan. Estas incursiones formaron parte del plan de ferrocarriles que Zuckerman había previsto llevar a cabo antes de los desembarcos de Normandía. Luego, los días 20, 22, 24 y 27 de abril asaltó objetivos en Alemania: en Colonia, Düsseldorf, Karlsruhe y Friedrichshafen, respectivamente. Estas misiones formaron por el contrario parte de la campaña estratégica del Mando de Bombarderos contra la industria alemana: algunos blancos se creían ligados a probables centros de producción de las armas V. Los riesgos eran elevados. En el cuaderno de bitácora de Roland, la noche de Colonia, se lee: «El fregadero ha salido despedido, pero no nos ha tocado». Después regresó a Francia, para proporcionar apoyo táctico a la invasión inminente: atacó un arsenal de municiones próximo a Ruan (30 de abril); el campamento militar de los Panzer alemanes en Mailly (noche del 3 de mayo), incursión en la que se perdieron cuarenta y dos Lancaster, entre ellos tres de su escuadrón; el depósito de municiones de Rennes (7 de mayo) y las defensas costeras de Dieppe (10 de mayo). El día 12 lo encontró minando el mar del Norte, mientras que el 19 estuvo atacando los campos de distribución de mercancías ferroviarias de Orleans. Sus tres misiones posteriores se desarrollaron en Alemania, pero el 2 de junio estuvo atacando defensas de Calais, como parte del plan de distracción de Overlord, antes de volar sobre la flota de invasión de camino a Cherburgo, el propio Día D.

Tedder le envió al primer ministro un informe sobre la operación contra el campamento de los Panzer en Mailly, que provocó una respuesta en la que Cherwell, el 25 de mayo, afirmaba que a pesar de las cuantiosas bajas se había obtenido un éxito rotundo. Ni siquiera a estas alturas se mostró Cherwell dispuesto a aceptar definitivamente el plan de los ferrocarriles. Defendía que «tales resultados directos deben ser muy preferibles, sin duda, a las consecuencias individuales y discutibles de atacar los nodos de mercancías, más cuando en el primer caso se infligen pocas o ninguna baja entre los franceses». Churchill estaba plenamente de acuerdo. El 29 de mayo le respondió a Tedder:

> Parecería adecuado, según habíamos instado a hacer, dar más prioridad a las operaciones de esta índole, que contribuyen directamente a desorganizar los ejércitos alemanes y no implican bajas francesas. Pues estáis acumulando un odio espantoso. No estoy de acuerdo en que se hayan elegido los mejores blancos. ¿Habéis superado el límite de [las] diez mil [víctimas civiles]?[14]

Aunque las bajas que la campaña de bombardeos causó entre la población civil de Francia nunca se aproximaron a los niveles que ocasionaban pesadillas a Churchill, sin embargo, ascendieron en efecto a varios miles. En mayo de 1944 el primer ministro no lo sabía, pero lo peor aún estaba por llegar. Es probable que la nota con que Tedder le contestó, recibida el 13 de julio, le sirviera de escaso consuelo: «No creo que la cifra de diez mil que indicasteis se haya superado por mucho. Me temo, no obstante, que esas bajas nos parecerán pocas en comparación con las que está suponiendo la liberación de Caen y otras ciudades y pueblos de Normandía».[15] Estaban viendo solo una parte menor del sombrío panorama general. La cifra total de civiles muertos a consecuencia de los bombardeos Aliados en los países ocupados por Alemania durante la guerra acabó ascendiendo a setenta y cinco mil víctimas.

Churchill quedó agotado por la espera. Había estado combatiendo con denuedo —y a menudo, sin éxito— para que su voz influyera en el plan militar. Le preocupaba la proporción existente entre las tropas del frente y los vehículos y los servicios de soporte; le inquietaban las implicaciones políticas y éticas de medidas como el bombardeo; y temía por las brechas de seguridad y filtraciones de última hora. El país vivía en un estado próximo al confinamiento; la capacidad de la producción y los transportes se hallaba casi al límite; las comunicaciones normales y las relaciones diplomáticas habían sido suspendidas, y se enfrentaban al riesgo de un ataque directo mediante un armamento de cualidades desconocidas. El tiempo tampoco dejaba de representar una variante impredecible, por mucho que Churchill lo siguiera con regularidad. Desde finales de mayo pidió actualizaciones diarias del Almirantazgo. Ahora todo dependía de la próxima jugada, que encabezaría Eisenhower en tanto que comandante supremo. En este contexto no resultará extraño que buscara huir temporalmente de Whitehall.

Antes del Día D, Churchill ya había planeado visitar a las tropas destacadas en la costa sur del país. Sabía que su presencia allí era importante para la moral y que las tropas del frente querrían ver a sus comandantes antes de embarcarse. Todos estaban haciéndolo así: el rey Jorge VI, Eisenhower, Montgomery. El primer ministro decidió que él iría un paso más allá: acompañaría a las tropas Aliadas durante la travesía del Canal y vería la batalla con sus propios ojos. Según escribió: «Pensé que no habría nada de erróneo en que yo observara el bombardeo preliminar de esta batalla histórica desde uno de nuestros escuadrones de cruceros». En la conferencia final de la Saint Paul's School le pidió a Ramsay que crease un plan a tal efecto. El comandante naval preparó un programa de acuerdo con el cual Churchill habría embarcado en el *HMS Belfast* el día anterior a la gran ofensiva, para pasar luego a un destructor que tras haber «completado su bombardeo» efectuaría una «breve gira por las playas» el propio Día D, antes de volver hacia Inglaterra para reponer la munición.

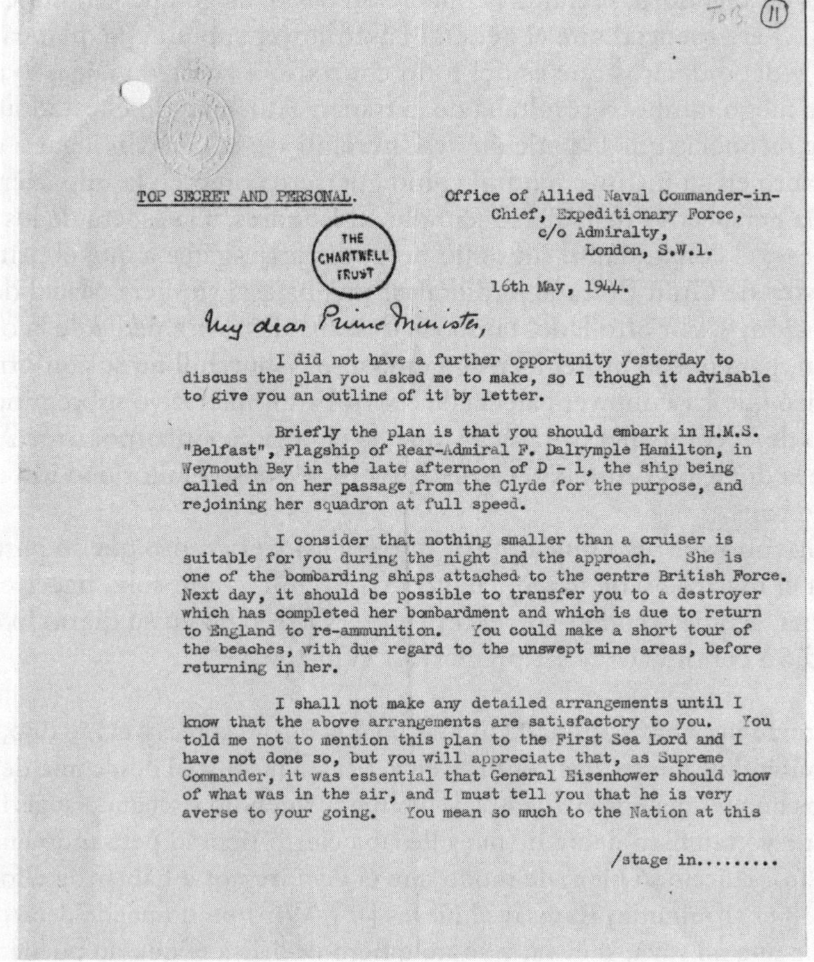

TOP SECRET AND PERSONAL.

Office of Allied Naval Commander-in-Chief, Expeditionary Force,
c/o Admiralty,
London, S.W.1.

16th May, 1944.

My dear Prime Minister,

I did not have a further opportunity yesterday to discuss the plan you asked me to make, so I though it advisable to give you an outline of it by letter.

Briefly the plan is that you should embark in H.M.S. "Belfast", Flagship of Rear-Admiral F. Dalrymple Hamilton, in Weymouth Bay in the late afternoon of D - 1, the ship being called in on her passage from the Clyde for the purpose, and rejoining her squadron at full speed.

I consider that nothing smaller than a cruiser is suitable for you during the night and the approach. She is one of the bombarding ships attached to the centre British Force. Next day, it should be possible to transfer you to a destroyer which has completed her bombardment and which is due to return to England to re-ammunition. You could make a short tour of the beaches, with due regard to the unswept mine areas, before returning in her.

I shall not make any detailed arrangements until I know that the above arrangements are satisfactory to you. You told me not to mention this plan to the First Sea Lord and I have not done so, but you will appreciate that, as Supreme Commander, it was essential that General Eisenhower should know of what was in the air, and I must tell you that he is very averse to your going. You mean so much to the Nation at this

/stage in.........

Carta del almirante Ramsay a Churchill, 16 de mayo de 1944.

La carta, en la que Ramsay elige el *Belfast* por considerar «que nada inferior a un crucero sería adecuado para usted durante la noche y el camino», pone de manifiesto que los dos eran conscientes de que la petición iba a resultar muy controvertida. En concreto, Churchill había pedido a Ramsay «que no le mencione este plan al Primer Lord del Mar [el almirante Cunningham]», pues sabía que este se habría opuesto. Ramsay cumplió con lo que le pedían, pero, siendo Eisenhower el comandante supremo con responsabilidad última sobre todos los aspectos militares de Overlord, incluida la operación naval, alegó que «entenderéis que [...] era esencial que el general Eisenhower supiera qué planeábamos, y debo deciros que es del todo contrario a vuestro viaje», lo que desde luego tampoco resultaba de extrañar. Aun cuando el estadounidense reconocía que la petición de Churchill «se inspira sin lugar a dudas tanto en su instinto natural como guerrero como en la impaciencia ante la perspectiva de hallarse sentado en Londres, a la espera de los informes», el comandante supremo no podía arriesgarse a que el primer ministro de Gran Bretaña pudiera ser una baja ni siquiera casual de la operación; y, por otro lado, tampoco deseaba distraer a nadie de la operación, para que lo protegiera. Sin embargo, Churchill no se conformó. Replicó que Eisenhower carecía de control administrativo sobre ningún barco de la compañía británica y que, si él decidía «incorporarme *bona fide* a la dotación de un barco, queda fuera de vuestra autoridad impedir que lo haga».

Eisenhower tuvo que admitir que era así y el asunto quedó parado hasta el martes 30 de mayo, cuando Churchill, como solía hacer cada semana, acudió a comer con el rey. Jorge VI recogió en su diario lo que sucedió a continuación. Le preguntó a Winston

> dónde iba a estar el Día D, o más bien la noche antes; y él me dijo, quitándole hierro, que confiaba en ver el ataque inicial desde uno de los buques del bombardeo [...]. No me sorprendió y, cuando sugerí que yo también debía ir (pues llevaba cierto tiempo pensando en ello), reaccionó bien; de modo que él y yo iremos a hablar de ello con el al[mirante] Ramsay el jueves [...]. Winston no puede decirme que no vaya, si él va; y yo no quiero decirle a él que no puede. ¡Así que...!
>
> [...] Se lo he contado a I [la reina Isabel], que se ha mostrado admirable y me ha animado a hacerlo. En cambio A. F. L. [sir Alan Lascelles] ha sido más reticente.[16]

Quizá Churchill pensó que no le quedaba más remedio que acceder a los deseos del rey, más aún cuando eran idénticos a los suyos. Tal vez comprendió que, con la Constitución en la mano, el monarca era el único que podía ordenarle que no fuera. En sus propias memorias afirma que, después de haber debatido al respecto con Ramsay, pensaba plantear la petición ante el Gabinete.

Para sir Alan Lascelles, el secretario privado del rey, la cuestión era inviable. En una nota de su diario describe cuál fue su respuesta:

> Creo que he dejado atónito al rey al preguntarle si creía que ese proyecto sería justo con la reina; y si estaba preparado para afrontar la posibilidad de tener que aconsejar a la princesa Isabel sobre la elección de su primer ministro en caso de que su padre y Winston se hundieran en el fondo del canal de la Mancha. Otro argumento, claro está, es el efecto paralizador que tendría la presencia a bordo sea del Soberano o del primer ministro, o de ambos, sobre el infortunado capitán que intentara combatir contra su barco en mitad de lo que únicamente puede resultar ser un infierno.[17]

Al día siguiente, Lascelles había convencido al rey de la necesidad de renunciar, así como de la conveniencia de frenar al primer ministro. Jorge VI optó por enviar a Churchill una carta manuscrita en la que le insta «con toda seriedad [...] a reconsiderar el plan», ante la posibilidad de que «una bomba al azar, un torpedo o incluso una mina os borre del panorama». Por su propia parte, tras mucho reflexionar, «un cambio de soberano en este momento» afectaría muy directamente al país y el Imperio.

Churchill y el rey se reunieron con Ramsay, Lascelles e Ismay en la sala de mapas del Anexo de Churchill al Tesoro, a las tres y cuarto de la tarde del 1 de junio. El almirante expuso lo que había planeado para el primer ministro, pero, cuando se le informó de que el rey quizá querría ir también, «reaccionó con violencia». Winston afirmó que ese paso necesitaría de la aprobación del Gabinete, pero se negó a aplicarse tal restricción a sí mismo. Lascelles intentó poner sobre la mesa los riesgos asociados a la idea: cambiar de primer ministro en mitad de la mayor operación militar de la guerra sería muy complicado y, a su juicio, antes de abandonar el país iba a necesitar la autorización del rey. Churchill descartó los dos puntos: la cuestión del posible sucesor no era problemática (presumiblemente, Anthony Eden, el secretario de Exteriores) y él se hallaría a bordo de un buque británico. Sin embargo, por mucho que insistiera, había quedado de manifiesto su situación de absoluta minoría: el rey, Lascelles, Ramsay e incluso Ismay eran contrarios a su propuesta. Aun así, no cejó en su empeño. A juicio de Lascelles, «Winston es perfectamente consciente de que no debería hacerlo, pero, cuando esta clase de trastadas se le meten en la cabeza, se comporta como un chiquillo travieso»; el problema, a su entender, es que se corría el riesgo de provocar la propia derrota. Si el primer ministro fallecía en la fase inicial de Overlord «es fácil que la noticia de su muerte tenga un efecto muy directo sobre las tropas, capaz de convertir la victoria en una derrota».

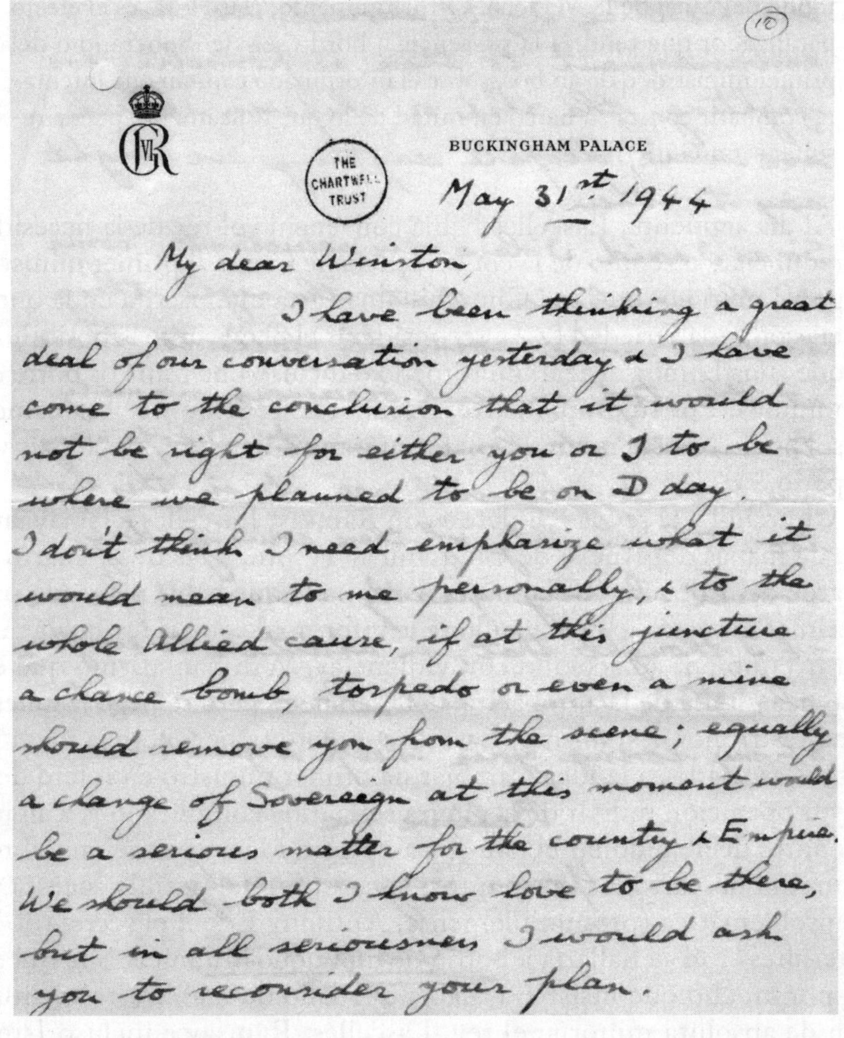

(10)

BUCKINGHAM PALACE

May 31st 1944

My dear Winston,

I have been thinking a great deal of our conversation yesterday & I have come to the conclusion that it would not be right for either you or I to be where we planned to be on D day. I don't think I need emphasize what it would mean to me personally, & to the whole Allied cause, if at this juncture a chance bomb, torpedo or even a mine should remove you from the scene; equally a change of Sovereign at this moment would be a serious matter for the country & Empire. We should both I know love to be there, but in all seriousness I would ask you to reconsider your plan.

Carta del rey Jorge VI a Churchill, 31 de mayo de 1944.

Entre los jóvenes que se preparaban para el combate estaba el oficial de Marina Tony Hugill. Había sido reclutado por la inteligencia naval —de forma específica, por Ian Fleming— para integrarse en una unidad especial (Unidad de Asalto 30) que saltaría a Normandía el Día D con la misión de localizar la tecnología militar alemana y apoderarse de ella. Residía en un campamento de 3.500 hombres, cercano a Felixstowe, que Hugill denominaba «la jaula» porque le recordaba al campamento donde había realizado la instrucción como oficial: «el mismo olor de hierba aplastada, la misma carne pétrea, las mismas letrinas».[18] Intentó distraerse de los acontecimientos inmediatos lanzándose a la rutina de la vida en el campamento: se centró en organizar su grupito de infantes de Marina e intentó no pensar dos veces en las sombrías advertencias de que el porcentaje de bajas ascendería hasta el 60 %.

El Día D ya era inminente. El rey partió hacia Windsor. Churchill emprendió el camino de la costa meridional. Si tomaría un barco o no, estaba aún por decidir.

Tipos de poder aéreo

El poder táctico implica utilizar las fuerzas aéreas en apoyo de las unidades situadas en tierra o en el mar. Se puede recurrir a las fuerzas tácticas para que, por medio de sus cazas, protejan la extensión aérea sobre el campo de batalla y bombardeen las posiciones, fortificaciones, vehículos o navíos con los que el enemigo amenaza a las tropas propias. También cumplen funciones especializadas como el reconocimiento fotográfico y el transporte aéreo de tropas y suministros hasta los campos de batalla. Los aviones Aliados que protegieron el asalto del Día D el 6 de junio operaban tácticamente.

El poder operativo implica utilizar las fuerzas aéreas para realizar determinados objetivos operativos, tales como el bombardeo preliminar de una costa o la destrucción de blancos específicos. La famosa incursión de los *dambusters*, con la que el Escuadrón 617 de la RAF atacó las presas alemanas del Möhne y el Edersee en la noche del 16 de mayo de 1943, es un ejemplo de poder aéreo operativo.

El poder estratégico pasa por utilizar el potencial aéreo a gran escala, ignorando el campo de batalla terrestre, para hacer realidad un objetivo estratégico o político concreto. La Operación Pointblank («A Quemarropa») —la ofensiva aérea combinada de los bombarderos Aliados para hundir la producción de los cazas alemanes, que se extendió del verano de 1943 a la primavera de 1944— es un ejemplo de uso estratégico del poder aéreo.

En 1944, la Fuerza Expedicionaria Aliada poseía una fuerza aérea táctica propia, dirigida por Leigh-Mallory, que era capaz asimismo de efectuar operaciones esenciales para el éxito de Overlord. La Fuerza Aérea del Octavo Ejército de Estados Unidos y el Mando de Bombarderos de los británicos actuaban como fuerzas estratégicas independientes, centradas en una campaña de bombardeo a gran escala contra Alemania, en la Europa noroccidental; pero ahora se les pidió que ofrecieran apoyo operativo, e incluso táctico, para Overlord.

June 5th 1944 ?

10, Downing Street,
Whitehall.

Monday Morning

My Darling,

I feel so much for you at this agonising moment – so full of suspense, which prevents me from rejoicing over Rome.
I look forward to seeing you at dinner – Write a nice letter to the poor King –

Tender Love from
Clemmie

I've sent suckers to Margaret Alexander

Just off to her Hospital

Clementine a Winston Churchill, 5 de junio de 1944.

9

Este momento agónico

¿Te das cuenta de que, cuando te despiertes por la mañana, es posible que hayan muerto veinte mil hombres?[1]

Viernes, 2 de junio. D-3: tres días para el Día D. Faltan tan solo cuarenta y ocho horas para que se inicie el intento de liberación de Francia, fechada ahora para el lunes 5 de junio. El Reino Unido vivía prácticamente en un estado de confinamiento. Pero ¿dónde estaba el primer ministro? En el 10 de Downing Street, no; tampoco en su despacho del Parlamento, ni en su Anexo del Tesoro. En un momento en el que recorrer Inglaterra estaba sometido a unas restricciones muy severas, Churchill se había marchado hacia la costa sur en su tren privado. Le resultaba insoportable hallarse lejos del centro de los acontecimientos y aún albergaba alguna esperanza —cada vez, menor— de que se le permitiera acompañar a la fuerza de asalto en su travesía del Canal.

En compañía de un amigo —el mariscal de campo Smuts, primer ministro de Sudáfrica— y del ministro de Trabajo, Ernest Bevin, pasó del tren a un coche y dedicó algunas horas del viernes a ver con sus propios ojos algunos elementos de aquella fuerza de asalto. Luego se presentó en el cuartel general de Eisenhower en la Southwick House, situada al norte de Portsmouth, a unos ocho kilómetros de esta ciudad portuaria. No les resultó fácil localizar la acción. Según Harry Butcher, el asesor naval de Eisenhower, la caravana del primer ministro «tuvo la mala suerte de llegar a los lugares adecuados en el momento equivocado»; de ahí que (según le contó a Butcher el comandante Thompson, asesor naval de Churchill) al primer ministro acabara por notársele la «irritación».

Churchill era un hombre de acción y le gustaba estar en el meollo. No se le pasaba por alto que, probablemente, muchos de los militares a los que vería embarcarse no iban a regresar nunca. Aun así, se sentía obligado a intentar por lo menos compartir en algo sus riesgos. No había dado respuesta todavía a la carta manuscrita del rey, de lo que bien cabe deducir que no le alegraría recibir una segunda comunicación de su soberano justo antes de partir de Londres, el viernes. En ella, Jorge VI le dirigía «un nuevo llamamiento a no zarpar el Día D» puesto que

> veréis muy poco, correréis un riesgo considerable, no se podrá acceder a ti en un momento crucial en el que quizá haya que adoptar decisiones vitales y —por mucho que os esforcéis en no obstaculizar nada— vuestra presencia a bordo por fuerza supondrá una grave responsabilidad adicional para el almirante y el capitán.[2]

El rey estaba tan nervioso ante la posibilidad de que Churchill no renunciara a su idea que a última hora de la noche Lascelles decidió llamar por teléfono a la comitiva del primer ministro. La conversación fue amistosa, al parecer; y Churchill se amoldó finalmente a los deseos del rey, aun a regañadientes, admitiendo que «si ese pobre barco acabara yéndose a pique, todos saldréis con el "Ya os lo habíamos dicho"». La respuesta escrita —dictada en las primeras horas del sábado por la mañana y trasladada hasta Londres por un joven emisario en motocicleta— no fue poco reveladora de su estado mental. Aunque se redactaba con la deferencia esperable y se cedía expresamente «a los deseos, o más bien órdenes, de Su Majestad», Churchill quiso no obstante dejar claro

> que en tanto que primer ministro y ministro de Defensa, debería permitirse que yo acudiera donde considerase necesario acudir en cumplimiento de mi deber, y no admito que el Gabinete posea derecho ninguno a imponer restricciones a mi libertad de movimiento. Confío en mi propio juicio, que en tantos temas de rigor se aplica, a la hora de decidir los límites idóneos del riesgo que una persona con mis deberes tiene el derecho de asumir.[3]

Eran palabras fuertes, indicio de su irritación. Churchill había llegado tan cerca del frente como iba a llegar, por lo menos en aquel momento. Tenía despacho y cama en un vagón de ferrocarril; su hotel era una vía muerta, oculta entre bosques, a las afueras del pacífico pueblo de Droxford, en Hampshire. En nuestros días las vías han desaparecido y se han convertido en un sendero: fueron víctima de los recortes que el doctor Beeching aplicó a la red de ferrocarriles británica en la década de 1960. La estación es hoy una casa particular; el papel que interpretó aquel lugar en 1944 se recuerda tan solo por una pequeña placa redonda sita junto a un buzón. A primera vista no parece el sitio más coherente para que un primer ministro instalara entonces su cuartel general, pero en realidad había sido escogido con minuciosidad precisamente porque su emplazamiento combinaba el aislamiento (y por lo tanto la seguridad) con una gran cercanía a los principales centros de embarque para el Día D. Aunque Churchill lo concebía como un «cuartel general avanzado», su deseo de hallarse muy cerca de la acción provocó enormes dificultades prácticas para su personal y a él mismo tampoco le facilitó las cosas.

El sábado por la mañana el general Ismay fue despertado a instancias de un primer ministro que deseaba hablar con todo el mundo —«con el presidente, en la Casa Blanca; con Eden, en Exteriores; y con los jefes del Estado Mayor, en Whitehall»— desde un tren de una vía muerta que se conectaba con el mundo exterior mediante una vía única de la red local. Se lamentó ante Joan Bright, que seguía en Londres, con estas palabras:

> Esto es un infierno. Es imposible gozar de un momento para uno mismo, y UN ÚNICO teléfono, y sin personal suficiente, está en una sala de tres pies por cuatro, ocupada por tres personas [...]. No hay aseo, salvo una ducha muy pobre y de pésimo olor; tampoco hay intimidad [...]. Aquí estamos irremediablemente desconectados; hay que tomar decisiones que solo pueden tomarse razonablemente si nos sentamos en torno a una mesa y reunimos todos los argumentos y hechos relevantes. ¡Estas últimas veinticuatro horas han resultado odiosas de verdad![4]

Cuando Duff Cooper visitó al general De Gaulle el día siguiente, describió el alojamiento temporal del primer ministro como «una idea descabellada», y apuntó en su diario que un miembro del equipo de Churchill le había dicho «que en el futuro pensaba vivir reformadamente porque ahora ya sabía lo que era el infierno». La extrema gravedad del momento, sumada al caos del nuevo emplazamiento, puso a todo el mundo de los nervios. Churchill estaba especialmente ansioso y no dejaba de quejarse por los retrasos; pero, cuando Ismay sugirió «desesperado que sería mejor volver a la civilización», le «arrancaron la cabeza. ¿Acaso no estamos puerta con puerta con Eisenhower, en el meollo mismo de la acción?».

Durante el día, Churchill se trasladó de Droxford a la ciudad portuaria de Southampton. Aquí, con Smuts y Bevin todavía a remolque, fue testigo de la ingente armada reunida en el estrecho del Solent: buques de todos los tamaños y funciones que colmaban, hasta donde la vista alcanzaba, el reducido cuerpo de agua que separaba el continente de la isla de Wight. Pudo ver el embarque de las tropas de Tyneside, parte de la 50.ª División de Northumbria, que no tardaría en desembarcar en la playa de Gold. Se presentó allí con la voluntad de reforzar el ánimo de las tropas, pero sin duda los vítores de los soldados debieron ayudarle a aliviar sus propias angustias. Su guardaespaldas, el inspector Thompson, recordaba el caso de un soldado que le preguntó a Churchill si ya tenía su billete; cuando el primer ministro quiso saber de qué billete le hablaba, el joven mostró un trozo de papel que, según él, valía por un pasaje gratis a Francia. «¡Ojalá lo tuviera! ¡Ojalá fuera unos años más joven!», le contestó Churchill. El soldado no era consciente de hasta qué punto el primer ministro había batallado por conseguir precisamente ese pasaje. Luego, la comitiva gubernamental tomó una lancha hasta Portsmouth, para contemplar la gran acumulación de naves de desembarco, y después acudieron a visitar de nuevo al comandante supremo, en la Southwick House. Cuando Winston regresó a Droxford se le veía nervioso, pero amable.

Tony Hugill también estaba viviendo el proceso de embarque, que resultó progresar con lentitud. Se había iniciado el viernes. Las tropas habían avanzado hasta las naves del desembarco, entre los saludos de la población local. Hugill había procurado calmar la ansiedad con «un último vistazo al paisaje conocido: una casa de principios del siglo XIX, con sus rosas; un magnolio en el camino; una madre con las manos posadas sobre los hombros de sus hijos».[5] A continuación, sesenta y seis hombres, más los vehículos adicionales, se habían apiñado en el interior de la nave, que fue arrastrada por dos excavadoras. Las tropas se echaron a dormir donde buenamente pudieron, con una lata de sopa autocalentable para ayudarles a conciliar el sueño. Pasaron el sábado en la bahía, a la espera de zarpar a primera hora del domingo. Pero durante el día las condiciones meteorológicas fueron empeorando progresivamente.

Cuando Churchill y su equipo se sentaron a cenar a bordo del tren, en la noche del sábado, era ya a una hora tardía. El cielo se había cubierto de nubes de tormenta. Las últimas noticias recibidas desde el cuartel de Eisenhower no eran buenas. La previsión del tiempo para la noche siguiente era de viento fuerte, mar encrespada y nubes bajas. A media cena, Ismay recibió la llamada que confirmaba que posponer la salida parecía en ese momento lo más probable, aunque la decisión final la tomaría Eisenhower durante las primeras horas del domingo por la mañana. Algunos buques ya estaban en el mar; muchos soldados ya se habían embarcado y esperaban para zarpar. Aunque uno podría haber supuesto que los presentes sufrieron un bajón anímico, Churchill y sus compañeros no parecieron acusarlo. Eden se había sumado a Bevin y Smuts. Cenaron con brandy y con champán de 1926, mientras Smuts rememoraba los dos momentos más difíciles de su vida: instar a los bóeres a rendirse ante los británicos, en 1900, y en 1939 convencer a los sudafricanos de combatir en el bando de Gran Bretaña. Había elegido estos temas, por supuesto, para distraer a Churchill. Sin duda hablar de la guerra finisecular habría llevado a Winston a recordar sus propias aventuras, en 1899, cuando huyó del cautiverio entre los bóeres. En aquel entonces también había un tren: un transporte de tropas, blindado. Churchill, que había acudido a Sudáfrica como corresponsal de guerra cuando contaba tan solo veinticuatro años, había sido apresado en una emboscada. No permaneció mucho tiempo preso, pues logró saltar el muro de la prisión y refugiarse en lugar seguro después de varias aventuras en las que, por casualidad, participaron otros dos trenes. Sin lugar a dudas la conversación abrió la puerta a escapar brevemente hacia el pasado, lejos de las tensiones del presente. Sintiéndose revigorizado por el alcohol y la conversación, el primer ministro comentó incluso que veía bien ceder su puesto o bien a Bevin, o bien a Eden; aunque todavía no, presumiblemente. El grupo se separó pasada la medianoche y, cuando le preguntaron a Churchill si quería que le despertaran al saberse la decisión de Eisenhower, contestó: «Pues claro que no... ¿Qué puedo hacer yo al respecto?».

Churchill necesitaba la acción como refresco, además del consuelo de compartir una parte del riesgo con aquellos a los que enviaba de cara al peligro. Era el mismo espíritu, la misma faceta impulsiva de su carácter, que le había llevado a intentar huir del cautiverio de los bóeres en 1899; a supervisar en persona el asedio a los anarquistas de una casa de la calle londinense de Sidney, cuando era secretario de Interior, en 1911; a asumir el mando de las defensas de Amberes mientras era aún Primer Lord del Almirantazgo, en 1914; o a dimitir del gobierno y mandar un batallón en el Frente Occidental, en 1916. Odiaba esperar a que los hechos sucedieran. Lo cierto es que en aquel momento ya no podía hacer nada más por influir en los estadios finales de la operación del Día D. La decisión de zarpar la tomaría su comandante supremo. La excursión de Churchill a Droxford pretendía mantener la propia visibilidad, reforzar su presencia frente a los mandos militares y alejar de sí la frustración personal.

En las primeras horas del domingo por la mañana se confirmó una posposición provisional de veinticuatro horas. Como tal vez era de prever, Churchill hizo llamar a Ismay y lo reprendió por no haberle despertado: «Parece que no se le ha pasado por la cabeza hacérmelo saber de inmediato. ¿Quizá se cree que es ahora usted el que dirige esta guerra?». Los nervios volvían a aflorar. Los barcos que ya habían zarpado tuvieron que regresar; las tropas que ya se habían embarcado (como Tony Hugill y sus camaradas) se enfrentaban a un día largo y desagradable de zarandeo entre el oleaje, a la espera de más noticias. Lo peor era la incertidumbre sostenida. No había grandes esperanzas de que el tiempo cambiara a mejor con rapidez. Probablemente, se perdería la ventana de oportunidad que abrían la luna nueva y la marea baja. Esto tendría consecuencias importantes para Churchill. ¿Habría forma de preservar las medidas de seguridad efectivas y los planes de distracción? ¿Qué sucedería si la operación se emprendía más tarde y en circunstancias poco adecuadas? ¿Incrementaría eso el riesgo de fracasar? Para empeorar aún más las cosas, llegó la noticia de que una mecanógrafa que trabajaba para Associated Press, mientras realizaba unas prácticas, había situado por error en la comunicación en vivo un breve sobre la invasión de Francia por los Aliados. La noticia se canceló enseguida, pero no antes de que hubiera dado la vuelta al mundo. En aquella mañana de incertidumbres, no obstante, aquel no fue el momento más duro. Si Churchill ya destacaba por su «irritación» y frustración, su estado de ánimo se vio sometido a otra prueba con la llegada del general Charles de Gaulle.

El francés había «corrido» a tomar un avión desde su cuartel general de Argel —por entonces, parte de las posesiones de Francia en el norte de África— por petición personal de Churchill. Viajó a bordo del lujoso Avro York del propio primer ministro. Como líder de las fuerzas de la Francia Libre, sin duda debía informársele sobre la liberación del territorio galo; más aún cuando el Ministerio de Guerra Económica y la SOE consideraban que un mensaje personal del general el Día D surtiría un «inmenso efecto psicológico» en los movimientos de la resistencia en Francia, pues, según le dijeron al primer ministro: «es innegable que su influencia personal entre los integrantes de los grupos de combate franceses es de la mayor importancia». Sin embargo, las dificultades eran colosales, por lo que la conversación se pospuso hasta el último segundo. Por un lado, británicos y estadounidenses temían que los canales de comunicación de la Francia Libre no eran seguros y que en su cuartel general de Argel las filtraciones pasaban como por un colador. Pero, de hecho, las tensiones más profundas eran políticas. El presidente Roosevelt seguía negándose con rotundidad a reconocer formalmente como gobierno provisional de Francia al Comité de Liberación Nacional de De Gaulle y seguía defendiendo que, tras la restauración, era imprescindible realizar elecciones libres. En consecuencia, De Gaulle era muy reticente a ayudar a los Aliados anglo-estadounidenses con la gobernación civil de Normandía, una vez la liberasen.

Churchill estaba atrapado entre el socio francés y el estadounidense. Roosevelt insistía en que sus representantes en Gran Bretaña no estaban autorizados a negociar con De Gaulle ningún acuerdo sobre el futuro político de Francia. Y, por otra parte, el presidente tampoco estaba dispuesto a invitar al general francés a visitarlo en Washington, por la razón de que De Gaulle era tan solo el presidente de un comité, no un jefe de Estado. Únicamente hizo una concesión: estaba dispuesto a contestar «con una afirmación inmediata y cordial» a una petición de aquel de visitar Estados Unidos. Esto resultaba, no obstante, improbable, pues habría supuesto de facto que De Gaulle reconociera que no era el líder de Francia; y esto, para él, era una afrenta, más aún cuando su Comité de Liberación Nacional, antes de que él se marchara del país, había decidido expresamente adoptar el título de «gobierno provisional de Francia». La visita de De Gaulle a Gran Bretaña estuvo pendiendo de un hilo hasta el último minuto, con una larga serie de telegramas cruzados entre Churchill y Duff Cooper, el representante británico ante el Comité de la

Francia Libre en Argel. Sabedor de la situación de confinamiento en Gran Bretaña, De Gaulle insistía en disponer de plena libertad para enviar mensajes cifrados a su cuartel general africano, así como para abandonar las islas cuando quisiera. También hizo hincapié en que deseaba hablar con británicos y estadounidenses sobre el gobierno de Francia.

Valentine Lawford, el secretario privado de Eden, se levantó temprano para recoger a De Gaulle y su comitiva en el aeropuerto de Northolt. Su caravana de coches se dirigió a los jardines de Carlton —sede de la Francia Libre en Londres— antes de partir en busca del vagón de Churchill en los campos de Hampshire. Lawford contó que el paisaje de Inglaterra le pareció «verde, de una belleza maravillosa», pero, al igual que Hugill, cuando pasaron al lado de los camiones que transportaban a los soldados hacia la costa, se puso sentimental: «Tenían rasgos jóvenes y plebeyos, pero en su rostro destacaba la tensión y la firmeza, resultado de saber qué les aguardaba en los días inmediatamente posteriores».[6]

Inevitablemente, en el tren se celebró una comida muy extraña. Acudieron Duff Cooper, Smuts, Bevin, Anthony Eden y Pierre Viénot (embajador de la Francia Libre ante el Reino Unido), además de los generales franceses Béthouard, Billotte y Koenig. Aunque la predicción meteorológica para la noche siguiente era negativa, encontraron un día cálido y veraniego. El vagón debió de estar abarrotado, con tanta asistencia.

Los dos líderes se saludaron y abordaron los asuntos pendientes. De Gaulle, alto y taciturno; Churchill, bajo y voluble. Los dos hombres estaban tensos. Churchill sabía que la operación se había demorado un mínimo de veinticuatro horas, quizá más, y temía que cualquier información proporcionada a los franceses pudiera filtrarse desde Argel; De Gaulle estaba resuelto a que nadie ninguneara a la Francia Libre. El primer ministro británico renunció a la interpretación de Lawford y se expresó con su mejor francés; no dominaba la lengua, pero quiso mostrarse conciliador. Aunque bebió a la salud de Francia, Lawford recogió que «la comida fue larga y poco amistosa [...]. De Gaulle no es hombre de cháchara [...] y se negó a responder a las bromas de W[inston] [...]. Estos dos nunca se llevarán bien».[7]

El acta oficial del Gabinete sobre las conversaciones es reveladora. Los diarios contemporáneos de Lawford y Duff Cooper dan a entender que funden en un solo texto las negociaciones que se desarrollaron antes y después de la comida. En todo caso, hacen constar las preocupaciones de Churchill. Hizo hincapié en la escala de la operación militar —buques, tropas de asalto y divisiones que se enviarían a posteriori— y habló por extenso de las razones de la posposición, que a su juicio podía alargarse hasta unos diez o doce días, en cuyo caso, por desgracia, los Aliados podrían perder «las ventajas de la luna, la marea, el tiempo y el viento». «Como había reconocido al general De Gaulle como jefe de un "gran imperio", le parecía imposible negarle el derecho a la libertad de comunicación», pero no por ello dejó de insistir en que el general le garantizara que «no comunicará ningún detalle militar de la operación a ninguno de sus colegas, salvo a los presentes en esta reunión». De Gaulle, a su vez, expresó su gratitud por la invitación del primer ministro y recalcó que «para el futuro de ambos países, era importante que estuviéramos juntos al iniciarse la operación».

Hasta aquí el entendimiento fue correcto, pero en adelante la situación empeoró. Cuando Churchill instó a De Gaulle a acudir a Washington para procurarse el reconocimiento de Roosevelt, el general contestó que el gobierno francés ya existía, por lo que «a este respecto, nada tengo que pedir ni de los Estados Unidos de América ni de la Gran Bretaña». Según la versión posterior de De Gaulle, cuando más tarde él se negó a reconocer la «supuesta divisa francesa» que se estaba proporcionando a los soldados británicos y estadounidenses, Churchill estalló en cólera:

> Vamos a liberar Europa, pero la vamos a liberar porque los estadounidenses y nosotros estamos de acuerdo en hacerlo así. Esto es algo que deberíais saber: cada vez que tengamos que elegir entre Europa y el mar abierto, elegiremos siempre el mar abierto. Cada vez que yo tenga que elegir entre usted y Roosevelt, elegiré siempre a Roosevelt.[8]

Según la versión oficial británica, las palabras no fueron exactamente las mismas, pero el sentido, sí. Mientras que De Gaulle se mostró «muy satisfecho con la batalla, que a su modo de ver demostraba que Estados Unidos, Gran Bretaña y Francia estaban unidos [...], sobre la cuestión práctica de la administración de los territorios, en cambio, no estuvo tan de acuerdo».[9] A lo cual Churchill habría respondido afirmando que

> Estados Unidos y Gran Bretaña eran dos grandes naciones que estaban dispuestas a arriesgar la vida de decenas de miles de sus hombres en una operación concebida para liberar a Francia [...]. Por lo que debía decirle con franqueza [a De Gaulle] que si, después de haberse agotado todos los esfuerzos, el presidente [de Estados Unidos] era de un parecer y el Comité de Liberación Nacional francés, de otra, entonces él, el señor Churchill, con casi toda certeza estaría del lado del presidente, pues de ningún modo iban a surgir querellas entre Gran Bretaña y Estados Unidos por motivo de Francia.

Además, Churchill estaba seguro de contar, en este sentido, con el apoyo de la Cámara de los Comunes. Aquí es posible que se equivocara. No cabe duda de que no todos los colegas de Churchill compartían aquella línea binaria, netamente proestadounidense y antifrancesa. Según escribió más tarde Anthony Eden: «Estas palabras no me gustaron, igual que tampoco al señor Bevin, que lo comentó con claridad en un aparte. Aquel encuentro fue un fracaso». Después de comer, los dos líderes acudieron a visitar a Eisenhower, en lo que sin duda fue un encuentro extraño; pero el daño estaba hecho y la cena la hicieron por separado. De Gaulle rechazó volver a Londres aquella noche con el tren del primer ministro, y este se quedó pensando con hostilidad y rencor hacia quien había sido su aliado. Las condiciones de calor dieron paso a un temporal estruendoso.

Que Churchill se marchara a la costa supuso un alivio evidente para Ismay y el equipo de su atormentada oficina personal. También supuso reducir la tensión sobre Eisenhower y su Estado Mayor, que habían sido objeto de las visitas repetidas de Churchill durante aquel largo fin de semana. El sitio que correspondía al primer ministro era Londres: con el Gabinete de Guerra y el Parlamento. Al hundirse su plan de acompañar a las tropas y demorarse el inicio de la operación, no tuvo más remedio que volver a la capital. Una vez allí estuvo trabajando sin descanso hasta casi las cuatro de la noche del 5 de junio.

Cuando Churchill se despertó, uno de los documentos que le esperaba era esta breve y sencilla nota manuscrita de su esposa Clementine. Como tantas parejas, usaban sus propios diminutivos cariñosos. Ella solía firmar las cartas personales con el dibujo de un gato; él respondía a menudo con el garabato de un carlino o un cerdo. La carta decía:

5 de junio de 1944

10 Downing Street
Whitehall
Lunes por la mañana

Querido:

Pienso mucho en ti, en este momento agónico, tan lleno de incertidumbre que me impide alegrarme por lo de Roma.

Tengo ansia de verte, a la hora de la cena. Escríbele una carta amable al pobre rey.

Mando un adjunto para Margaret Alexander.

Con mi amor y ternura,

Clemmie
[Dibujo de un gato]
Me marcho al hospital.

Clementine se dirigía a una reunión de rutina del comité de la Maternidad de Fulmer Chase, un hospital dedicado a las esposas de los oficiales de las fuerzas armadas que figuraba entre las diversas instituciones de beneficencia a las que daba su apoyo. Tanto ella como su marido eran conscientes de que iban a producirse acontecimientos de la mayor importancia y, después de casi treinta y seis años de matrimonio, Clementine comprendía mejor que nadie la situación por la que su esposo pasaba. También sabía, por la experiencia en común, que era mucho más probable que él prestara atención a sus palabras si se las ponía por escrito.

El primer ministro estaba lidiando con su habitual carpeta de trabajo, reunida por los secretarios privados en las típicas cajas de despachos oficiales. Las distintas respuestas a las múltiples actas, telegramas, informes y documentos recibidos las iba dictando a su secretaria personal, sentado pacientemente en un extremo de la cama. Debemos imaginarnos a Churchill cómodamente recostado sobre los cojines; vestido con su brillante bata favorita, de rojo, verde y oro; dando alguna que otra calada de su habano; con el flujo del dictado interrumpido aquí y allá por momentos de profunda concentración y también la abrupta expresión de sus órdenes. Una descripción contemporánea de aproximadamente este período, escrita por su secretaria personal Elizabeth Layton, le muestra tendiendo la mano hacia el pequeño teléfono blanco de la mesita y, tras establecer contacto con el secretario privado de servicio (el funcionario John Peck), pedirle bruscamente: «Tráigame la Luna». Se refería a la tabla de las fases lunares, esencial para predecir las mareas que dictarían el momento de los desembarcos del Día D en las playas de Normandía. Luego le envió un telegrama a Stalin para comunicarle que «está siendo muy complicado contar con un tiempo favorable».

Esta era una guerra global y, como de costumbre, trataba con una gran diversidad de asuntos: entre ellos, el futuro gobierno político de Grecia, la retirada de Tito y sus partisanos yugoslavos a la isla de Vis, y mejoras en las técnicas de la fotografía aérea. La noche anterior, antes de retirarse a una hora ya tardía, había recibido la noticia de que las fuerzas Aliadas habían liberado Roma a las órdenes del general Alexander (que no tardaría en ser ascendido a mariscal de campo). En cualquier otra circunstancia, esto habría sido un motivo de regocijo y festejos. Pero, aquella mañana, Churchill tenía la mente en otro lugar.

Sabía que Eisenhower había tomado la gran decisión. En una reunión mantenida en la Southwick House en la tarde del domingo 4 de junio, el doctor James Stagg, coronel del Aire y meteorólogo, predijo que la inclemencia podía mejorar de forma temporal durante la mañana del martes 6 de junio, abriendo una breve ventana de oportunidad. El general Eisenhower no desaprovechó la ocasión y autorizó emprender la Operación Overlord. ¿Era la decisión correcta? Esta era la duda que, inevitablemente, dominaba los pensamientos de Churchill cuando se despertó la mañana del lunes.

La resolución de Eisenhower había activado unos acontecimientos a los que ya no se podía dar marcha atrás: las fuerzas británicas, estadounidenses y canadienses, y sus aliados, emprenderían el intento de liberar Francia al día siguiente, el martes 6 de junio. Aunque Churchill procuraba concentrarse en sus papeles, era consciente de que las tropas aerotransportadas se disponían a embarcar en los planeadores con la misión de conquistar los puentes clave; y que la ingente armada se disponía a zarpar desde la costa sur de su país. El reloj corría; la cuenta atrás había empezado. Se vivía el «momento agónico, tan lleno de incertidumbre» del que hablaba la carta de Clementine.

La nave con la que Tony Hugill se desplazaba a la costa de Francia también estaba en camino, finalmente. El trayecto no fue agradable: «Esta vieja barcaza da tumbos sin parar». Muchos vomitaron.

A la hora de comer, Churchill se sentía optimista. Le acompañaron a la mesa los jefes de los Estados Mayores de las fuerzas británicas: Cunningham, Brooke y Portal. Los tres sentían sobre sus hombros el peso de la operación inminente, pero no podían negarse a las convocatorias de Churchill. Para Cunningham fue «un buen almuerzo» en el 10 de Downing Street, «con mucho vino, como de costumbre. El primer ministro, muy excitado con Overlord, más bien histérico. Hablaba sin tregua. La verdad es que su optimismo es incorregible». El mariscal de campo sir Alan Brooke, Jefe del Estado Mayor General Imperial (es decir, sumo responsable del ejército de Tierra), llegó a una conclusión similar. En su diario recoge que Churchill le pareció «optimista hasta el exceso en cuanto a la invasión a través del Canal».

Quizá Churchill trataba tan solo de poner buena cara ante sus tres grandes mandos. Quienes lo conocieron destacaron a menudo que daba lo mejor de sí en las situaciones de crisis. O tal vez se dejó llevar por la emoción del momento y las posibilidades que se abrían. Nada le apasionaba más que debatir sobre las operaciones militares en torno de una buena mesa, y podemos imaginárnoslo moviendo las fuentes y los cubiertos para representar a las unidades militares. Se había tomado una decisión. El período de espera había concluido. Aunque los peligros fueran todavía muchos, ello terminaba al menos con las dificultades y los riesgos asociados a la demora.

Cuando Hugill miró en torno, vio un mar repleto de convoyes hasta donde la vista alcanzaba, en el que las naves de desembarco mayores le recordaban a trirremes romanos. «Por Whitehall debe haber ahora un buen montón de gente que cruza los dedos», reflexionó.[10]

El Gabinete de Guerra se reunió a las 18.30. Leo Amery, secretario de Estado para la India, conocía a Churchill desde la adolescencia, cuando ambos estudiaban en Harrow. Le pareció que «Winston estaba muy emocionado, visiblemente emocionado, y también a punto de estallar, como era previsible. Vivimos el momento más angustioso de toda la guerra». El primer ministro empezó por informar a sus colegas sobre la posposición. Luego se ocuparon de la agenda formal, que comenzaba por la liberación de Roma: se acordó que Churchill debía enviar un mensaje de felicitación al general Alexander y hacer una declaración en la Cámara de los Comunes. A continuación, se informó acerca de las operaciones navales, terrestres y aéreas de los seis días precedentes. En el ámbito local (en referencia a la Europa noroccidental), el Mando de

Bombarderos había emprendido 2.550 vuelos; los bombarderos de Estados Unidos, 4.900, y la Fuerza Expedicionaria Aliada y la Fuerza Aérea Táctica, trece mil. En total habían lanzado más de veinte y dos mil toneladas de bombas, en su mayoría sobre territorios ocupados (en concreto, Francia y Bélgica). Churchill seguía muy preocupado por los efectos que ello podía tener en el estado de ánimo y el apoyo de los civiles franceses.

También le inquietaban las posibles represalias de Alemania contra las islas británicas y, por lo tanto, sin duda se alegró al saber que se había atacado de nuevo blancos asociados con las armas V o con Ballesta. Asimismo, le complacería saber que, en junio, el enemigo no había provocado ninguna baja entre la flota; por lo menos hasta ese momento.

Pero el debate central, aquella tarde, le hizo saltar la tensión. Ahora, De Gaulle se negaba a emitir ningún mensaje el Día D, detrás de Eisenhower, salvo que se concediera a la Francia Libre la gestión de la reinstauración del gobierno civil en Francia. Alegaba que «una administración civil de Francia solo pueden proporcionarla efectivamente los franceses» y rechazó enviar oficiales de enlace para que colaboraran con las fuerzas anglo-estadounidenses. Aunque el lenguaje de las actas oficiales siempre es diplomático, no basta para ocultar el enfado de la respuesta de Churchill:

> El primer ministro afirmó que, si el general De Gaulle se negaba a proporcionar oficiales de enlace que avanzaran con la Operación Overlord, nos resultaría imposible seguir negociando nada con el general De Gaulle, ni en los asuntos civiles ni en los militares; y quizá resultaría necesario indicarle que había un avión a la espera de trasladarlo de inmediato de regreso a Argel.[11]

Según sir Alexander Cadogan, subsecretario de Estado de Exteriores (y por lo tanto el diplomático de más alta jerarquía del país), que también redactaba diarios desde antiguo: «Tuvimos que soportar la habitual y apasionada arenga antigaullista del primer ministro. En esta cuestión nos alejamos de la política, la diplomacia e incluso el sentido común». Desde luego a Churchill le gustaba clamar contra un antagonista. En distintas fases de la guerra fue una función que desempeñaron tanto el líder nacionalista indio Mohandas Gandhi como el político laborista Aneurin Bevan, destacado por sus críticas al gobierno. En junio de 1944 la intransigencia del general De Gaulle hizo colmar el vaso de la cólera y la frustración acumuladas por Churchill.

En una carta que esbozó para De Gaulle, pero no llegó a enviar, el primer ministro se despachó a sus anchas. Se lamentó de que «durante cuatro años he estado intentando con denuedo, en múltiples ocasiones, establecer una base razonable de camaradería entre nosotros. Vuestra acción en esta coyuntura me convence no obstante de que esa esperanza ha muerto».[12] Le recriminó el «carácter odioso» de sus acciones y concluyó afirmando: «No puedo ver ya utilidad alguna en que permanezcáis por más tiempo aquí. Mañana por la noche, si el tiempo lo permite, tendréis aviones a vuestra disposición». Al final, De Gaulle realizó una emisión radiofónica y algunos oficiales de enlace se sumaron a las fuerzas de asalto; pero la relación personal de Churchill con el líder francés atravesaba un punto muy bajo.

Por fortuna, el resto de la agenda resultó menos controvertido (y, probablemente, también menos relevante, a la luz de la colosal operación que estaba a punto de activarse). Los temas incluyeron impedir la exportación de wolframio (tungsteno) desde Portugal hacia Alemania; determinar la composición de la delegación británica que asistiría a la cumbre del Fondo Monetario Internacional en Bretton Woods (Estados Unidos); crear un campo de refugiados en Tripolitania (Libia), y dar reconocimiento a las repúblicas constituyentes de la Unión Soviética. Eran cuestiones de importancia, desde luego; pero en el pensamiento de quienes se sentaron a la mesa del Gabinete aquel día, sin duda palidecían hasta la insignificancia en comparación con la inminencia de Overlord. La reunión fue muy prolongada pero el día aún no había acabado.

Avanzada la noche, Churchill cenó a solas con su esposa. Luego, ella lo acompañó a la sala de mapas, antes de retirarse. Tenían ante ellos, expuestas con todo detalle, las playas. Es posible que se tratara incluso de una maqueta tridimensional, creada en papel maché por los estadounidenses. Tras levantar la vista de su análisis de las disposiciones finales para el Día D, Winston se volvió hacia Clementine y le dijo: «¿Te das cuenta de que, cuando despiertes por la mañana, es posible que hayan muerto veinte mil hombres?».

Como hemos visto, su inquietud no se limitaba a las bajas militares. Hacía varias semanas que se angustiaba por el efecto de los bombardeos Aliados entre los civiles franceses y belgas. El sur de Inglaterra se había convertido en un campamento armado y varias zonas de la costa se habían pasado a ser espacios herméticos. Las restricciones eran tan intensas que no podrían mantenerse por mucho tiempo. Además, estaban los indicios de que los alemanes se preparaban para atacar el Reino Unido con un nuevo armamento letal.

Se pasa a menudo por alto el hecho de que a Churchill le movía también otra preocupación, de índole plenamente personal. Su único hijo, Randolph, prestaba servicio con la misión militar de Gran Bretaña en el cuartel general de Tito, el líder de los partisanos yugoslavos. Pero los telegramas diarios lo habían puesto al corriente de que los paracaidistas alemanes habían atacado el refugio de Tito en las montañas de Bosnia, tras lo cual el líder de la guerrilla se había dado a la fuga, hostigado sin tregua por los alemanes. Se desconocía dónde estaba exactamente Randolph. No se sabía si se hallaba en lugar seguro o no.

La película *Churchill*, de 2017, retrata al primer ministro en estas horas: un líder solitario acosado por las dudas y perseguido por los fantasmas de la operación de los Dardanelos. Se ha escrito mucho sobre el «perro negro» de Churchill, una imagen de la depresión que, en realidad, como tal, figura solo en una de sus cartas. Es un aspecto de su salud que sin duda seguirá siendo objeto de debate entre los historiadores. El último estudio al respecto, por parte de dos eminentes expertos en medicina, ha llegado a la conclusión de que «Churchill no sufría ningún trastorno psiquiátrico grave», sino que «a su desesperación —siempre en respuesta a los acontecimientos— le seguía prontamente una recuperación». No cabe duda de que le costó superar los períodos de inactividad forzosa, y que este lapso de espera, con anterioridad al Día D, le resultó odioso; probablemente, su estado de ánimo se vio afectado por la mala salud corporal, pero de forma instintiva reaccionó visitando a las tropas, buscando el alivio de la acción y lanzando diatribas contra quien fuera que a su juicio obstaculizaba sus planes. En vísperas del desembarco podemos ver cómo sintió toda una variedad de emociones: desde el optimismo desbordado a la cólera con De Gaulle y la angustia sobre las posibles bajas. Todo ello eran síntomas, por supuesto, de la gran inquietud general: ¿qué precio habría que pagar por un fracaso?

¿Se equivocaba Churchill al estar preocupado? Las consecuencias de un fracaso, sin lugar a dudas, serían colosales. Si los Aliados no lograban apoderarse de las playas, era obvio que la guerra de la Europa occidental se prolongaría por más tiempo, las bajas serían cuantiosas y el golpe anímico, brutal. ¿La opinión pública de Gran Bretaña y Estados Unidos sentiría acaso el deseo de intentarlo de nuevo? ¿Perderían su puesto

Churchill y Roosevelt? ¿Renacería la presión favorable a lograr alguna clase de acuerdo negociado que permitiera a Hitler mantener el control sobre amplias extensiones de la Europa occidental? ¿Abandonaría Estados Unidos el continente para centrarse en la guerra con Japón? Aunque todo esto eran imponderables, el lunes 5 de junio, para Churchill, eran inquietudes muy reales.

Gracias a las cartas y los diarios contemporáneos de quienes rodeaban a Churchill (tanto en su oficina privada como en diversos puestos de la jerarquía militar), hoy está claro que el éxito de la operación no podía darse por sentado. El almirante Ramsay se preocupaba por «el período crítico en torno a la Hora H, en el que, si los vuelos iniciales se frenan, el triunfo correrá peligro».[13]

Por su parte, el general Brooke deseaba «por Dios que todo acabara bien»[14] y, según sus reflexiones posteriores:

> Tenía perfectamente claros todos los puntos débiles del plan de operaciones. El primero de todos: el tiempo, del que dependíamos por entero; una tormenta repentina podía dar al traste con todo. Luego la complejidad de una operación anfibia de aquella clase, en la cual, en breve tiempo, la confusión podía degenerar hasta dar paso al caos. La dificultad de controlar la operación, una vez iniciada; la falta de elasticidad en el manejo de las reservas; el peligro de la filtración de informaciones, con la consiguiente pérdida del secretismo esencial.

El general Eisenhower, comandante supremo, llegó a escribir y sellar una carta en la que aceptaba la responsabilidad en caso de fracaso:

> Nuestros desembarcos en la zona de Cherburgo-El Havre no han conseguido obtener una base satisfactoria y he ordenado la retirada de las tropas. Mi decisión de atacar en este punto y lugar se basaba en la mejor información disponible. Las tropas de Tierra, Aire y Marina han cumplido con su deber con la máxima valentía y devoción. Si alguna culpa o responsabilidad debe atribuirse por el intento, es en exclusiva a mí.[15]

El día y la noche fueron largos para todos los implicados. Sir Hari Singh, el maharajá de Jammu y Cachemira, de cuarenta y ocho años, estaba en Londres como representante del gobierno imperial en la India. En tal calidad se le había invitado a asistir a la reunión vespertina del Gabinete, donde tuvo noticia de la inminencia del Día D de la invasión. Según el secretario privado principal de Churchill, John Martin, «ello le provocó tal efecto inmediato en su pensamiento que fue incapaz de dormir y tuvo que solicitar unos somníferos». Parece improbable que sir Hari durmiera muchas horas. Pues Joan Bright escribió que, por la noche, se oía un retumbar sordo que hacia las seis de la mañana adquirió un carácter atronador. Los aviones se habían lanzado al vuelo. «¡Estaba en marcha!» Valentine Lawford también los oyó. Arrodillado junto a la cama, oraba porque «todo este sacrificio y este anhelo no resulte en vano». Cuesta imaginar que, en esa tesitura, alguien durmiera gran cosa.

COPY

(4)

PRIME MINISTER'S
PERSONAL TELEGRAM
SERIAL No. T.1203/4.

PRIME MINISTER TO MARSHAL STALIN
Personal and Top Secret

Everything has started well. The mines, obstacles and land batteries have been largely overcome. The Air landings were very successful and on a large scale. Infantry landings are proceeding rapidly and many tanks and self-propelled guns are already ashore. Weather outlook moderate to good.

W.S.C.

6.6.44.

Gen Ismay.

Telegrama de Churchill a Stalin, 6 de junio de 1944.

10

Empezaremos la guerra desde aquí

Como ha sido al principio, ojalá continúe hasta el final.[1]

Con la convicción de que las condiciones meteorológicas impedían que los Aliados emprendieran el ataque contra la Europa continental durante los días 5 y 6 de junio, los comandantes alemanes tomaron varias decisiones que derivaron en consecuencias catastróficas para ellos. El mariscal de campo Erwin Rommel, comandante del Grupo de Ejércitos B, que defendía el Muro Atlántico, decidió regresar a su casa de Alemania para celebrar el cumpleaños de su esposa. El general Friedrich Dollman, comandante en jefe del Séptimo Ejército alemán, destacado en el norte de Francia, decidió concentrar a los comandantes de sus divisiones en Rennes para un ejercicio de los puestos de mando ante una eventual invasión. El general de división Edgar Feuchtinger, comandante de la 21.ª División Panzer, cuyos tanques eran los más próximos a la costa normanda, decidió pasar la noche en París con su amante. Los principales jefes militares, en suma, no estaban en sus puestos en un momento crucial. Las decisiones acarrean consecuencias.

Cuando sobrevolaron la costa francesa, en el interior del planeador Horsa pilotado por el sargento primero de aviación Jim Wallwork cesaron los cánticos que se habían escuchado hasta entonces. Los 139 soldados de la Infantería Ligera de Oxfordshire y Buckinghamshire, capitaneados por el mayor John Howard, habían comprendido que aquel era el momento para el cual los habían estado entrenando. El silencio se intensificó mientras su planeador, al igual que los otros cinco que transportaban a los demás camaradas del regimiento, se separaba de su avión remolcador e iniciaba el callado descenso hacia los objetivos: los dos puentes que salvaban el río Orne y el canal de Caen. Capturar esos puentes intactos era un elemento esencial del plan operativo general, pues ayudarían a defender el flanco izquierdo de la invasión Aliada frente a un contraataque alemán. El cielo estaba despejado y la luna brillaba cuando Jim Wallwork divisó la diminuta franja de tierra que separaba los dos puentes y dirigió el planeador —cargado al máximo— hasta el punto de aterrizaje, un espacio tan pequeño que los defensores alemanes no se habían molestado en protegerlos con estacas. Gracias a la extraordinaria pericia de aquel miembro del Regimiento de Pilotos de Planeadores del ejército de Tierra —más adelante, el mariscal en jefe del Aire sir Trafford Leigh-Mallory calificó el aterrizaje como una de «las gestas más admirables de la aviación en la guerra»—, el planeador tomó tierra de emergencia a apenas unos metros del puente que pretendían tomar. Jim Wallwork y su copiloto, Johnny Ainsworth, quedaron inconscientes por el impacto, pero los soldados de los «Ox and Bucks» se lanzaron al asalto del objetivo —al que rebautizaron como puente Pegaso— y, en tan solo diez minutos, se apoderaron de él. El teniente Den Brotheridge, que lideraba el asalto, resultó fatalmente herido en el intento; pero el primer objetivo terrestre de la invasión Aliada supuso, más allá de las bajas, un éxito total. Al poco, liberaron la primera casa francesa: el Café Gondrée. Al entrar, su propietario, Georges Gondrée, se apresuró a celebrar la proeza con los soldados desenterrando una botella de champán de su jardín; la había ocultado años atrás, para que los alemanes no la requisaran. Todavía hoy, su hija Arlette, que contaba entonces solo cinco años, sigue celebrando el 5-6 de junio descorchando champán en honor de los soldados británicos. Pero en 1944 la batalla no había hecho más que empezar.

Desde múltiples aeródromos de todo el sur de Inglaterra, paracaidistas de la 6.ª División Aerotransportada británica y de la 82.ª y 101.ª estadounidenses atravesaron el cielo nocturno hacia sus objetivos en Normandía, mientras los dragaminas Aliados liberaban caminos para que los buques de transporte de las tropas pudieran acercarse hasta las playas de la invasión. Los barcos se balanceaban con violencia y muchos soldados se habían mareado de consideración y lamentaban haber desayunado; pero con las primeras luces del día, todo estaba preparado para la mayor operación anfibia que la historia había visto nunca (y quizá no vuelva a ver). Los aviones los sobrevolaban a toda velocidad, hasta atacar los blancos asignados en la costa o el interior; la Flota Aliada protegió el avance con el enorme poder de su artillería, mientras las naves del desembarco y los tanques anfibios se abrían paso hacia las playas de Sword, Juno, Gold, Omaha y Utah. La obertura alcanzó el *crescendo* mientras los primeros asaltos desde el mar anunciaban los actos inaugurales de la letal aventura. Entre tanto, en Inglaterra, Churchill, Eisenhower y Montgomery contenían la respiración. Stan Hollis bajó a la nave que le habían asignado. La suerte estaba echada. No habría una segunda oportunidad.

Mientras la 6.ª División Aerotransportada británica aseguraba objetivos en el flanco izquierdo de la invasión Aliada, las divisiones aerotransportadas 82.ª y 101ª de Estados Unidos se lanzaban al interior de la playa de Utah para tomar el flanco derecho y empezar a amenazar a los defensores alemanes de la península de Cotentin y el crucial puerto de Cherburgo. El mal tiempo y la intensidad de los antiaéreos hizo que muchos transportes de paracaidistas y remolcadores de planeadores adoptaran acciones evasivas, con el resultado de que muchos aerotransportados estadounidenses quedaron diseminados en una zona demasiado extensa; muchos perdieron la vida de forma trágica en marismas inundadas deliberadamente. Entre la oscuridad y la dispersión, a los soldados les resultó difícil reunirse con sus propias unidades; aun así, varias unidades de la 82.ª División Aerotransportada lograron lanzar un ataque potente contra un pueblo crucial para sus planes: Sainte-Mère-Église. Entre medio de los soldados de carne y hueso se lanzaron también muñecos vestidos de paracaidistas y provistos de armamento falso, a fin de incrementar la confusión entre los comandantes alemanes locales, a quienes les resultó difícil determinar la fortaleza y los objetivos de los diversos lanzamientos. Al salir el sol se iniciaron también los asaltos anfibios.

Con el crucero pesado USS *Augusta* como cabeza de lanza, una flotilla naval con unos veinte buques Aliados desató un bombardeo preliminar contra las posiciones alemanas de las Divisiones de Infantería 709.ª y 243.ª y la 91.ª Luftlande-Division, encargadas de defender la playa de Utah. Se había previsto que la oleada de asalto del 8.º Regimiento de Infantería de la 4.ª División de Infantería estadounidense, apoyada por treinta y dos tanques anfibios especiales modelo DD Sherman, cayera sobre la playa media hora después del amanecer, a las 6.30. Las fuertes corrientes arrastraron las naves del desembarco casi dos kilómetros y medio más allá de lo previsto, y las dificultades de navegación se agravaron al perder tres de los cuatro barcos de control que se les habían asignado como guías. La fortuna favoreció al 8.º Regimiento de Infantería porque la playa en la que tomaron tierra estaba menos defendida que su blanco original. Al darse cuenta de que había dudas y confusiones relativas a la topografía, el general de brigada Theodore Roosevelt, asistente de la comandancia de la división, optó por un comentario que saltó a la fama: «¡Empezaremos la guerra desde aquí!». A las doce del mediodía las tropas avanzadas habían trabado contacto con los paracaidistas de la 101.ª División Aerotransportada y, al acabar el día, la 4.ª División había ganado 6,5 kilómetros de tierra hacia el interior. Las unidades más occidentales estaban a menos de 1,5 kilómetros de conectar con la 82.ª División Aerotransportada en Sainte-Mère-Église. La 4.ª División de Infantería sufrió tan solo 197 bajas, entre muertos y heridos, durante el Día D: los errores de Slapton Sands no habían caído en saco roto. En cambio, las dos divisiones aerotransportadas perdieron a cerca de dos mil quinientos hombres, entre muertos, heridos y desaparecidos, durante las primeras veinticuatro horas de Overlord.

Si por un lado la 4.ª División había logrado desembarcar con un total de bajas muy reducido, en la playa de Omaha el panorama de la 1.ª y 29.ª Divisiones de Infantería de Estados Unidos fue muy distinto. Mientras un batallón de los Rangers escalaba heroicamente los acantilados de Point du Hoc, unos seis kilómetros más al este, hasta silenciar una batería de cañones del enemigo, las primeras oleadas de asalto se acercaron a la playa con una hora de desembarco similar: las 6.30. Desde sus naves de transporte, con los proyectiles pesados del bombardeo naval zumbando estridentemente sobre sus cabezas desde las 5.50, los soldados que aguardaban la orden fueron asimismo testigos de cómo más de trescientos bombarderos Fortress y Liberator de la 8.ª Fuerza Aérea de Estados Unidos lanzaban más de un millar de bombas desde las 6.05. Pero estos bombarderos pesados, acostumbrados ante todo a atacar grandes blancos industriales en Alemania, no eran capaces de precisar la puntería y sus bombas no cayeron sobre las defensas de playa de la 716.ª División de Infantería de Alemania, ni sobre los elementos más avanzados de una unidad más experta como era la 352.ª División de Infantería; sino más al interior. El problema, para los soldados que iban a desembarcar, era que el único efecto de los bombardeos había consistido en despertar a los alemanes. Peor aún: aunque las condiciones del mar eran difíciles, varios comandantes de las naves de transporte de blindados se atuvieron estrictamente a las disposiciones recibidas y se detuvieron a unos tres kilómetros de la costa para dar salida a los treinta y dos DD Sherman anfibios del 741.º Batallón de Tanques. De estos treinta y dos blindados se fueron a pique veintisiete, con la pérdida adicional de sus tripulaciones; de aquel batallón, solo dos llegaron a tierra sanos y salvos. En cambio, los oficiales que dirigían el acceso de los carros del 743.º Batallón de Tanques decidieron trasladar sus treinta y dos blindados hasta la misma playa. Tras quedar atrapados en el posterior caos de los desembarcos de la infantería, nueve integrantes del 743.º Batallón recibieron la Cruz de Servicios Distinguidos por su actuación el Día D.

Desde el reconocimiento original de las playas se tenía la certeza de que combatir en Omaha sería duro, pues los acantilados limitaban, con tan solo cinco brechas, las posibles salidas de la playa. Durante buena parte del Día D el resultado en esta playa pudo decantarse hacia cualquiera de los dos bandos. Pasadas unas tres horas desde los desembarcos iniciales, el general Leonard T. Gerow, al mando del V Cuerpo estadounidense, presentó un informe tan sombrío al comandante de su Primer Ejército —el general Omar Bradley, que aguardaba ansiosamente las noticias desde el buque de mando, el USS *Augusta*— que Bradley sopesó suspender los posteriores desembarcos en aquella playa. A la postre, al caer la noche, gracias a un liderazgo heroico y una determinación abnegada en mitad del caos y la sangre, la playa se tomó y las tropas de vanguardia empezaron a avanzar hacia el interior. Aun así, la arena quedó sometida al fuego de la artillería alemana. Los equipos de demolición se afanaron en destruir los complejos obstáculos de la playa y limpiar de escombros el campo de batalla para permitir el acceso de más refuerzos y suministros. En un principio se calculó que las bajas de Omaha en el Día D ascendieron a unos dos mil trescientos hombres, con 1.465 fallecidos. Estas cifras decuplicaron las de Utah. No es de extrañar que, más adelante, cuando el gobierno estadounidense decidió emplazar un monumento nacional en Normandía, lo hiciera sobre el terreno elevado de la playa de Omaha.

Más al este, el éxito, en comparación, de la 50.ª División británica (Northumbria), que desembarcó en la playa de Gold, alivió parte de la presión que atenazaba a los estadounidenses en Omaha. El brigadier Dietrich Kraiss, al mando de la 352.ª División de Infantería alemana, se consideró obligado a ordenar a una parte de sus batallones de reserva que bloquearan el paso a los británicos en Crépon, unos diez kilómetros tierra adentro, en vez de contraatacar hacia Omaha. Las brigadas de asalto de la 50.ª División —que tomaron tierra una hora más tarde que las estadounidenses, debido a diferencias en las mareas— no empezaron el desembarco hasta las 7.30. La 231.ª Brigada tomó tierra en Le Hamel, con el apoyo de dos escuadrones de DD Sherman del Cuerpo de Caballería de los Rangers de Sherwood; esta unidad también optó por hacer caso omiso de la orden previa de lanzar los tanques al agua a cinco mil yardas de la costa, y no los soltó hasta situarse a un millar. Ahora bien, aunque el acercamiento fuera breve, supuso ya una demora, y el 1.er Batallón de los Royal Hampshire encontró una resistencia dura en la zona de Arromanches-les-Bains. Con el apoyo de los batallones 1.º de Dorset y 2.º de Devonshire, al final del día lograron tomar el control de sus objetivos. También desembarcó en Gold la Infantería de Marina del Mando n.º 47, que se dirigió hacia el oeste, hacia Port-en-Bessin, hasta ser la primera unidad británica que logró establecer contacto con la 1.ª División de Infantería de los estadounidenses en Omaha. Más al este, el 6.º Batallón de los Green Howards —con Stan Hollis— y el 5.º de East Yorkshire se abrieron camino hacia La Rivière con el respaldo de los tanques del 4.º y 7.º Regimiento de la Guardia de Dragones, que también optaron por desembarcar los blindados a muy corta distancia de la costa. El teniente coronel Robin Hastings, del 6.º de los Green Howards, sabía que su batallón desembarcó en el lugar establecido porque una casa con una entrada visiblemente circular, destacada en todas las fotografías de los informes, se hallaba justo delante de donde su barca topó con la playa. A diferencia del intenso fuego de ametralladoras que sembró la destrucción cuando las naves de desembarco bajaron sus plataformas en Omaha, para los del barco de Hasting la experiencia fue muy distinta. Para empezar, la rampa se había atascado y para desbloquearla hizo falta toda la fuerza de dos infantes corpulentos. Al no saber cuán profunda era el agua por delante de ellos, Hasting sacó los pies por el borde, comprobó que llegaba solo hasta las rodillas, y él y su grupo de mando bajaron a la playa. En el interior, los combates fueron más intensos y en el transcurso del día el sargento mayor Stan Hollis ejecutó las dos acciones que le valieron la única Cruz Victoria concedida el Día D. Al caer la noche, el 2.º Batallón de Essex y los tanques de los Rangers de Sherwood se hallaban a las puertas de Bayeux. La 50.ª División sufrió unas mil cien bajas el Día D, de las que trescientas cincuenta fueron fallecidos.

Aún más al este, la 3.ª División canadiense, mientras se preparaba para desembarcar en la playa de Juno, estaba resuelta a dejar tras de sí los fantasmas de la fallida incursión de Dieppe. A las 5.30 de la mañana el crucero *HMS Belfast* y una flotilla internacional de buques de guerra británicos, franceses, noruegos y canadienses empezó a bombardear la zona. En la primera oleada, la 7.ª Brigada canadiense se dirigió hacia Courseulles-sur-Mer, y la 8.ª, hacia Saint-Aubin-sur-Mer. Contaron con el respaldo de los tanques anfibios del 1.er Regimiento de Húsares y un regimiento acorazado canadiense (el de Fort Garry Horse). Aunque la intensidad de la artillería Aliada era abrumadora, los defensores de la 716.ª División de Infantería alemana lograron mantener el fuego hasta que se ordenó bajar las rampas de las naves del desembarco. Mientras las tropas corrían a la playa, el fuego de ametralladoras y artillería fue muy intenso. Los canadienses sufrieron 961 bajas (con 340 muertos). En el perfil de la costa predominaban las construcciones, con casas y edificios comerciales que proporcionaban una gran protección a los alemanes. Para abrir salidas hacia el exterior de las playas, por lo tanto, hubo que recurrir a los tanques. Aunque el proceso de despejar las playas fue lento, seguían llegando oleadas de refuerzos y suministros logísticos; esto generó una confusión notable que ralentizó el avance hacia el interior. Sin embargo, al concluir el día, los canadienses habían ganado unos once kilómetros tierra adentro —más que ningún otro desembarco Aliado—, hasta Le Fresne-Camilly y Villons-les Buissons; pero todavía les faltaba un trecho para hacer realidad sus objetivos de cortar la carretera de Caen a Bayeux y tomar el aeródromo de Carpiquet. No hay consenso al respecto de si era razonable pedir que se ganara tanto terreno el primer día. A la postre, para conquistar Carpiquet se requirió aún todo un mes de combates feroces contra la 12.ª División Panzer (*Hitlerjugend*).

Más al este se produjeron los desembarcos de la 3.ª División británica (la que Bernard Montgomery había capitaneado en Francia y Dunkerque en 1940). Se le había asignado el objetivo más ambicioso del Día D: capturar Caen. A diferencia de la 50.ª División, que tomó tierra en la playa de Gold y había estado combatiendo con Montgomery por el norte de África, así como en Sicilia e Italia, la 3.ª División no había combatido más: se quedó en Inglaterra, formándose para futuras operaciones. Su momento llegó el 6 de junio de 1944.

Al igual que con las otras divisiones de asalto, la 3.ª División de Infantería del general de división Tom Rennie contó con el apoyo de un bombardeo naval muy intenso, encargado a los acorazados británicos *HMS Warspite* y *Ramillies* y otros dieciocho buques de guerra, entre ellos uno de Polonia. No solo dispararon sobre las cabezas de los soldados de aquella oleada de asalto —la 8.ª Brigada de Infantería y el Comando de la Infantería de Marina—, sino también en apoyo de los tanques anfibios del 13.º y 18.º Regimiento de Húsares y la Caballería Voluntaria de Staffordshire. A la hora de lanzar los carros blindados al mar se optó por el sentido común y la mayoría sobrevivió a su trayecto entre olas de metro y medio de altura; algunos incluso llegaron por delante de la infantería de asalto. Con la captura de Caen como objetivo más brillante del Día D, han perdurado las dudas sobre si se planificó adecuadamente cómo aprovechar el éxito de los desembarcos iniciales de la 3.ª División. Dos puestos fortificados con los nombres en clave de Morris y Hillman, defendidos por el 736.º Regimiento de Granaderos de Alemania, tuvieron que ser derrotados por la 8.ª Brigada antes de que la 185.ª pudiera atravesar su posición, en los cerros de Périers, y atacar la propia Caen. La congestión que se formó en la playa retrasó los tanques de la Caballería de Staffordshire, que no lograron adelantarse para apoyar la batalla del 1.º Batallón de Suffolk contra Hillman. Peor aún, el oficial al mando de la artillería naval había perdido la vida; el bombardeo inicial no había afectado en nada a Hillman; y el espionaje no había acertado a identificar esta posición como cuartel general, bien defendido, del regimiento local. A pesar de diversos actos individuales de heroísmo —como el del soldado «Tich» Hunter, galardonado posteriormente con la Medalla a la Conducta Distinguida—, Hillman no cayó hasta bien entrada la tarde. El 1.er Batallón de Norfolk de la 185.ª Brigada, con el afán de acometer Caen, rodeó Hillman antes de hora y sufrió más de ciento cincuenta bajas a consecuencia de las posiciones de la artillería alemana. Al caer la noche, la 3.ª División, aun habiendo asumido más de un millar de bajas durante el día, todavía no había conseguido atacar Caen y, por lo tanto, cumplir con esa parte del plan de Montgomery para Overlord. De hecho, Caen no se liberó hasta el 19 de julio. Se tardaron seis semanas más y se perdió una gran cantidad de vidas tanto de franceses como de Aliados.

Durante la mañana y la tarde del 6 de junio fueron filtrándose informes y noticias sobre los desembarcos de Normandía. Los anuncios públicos debían ser prudentes, puesto que la Operación Robustez estaba todavía en marcha, con la voluntad de convencer a los alemanes de que el desembarco principal no iba a producirse en Normandía, sino en el Paso de Calais. Con todo, los pueblos de Europa y América del Norte necesitaban saber qué estaba ocurriendo.

Churchill pasó la mañana del martes 6 de junio en su sala de mapas, intentando interpretar la información más reciente sobre los desembarcos y preparar así mejor la declaración de mediodía en la Cámara de los Comunes. La incertidumbre todavía lo dominaba todo, pero los informes iniciales tenían buena pinta. Los alemanes no habían acertado a dar la debida importancia al incremento de las señales de tráfico de la Flota Aliada y habían pasado por alto un indicio aún más claro cuando los buques avanzados tuvieron que volver a puerto después de que Eisenhower, en las primeras horas del domingo por la mañana, decidiera posponer el inicio de la operación. Además, los servicios meteorológicos germanos no habían detectado la ventana de mejora del tiempo. Se había logrado pues la sorpresa táctica.

Bletchley Park estaba leyendo las comunicaciones navales alemanas casi en tiempo real, aunque no con tanta rapidez que lograra impedir el hundimiento del destructor noruego *Svenner*, enviado a pique por lanchas rápidas alemanas con base en El Havre. El destructor estadounidense USS *Corry* también se perdió, muy probablemente al ser alcanzado por una batería de costa; pero la flota consiguió atravesar el Canal sin apenas daños. La superioridad aérea parecía absoluta. Empezaban a llegar noticias acerca de las dificultades por las que atravesaban los estadounidenses en Omaha, pero en las demás playas los desembarcos parecían estar yendo bien. La cifra de bajas no estaba clara, pero se hallaba muy por debajo de las veinte mil ante las que Churchill había expresado su temor.

El primer ministro comió con Jorge VI en el palacio de Buckingham. Sir Alan Lascelles tuvo la impresión de que el primer ministro lo miraba con especial dureza y llegó a la conclusión de que aún no lo había perdonado por contribuir a impedir que Churchill se hubiera desplazado a Francia con la flota. Luego, el primer ministro acompañó al rey hasta el cuartel general de Leigh-Mallory en Stanmore y luego al de Eisenhower en Bushy Park, donde los dos mandatarios pudieron seguir la acción sobre grandes cartas y mapas en los que se iban trazando los movimientos. No disponían de comunicaciones por satélite; no había imágenes en tiempo real; pero la información iba llegando. Se formaron una primera idea. Las condiciones meteorológicas habían pillado a los alemanes con la guardia baja, pero también habían creado dificultades para los Aliados. El ciclo nublado había limitado la efectividad del enorme bombardeo naval y aéreo que precedió al asalto y los vientos mareros habían hecho alzarse la marea por encima de lo previsto, lo que complicó el acceso a las playas —en especial, para los tanques anfibios— y ocultó diversos obstáculos que se convirtieron en trampas letales. Sin embargo, no cabía duda de que las tropas Aliadas estaban logrando pasar a tierra. Existían indicios alentadores de que el enemigo estaba confundido. Algunas divisiones acorazadas con una importancia crucial no habían entrado aún en combate.

Lascelles también comentó, con guasa irónica, que, «aunque [el rey y Churchill] han comido juntos y recorrido algunos kilómetros en el mismo coche, ¡al parecer ninguno de ellos ha dicho una palabra sobre su reciente intercambio de cartas!».[2]

Mientras Churchill iba de gira por los cuarteles generales, su secretario privado Jock Colville —a quien, tras incorporarse a su escuadrón de la RAF, se le había autorizado al fin a volar sobre Francia— participaba en dos vuelos de reconocimiento. Por debajo, «el mar bullía de barcos de toda clase, con rumbo a las playas del desembarco», y en el cielo veía «una ingente armada aérea de bombarderos y cazas, densa como una nube de estorninos en la época de cría». Por una vez, probablemente Colville tenía una visión de conjunto mejor que la de su jefe.

En lo que respectaba al menos al frente militar, el primer día pareció acogerse con una clara sensación de alivio. Los Aliados ya estaban en la costa francesa. El peor escenario imaginable no se había hecho realidad y, a juicio de Lascelles, «aquellos a los que se les había confiado este secreto tan bien guardado han rejuvenecido diez años». El 6 de junio, Churchill recibió una nota de Montgomery, enviada antes de que el general se trasladara al continente, en la que este reconocía que «los últimos cinco meses no han sido un período fácil para ninguno de nosotros. Pero siempre he tenido la impresión de que os aseguraríais de que todo salía bien y he sentido que contábamos con vuestro apoyo en todo momento».[3] Por supuesto, ese «apoyo» a veces cohabitaba con la interferencia.

El alivio se percibe también en el telegrama que Churchill se apresuró a enviar al mariscal Stalin. Por fin, después de varios años de retraso y cambios en la estrategia, el primer ministro podía presumir de haber hecho realidad la promesa de abrir el Segundo Frente en la Europa noroccidental. Por fin podía alzar la cabeza e informar de una operación Aliada comparable, por su escala, con las grandes batallas del Frente Oriental:

> EL PRIMER MINISTRO AL MARISCAL STALIN
> *Personal. Máximo secreto.*
> Todo ha empezado bien.
> Se han podido superar en su mayoría las minas, los obstáculos
> y las baterías terrestres. Los desembarcos aéreos han sido un gran éxito
> y a gran escala. Los desembarcos de la Infantería avanzan
> con rapidez y muchos tanques y cañones autopropulsados
> están ya en tierra. Las condiciones meteorológicas se prevén
> entre aceptables y buenas.
> W. S. C.
> 6/6/1944

El primer ministro había prometido también informar al Parlamento británico con anterioridad a que la sesión diaria concluyera y, al regresar al centro de Londres, así lo hizo. Se dirigió a la Cámara de los Comunes a las 18.15, justo antes de que la sesión se pospusiera:

> Había prometido informar a la Cámara avanzada la sesión. He estado en los centros donde se recibe la información más actualizada y puedo afirmar ante la Cámara que la operación avanza de una forma plenamente satisfactoria. Hemos dejado atrás muchos peligros y dificultades que a esta hora y anoche se antojaban formidables en extremo. La travesía marítima se ha realizado con pérdidas muy inferiores a las esperadas. El bombardeo de la Fuerza Aérea ha debilitado mucho la resistencia de las baterías y el excelente bombardeo de nuestros buques no ha tardado en reducir el fuego enemigo a dimensiones asumibles. El desembarco de las tropas en un amplio frente, tanto tropas británicas como estadounidenses —las llamaré Aliadas, sin enumerar aquí todas las distintas nacionalidades y los diversos Estados que representan—, el desembarco en todo el frente, como digo, ha sido efectivo y nuestras tropas han logrado avanzar, en algunos casos, varios kilómetros tierra adentro. Disponemos ya de alojamientos en un frente amplio.

> El rasgo más señalado ha sido el aterrizaje de las tropas aerotransportadas, cuya escala ha sido muy superior a nada que el mundo hubiera visto hasta hoy. El aterrizaje, de enorme precisión, ha supuesto sufrir unas bajas extraordinariamente escasas. Era una labor peliaguda porque las condiciones lumínicas imperantes en el período limitadísimo del amanecer —justo antes del alba—, las condiciones de visibilidad, eran cruciales para el resultado. De hecho, en el último minuto aún habría podido ocurrir algo que habría impedido participar a las tropas aerotransportadas. Debido a la meteorología se ha tenido que asumir un riesgo extremo.
>
> Pero el valor del general Eisenhower se iguala a todas las decisiones necesarias que es imprescindible adoptar en estos asuntos tan singularmente difíciles e incontrolables. Las unidades aerotransportadas ocupan ahora una posición sólida y los desembarcos y los refuerzos están produciéndose con bajas muy inferiores —y quiero decir realmente inferiores— a lo previsto. Se está combatiendo en diversos puntos. Hemos tomado varios puentes importantes sin que se dinamitaran. Se está luchando incluso en la ciudad de Caen, en el interior. Pero todo esto, aunque es un primer paso muy valioso —un primer paso vital, esencial—, no revela cuál será el curso de la batalla en las semanas y los meses por venir, pues es probable que ahora el enemigo se resuelva a concentrarse en esta zona y, en consecuencia, se producirán combates feroces que continuarán sin descanso, puesto que nosotros podemos traer refuerzos y ellos también pueden traer más tropas. Hemos entrado, por lo tanto, en un tiempo de la mayor gravedad. Gracias a Dios, entramos en este tiempo al lado de nuestros magníficos Aliados en un clima de cordialidad y plena amistad.[4]

Que Churchill se sintiera aliviado en lo relativo al frente militar no sirvió para rebajar la cólera que le despertaba De Gaulle; antes bien, por el contrario, pareció intensificarse. El general francés todavía rechazaba cooperar en la administración civil de su país y el enfrentamiento también coleaba en lo relativo a si dirigiría un mensaje al pueblo de Francia. Para los Aliados este gesto era esencial para movilizar la resistencia y favorecer el apoyo de la población a la operación; pero no querían renunciar a controlar el simbolismo ni el contenido del momento. Por lo tanto, solo se autorizaría a De Gaulle a tomar la palabra después de Eisenhower, y no en calidad de jefe del Estado francés.

Para complicar aún más la cuestión, Eisenhower le había mostrado a De Gaulle el texto de su mensaje. En él ordenaba al pueblo francés que se atuviera a las instrucciones militares de los Aliados; no se mencionaba a De Gaulle por su nombre; los oficiales franceses debían permanecer en sus puestos, por el momento; y se repetía la convicción de Roosevelt según la cual, una vez liberada Francia, debían organizarse unas elecciones gubernamentales. En pocas palabras: no se reconocía ni la autoridad de De Gaulle ni la legitimidad del que él anunciaba como «gobierno provisional de Francia». Su reacción no sorprendió a nadie. Según se recoge en sus memorias: «Si yo hablaba justo después de Eisenhower, habría parecido que estaba de acuerdo con lo que decía —y no lo estaba— y habría asumido un lugar en la sucesión que era incompatible con la dignidad de Francia. Si querían que pronunciara un discurso, solo podía ser a una hora distinta».[5]

Churchill, preocupado por minizimar las bajas Aliadas y maximizar el apoyo de los franceses, entendió que De Gaulle estaba traicionando su alianza. En las primeras horas del 6 de junio, cuando se inició Overlord, el primer ministro protestó enojado ante Pierre Vénot, el embajador de la Francia Libre ante el gobierno británico, por la intransigencia de su líder. Al final, De Gaulle se salió con la suya y realizó una emisión radiofónica independiente, a las 18.00 del Día D, en la que afirmó: «Las órdenes dadas por el gobierno francés y los líderes que este ha reconocido deben seguirse con todo rigor». He aquí un énfasis muy distinto. De Gaulle daba deliberadamente la impresión de que la autoridad de Eisenhower procedía de su Gobierno Provisional. Para Churchill esto era como sacudir un trapo rojo delante de un toro. De Gaulle no aportaba grandes fuerzas a la batalla; la liberación estaba liderada por los anglo-estadounidenses; la autoridad del general francés dependía por completo del mecenazgo y apoyo de británicos y estadounidenses. Además, el presidente Roosevelt había sido claro en su negativa a reconocer el Gobierno Provisional.

En su calidad de secretario de Exteriores, Anthony Eden había visto el texto del mensaje de De Gaulle antes de que se emitiera. Sentía mucha más simpatía que su primer ministro por la posición del general y se esforzó por arreglar un acuerdo que permitiera que los estadounidenses participaran como oyentes en las conversaciones de Gran Bretaña y los representantes del comité gaullista sobre los asuntos civiles. La discrepancia provocó dos llamadas airadas de Churchill, que estaba trabajando desde la cama: la primera, justo después del mensaje radiofónico de De Gaulle; la segunda, que duró por lo menos tres cuartos de hora, pasada la medianoche. Era evidente que, como no podía influir en los acontecimientos militares que se desarrollaban en Francia, Churchill se estaba centrando en la pelea política y acusó a Eden de intentar volver al Gabinete en su contra: «Dijo —contaba Eden— que no pensaba ceder en ninguna circunstancia, que De Gaulle debía marcharse. Dijo que yo no tenía ningún derecho a "hostigarlo" en un momento como este. Y muchas más cosas».[6] Cuando Eden no se acobardó, Churchill descargó la cólera sobre Brendan Bracken. Cada vez le resultaba más evidente que su posición de línea dura contra De Gaulle no era mayoritaria entre los colegas del Gabinete. Attlee, Bevin y Eden sentían simpatía por la postura del general y eran partidarios de abordar a De Gaulle mediante la persuasión.

En este momento llegaron dos telegramas de Roosevelt. El primero, con fecha de 4 de junio, pero demorado en su envío hasta el Día D, deseaba a Churchill «toda la suerte en vuestras conversaciones con la Prima Donna [De Gaulle]» y, en referencia al escrito anterior del primer ministro sobre tal asunto, añadió: «Por el amor de Dios no le digáis a De Gaulle, por favor, que le "invito amistosamente a venir a verme". Pues de lo que se trata es de que, como jefe de Estado, me niego rotundamente a invitarle a venir». Roosevelt solo estaba retirando lo que ya había afirmado.

Por fortuna, la situación había cambiado y, aun a regañadientes, De Gaulle había tomado la iniciativa de ponerse en contacto con Roosevelt. El mensaje del 4 de junio quedó anulado de inmediato por otra nota —que probablemente, debido a la demora voluntaria de la anterior, llegó incluso antes que esta— en la que el presidente anunciaba: «Le he escrito a De Gaulle que, al haberme comunicado él su deseo y esperanza de que le reciba, estaré contento de hacerlo así». Al parecer la tensión existente en la relación entre Roosevelt y De Gaulle iba a aliviarse un poco, y esto quizá rebajaría también la presión sobre Churchill, que estaba atrapado en medio. El primer mensaje del 4 de junio también expresaba su alegría al saber que «Randolph ha podido escapar sano y salvo de la cueva», en relación con la dramática huida de Tito frente a los alemanes, en Bosnia. Para huir, el líder yugoslavo tuvo que escalar un precipicio, después de que los paracaidistas alemanes hubieran rodeado su escondite del bosque; y Roosevelt sabía que Randolph había estado con

Tito. Al final de un día largo, esto supuso una noticia positiva para el primer ministro.

Para Tony Hugill el día también había sido largo. Lo pasó a la espera, apiñado aún con los compañeros en el interior de su nave. El desembarco no se produjo hasta la mañana del día 7, después de pasar cuatro días a bordo. La escena que pudo contemplar —una enorme acumulación de barcos y barcazas de todos los tamaños acercándose a la playa o alejándose de ella— habría representado «una pesadilla absoluta para un capitán»; luego, al bajar a tierra, sobrevino un anticlímax. Aunque hallaron cadáveres, tanto británicos como alemanes, y equipos quemados, la batalla se había desplazado ya hacia el interior.

Para Churchill no hubo momentos de alivio que no fueran breves. Cuando el Gabinete de Guerra se reunió, a las seis de la tarde del 7 de junio, había surgido otra complicación. Además de mantener a la espera a sus oficiales de enlace y negarse a abordar los asuntos del gobierno civil, De Gaulle rechazaba reconocer la divisa francesa especial que Eisenhower proponía acuñar para que los Aliados pudieran pagar por los bienes y servicios en la Francia liberada. El primer ministro no se había formado una buena opinión de los nuevos billetes, «especialmente burdos» por la torpeza de su diseño, que dificultaba distinguir entre los importes; pero su principal inquietud era que De Gaulle estaba utilizando el tema para forzar que lo reconocieran como jefe del gobierno provisional de Francia. Y, por otro lado, estaba el asunto adicional de la responsabilidad financiera. ¿A quién correspondería canjear esos billetes, si en Francia no se los reconocía oficialmente? Churchill lamentó el deterioro de las relaciones con De Gaulle y lo acusó de mostrar «una actitud de nula cooperación» y estar «preocupado principalmente con su posición personal». Sus colegas del Gabinete, aunque comprendían las dificultades de Churchill, animaron a Eden —más conciliador— a tender la mano a De Gaulle y convencerlo de que enviara comisarios con los que poder abordar los asuntos civiles. Les parecía —y quizá no les faltaban motivos— que el primer ministro trataba la cuestión de un modo demasiado emocional.

El 8 de junio, Churchill envió a Roosevelt un resumen de cómo veía la situación. Llegó a la conclusión de que, si De Gaulle se negaba «a enviar a sus comisarios, deberíamos sugerirle que lo mejor es que regrese a Argel [...]. A De Gaulle ya le he indicado repetidamente, y me lo ha reconocido sin irritación, que en caso de desacuerdo yo estoy de vuestra parte».[7] Al final añadió, probablemente medio en broma: «Creo que sería muy de lamentar si, a la postre, no os reunís con él. No sé por qué debería gozar yo de toda la suerte en exclusiva». Como sus propios compañeros del Gabinete presionaban para que Estados Unidos adoptara una posición más clara con respecto a De Gaulle, los días 9 y 10 envió sendos telegramas más para Roosevelt, instándole a tomar partido cuanto antes con respecto a la cuestión de la divisa. La respuesta llegó el 13 de junio:

> Si por alguna razón la divisa suplementaria no resulta aceptable para el pueblo de Francia, el general Eisenhower dispone de plena autoridad para usar los dólares del sello amarillo [acuñados especialmente para las operaciones militares de ultramar] y los billetes de la Autoridad Militar Británica [...]. Pues parece evidente que las *prima donnas*, ¡genio y figura![8]

Esto no calmó toda la inquietud de los británicos con respecto al pasivo, pero Churchill no quiso insistir más ante el presidente. Sin embargo, el asunto generó tensión interna en el Gabinete británico y obligó al primer ministro a dedicarle mucho tiempo en los días iniciales, y cruciales, de Overlord. Tuvo que responder a preguntas del gobierno australiano, y a murmullos en el Parlamento, por la negativa a reconocer a la Francia Libre y su líder. Cuando el 10 de junio De Gaulle, en el marco de una entrevista concedida a una agencia de noticias, criticó la ausencia de autoridades y oficiales franceses en la zona liberada y negó abiertamente el valor de la divisa Aliada, Churchill envió un despacho para Bracken: «Mejor advierta usted a la prensa de que esta historia tiene dos versiones y, cuando sea el momento, probablemente haya un comunicado del gobierno al respecto. Una versión es válida solo hasta que se cuenta la otra».[9] Todo el mundo —también De Gaulle y cuantos lo rodeaban—había comprendido sin margen de error que la posición de Churchill era claramente favorable a la estadounidense. Esto, como no podía ser de otro modo, tuvo un impacto directo y a largo plazo en las relaciones anglo-francesas.

Resulta irónico que, justo cuando la relación de Churchill con De Gaulle atravesaba por su punto más bajo, su correspondencia con Stalin —incómoda, hasta entonces— adquiriera al menos la apariencia de ser muy amistosa. El líder soviético respondió sin demora al mensaje de

Churchill sobre el Día D, para contar «la alegría que todos sentimos y nuestra esperanza de que los éxitos prosigan» y confirmar que la ofensiva simultánea de las fuerzas soviéticas —que se había comprometido a emprender en la conferencia de Teherán— se iniciaría mediado el mes. Con el afán de aprovechar las oportunidades abiertas por este talante más amistoso y averiguar de paso lo máximo posible sobre las intenciones soviéticas, Churchill se apresuró a enviarle a Ismay un despacho, el 7 de junio, solicitándole más información que le pudiera transmitir a Stalin. Explicó que intentaba «obtener una declaración voluntaria del Oso [de Stalin] sobre qué piensa hacer. Para eso tenemos que darle algo que sea a la vez real y novedoso para él».

Lo que Churchill le proporcionó a Stalin —en un largo telegrama dictado avanzado aquel mismo 7 de junio— fueron cifras detalladas sobre el éxito inicial de la Operación Overlord. Veinte mil soldados aerotransportados habían logrado tomar tierra por detrás de los flancos de las líneas del enemigo; las bajas generales habían sido reducidas; al terminar el día los Aliados confiaban en disponer de casi un cuarto de millón de hombres en tierra. Winston ofreció noticias acerca de los tanques especiales, que habían llegado a nado hasta las playas por sus propios medios, aunque reconoció que entre ellos se habían producido «no pocas bajas» debido a que el oleaje los había volcado, sobre todo en el sector de Estados Unidos. Informó con orgullo del éxito de los blindados británicos en una batalla de tanques contra la 21.ª División de Granaderos Acorazados «en las inmediaciones de Caen, a última hora de ayer» y anunció: «Todos los comandantes están satisfechos con los desembarcos, pues en la práctica han ido mejor de lo esperado». El elemento novedoso —que se reservó para el final— fue la noticia de que estaban a punto de levantar dos grandes muelles sintéticos en la gran bahía arenosa del estuario del Sena. «Son muelles como no se han visto nunca. Grandes transatlánticos podrán amarrar en los múltiples embarcaderos para descargar suministros para las tropas en combate». Confirmó asimismo que el día D+30 (es decir, el 5 de julio) los Aliados preveían haber desplegado veinticinco divisiones y haber capturado el puerto de Cherburgo. «Aunque todo esto depende de los riesgos de la guerra, que vos, mariscal Stalin, conocéis a la perfección.»

Durante los días inmediatamente siguientes la correspondencia de los líderes mantuvo un tono similar. El 9 de junio, Stalin confirmó que, al día siguiente, los soviéticos iniciarían su ofensiva de verano en el frente de Leningrado. Un día más tarde, Churchill comunicó: «Actualmente, en la noche del día 10, habremos desembarcado a casi cuatrocientos mil hombres, además de blindados con una gran superioridad y una masa de artillería y camiones que crece con rapidez». De pronto, el primer ministro parecía observar con más positividad la cantidad de vehículos que acompañaban el asalto. El embajador de Gran Bretaña en Moscú le puso al corriente de que se le había hecho llegar un esbozo de Stalin dedicado en persona para él, con la inscripción: «En recuerdo del día de la invasión del norte de Francia por las tropas Aliadas, británicas y estadounidenses, de su amigo Iósif V. Stalin». Pero lo que sin duda alegró sobremanera a Churchill, y se enorgulleció de compartirlo con el presidente Roosevelt, fue el telegrama que recibió a continuación. Es evidente que Stalin y sus asesores lo habían redactado para apelar a la pasión de Churchill por la historia y la importancia que le daba a la idea del destino:

> Mis camaradas y yo no podemos sino admitir que, en la historia de la guerra, no se ha conocido semejante empresa en lo que atañe a su escala, su vasta concepción y su ejecución magistral. Como es bien sabido, en su tiempo ya Napoleón fracasó ignominiosamente en el plan de forzar el paso del Canal. El histérico Hitler, que durante dos años ha estado jactándose de que él sí lo forzaría, ni siquiera fue capaz de decidirse a emprender un indicio de intento de llevar a cabo esa amenaza. Solo nuestros aliados han logrado con éxito y honor hacer realidad el grandioso plan de forzar su propia travesía del Canal. La historia recordará esta gesta como una hazaña suprema.[10]

Esta correspondencia señala, probablemente, el punto más cálido de la relación de guerra entre Churchill y Stalin. La promesa de abrir un Segundo Frente se había cumplido por fin. Entre bambalinas, Churchill insistía en retomar lo antes posible los convoyes del Ártico (que suministraban a Rusia y se habían suspendido para priorizar la Operación Overlord). Pero el éxito mismo de Overlord y la celeridad con la que los soviéticos avanzaban por el este amenazaban ya con crear nuevas tensiones al respecto del futuro de Polonia, Alemania, los Balcanes y Grecia. Las semillas de la discordia ya estaban allí. Al mismo tiempo que Churchill se alegraba de recibir estos telegramas radiantes de Stalin, le preocupaba la infiltración de los comunistas en el gobierno de Italia; intentaba mediar en un acuerdo que uniera a las fuerzas comunistas y monárquicas de Yugoslavia; le inquietaba el ascenso del comunismo en Grecia; y se sentía cada vez más frustrado por la oposición de los estadounidenses a su deseo de negociar con los soviéticos esferas de influencia en los Balcanes. Cuanto antes se hundieran los alemanes, más importancia adquirirían estos asuntos.

Para saber cuál era el estado de ánimo real de Churchill en aquella tesitura, podemos recurrir a la corresponsal de guerra estadounidense Virginia Cowles, quien formó parte de un grupo reducido al que se congregó para comer con el primer ministro el 7 de junio, seguramente para distraerlo de las enormes presiones del momento. Churchill, que acudió vestido con su «traje de sirena» azul (su característico mono con cremallera), parecía «inquieto y preocupado». Una vez en la mesa se entregó a una diatriba irritada contra los «rojos de salón» que criticaban su política exterior por su apoyo a los regímenes instalados por aquel entonces en España e Italia. «Cuando esta guerra acabe —rezongó—, Inglaterra necesitará todos los aliados de los que pueda disponer, para protegerse de Rusia».[11] Si bien Churchill aún creía que Gran Bretaña podría emerger del conflicto sin perder la cualidad de gran potencia, también era consciente de que la posición de su país en el Mediterráneo, y su influencia en Europa, estaría amenazada por la expansión de los soviéticos en el sur y el este de Europa.

La prioridad inmediata era vencer en la batalla de Normandía. Churchill no vaciló en ofrecer el respaldo de sus palabras, tanto en público como en privado. Por ejemplo, se apresuró a enviar un mensaje de felicitación a quienes habían hecho posible erigir los muelles artificiales:

> Ha sido todo un logro [...]. Producir estos equipos complejos y novedosos y remolcarlos hasta los puntos de su construcción definitiva y de ahí hasta las zonas de montaje ha sido una empresa muy destacable. Creo que se debe felicitar a todos los departamentos implicados en haber concluido esta labor.[12]

Aunque Churchill se sintiera aliviado por el lanzamiento de la operación —y no digamos, por el éxito inicial—, también se sentía frustrado por no poder hacer más. Podía estudiar los informes más recientes, analizar las cifras de bajas, seguir el avance de las tropas en su sala de mapas y obtener información por medio de los jefes del Estado Mayor y los diversos cuarteles generales de las fuerzas armadas en el Reino Unido; pero no podía influir en los acontecimientos que se vivían sobre el terreno, y esto lo irritaba.

El 8 de junio, Brooke tuvo que disuadir a Churchill de sus planes de emprender más desembarcos en la costa occidental de Francia. En ese punto, el primer ministro ya habría tenido noticia de las primeras impresiones de Montgomery en el campo de batalla, que, aun siendo en general positivas, también registraban la elevada cifra de bajas de la playa de Omaha.

El original del telegrama que Montgomery envió el 7 de junio se preserva en la colección documental de John Selwyn Lloyd, que era entonces subjefe del Estado Mayor del general Dempsey, del Segundo Ejército. Montgomery detalla el avance y suerte de las distintas unidades. El desembarco en Utah, por ejemplo, había ido bien y habían podido establecer el alojamiento a unos ocho kilómetros de la costa; pero en Omaha la situación era «no tan buena» y el avance, de solo tres kilómetros. «Ha habido muchos combates en las playas y se han sufrido bajas considerables en el personal, los vehículos y los barcos. La infantería de cinco regimientos está ahora en la costa, pero con carestías de artillería y de armamento de apoyo», seguía diciendo, entre otros detalles.

El asalto inicial no era más que eso: un primer asalto. No cabía duda de que los aguardaban varias semanas de combates duros en Normandía. El jueves 8 de junio Churchill se dirigió a la Cámara de los Comunes para transmitir unas notas de cautela y realismo antes del fin de semana:

> Deseo sinceramente que cuando los parlamentarios regresen a los distritos que los han votado, sea no solo para mantener la moral en la medida en que pueda ser necesario, sino también para advertir con seriedad frente a los excesos de optimismo, frente a la idea de que la situación se cerrará de un plumazo; y para recordarles que, aunque hemos dejado atrás peligros extremos, aún nos aguardan esfuerzos descomunales.[13]

Edgar Granville, parlamentario liberal por Eye (condado de Suffolk), contestó con una pregunta: ¿acaso el primer ministro «podía asegurar que la razón por la que no pensaba hacer ninguna declaración en el futuro inmediato no era porque tuviera la intención de visitar la costa de

Cipher

Most Immediate

21 Army Group

MI 7 June

For Chief of staff from General Montgomery ⊙ Have seen BRADLEY and DEMPSEY ⊙ situation as follows ⊙ Para 1 ⊙ UTAH landings good and 4 DIV lodgement area about 5 miles deep with 82 and 101 DIVS further to WEST and SOUTH ⊙ Para 2 ⊙ OMAHA not so good and lodgement area about 2 miles deep ⊙ much fighting took place on the beaches and considerable casualties suffered in personnel and vehicles and craft ⊙ infantry of five regiments now on shore but short of artillery and supporting weapons ⊙ Para 3 ⊙ Second Army situation good ⊙ 50 DIV yesterday secured area ARRAMANCHES — BAZENVILLE — COULOMBS — VAUX SUR AURE — LONGUES and attacking BAYEUX today ⊙ Canadians are astride road

Telegrama manuscrito del general Montgomery a la jefatura del Estado Mayor, 7 de junio de 1944.

Francia?». No consta ninguna respuesta. Pero para quienes conocían bien al primer ministro, era evidente que sería imposible mantener a Churchill por mucho tiempo lejos de la escena donde la acción se desarrollaba. Seguro que Brooke no se sintió sorprendido cuando, el 9 de junio, recibió un acta donde este le solicitaba que hiciera las disposiciones necesarias para visitar las cabezas de puente de Francia el lunes 12 (día D+6). El primer ministro especificó con qué palabras debía informar a Montgomery el Jefe del Estado Mayor General Imperial: «No deseamos ser, en ninguna medida, una carga para usted ni su cuartel general, ni en ningún modo distraer su atención de la batalla. Todo lo que necesitaremos es un edecán u otro oficial del Estado Mayor que nos guíe en la zona. Nosotros mismos llevaremos algo de comer».[14]

Montgomery le contestó a Brooke sin tomar en consideración que el primer ministro recibiría una copia del mensaje:

> Al vernos daré información completa. Carretera NO (repito, NO) 100 % segura por francotiradores enemigos, también francotiradoras. Mucho bombardeo enemigo entre anochecer y amanecer. Esencial primer ministro vaya solo donde yo le lleve y marcharse a primera hora de la tarde. Muy satisfecho con evolución operaciones.[15]

Y así fue como el primer ministro, en compañía de Brooke, el mariscal de campo Smuts y su asistente personal el comandante «Tommy» Thompson atravesaron finalmente el canal de la Mancha a bordo del destructor de la Royal Navy *HMS Kelvin*. La presencia de Smuts es significativa. Churchill confiaba en su buen juicio, en especial en lo relativo a los temas militares, y lo utilizaba como una fuente de asesoría independiente. El primer ministro sudafricano se había mostrado escéptico con el Día D hasta el punto de que, en cierto momento, había advertido a Hughes-Hallett que era la única operación que podía llegar a costarles la guerra a los Aliados. De cara al primer ministro, haría las funciones de asesor experto y de abogado del diablo.

El grupo, que zarpó de Portsmouth a las ocho de la mañana, con buen tiempo y mar en calma, disfrutó de una vista panorámica de la intensa actividad de los Aliados, culminación de tantos y tantos preparativos. El agua estaba repleta de naves de desembarco, dragaminas, buques de abastecimiento y remolcadores que arrastraban elementos de acero y hormigón para la construcción de los muelles artificiales;

por encima de ellos el aire era un enjambre de aparatos Aliados. Tras amarrar en un Gooseberry creado mediante barcos hundidos, el grupo del primer ministro fue recibido por el almirante Vian, comandante de la fuerza especial naval oriental de las playas asignadas a Gran Bretaña y Canadá. Subieron a una barcaza y pasaron a un «Duck», un camión anfibio estadounidense, para llegar hasta la costa. Aquí, en un instante que fue apresado por el fotógrafo oficial —y acabó figurando en la cubierta de su libro—, los saludó el general Montgomery, que los trasladó en un jeep a su cuartel general interior para ponerlos al corriente y comer.

Para Churchill resultó ser una experiencia conmovedora. Hacía casi exactamente cuatro años que había puesto los pies en Francia por última vez, en la fatídica reunión celebrada en Tours el 13 de junio de 1940. Según su descripción posterior,

> recorrimos en coche nuestro limitado, pero fértil dominio de Normandía. Era agradable ver la prosperidad del paisaje. Los campos estaban llenos de vacas estupendas, blancas y rojas, que se tumbaban o desfilaban al sol. Los habitantes parecían acomodados, bien alimentados y nos saludaban con entusiasmo.[16]

Se volvió hacia Brooke y exclamó: «¡Estamos rodeados de reses gordas, tumbadas en pastos exquisitos con las patas cruzadas!». Brooke estuvo de acuerdo en lo del ganado, pero no en la actitud de los franceses. A su juicio, «no parecían alegrarse en ningún modo de vernos llegar como un país victorioso que liberaría a Francia. Ya les iba bien con las cosas como estaban y nosotros en cambio llevábamos al país la guerra y la desolación».[17] Esto no era lo que Churchill quería ver o recordar.

Almorzaron en una tienda montada fuera del *chateau* donde Montgomery se había instalado. Miraba hacia el frente, que estaría a unos cinco kilómetros. Cuando Churchill preguntó sobre el riesgo de sufrir una incursión de los blindados alemanes, Montgomery despachó el tema sin darle importancia a la amenaza. Sin embargo, según cierta fuente al menos, esa amenaza habría podido ser mucho más real de lo que imaginaban. Las memorias de Tommy Thompson describen un extraño incidente en el que, al salir de la caravana de Montgomery, Smuts olisqueó el aire y le dijo al edecán, que se quedó atónito: «Por aquí aún hay algunos alemanes, y bastante cerca». «Con la cabeza descubierta y al sol, Smuts se quedó con el ceño fruncido, como desconcertado, observando suspicazmente las matas de laurel y rododendro que rodeaban casi por completo las caravanas. Pero no dijo más y luego siguieron a Montgomery hasta la tienda de su cantina.»[18]

Dos días después, dos paracaidistas alemanes que habían perdido el contacto con la unidad bastante antes salieron de su escondrijo, entre aquellas matas. Sucios y agotados, se rindieron de inmediato. Si esta historia es cierta quizá habrían podido matar a Churchill, Brooke, Smuts y Montgomery, pero no figura en las memorias ni de Churchill ni de Montgomery, por lo que tal vez fuera apócrifa o estuviera muy adornada.

De lo que no cabe duda es de que Churchill gozó del estímulo del viaje y el riesgo. Al pasar revista a la zona de desembarco de los británicos en Arromanches, alarmó a su séquito al trepar hasta lo alto de un pequeño faro. Antes de regresar a Gran Bretaña intentó en vano subirse a un «monitor» (un buque de guerra menor, pero provisto de cañones grandes) que estaba bombardeando la costa; luego convenció al almirante Vian de que permitiera que el *HMS Kelvin* disparase sus cañones con furia contra el enemigo. En el viaje de regreso durmió tranquilamente: «en su conjunto ha sido un día de lo más placentero e interesante». En el libro de visitas de Montgomery dejó una nota muy breve: «Como ha sido al principio, ojalá continúe hasta el final».

Además, había resultado una experiencia educativa. Churchill había pasado cierto tiempo dando una vuelta por la cabeza de playa británica. Había podido ver el rompeolas artificial en funcionamiento y los preparativos en marcha para la construcción de todo un muelle Mulberry. También le alegró la noticia de que los tres puertos locales de Port-en-Bessin, Courseulles y Ouistreham estaban interpretando un papel mucho más destacado de lo previsto en el abastecimiento de materiales.

Tras tomar tierra en Portsmouth, Winston se reunió con los jefes de los Estados Mayores del gran aliado norteamericano —Marshall, King y Arnold—, que estaban de visita en el Reino Unido y acababan de atravesar también el Canal para inspeccionar las posiciones de sus tropas. Cenaron todos juntos en el vagón de tren de Churchill, y Marshall redactó un mensaje para el almirante Mountbatten —nombrado comandante supremo de los Aliados para el Sudeste de Asia—, que todos firmaron. Reconocían en él que «el éxito de esta aventura tiene su origen en los cambios introducidos por usted y su personal de Operaciones Combinadas». Sin duda, Churchill se retiró con la sensación de que el día había sido redondo.

Las fechas del viaje se habían elegido con toda deliberación. En primer lugar, se aseguró de poner el pie en Normandía antes que De Gaulle, que pasó el Canal el 14 de junio, y que el rey Jorge VI, que visitó a las tropas el día 16. La noticia de la visita del primer ministro corrió como la pólvora entre los soldados y figura, por ejemplo, en el diario de Hugill.

La vuelta de De Gaulle a Francia también fue simbólica y, como no podía ser de otro modo, acabó comportando el reconocimiento que ansiaba. El 16 de junio incluso Churchill estaba dispuesto a escribirle en un tono algo más conciliador: «Desde 1907, en los momentos buenos como en los malos, he sido un amigo sincero de Francia, según demuestran mis palabras y mis actos; y para mí supone un grave pesar que se hayan levantado obstáculos en una asociación que me resultaba muy cara».[19]

Era la ocasión para atar los cabos sueltos. Tras regresar a Londres el 13 de junio, el primer ministro presidió una reunión del Gabinete que acordó extender la prohibición a las comunicaciones diplomáticas: Eisenhower había solicitado ampliarla hasta el día D+15 (el 20 de junio) para seguir protegiendo la seguridad de Overlord. Hasta entonces los alemanes habían retenido fuerzas en el Paso de Calais con la convicción de que podían producirse nuevos ataques por allí. El plan de distracción Guardaespaldas estaba funcionando, y se tenía aún el temor de que los diplomáticos neutrales con sede en el Reino Unido fueran capaces de enviar al enemigo información capaz de arruinarlo. El gobierno no estaba seguro de cómo actuar. Churchill y Eden habrían deseado normalizar las relaciones diplomáticas lo antes posible; de hecho, el primer ministro era consciente de que sus servicios de inteligencia creían que las comunicaciones de las embajadas podían utilizarse para suministrar desinformación al enemigo y, con ello, reforzar los engaños. Al final se acordó levantar la prohibición a partir del lunes 19 de junio. En cuanto a los vetos para visitar la costa y viajar a Irlanda, se levantarían asimismo a finales de mes.

Una semana después de los desembarcos Churchill podía consolarse con el hecho de que el asalto inicial había supuesto un éxito. Se habían creado las cabezas de playa y las bajas habían sido claramente inferiores a lo esperado. El Reino Unido había estado a la altura de unas exigencias inmensas. El sistema de transporte no se había hundido a pesar de toda la presión añadida y las tropas y los materiales estaban llegando satisfactoriamente hasta los puntos de desembarco. Los objetivos de producción de los muelles Mulberry se habían cumplido y los puertos artificiales empezaban a funcionar en plenitud. Aunque las relaciones con De Gaulle estaban resultando problemáticas, con Roosevelt y Stalin eran positivas.

A pesar de los diversos fallos, la seguridad nunca había quedado en entredicho, las maniobras de distracción habían funcionado y se había logrado la sorpresa táctica. Después del Día D los alemanes siguieron conservando fuerzas importantes en la zona del Paso de Calais durante más de un mes, por la expectativa de una segunda invasión. Los equipos de distracción de Gran Bretaña pusieron todo su empeño en mantener viva la ficción y, el 15 de julio, Churchill escribió a Eisenhower para abogar por la continuidad, pues «la incertidumbre aterra a los alemanes. Los hunos siempre están angustiados por la cantidad de fuerzas que habrá en Gran Bretaña».

En el ámbito personal, Randolph había llegado a lugar seguro —la isla de Vis— y desde allí pudo volver a Gran Bretaña, aunque Churchill había especificado que no se diera a su hijo ningún trato especial. Es posible que la sensación de alivio en el hogar de los Churchill durara poco. El 11 de julio Mary anotó en su diario: «Randolph, como de costumbre, es un foco de penas y discusiones y trata a papá y mamá con una crudeza odiosa, sin ninguna amabilidad ni humanidad». La relación de Winston con su hijo mayor siempre fue compleja.

Por entonces, ya habían surgido otros problemas. El 13 de junio cayeron sobre el país las primeras bombas volantes autopropulsadas V1. Esto eclipsó el éxito del Día D en la esfera pública y la tranquilidad se derrumbó ante aquella amenaza radicalmente nueva. Hoy, una placa en la Grove Road (Londres Oriental) conmemora el lugar de la primera explosión, que mató a seis personas, hirió a cuarenta y dos y destruyó un puente de ferrocarril en la línea que va de London Liverpool Street a Stratford. Durante las semanas posteriores se produjeron daños y pérdidas significativos, pero al menos Churchill tenía el consuelo de que la nueva arma no había llegado a tiempo de afectar al Día D. Si los Aliados lograban abrirse paso fuera de Normandía, las bases de lanzamiento del norte de Francia y Bélgica no tardarían en caer y esa amenaza quedaría neutralizada. Sin embargo, seguía habiendo motivos de preocupación.

¿Qué ocurriría con la otra arma que los nazis estaban desarrollando, el cohete de combustible líquido? ¿Cuándo y dónde lo podrían utilizar? ¿Cuánto peligro entrañaría?

El tema de Normandía también seguía abierto. ¿Cuándo se abrirían paso fuera de la región? El 6 de junio, a las fuerzas británicas y canadienses se les había asignado como objetivo último la ciudad de Caen. Pero había pasado una semana y la ciudad seguía en manos de los alemanes. Churchill tuvo que retomar el estudio de las cifras de bajas, tanto militares como civiles, que iban ascendiendo, lo que hizo renacer sus viejos temores.

Para T. L. Rodgers ya era demasiado tarde. En funciones de explorador de élite, fue de los primeros paracaidistas estadounidenses en lanzarse sobre Normandía: en concreto, sobre Sainte-Mère-Église, por detrás de las playas asignadas a sus compatriotas, una hora antes de que se iniciara el principal asalto aerotransportado, con el objetivo de instalar las balizas que guiarían a sus camaradas. Como en tantos casos, las circunstancias exactas de su muerte se desconocen. Una versión afirma que murió al tomar tierra, pues cayó en el patio de una granja que alojaba a un destacamento alemán; según otra fuente, murió unos días más tarde, combatiendo en las inmediaciones de un huerto. Su historia nos sirve aquí como un relato más, entre tantos, de valentía y pérdida. Según cuantos lo conocieron fue un gigante, no solo de estatura física, sino también moral. Sainte-Mère-Église fue la primera ciudad francesa liberada.

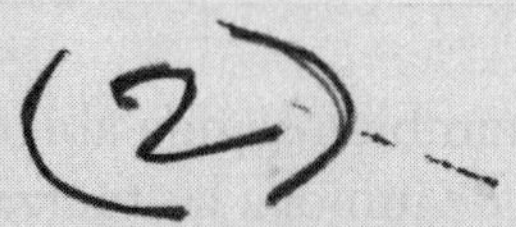

K.1.

A volume would be required to recount the story of the crossing of the Channel and the landing of the Armies of Liberation on the soil of France. I have only a few minutes. In April, 1943 General Morgan of the British ~~Service~~ Army & Staff became the head of a British and American Planning ~~Committee~~ Staff which surveyed the whole ~~scene~~. ~~That Committee~~ They Staff made a plan which I took with me last year to Quebec, where it was submitted to the President and to the ~~American~~ Chiefs of Staff. This plan selected the beaches for the attack and presented the ~~simple~~ outlines with a mass of detail to support them. It received in principle complete agreement. At Teheran we promised Marshal Stalin we would put this plan or something like it into operation at the end of May or the beginning of June, and he for his part promised that the whole of the Russian Armies would be thrown into general battle in the East.

In January the Commanders were appointed. We took over the command of the Mediterranean and General Eisenhower assumed the command of the Expeditionary Force in Britain, ~~with General~~ Montgomery in command of the invading troops. For more than a year past American stores, equipment and men had been

Borrador del discurso de Churchill ante la Cámara de los Comunes, 2 de agosto de 1944.

11

La tiranía de Overlord

> Muy bien, si insistís en actuar como unos necios, en vez de enfrentarnos con vosotros —que sería fatal— seremos otros necios a vuestro lado y no solo eso, ¡nos aseguraremos de ser los mejores necios de toda la necería![1]

A posteriori, sabemos que el Día D condujo a la liberación de Francia, pero este éxito no fue inmediato. Durante los tres primeros meses los ejércitos Aliados se enfrentaron a una dura batalla de consolidación y desgaste.

Cuando se compara con las 19.240 bajas británicas del primer día de la ofensiva del Somme, el 1 de julio de 1916, el éxito de los desembarcos del Día D tuvo un coste terrible, pero, comparativamente, mucho mejor. Las bajas de los Aliados quedaron justo por debajo de las once mil: entre ellas, unos tres mil ochocientos fallecidos, de los que algo más de un millar fueron británicos. Al concluir el 6 de junio de 1944 habían desembarcado más de cinco mil naves con ciento treinta y tres mil efectivos Aliados, con el apoyo de 14.674 salidas aéreas y una aportación inmensa de la artillería naval. Sin embargo, el Día D fue tan solo el primer día de una campaña de Normandía más larga, que duró hasta el 30 de agosto de 1944, cuando se logró atravesar el río Sena y liberar París. Aunque los combates del Día D fueron feroces, la continuación fue mucho peor. El denso *bocage* característico del paisaje de Normandía, con sus caminos hundidos y la separación de parcelas mediante setos altos, no puso las cosas fáciles ni en la conquista de Caen ni en el posterior avance hacia París. En palabras del teniente coronel Robin Hastings, que estaba al mando del 6.º batallón de los Green Howards, al que pertenecía Stan Hollis:

> El primer día sufrimos unas noventa bajas, una cifra relativamente baja, pero que incluía a dos comandantes de compañía y a varios de nuestros mejores suboficiales. Nos pusimos a dormir con una sensación de alivio, por haber conseguido desembarcar sin un coste excesivo. No sabíamos lo que nos esperaba.[2]

La labor que les aguardaba era colosal. Aunque, al caer la noche del 6 de junio, los Aliados habían logrado pasar a la costa, ese punto de apoyo en Europa era precario. En la presentación definitiva de la operación ante el rey Jorge VI y Winston Churchill, que tuvo lugar en la Saint Paul's School el 15 de mayo, Montgomery había detallado sus planes para la campaña terrestre de Normandía. Si bien la planificación de los desembarcos inicial incluía a las tres ramas de las fuerzas armadas y era muy meticulosa, Monty hizo hincapié —con especial claridad— en que el auténtico desafío pasaba porque los Aliados acumularan fuerzas con más celeridad que los alemanes. Pues, incluso dando por supuesta la sorpresa operativa inicial, Montgomery predijo que llegados al día D+8 los Aliados contarían con dieciocho divisiones en Europa, pero el enemigo dispondría de veinticuatro, y diez de ellas, acorazadas. Sabedor de que su viejo rival Erwin Rommel intentaría derrotar a los desembarcados lo más cerca posible de las cabezas de playa, diseñó la batalla con el objetivo de contener, absorber y reducir la capacidad de contraataque de los alemanes antes de abrirse paso con violencia hacia el sur y el este; y, en última instancia, hacia Alemania. Volviéndose sobre un gran mapa colgado en la pared panelada de la sala de conferencias de su antiguo colegio, Montgomery detalló sus intenciones para el desarrollo de las operaciones hasta el día D+90. Aunque más adelante se criticó mucho a Monty por haber modificado la propuesta con el fin de garantizarse un lugar en la historia, sin embargo, los hechos vividos sobre el terreno siguieron a grandes rasgos los resultados que había predicho. En lo que no acertó es en la velocidad. Caen cayó el día D+33, no el Día D; Cherburgo, el D+22, no el D+8, y Falaise el D+71, no el D+17.

Muchos factores afectaron la forma en la que la campaña se desarrolló. El éxito de la Operación Robustez siguió haciendo dudar al Alto

Mando alemán sobre si los desembarcos de Normandía eran el grueso de la ofensiva o bien un amago para engañarlos. Aunque el propio Hitler parecía estar seguro de que solo había dos posibles emplazamientos (uno de ellos, Normandía), sin embargo, fue reticente a enviar las reservas acorazadas, pese a que Rommel lo consideraba necesario. E incluso cuando se ordenó atacar a los Panzer, el dominio aéreo de los Aliados restringió sus movimientos a las horas de oscuridad o de mal tiempo; si las divisiones acorazadas actuaban de día, las bajas de hombres y vehículos eran enormes. El tiempo, no obstante, también afectaba directamente a los Aliados. Después de haber estado a punto de provocar una posposición de dos semanas del Día D, en la noche del 19 de junio se desató en la costa de Normandía la tormenta más poderosa en cuarenta años. Esto multiplicó los efectos de la marea viva y destruyó los dos puertos artificiales Mulberry: el de Omaha resultó irreparable, y el situado frente a Arromanches-les-Bains quedó fuera de servicio durante muchos días. La tormenta no amainó hasta el 22 de junio. Aunque había retrasado la acumulación logística y personal, Eisenhower cayó en la cuenta de que, de haber optado por una posposición de dos semanas, la tempestad habría atrapado a la armada en el mar. «Doy gracias a los dioses de la guerra porque zarpamos cuando lo hicimos», le escribió en una nota al coronel del Aire Stagg, como oficial responsable del servicio meteorológico.

Cuando empezaron a disponer de fuerzas crecientes en tierra, Montgomery y sus principales comandantes tuvieron que decidir cómo desarrollarían las operaciones para preservar el impulso que habían logrado con los desembarcos. La captura de Caen el mismo Día D había demostrado ser inviable. Los desdichados habitantes de la ciudad fueron sometidos a bombardeos horrendos durante las seis semanas posteriores, que destruyeron buena parte de los edificios antiguos y mataron a muchos ciudadanos. Otros sufrieron a manos de la Gestapo, que estaba ansiosa por borrar las huellas de su paso antes de retirarse de Caen. Liberar la primera gran ciudad de Francia tuvo un coste devastador: tres mil caenneses perdieron la vida. Durante los meses de junio y julio la intensidad de la batalla vivió altibajos en los alrededores de la ciudad. El avance general de los ejércitos Aliados se vio seriamente obstaculizado por la naturaleza del terreno por el que luchaban. Pasada la arena de las playas del desembarco, se encontraron con los maizales fértiles y los frondosos setos del *bocage* normando. Las parcelas solían tener la extensión aproximada de un campo de fútbol y estaban separadas entre sí por setos altos y gruesos y por zanjas profundas o caminos hundidos. Era un entorno ideal para que los alemanes situaran ametralladoras y cañones anticarro protegiendo todas las rutas. Las bajas de los Aliados fueron elevadas y la constante pérdida de efectivos entre la infantería empezaba a notarse en los combates. Los ejércitos atacantes tuvieron que adaptarse y hacerlo con rapidez. Así como muchos tanques se habían modificado para que pudieran navegar hasta la costa por sus propios medios, ahora hubo que aportarles a muchos los medios para abrirse paso entre los setos y superar las zanjas; de lo contrario su artillería no podía dar apoyo a los infantes. Los talleres de campaña no tardaron en diseñar arietes metálicos que se instalaron en los frontales de los carros, en parte con materiales de las defensas de playa de Rommel. Si bien las playas habían sido objeto de un estudio minucioso antes de los desembarcos, hubo que reconocer que no se había prestado suficiente atención a las peculiaridades geográficas del interior.

En su calidad de comandante general de los desembarcos Aliados, le correspondía a Montgomery dirigir la derrota de las fuerzas alemanas en Normandía y allanar el camino para que Eisenhower iniciara la liberación de Europa. Aunque el primer temor de Churchill con respecto a los desembarcos no se había hecho realidad —habían sido un éxito, no un fracaso—, pervivía el miedo inquietante a que la fuerza de invasión quedara empantanada como en Galípoli, en 1915-1916, o como en Anzio, en el mismo 1944. Las sangrientas batallas de los alrededores de Villers-Bocage, entre el 11 y el 14 de junio, agravaron este miedo. Montgomery determinó que para desgastar la fuerza defensiva de los alemanes tenía que atraerlos hacia el Segundo Ejército británico (situado en el flanco izquierdo de los Aliados, en la cercanía de Caen) para abrir la puerta a que el Primer Ejército estadounidense de Bradley, y luego el Tercer Ejército estadounidense de Patton, quebraran las defensas por la derecha de los Aliados. El primer gran ataque de Montgomery fue la Operación Epsom, al oeste de Caen, entre el 26 de junio y el 1 de julio; pero los Cuerpos Acorazados 1.º y 2.º de las SS lograron contener la acometida, después de intensos combates. La cuestión de las bajas de la infantería era cada vez más preocupante. El Segundo Ejército británico del general Miles Dempsey, en cambio, disponía de muchos tanques. Dempsey convenció a Montgomery de que un ataque de tres divisiones blindadas, precedido por un bombardeo intenso, podría abrir una brecha al este de Caen. A las 5.30 del 18 de julio dos mil quinientos bombarderos británicos y estadounidenses emprendieron un ataque de dos horas y media de duración contra las defensas alemanas, lanzando casi ocho mil toneladas de bombas. Aunque el efecto fue devastador, los blindados británicos tardaron en aprovecharlo y se toparon con una resistencia inesperadamente firme, en especial de los cañones anticarro, que había sobrevivido al asalto aéreo. Esta operación «a muerte» de los blindados británicos, conocida con el nombre en clave de Goodwood, no logró pues abrir la brecha que Montgomery le había prometido a Eisenhower.

En Downing Street, hacia finales de junio, la situación volvía a ser tensa. El alivio inicial por el éxito de los desembarcos se había evaporado. Todo el mundo estaba agotado por los nervios de las semanas precedentes y la llegada del armamento V a los cielos de Londres; con el regreso del terror a las calles de la capital, solo empeoró la situación. El general Brooke expresó su admiración por la firmeza con la que Churchill respondió a las bombas volantes: le había bajado los humos a su ministro de Interior, Herbert Morrison, por haber manifestado sus dudas de que Londres fuera capaz de soportar otro ataque similar. Tras la reunión del Gabinete del 19 de junio, Brooke comentó: «Winston estaba en una forma excelente, por lo menos diez años más joven. ¡¡¡Y todo porque las bombas volantes nos han vuelto a situar en el frente!!!».[3]

Pero tales momentos no eran los más típicos. Para Brooke, el trato con Churchill durante esta época tendía a resultar frustrante. Cuando debatían sobre estrategia, le parecía que el primer ministro divagaba, «emitía toda clase de pensamientos desconectados y sin valor militar», caía en «raptos estratégicos» y se dedicaba a «dar una clase de estrategia tras otra». Parece ser que, para Churchill, el alivio de haber desembarcado con éxito y la emoción de ver las cabezas de playa con sus propios ojos habían dado paso a la incertidumbre de los pasos posteriores y nuevas discusiones sobre el mejor modo de aprovechar Overlord.

Además, el primer ministro pensaba de forma recurrente en Italia. La determinación con que Hitler defendía la península itálica había servido para mantener a las fuerzas alemanas lejos de Normandía en las fechas anteriores al Día D, lo que de hecho ocupó el lugar de la Operación Yunque (el asalto al sur de Francia) como campaña de distracción; pero ahora Eisenhower quería que las operaciones de Alexander redujeran sus efectivos: había que desviar más tropas y recursos a Francia y organizar lo antes posible una nueva versión de Yunque (rebautizada como *Dragoon*, «Dragón», por razones de seguridad). Esto abriría una nueva ruta hacia el norte de Francia desde el sur, lo cual rebajaría la presión sobre las cabezas de playa.

Al principio, Churchill parecía dividido. Jugueteó brevemente con posibles operaciones contra la costa occidental de Francia, con lo que regresaba a la estrategia de ampliar el frente de asalto, según había abogado por hacer ya en 1942. El problema era que no quería renunciar a ninguno de los dos teatros. Deseaba garantizar el éxito de la operación de Francia, pero seguir combatiendo al mismo tiempo en Italia.

El 21 de junio se reunió con Brooke y Smuts para sopesar las opciones. Bajo la influencia de los informes positivos que enviaba el general Alexander desde la captura de Roma, el primer ministro estaba entusiasmado por la idea de avanzar hacia el norte más allá de la propia Italia, entrando en Austria por Trieste y el Paso de Liubliana. La idea también atraía a Smuts, que, sin embargo, se pronunció a favor de asaltar Francia con otra travesía del Canal, ahora hasta Calais. Para Brooke, en cambio, las dos ideas eran de un optimismo irreal: los Aliados no tenían la capacidad de organizar y mantener otra gran invasión de Francia desde Gran Bretaña (por mucho que continuaran con los planes de distracción, para hacer creer a los alemanes que en efecto era sí) y era improbable que Alexander pudiera cruzar los Alpes italianos antes del invierno, lo cual detendría cualquier operación hasta la primavera. Brooke no quería que se privara de tropas a Alexander —abogaba por seguir desgastando a los alemanes en Italia—, pero durante las conversaciones repetidas sobre estrategia de los días posteriores le resultó difícil hacer que Churchill «comprenda que, si sumamos la estación del año y la topografía del país, hay que contar que nos enfrentamos a tres enemigos, no a uno».[4]

En todo caso, el deseo de Churchill de continuar con los combates de Italia era del todo coherente con su posición anterior a Overlord. Aún se resistía a arriesgarlo todo a una única jugada: los dados de Normandía. Por otro lado, estaba claro que, a medida que la campaña de Francia se desarrollara, el espectáculo lo pondrían cada vez más los estadounidenses. En cambio, el teatro mediterráneo, con el general Wilson como comandante supremo, y la campaña de Italia, con un Alexander a punto de ser nombrado mariscal de campo, eran operaciones lideradas por británicos que podía presentar como un contrapeso significativo a la creciente influencia europea tanto de Estados Unidos como de la Unión Soviética. Como por el este el Ejército Rojo estaba avanzando hacia Austria y Alemania con especial rapidez, y habría que llegar a un acuerdo sobre cómo se organizaría la posguerra en Europa —no se podría evitar, solo faltaba determinar cuándo—, le parecía esencial que Gran Bretaña acabara la contienda con una posición geopolítica de fortaleza en el continente. Mientras los soldados, con toda la razón, se centraban en derrotar militarmente al enemigo, los políticos ya estaban pensando en las repercusiones políticas. Para Churchill se trataba de lograr una Europa estable (desde su perspectiva: no comunista) y a la vez proteger los intereses imperiales de Gran Bretaña en el Mediterráneo. Para Stalin, la clave era establecer colchones de protección, o Estados cliente, entre la Unión Soviética y las demás potencias de la Europa oriental y los Balcanes. Para Roosevelt, en realidad, lo importante era crear la organización de Naciones Unidas y un orden mundial basado en los valores de la Carta Atlántica. Cada vez resultaba más obvio que estos distintos objetivos iban a chocar, pues apuntaban en direcciones diferentes.

La primera discusión se produjo con los estadounidenses, con motivo de Yunque-Dragón. En una de las reuniones en las que Churchill divagaba sobre estrategia, celebrada en la sala de mapas del primer ministro el 22 de junio, Winston y los jefes de los Estados Mayores intentaron establecer una posición común antes de negociar con los Aliados. El primer ministro defendió que todas las tropas del teatro mediterráneo que Alexander no necesitara para su objetivo principal —avanzar hacia el norte— debían destinarse a un asalto anfibio en la zona de Trieste. Proponía pues otra operación al estilo de las de Salerno o Anzio, que valiera para adelantar terreno en la península evitando dificultades por la costa. Le parecía muy preferible a «una operación a lo Yunque en las costas meridionales de Francia», que

> quedaban demasiado lejos del frente de batalla del general Eisenhower, con lo que un desembarco Aliado allí no surtiría ningún efecto táctico sobre Overlord [...]. Era probable que el enemigo respondiera más claramente a un ataque iniciado en el extremo superior del Adriático que a un intento de remontar el valle del Ródano.[5]

Churchill también retomó un tema conocido, con la intención de molestar a Brooke, cuando lamentó que otro de los problemas de Yunque era que necesitaría de una «cola» enorme y, por lo tanto, habría que establecer una base nueva en el sur de Francia. Por su parte, Brooke se mostró a favor de que Alexander continuara avanzando por el norte de Italia, pero recomendó utilizar todas las fuerzas que pudieran liberarse de allí para apoyar un desembarco en el sur de Francia, no en el golfo de Vizcaya ni en la región del Loira. No se adoptó ninguna decisión en firme, pero Churchill se atrincheró. Contaba con el apoyo de Smuts, que telegrafió desde Italia manifestando su respaldo a Alexander y Wilson, los comandantes británicos sobre el terreno, que ansiaban proseguir hacia el norte.

En sus posteriores memorias de guerra, Churchill lo presentaría como un «choque» entre, por un lado, Eisenhower y los jefes del Estado Mayor estadounidenses, y, por el otro, él mismo y los jefes británicos. Según evidencia la posición más matizada de Brooke, la cuestión distaba de ser tan simple; pero cuando el primer ministro le planteó la cuestión a Roosevelt, este le recordó de nuevo que él iba a apoyar a Eisenhower. Escribió que la propuesta «de seguir utilizando prácticamente todos los recursos del Mediterráneo para adentrarse en el norte de Italia y pasar luego al noreste me resulta inaceptable. Soy de la firme opinión de que debemos consolidar las operaciones, no diseminarlas».[6]

Un día después, el 29 de junio, FDR se explayó en un telegrama mucho más largo. Detalló las razones por las que priorizaba las operaciones de Francia, que suponían golpear «a Alemania en el corazón». El presidente centraba sus «intereses y esperanzas [...] en derrotar a los alemanes en el frente de Eisenhower y entrar en Alemania desde allí, no en limitar esta acción con el fin de emprender una campaña total en Italia». Alexander siempre dispondría de las fuerzas precisas para contener a los alemanes y en el Mediterráneo los Aliados ya ejercían el dominio del mar y el aire. Para Eisenhower la operación Yunque era de «una importancia trascendental» y los planes —que se habían aprobado con Stalin— ya estaban muy avanzados. En cambio, Roosevelt no permitiría el despliegue de tropas estadounidenses en Istria porque políticamente no podría sobrevivir «a ningún posible revés en Overlord si se supiera que se han desviado fuerzas considerables hacia los Balcanes». El mensaje del presidente reclamaba retirar de inmediato cinco divisiones de Italia: tres propias y dos francesas, que se utilizarían en el sur de Francia.

Roosevelt tenía claro que Churchill estaba recuperando la vieja estratagema de intentar desviar a las fuerzas estadounidenses de sus objetivos principales y destinarlas a los Balcanes. Pero, al igual que con Rodas y las islas del Dodecaneso en 1943, el líder estadounidense no pensaba permitirlo. Los estadounidenses querían emprender Yunque, hacerlo lo antes posible y en una escala tal que, inevitablemente, debilitaría a Alexander en su avance por Italia.

Churchill estaba que echaba chispas. Sopesó brevemente volar a Washington para defender sus ideas en persona, pero, según Brooke,

> [...] al final lo convencimos de amoldarse a nuestro punto de vista: «Muy bien, si insistís en actuar como unos necios, en vez de enfrentarnos con vosotros —que sería fatal— seremos otros necios a vuestro lado y no solo eso, ¡nos aseguraremos de ser los mejores necios de toda la necería!».[7]

El episodio es un ejemplo claro de cómo la dinámica política de la «relación especial» había cambiado. Una vez se inició Overlord, su escala y significación se sobrepuso a todas las demás operaciones del teatro europeo. Para Roosevelt, Marshall y Eisenhower, lo único que importaba era ganar en Normandía y atacar Alemania de forma rápida y directa; y para obtener esta victoria, sus vehículos iban a ser Overlord y la ofensiva de bombardeo estratégico. Todo lo demás era secundario.

Para evitar el riesgo de un enfrentamiento grave, el primer ministro llamó por teléfono a Eisenhower para decirle que accedían a Yunque y le informó de que autorizaría al general Wilson a atacar el sur de Francia con fuerzas venidas del teatro mediterráneo.

Pero estas no iban a ser sus últimas palabras al respecto. El 6 de julio Churchill «estaba de mal humor, lloroso, bebido, pronto a ofenderse por cualquier cosa, suspicaz con todos y con muchas ganas de revancha contra los estadounidenses».[8] Por desgracia la evolución de la guerra sobre el terreno solo contribuía a exacerbar el mal humor del primer ministro. En los medios de comunicación de los países Aliados se establecían comparaciones entre las fuerzas estadounidenses, que ahora estaban barriendo Bretaña desde las playas occidentales, y la inercia de británicos y canadienses que, por el este, no lograban pasar de Caen. Para empeorar más las cosas parece ser que Eisenhower, y quizá Tedder y otros, había empezado a apuntarle a Churchill que Montgomery estaba actuando con demasiada cautela.

El asunto llegó al clímax en una reunión de aquella tarde. Churchill empezó a hablar mal de Montgomery delante de varios políticos que también asistían al encuentro, y Brooke perdió los estribos y acusó al primer ministro de ser incapaz de confiar en sus generales ni por cinco minutos y de estar «despreciándolos y humillándolos de continuo». Churchill se puso furioso. No dejaba de «levantar la barbilla» y de protestar (quizá excesivamente) contra el reproche.

Que el primer ministro decidiera volver al campo de batalla de Normandía por sí mismo agravó más aún la situación. El 19 de julio se desataron todos los infiernos. Llamaron a Brooke al lecho de Churchill, donde encontró al primer ministro vestido «con una nueva bata azul y dorada» y de ánimo «procaz y furioso». Cuando Brooke logró colar por fin una palabra entre la diatriba de Churchill, descubrió la razón del estallido. En una conversación en apariencia bien intencionada, pero muy desacertada, Eisenhower le había dicho a Churchill que Montgomery no quería visitas que lo distrajeran; y Churchill supuso que las palabras venían del propio Monty. En tanto que ministro de Defensa, Winston no se consideraba «una visita» más e interpretó que era una conspiración de los generales para impedirle ejercer el derecho a ver con sus propios ojos qué estaba ocurriendo en realidad. Por suerte fue una tormenta pasajera. Después de varias acciones diplomáticas de Eisenhower y Brooke, que actuaron con rapidez, y de que Montgomery le asegurara que su visita sería bienvenida, Churchill se apaciguó y al día siguiente emprendió el viaje.

Primero voló hasta la península de Cherburgo, donde inspeccionó una base de lanzamiento de bombas volantes, vio los graves daños que los alemanes habían causado en el puerto y pudo admirarse de la valentía de los buzos encargados de solventar el sabotaje deliberado de los germanos. Hugill había pasado por allí tan solo unos días antes y observó la destrucción controlada del campo de minas submarino: «Se levantaban cúpulas de espuma que daba gusto contemplar, como pasa siempre con las grandes explosiones submarinas». Pero estaba claro que Cherburgo todavía no era un puerto funcional.

Luego siguió un trayecto marítimo —con las aguas bastante agitadas— hasta el Mulberry de Arromanches, bautizado como Port Winston. Según el comandante Wilson, en ruta Winston se sintió aburrido y mareado (una versión que el propio Churchill desmintió al escribir, más adelante, que no lo había pasado mal y había dormido tan tranquilo), «pero en cuanto llegamos a la bahía estaba en su elemento, pues el puerto bullía de actividad». El primer ministro pasó tres días allí, observando la carga y descarga constante de suministros y los «andares de pato» de los *ducks* anfibios. En su último día visitó el cuartel general de Montgomery, para después sobrevolar a baja altura la cabeza de puente Aliada en un Fieseler Storch capturado a los alemanes y visitar algunas bases aéreas. Dos integrantes de su equipo, Ismay y Thompson, se dirigieron a Caen, y sin duda pusieron al primer ministro al corriente de la absoluta devastación de la ciudad.

Como en la ocasión anterior, el viaje pareció surtir un efecto rejuvenecedor. Una vez regresó a Londres se le vio en un principio «sumamente feliz» con la situación militar. Pero luego se produjeron una serie de conversaciones adicionales con Eisenhower, y una comida, el 26 de junio, y la charla giró sobre si Montgomery vacilaba en exceso y el Segundo Ejército británico podía actuar de un modo más claramente ofensivo. Churchill era muy sensible, en particular, a las acusaciones de que los británicos no lo daban todo de sí y por eso recibían menos bajas.

A Montgomery no tardaron en llegarle los rumores de una conjuración. Sin duda debió sentirse inquieto. Sabía que Churchill tenía la costumbre de deponer a los generales que le parecían demasiado precavidos, como había pasado de forma destacada con el predecesor del propio Monty en el norte de África, el general Auchinleck. Sin embargo, su posición era algo más sólida. Después de la victoria de El Alamein su reputación no había menguado: era la figura británica más famosa y reconocible (por detrás de Churchill) y todo intento de sustituirle habría requerido del apoyo tanto de Eisenhower como de Brooke (que no se iba a dar). Que desapareciera habría resultado dañino para el estado de ánimo y todo un regalo para la propaganda enemiga.

Aun así, tales rumores no eran desde luego la clase de respaldo que necesitaba un comandante en campaña, implicado en una gran batalla. Brooke se apresuró a calmar a Winston. En esta ocasión —quizá porque tenía clara la fuerza de los argumentos previos de Brooke—, el primer ministro se mostró más receptivo ante el jefe de su ejército de Tierra e incluso le dedicó un tibio elogio, pues describió al Jefe del Estado Mayor General Imperial como su *alter ego* en los asuntos militares. A la postre, gracias a los éxitos que Montgomery obtuvo en la batalla, las reservas de Churchill se evaporaron: el 20 de julio se culminó la conquista de Caen y los alemanes pusieron la vista con firmeza en contener a los británicos.

Mientras los políticos y generales británicos y estadounidenses se lanzaban pullas mutuas educadamente en torno de una mesa puesta para comer, en Alemania sí que se desarrollaba una auténtica conjuración. Espoleados por la expectativa de que los británicos abrieran una brecha que les permitiría salir de Normandía, un grupo de oficiales del ejército se embarcó en un intento de asesinar a Hitler, valeroso, pero desafortunado. El 20 de julio, mientras Caen estaba siendo liberada por fin, el coronel Claus von Stauffenberg tomó un avión al recluido cuartel general del Führer en Prusia Oriental, el *Wolfsschanze* (nombre que suele traducirse como «Guarida del lobo»),[9] para asistir a una conferencia militar con Hitler. Colocó una bomba en un maletín, bajo la mesa de la cabaña de madera donde se celebraba la reunión, se excusó y salió. La explosión posterior no mató al Führer (por poco) y generó represalias terribles contra los conspiradores, que fueron detenidos, torturados y ejecutados. La noticia del atentado, y de sus efectos en la jerarquía superior del ejército alemán, se fue filtrando hasta llegar a Churchill. Lo que este desconocía aún es que pronto se acusaría también a Rommel, que se vio obligado a suicidarse. Desde una perspectiva estrictamente militar, no obstante, esto había dejado de importar: Rommel había quedado muy malherido el 17 de julio, cuando un bombardeo de la RAF en Normandía impactó en su coche. Ese momento puso fin a la campaña, y la guerra, para el general más famoso de Alemania.

El mariscal de campo Von Kluge, que heredó el mando de las fuerzas alemanas en Normandía, estaba convencido de que cualquier intento de salir de la región normanda procedería del sector británico. Se equivocaba. El 25 de julio, el Primer Ejército estadounidense lanzó la Operación Cobra, que dirigía el asalto central contra Saint-Lô y Avranches. Estuvo precedido, como la primera ofensiva, por un intenso ataque de los bombarderos; pero una vez más la falta de precisión de los aviadores causó bajas en ambos bandos: varios aviones lanzaron la carga explosiva antes de los objetivos y mataron a varios militares estadounidenses, entre ellos el teniente general Leslie McNair, que se había adelantado para observar el inicio de la acometida. Sin embargo, el Primer Ejército siguió adelante y el 1 de agosto había conquistado sus metas. En esa fecha entró en operación el Tercer Ejército estadounidense, donde Patton mandaba sobre cuatro cuerpos. Su primera misión fue tomar Bretaña y el puerto de Brest, en colaboración con las denominadas «Fuerzas francesas del interior» (*Forces Francaises de l'Interieur*), enviadas al combate por su cuartel general, sito en Londres. Los acontecimientos empezaron a desarrollarse con rapidez. El VIII Cuerpo británico golpeó por el sur y el oeste de Caen, con la Operación Bluecoat, que se extendió hasta el 7 de agosto. Aquella mañana, el cerro más prominente de Normandía, el monte Pinçon, estaba en manos de los británicos; en cuanto a los alemanes, el Grupo de Ejércitos B informó de que, desde el 6 de junio, había sufrido más de ciento cincuenta mil bajas frente al refuerzo de tan solo veinte mil hombres. El resultado de la campaña empezaba a ser cada vez más inevitable, aunque Hitler no alcanzara a verlo así desde el *Wolfsschanze*.

Cuando los Aliados lograron abrirse paso fuera de Normandía, las cosas empezaron a avanzar en la dirección adecuada. A principios de agosto, Churchill había reunido la confianza suficiente para ofrecer un informe detallado ante la Cámara de los Comunes. Tomó la palabra justo antes de las vacaciones de verano y, por fin, tuvo la posibilidad de contar toda la historia según él la veía. Frente a quienes lo criticaban por no haber abierto antes un Segundo Frente, declaró:

> Por mi parte no creo que esta vasta empresa hubiera podido ejecutarse antes. No teníamos la experiencia suficiente. No teníamos el material necesario. Pero, antes de iniciar nuestro ataque en 1944, habíamos emprendido cinco desembarcos con éxito, con la oposición del enemigo, en el Mediterráneo; y nuestros servicios, así como nuestros compañeros estadounidenses, al otro lado del océano, ingeniaron una multitud de naves maravillosas de toda clase.[10]

Luego describió parte del material admirable que había visto en acción durante sus viajes a Normandía: las grandes naves de desembarco, con plataformas que podían abrirse directamente sobre la playa; los *ducks* anfibios estadounidenses, «un camión pesado que en carretera alcanza entre 65 y 80 km/h y puede lanzarse al mar y recorrer varias millas por sus propios medios»; y los puertos que «se habían levantado, a cuyo lado el puerto de Dover parece pequeño». Rindió tributo a la capacidad de tales construcciones artificiales de abastecer «a un ejército moderno con todo el complejo equipo que este requiere», para lo cual se empleaba un vehículo para cada cuatro o cinco hombres. En este punto, seguro que Brooke y Montgomery (y en general los integrantes de los grupos de planificación) alzaron la ceja, recordando las múltiples quejas del primer ministro sobre el exceso de transportes previsto para la operación.

Churchill estaba dibujando líneas sobre la arena. Lo que en el pasado había sido objeto de polémica, ahora formaba parte de la historia de éxito de la operación. A instancias del Ministerio del Aire ensalzó «el bombardeo estratégico de la combinación de las fuerzas de bombarderos británicos y estadounidenses, así como la utilización de los bombarderos medianos y las fuerzas de cazas» para proporcionar «el preludio esencial a nuestro desembarco en Normandía». A petición del Ministerio de Exteriores también se esforzó por levantar puentes de unión con la Francia Libre: admitió las numerosas diferencias que lo habían separado de De Gaulle, pero reconoció al general como «el primer francés eminente que se enfrentó al enemigo común en lo que parecía ser la hora del derrumbe de su país y, posiblemente, del nuestro».

Más aún, no desaprovechó la ocasión para defender sus credenciales como amigo constante de Francia:

> Toda mi vida he dado gracias a la contribución que Francia ha hecho a la cultura y la gloria de Europa y, sobre todo, a las ideas de libertad personal y de los derechos del hombre, que han irradiado del alma de Francia. Pero esto no son asuntos de sentimiento o afecto personal. Interesa vivamente a Gran Bretaña que una Francia amistosa recupere y mantenga su lugar como una de las grandes potencias de Europa. Muéstrenme un solo momento en el que yo me haya apartado de esta convicción y me habrán mostrado un momento en el que yo me equivocaba.[11]

También aprovechó, por último, para hacer hincapié en que las fuerzas británicas y canadienses habían dado el do de pecho y en consecuencia «las pérdidas sufridas por la suma de las tropas británicas y canadienses son equiparables a las del ejército estadounidense en su valor relativo; este es más numeroso, pero la proporción es semejante». Para afirmar esto se basaba en un informe actualizado hasta el 23 de junio, donde constaba que las bajas británicas y canadienses se situaban en una por cada trece hombres (8 %), y las estadounidenses, en una por cada once y medio (8,7 %).

Hubo elogios para el general Brooke, que no lo había pasado nada bien, aunque Churchill también señaló que «afirmar esto en ningún caso es incoherente con las críticas que pueda ser necesario formular de vez en cuando». Hacia el final se incluyó hasta una breve mención a la conjuración de Stauffenberg, con una referencia pasajera a que «las grandes personalidades del Reich alemán [...] se están asesinando mutuamente».

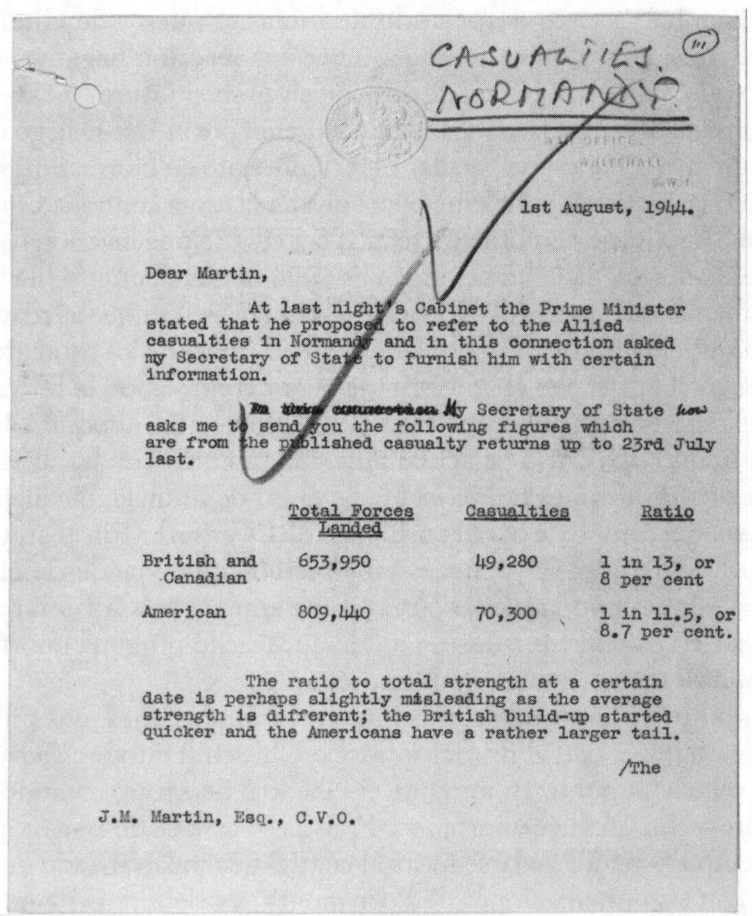

CASUALTIES. NORMANDY.

WAR OFFICE,
WHITEHALL
S.W.1

1st August, 1944.

Dear Martin,

At last night's Cabinet the Prime Minister stated that he proposed to refer to the Allied casualties in Normandy and in this connection asked my Secretary of State to furnish him with certain information.

~~In this connection~~ My Secretary of State now asks me to send you the following figures which are from the published casualty returns up to 23rd July last.

	Total Forces Landed	Casualties	Ratio
British and Canadian	653,950	49,280	1 in 13, or 8 per cent
American	809,440	70,300	1 in 11.5, or 8.7 per cent.

The ratio to total strength at a certain date is perhaps slightly misleading as the average strength is different; the British build-up started quicker and the Americans have a rather larger tail.

/The

J.M. Martin, Esq., C.V.O.

Documento sobre los porcentajes de bajas frente al total de tropas desembarcadas, donde se compara la relación de las fuerzas británicas y canadienses con la de las estadounidenses, de cara al discurso del primer ministro del 1 de agosto de 1944.

Le habría gustado decir otras cosas que no podía decir. Habría deseado, por ejemplo, añadir más datos sobre la organización y la planificación logística de la operación; pero, por un lado, se temía que esto aún pudiera perjudicar Robustez, la campaña de distracción y engaño, que todavía estaba en marcha; y, por el otro, Eisenhower quería que los alemanes siguieran dudando acerca de cuántas fuerzas podían quedar aún en Gran Bretaña. También había mostrado su deseo de felicitar a los buzos que había visto despejando de minas el puerto de Cherburgo, pero se consideraba que esto podía tener una reacción negativa, al invitar a los alemanes a poner trampas explosivas en el futuro.

Con este discurso, la campaña de Churchill por el Día D llegó a su fin. Pero aún quería librar una batalla. El reciente éxito en Normandía le había otorgado la confianza suficiente para volver a la carga contra la Operación Dragón. A su juicio el momento táctico favorable a una invasión del sur de Francia había quedado atrás. Según escribió más adelante: «Una vez que nos sumamos a la batalla de Normandía, el valor de Yunque se redujo mucho porque era improbable que Hitler retirase tropas de los combates principales, en el norte, con el único fin de seguir controlando la Provenza».[12]

Sus reparos no tenían que ver tan solo con Italia, aunque Churchill seguía siendo partidario de actuar allí; sino también con las dificultades potenciales de abrir un nuevo frente en el sur de Francia, tan alejado, en este caso, del campo de batalla principal de Overlord. Con el argumento de que Eisenhower ya no necesitaba recibir refuerzos desde el sur de Francia —pues podían llegarle más directamente por la Bretaña, Normandía y otros puertos galos—, no desaprovechó ninguna oportunidad de cabildear ante el comandante supremo.

Eisenhower la calificó como «una de las discusiones más prolongadas que mantuve con el primer ministro Churchill durante toda la guerra». Llegó a un punto culminante el sábado 5 de agosto, cuando Winston aprovechó un viaje abortado a Francia —cancelado por motivos de mal tiempo— para desviarse hasta el cuartel general avanzado de Eisenhower, en las inmediaciones de Portsmouth, y celebrar una conferencia improvisada. Aunque el primer ministro admitía que aún habría que transferir tropas desde el teatro mediterráneo, abogaba por modificar el plan para que atravesaran el estrecho de Gibraltar y entraran en Francia por el oeste. Según Harry Butcher, «Ike dijo que no, siguió diciendo que no toda la tarde y acabó diciendo que no en todas las posibles formas de expresar un no en su lengua materna». El comandante supremo expuso con toda claridad que necesitaba otro puerto de acceso a Francia, porque muchos de los occidentales, o bien no estaban aún operativos del todo, o bien habían llegado al límite de su capacidad; que deseaba abrir un nuevo flanco para obligar al enemigo a estirar todavía más sus tropas y aliviar la presión que sufrían los que luchaban en Normandía; y, por último, a diferencia de Churchill, creía que un asalto por el sur tendría efectos rápidos.

Pasados los años, los dos líderes abordaron estas discrepancias en sus memorias. Eisenhower afirmaría que se había dado cuenta de que la verdadera inquietud de Churchill era de carácter político: el deseo de establecer una presencia Aliada en los Balcanes antes de que lo hiciera Rusia. El primer ministro, por su parte, negaría que hubiera pretendido trasladar ejércitos a los Balcanes, pero haciendo referencia a la pérdida de posiciones estratégicas y políticas en Istria (modernamente, Croacia, Eslovenia e Italia) y en Trieste, tales que «podían comportar consecuencias profundas y de gran alcance, en particular después de los avances de los rusos». En ambos casos, por supuesto, uno y otro escribían con pleno conocimiento de lo que estaba sucediendo durante la guerra fría; aun así, en el verano de 1944 los dos eran agentes lo suficientemente astutos como para ver con claridad tanto las razones políticas como las militares. Su análisis con respecto al posible alcance de la expansión soviética era probablemente similar; pero sus soluciones y prioridades inmediatas eran muy distintas. Para Eisenhower, un protegido de Marshall, la vía más segura hacia la victoria seguía siendo la de Alemania a través de Francia; y no tenía intención de desviarse de esa ruta.

Churchill apeló a Washington, pero Marshall y Roosevelt también mantuvieron el no. A regañadientes, el primer ministro accedió y, según reconoció más tarde: «Vale la pena tener en cuenta que entonces habíamos pasado el día de julio en el que, por primera vez en la guerra, el movimiento de los grandes ejércitos estadounidenses en Europa y su crecimiento en el Lejano Oriente hacía que sus números en combate fuera superior al nuestro».[13] En esas mismas fechas se lamentó ante su médico, lord Moran, de que los rusos «se expanden por Europa como una marea» y calificó los desembarcos inminentes en el sur de Francia como «una absoluta locura [...]. ¡Ojalá esas divisiones hubieran podido tomar tierra en los Balcanes!». (De ser cierto el sentimiento expresado en esta cita, confirmaría las sospechas de los estadounidenses y desmentiría que no hubiera querido mantener el control sobre la Europa suroriental.)

Pero su respuesta fue típicamente churchilliana. En lugar de quedarse sentado en casa a llorar por su falta de influencia sobre sus socios, emprendió camino al Mediterráneo para ver de primera mano la situación del teatro británico y encontrarse «con los comandantes y las tropas a quienes tanto se exigía, después de habérselos obligado a renunciar a mucho». Para un hombre que estaba ya cerca de los setenta años y que, en su última gira de larga distancia había estado a punto de perder la vida, el viaje resultó de nuevo épico. Primero voló a Argel y desde allí a Nápoles, donde se reunió con el mariscal Tito, a quien instó a formar un frente común con el rey de Yugoslavia en contra de los alemanes. En unos raros momentos de tranquilidad se dedicó a disfrutar del sol, nadar y visitar las islas de Isquia y Capri. Cuando su barcaza coincidió con un numeroso convoy de soldados estadounidenses que navegaban hacia la Riviera francesa para unirse a la Operación Dragón, pasó entre los barcos exhibiendo su famoso saludo —la V de victoria— y recibió sus vítores con la reflexión de que «ellos no sabían que, de haber dependido de mí, estarían navegando en otra dirección».

No perdió las ganas de acercarse a las inmediaciones de las zonas de combate y, el 15 de agosto, voló a Córcega —isla natal de su admirado héroe Napoleón— donde, al día siguiente, subió a bordo de un destructor para contemplar los desembarcos estadounidenses en la costa meridional de Francia. Quería hacer exactamente lo que se le había prohibido hacer el Día D, aunque, en aquella ocasión, el episodio resultó decepcionante en cuanto a su vistosidad: los desembarcos apenas toparon con dificultades y —para su frustración— no le permitieron acercarse a las playas. Tuvo que contentarse con leer la novela *Berlin Hotel* (una obra de Vicki Baum, escritora nacida en Austria, sobre la vida de guerra en un hotel alemán) en la cabina del capitán. En una carta que envió a Clementine le dio todos los detalles del viaje: «Querida, desde que llegamos aquí, los días han sido de ajetreo, pero deliciosos. Nos habían preparado una casa muy cómoda, la villa de un antiguo fascista, ahora en un campo de concentración [...]».

Aunque reconocía que Dragón había funcionado como un reloj, insistió en su temor de que «las operaciones de Eisenhower han sido una distracción para favorecer este desembarco, y no al revés», comentando que, a su juicio, esos ejércitos «amarrados ahora a 650 kilómetros de París» deberían «haber desembarcado en Saint-Nazaire [en la costa atlántica] aproximadamente dentro de una semana, lo que habría ampliado sobremanera el frente de nuestro avance, aumentando por consiguiente nuestra seguridad ante los movimientos de los alemanes al este de París». Para acabar lamentándose:

> [Los británicos] tenemos tres ejércitos en combate. El primero lucha en Francia bajo el mando de los estadounidenses, y el segundo, dirigi-

do por el general Alexander, ha sido relegado a una situación secundaria y frustrante por la insistencia de Estados Unidos en emprender este desembarco en la Riviera. El tercero, en la frontera birmana, combate en el país más insano del mundo en las peores condiciones imaginables del mundo, con la función de proteger la conexión aérea estadounidense que, pasando por el Himalaya, llega hasta la China que tanto sobrevaloran. Así pues, dos tercios de nuestras fuerzas se emplean abusivamente, para mayor conveniencia de Estados Unidos, y la otra está al mando de los estadounidenses.[14]

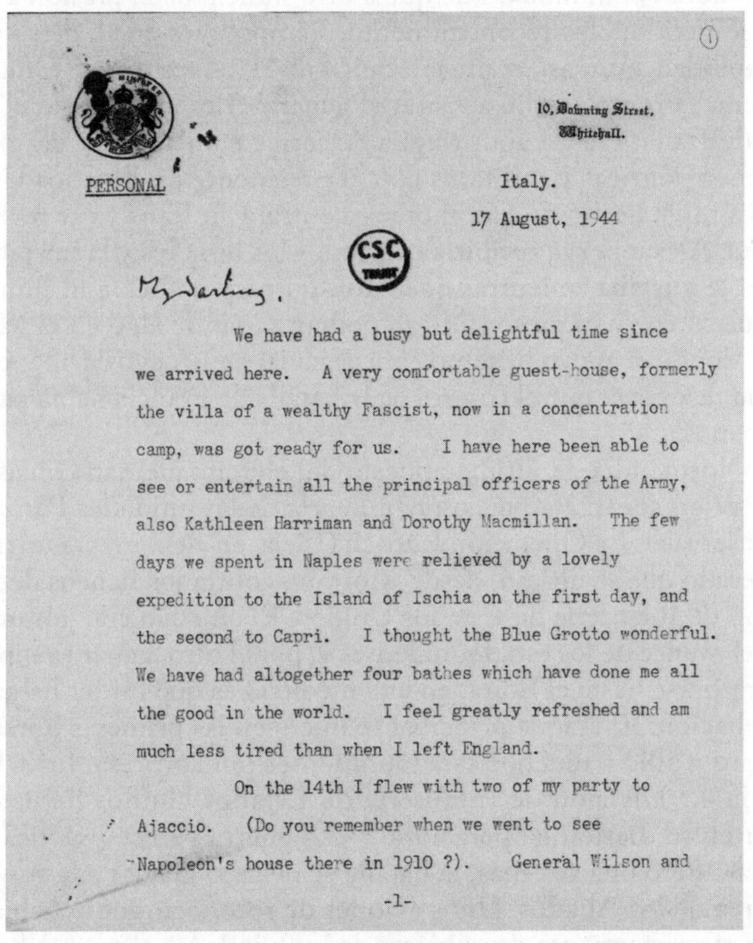

10, Downing Street,
Whitehall.

PERSONAL

Italy.
17 August, 1944

My darling,

We have had a busy but delightful time since we arrived here. A very comfortable guest-house, formerly the villa of a wealthy Fascist, now in a concentration camp, was got ready for us. I have here been able to see or entertain all the principal officers of the Army, also Kathleen Harriman and Dorothy Macmillan. The few days we spent in Naples were relieved by a lovely expedition to the Island of Ischia on the first day, and the second to Capri. I thought the Blue Grotto wonderful. We have had altogether four bathes which have done me all the good in the world. I feel greatly refreshed and am much less tired than when I left England.

On the 14th I flew with two of my party to Ajaccio. (Do you remember when we went to see Napoleon's house there in 1910 ?). General Wilson and

-1-

Primera página de la carta de Winston a Clementine Churchill, 17 de agosto de 1944.

También mencionó las continuas discrepancias con De Gaulle, que se había negado a recibirle, y el temor a que una Francia gaullista fuera muy hostil con Gran Bretaña.

Justo antes de emprender el camino de Córcega, Churchill manifestó a su médico que, durante su carrera parlamentaria inicial, había sufrido un período de depresión; y que, ni siquiera entonces, le gustaba hallarse en el margen de un andén o en el costado de un barco, donde «la acción de un único segundo terminaría con todo. Unas simples gotas de desesperación. Y, sin embargo, en esos momentos, en ningún caso deseo abandonar el mundo». Fue quizá otro indicio de la presión a la que estaba sometido; otro reconocimiento, siempre raro en él, de su propia vulnerabilidad. Aun así, como era típico de él, tal tesitura se esfumó rápidamente. Pronto acudió a visitar al general Alexander, y ver el frente bélico de Italia. Desde aquí viajó a América para abordar las grandes cuestiones políticas y militares con el presidente de Estados Unidos. Pero el simple hecho de que ahora se centrara en Italia ya es revelador: sabía que Alexander lo recibiría con todos los honores y la hospitalidad que a él le gustaba (mientras que Montgomery no bebía ni fumaba) y creía que su voz y su presencia aún podían servir de algo en el Mediterráneo, donde el apoyo británico era esencial para Yugoslavia y Grecia. Suponía reconocer que el control de la batalla de Francia había pasado a otras manos.

En Normandía, la última apuesta del ejército alemán consistió en organizar un contraataque con la mayoría de las unidades Panzer que aún conservaba. La Operación Lüttich (Lieja, en alemán) era un intento desesperado que se dirigió, desde Mortain, contra los flancos de la 30.ª División de Infantería de Estados Unidos. El objetivo era, por un lado, frenar el avance de los estadounidenses y, por el otro, ganar tiempo para poder retirarse hasta el Loira, en una medida a la que Hitler había dado su aprobación. El ataque principal se inició en las primeras horas del 7 de agosto y pilló a muchos estadounidenses por sorpresa. Justo un día antes, la 4.ª División de Infantería de Estados Unidos había hecho constar en su diario de operaciones: «La guerra parece prácticamente acabada». Pero una vez más, la batalla se decidió gracias a la superioridad aérea de los Aliados. Unos aviones de reconocimiento habían detectado el acercamiento descubierto de los blindados alemanes hacia las posiciones de la 30.ª División. Se ordenó que dieciocho escuadrones de cazas de la RAF —Typhoon armados con cañones y cohetes— emprendieran un ciclo de ataques ininterrumpidos. Con pilotos originarios de una docena de naciones (entre ellos franceses, australianos y neozelandeses), los alemanes fueron acosados desde el aire y un número creciente de baterías de artillería. El ataque contra la 30.ª División evolucionaría aún peor para Von Kluge porque, justo antes de la medianoche del 7 de agosto, Montgomery lanzó al Primer Ejército canadiense hacia el sur, hacia Falaise (Operación Totalizar). Como en ese momento el Tercer Ejército estadounidense amenazaba la base de suministros del Séptimo Ejército alemán, «era evidente —escribió un destacado oficial alemán— que este golpe sería el definitivo y acabaría con el ejército y con la totalidad del frente occidental».

Aunque muchas unidades alemanas todavía se resistieron con fuerza, la moral era frágil y las reservas de munición escaseaban. El 14 de agosto Von Kluge ordenó que sus tropas se retirasen hacia el noreste. El 15 de agosto unos ciento cincuenta mil Aliados desembarcaron, sin gran oposición, en el sur de Francia. De un plumazo, la Operación Dragón transformó todo el panorama estratégico. La ocupación alemana de Francia se acercaba a su fin, pero el ejército aún estaba sobre el terreno y combatía. Tras varias conversaciones sin la debida dignidad, Montgomery y Bradley no acertaron a cercar a los alemanes en retirada tan pronto como en efecto habría estado en su mano. Al principio Montgomery apostaba por planear el cerco de los alemanes en el río Sena; pero luego cambió de opinión y —ya demasiado tarde— ordenó cerrar la Brecha de Falaise. De este modo destruyó casi por completo el Séptimo Ejército alemán, pero muchas unidades lograron escapar al este antes de que el cerco se cerrara del todo. El 21 de agosto, con el mariscal de campo Model como nuevo comandante de las fuerzas alemanas que aún estaban en Francia —Von Kluge se había suicidado después de que Hitler lo destituyera—, Montgomery declaró ante el 21.º Grupo de Ejércitos: «La victoria ha sido definitiva, completa y decisiva. "El Señor, valeroso en la batalla",[15] nos ha dado la victoria».[16] No todos compartían este punto de vista. Entre veinte mil y treinta mil soldados alemanes —sin más que unos veinticinco tanques, eso sí— habían huido del cerco y pasado a la otra orilla del Sena. Quienes más se destacaron en las críticas a Monty fueron dos mariscales en jefe del Aire, de la RAF: Tedder y Coningham. A su juicio, Monty había permitido escapar a demasiados alemanes.

El acto final de la campaña de Normandía fue avanzar hacia el río

Sena y liberar París. Hitler había ordenado al nuevo comandante militar de la ciudad, el general de división Von Choltitz, que arrasara la capital francesa y la defendiera desde las ruinas. Pero Choltitz no tardó en decidir que esto carecía de cualquier utilidad militar. El asunto empezaba a adquirir una faceta más claramente política que militar. El Tercer Ejército de Patton iba a encabezar la entrada en París y el general Philippe Leclerc instó al comandante de su ejército a permitir que la 2.ª División Acorazada francesa se pusiera a la vanguardia. Dentro de la propia París crecía la tensión entre los comunistas y los gaullistas, mientras los últimos alemanes se apresuraban a abandonar la plaza. El 25 de agosto, Von Choltitz, después de comer por última vez con su Estado Mayor, firmó la rendición de la ciudad en un documento que le presentó Leclerc, cuyas tropas, junto con varias unidades estadounidenses, habían empezado a ocupar la capital algo antes, aquel mismo día. De Gaulle llegó a París poco después de la rendición. Luego pronunció su famoso discurso: «París. París, ultrajada. París, rota. París, martirizada. Pero París, ¡liberada!».[17] Con el estilo que caracterizó su posterior liderazgo de Francia, siguió diciendo: «Liberada por sí misma, liberada por su pueblo, con la ayuda de la totalidad de Francia, vale decir, de la Francia que combate, la Francia genuina, la Francia eterna». Sin lugar a dudas, cuando Winston Churchill leyó estas palabras, recordó la última conversación que había mantenido con el primer ministro Paul Reynard en Tours, el 13 de junio de 1940, poco antes de que Francia capitulara. El círculo se había cerrado.

On Monday, May 15, three weeks before D-Day, we held a final conference in London at Montgomery's Headquarters in St. Paul's School. The King, Field-Marshal Smuts, the British Chiefs of Staff, the commanders of the expedition, and many of their principal staff officers were present. On the stage was a map of the Normandy beaches and the immediate hinterland, set at a slope so that the audience could see it clearly, and so constructed that the high officers explaining the plan could walk about on it and point out the landmarks. His Majesty opened proceedings, ~~with a short speech~~, and I followed. In the course of my remarks I said: "I am hardening on this enterprise." General Eisenhower in his book has taken this to mean that ~~I was always~~ against the cross-Channel operation, but this is not ~~what I meant~~. Ismay reminds me that I had often used this expression to signify that the more I thought about it the more certain I was of its success. Eisenhower spoke next, and then Montgomery took the stage and made an impressive speech. His theme was: "We have a sufficiency of troops, we have all the necessary tackle. We have an excellent plan. This is a perfectly normal operation which is certain of success. If anyone has any doubts in his mind, let him stay behind." Perhaps he had been reading Henry V before Agincourt:

He that hath no stomach for this fight
Let him depart.
His passport shall be made
And crowns for convoys put into his purse.

W. S. C.

[Note on plan to follow]

Montgomery was followed by the administrative staff officers, some of whom dwelt upon the elaborate preparations that had

Borrador del texto de Churchill para sus memorias de guerra, hacia 1951.

12

Legados

> [...] si iniciamos una pelea entre el pasado y el presente, descubriremos que hemos perdido el futuro.[1]

El éxito de la salida de Normandía, unido al avance de la Unión Soviética por el este de Alemania, condujeron inexorablemente a la victoria de los Aliados en Europa. En privado, los comandantes británicos y estadounidenses apostaron en qué fecha finalizaría la contienda; la única pregunta abierta era ahora el *cuándo*, no el *si*. Pero abundaban los indicios de que los alemanes no cederían con facilidad. En la conferencia de Casablanca de enero de 1943, Churchill y Roosevelt habían anunciado con toda publicidad que solo iban a aceptar la rendición incondicional de Alemania. En ese momento se trataba de comunicarle a Stalin que en ningún caso negociarían una paz bilateral. Pero, llegados a la fase final de la guerra en Europa, era razonable entender que esa política solo contribuía a apuntalar al régimen nazi: las élites políticas y militares de Alemania carecían de incentivos para derrocar a Hitler con la esperanza de negociar condiciones más favorables. Esto, sumado al fracaso del complot de Stauffenberg —que generó una purga en el ejército alemán—, hizo que el control del poder por parte de los nazis se intensificara al mismo tiempo que la red de los Aliados se iba cerrando en torno de ellos.

En Gran Bretaña seguían cayendo las bombas volantes V1. Cuando los Aliados barrieron el norte de Francia inutilizaron muchas de las bases de lanzamiento iniciales, pero, tras una breve pausa, los germanos retomaron los ataques desde Holanda. Además, las V1 autopropulsadas también podían lanzarse desde aviones. Al respecto, se aplicaron contramedidas: entre otras, bombardearon las bases de lanzamiento y lo que se creía eran centros de producción, y se derribaron diversas bombas en vuelo; pero el goteo de bajas continuó de una forma constante, sobre todo en la zona de Londres.

Entonces, el 8 de septiembre de 1944 —cuatro años después de que se hubiera iniciado el Blitz—, cayeron sobre Londres los dos primeros cohetes V2; uno de ellos en la circunscripción electoral del propio Churchill, en Epping (justo al noreste de la capital). Estas nuevas armas eran aterradoras: llevaban 725 explosivos de alto poder y eran tan rápidas que podían impactar sin previo aviso. La fase final de la ofensiva de bombardeo de Alemania adquirió pues un carácter horriblemente nuevo. Las bajas provocadas por cada una de estas explosiones podían ser elevadas: el 25 de noviembre, a las 12.26 del mediodía, un cohete cayó sobre unos grandes almacenes de la empresa Woolworth en Deptford, en el sureste de Londres, y mató a 168 personas e hirió a casi el mismo número.

Solo en noviembre, y en respuesta a los anuncios alemanes, Churchill admitió en público la existencia de los nuevos cohetes. En el Parlamento reconoció que «dada su gran velocidad, en las presentes circunstancias no se pueden ofrecer avisos públicos fiables o suficientes». Al gobierno le preocupaba la angustia que crecía entre los civiles. Churchill contaba con el alivio de que, según sus servicios de inteligencia, los alemanes no podían producir esas armas en cantidades suficientes para generar auténtico terror y trastornos en el país; pero no podía tener la plena seguridad de que no hubiera aún alguna última sorpresa terrible, de tipo químico o nuclear.

La amenaza que se cernía sobre Gran Bretaña no se erradicó definitivamente hasta marzo de 1945, cuando habían caído la mayoría de las bases de lanzamiento y las islas quedaron fuera del alcance de las últimas armas que los alemanes aún conservaban. Entre junio de 1944 y marzo de 1945 cayeron sobre Londres casi dos mil quinientas bombas volantes, más otras casi tres mil quinientas sobre otras zonas del país. Cerca de seis mil personas perdieron la vida y más de diecisiete mil resultaron heridas. Luego llegaron los ataques con cohetes. Después del Día D quedaba otro frente abierto, el Frente Nacional británico. Los militares que estaban de servicio en el extranjero, como Tony Hugill, vivían con la lógica inquietud por la suerte de sus familias. Los ataques sostenidos incrementaron más aún el cansancio que la población sentía: entre la población civil se deseaba la paz y poder empezar con la reconstrucción.

Tal sentimiento puede verse en esta carta conmovedora de febrero de 1945, escrita por una familia de Chingford que le contó a Churchill (como parlamentario elegido por su circunscripción) sus preocupaciones ante la amenaza de los cohetes alemanes V2:

> Díganos por favor que se están tomando medidas efectivas para detener estos cohetes alemanes asesinos, que caen de día y de noche sobre nosotros, los londinenses, matándonos y destruyendo nuestras casas.
>
> Hasta ahora ningún ministro responsable nos ha dado la tranquilidad de que se esté haciendo algo al respecto.
>
> Los londinenses aún podemos «aguantarlo», pero después de todo lo que ya hemos soportado, ¿porqué tendríamos que seguir «aguantando» en este estadio de la guerra?[2]

Joan Bright, que seguía trabajando en Londres como hizo durante el Blitz, en 1940, también contaba que la llegada repentina de los V1 generaba «auténtico temor», pues llegaban en momentos en los que la gente no estaba preparada para una interrupción peligrosa de su vida cotidiana. Descubrió que ella misma estaba «siempre a la escucha: en la calle, deseaba que el tráfico se detuviera; entre mis amigos, deseaba que no hablaran porque quizá había un cohete en camino».[3] Estaba siempre atenta al sonido del terrible instante en que el motor se desconectaba, a lo que seguía un «momento de odiosa incertidumbre, luego un "CRRRRMP" y luego el silencio otra vez».

Para Churchill, el último año de la guerra no fue una época de celebración. Pudo disfrutar de diversas grandes escenas que se produjeron en la estela del avance de los ejércitos Aliados. En un día cargado de simbolismo, recorrió a pie los Campos Elíseos y depositó una guirnalda en el Arco de Triunfo, con el general De Gaulle. Era el 11 de noviembre, el «Día del Armisticio», cuando se firmó la paz de la guerra de 1914-1918. Los dos líderes habían dejado de lado temporalmente sus diferencias políticas en beneficio de una celebración compartida de la victoria. Mary, la hija del primer ministro, describió las enormes multitudes que se habían reunido en un día despejado y frío: «la gente había trepado a lo alto de los árboles y se aferraba a los cañones de las chimeneas». Más tarde, el 25 de marzo de 1945, Churchill cruzó triunfante el Rin para entrar a grandes pasos en el territorio ocupado al enemigo.

Pero en este período dedicó la mayor parte del tiempo a planear la posguerra. A una segunda conferencia de Quebec, mantenida con Roosevelt en septiembre de 1944, le siguió una reunión bilateral con Stalin en Moscú, en octubre; y la segunda cumbre de los Tres Grandes, con el presidente estadounidense y Stalin, en Yalta, en febrero de 1945. En todos estos casos el primer ministro se centró en el inminente acuerdo por Europa. Gran Bretaña había entrado en la guerra para defender a Polonia en 1939, pero ahora el país estaba dominado por el Ejército Rojo. Para disgusto de Churchill, Stalin se había negado a socorrer el alzamiento de Varsovia, de los polacos contra los alemanes, en agosto de 1944. Cada vez estaba más claro que el líder ruso optaba por instaurar un gobierno propio, sin autorizar el regreso de los anteriores líderes del país, que se habían exiliado en Gran Bretaña. ¿Se iba a perder Polonia, integrada en la esfera soviética? ¿Qué aspecto tendría la futura Alemania y cómo iban a gobernarla los Aliados, los vencedores? ¿Moscú dominaría también Grecia y los Balcanes?

En abril de 1945, justo antes del hundimiento final de la Alemania nazi y del suicidio de Hitler, llegó la noticia del fallecimiento del presidente Roosevelt. Lo que debería haber sido un momento de júbilo se vio empañado por las incertidumbres al respecto de los nuevos dirigentes de Washington y por los temores a los dirigentes que ya regían Moscú. Antes de que los alemanes se rindieran, Churchill ya estaba utilizando, en sus telegramas privados, conceptos como «telón de acero» y «tercera guerra mundial», en referencia al declive de la situación internacional. En mayo de 1945, mientras la mayor parte del país celebraba la conclusión de cinco años y medio de guerra, él pidió a los jefes del Estado Mayor que planificaran una campaña militar limitada contra la Unión Soviética. La Operación Impensable, según se dio en llamar, sopesaba la posibilidad de utilizar tropas británicas, estadounidenses, polacas e incluso algunas divisiones alemanas para derrocar la posición soviética en Polonia. Como era previsible, la conclusión del estudio fue que la idea era verdaderamente «impensable» y que solo habría conducido a una guerra total y mucho más prolongada. Para Brooke se trataba de una ocurrencia «fantástica cuyas probabilidades de éxito son casi nulas».

El plan se basaba en supuestos erróneos. En primer lugar, tal clase de operación nunca habría gozado del apoyo de un gobierno estadounidense que aún quería que Stalin lo ayudara en la guerra del Pacífico. Y, en segundo lugar, en Gran Bretaña tampoco habría tenido ningún respaldo. La opinión pública británica y estadounidense seguía viendo a la Unión Soviética como un aliado, un socio que, además, había hecho grandes sacrificios para derrotar a Alemania. El plan de Churchill no iba a ningún sitio y se mantuvo en secreto hasta finales del siglo xx; pero resulta revelador de hasta dónde llegaba su temor a la Unión Soviética.

Estaban cambiando muchas cosas. Joan Bright se encargó de la gestión administrativa de la parte británica de las cumbres de Washington, Quebec, Moscú, Yalta y Potsdam, a las que asistió sin excepción. En 1940 habría resultado muy raro que una mujer viajara al extranjero como parte de una delegación oficial y casi inconcebible que lo hiciera desde una posición de tanta autoridad. En Yalta, Joan llegó a presentarse como un general destacado, para que los rusos, siempre pendientes de la jerarquía, se la tomaran en serio (¡nótese que Churchill no había pasado de ser un simple teniente coronel, en 1916!).

Los primeros meses de 1945 fueron un período de tensión internacional creciente dentro de la Alianza, a lo que se sumaban el cansancio por la guerra y el deseo de cambios en los respectivos países. En Gran Bretaña no se habían organizado elecciones generales desde 1935 y la existencia de un gobierno de coalición nacional había impedido que la gestión de Churchill se topara con una oposición política real. El éxito del Día D llevó a la victoria en Europa, en mayo de 1945; pero también condujo igual de inexorablemente al final de la coalición de guerra y el renacimiento de las querellas habituales entre los distintos partidos. En los últimos meses de la contienda en Europa ya emergieron diferencias claras entre los conservadores y los laboristas. A Churchill, cuyo estado de salud era frágil, le estaba resultando más difícil controlar el paisaje político interior. El Partido Laborista lo censuró por apoyar a los nacionalistas en Grecia y desde su propio bando conservador se le reprochó que no hiciera más por Polonia. Churchill estaba resuelto a terminar su trabajo y dar conclusión también a la guerra del Pacífico, pero —al igual que cualquier otro primer ministro— debía pensar asimismo en cuál era el momento más conveniente para unas elecciones generales. ¿Era preferible actuar con rapidez y celebrar la votación justo después de la victoria en Europa, con la esperanza de aprovechar la estela del triunfo?, ¿o era quizá mejor intentar mantener la coalición hasta que se hubiera derrotado a los japoneses? En el caso de Japón, los Aliados aún no tenían la seguridad de poder disponer de la bomba atómica, por lo que la victoria final tal vez resultaría una empresa costosa y prolongada. Al final tuvo que dar el brazo a torcer. Tanto las bases laboristas de la oposición como muchos compañeros destacados de las filas conservadoras eran partidarios de unas elecciones próximas. La coalición, a todas luces, no iba a durar.

Churchill le entregó la dimisión al rey el 23 de mayo —apenas una quincena después del Día de la Victoria en Europa— y se le encargó formar un gobierno de transición hasta que la campaña electoral concluyera y se hiciera el recuento de votos. La votación se celebró el 5 de julio, pero, con la dificultad adicional de contar el gran número de votos de los soldados desplegados en el exterior, el resultado no se proclamó hasta el 26 de julio: un triunfo aplastante de los laboristas, con una mayoría de 146 parlamentarios. Se había defenestrado a Churchill.

Para Mary Churchill, que acompañaba a su padre en la sala de mapas cuando se recibieron los resultados, aquello supuso una traición humillante: «Nos esforzamos por contener las lágrimas como podíamos. Todo el mundo tenía la cara seria, asombrada. La comida fue lúgubre».[4] El general Brooke, que no siempre había sido el principal admirador de Churchill, consideró que era «¡un error garrafal celebrar elecciones en este período de la historia del mundo!» y, al día siguiente, cuando se reunió con el ex primer ministro y los jefes del Estado Mayor, estuvo a punto de derrumbarse «en aquella pequeña reunión tan triste y tan conmovedora». A juicio de Joan Bright: «No habían rechazado a Winston Churchill, sino la guerra y el liderazgo en tiempo de guerra. Él seguiría siendo uno de los ingleses más grandes de todos los tiempos; la deuda con él era eterna». Clementine Churchill no lo veía exactamente igual. Para ella, en el fondo, era una suerte: según la frase hecha inglesa, era «una bendición disfrazada». Temía que, si su esposo continuaba en el cargo, la presión incesante acabaría por matarlo. Churchill replicó con su mordacidad característica: «pues a fe que está bien disfrazada, esa bendición». Sin embargo, intentó ponerle buena cara al mal tiempo. Cuando Michael Parish, un amigo de Mary, le dijo que la carrera la había ganado él, Churchill contestó dando continuidad a la metáfora hípica: «Y por eso no quieren que vuelva a pisar el hipódromo».

Por descontado, las razones por las que Churchill perdió las elecciones de 1945 son múltiples y complejas. Sin embargo, algunas se relacionan directamente con el contenido de este libro.

La primera es el impacto de los acontecimientos en la salud de Churchill. A principios de 1944 llevaba tres años y medio como primer ministro. El peaje que su cuerpo tuvo que pagar por ocupar la jefatura política durante tanto tiempo era inevitable y al final de la guerra adolecía de dificultades coronarias y respiratorias repetidas. Sus sentimientos de frustración y angustia vivieron un pico durante el período de preparación forzosa inmediatamente anterior al Día D. Se quejó de no poder influir en la estrategia militar; se preocupó por la probabilidad de que hubiera muchas bajas tanto entre los militares Aliados como entre los civiles franceses; tuvo que lidiar con las dificultades de imponerle al país un confinamiento casi total para facilitar y proteger la Operación Overlord. Nunca pareció recuperar del todo la energía gastada y esto contribuyó sin duda a que su actuación, durante la campaña electoral, careciera de brillo y de acierto. Su decisión de atacar a los laboristas, en vez de situarse por encima de las hostilidades políticas, permitió que sus oponentes sacaran partido a una diferenciación entre el Churchill que lideraba la guerra y el Churchill que era otro político partidista más.

Un segundo factor fue la contribución de Overlord a los cambios que el estado de ánimo de los electores británicos ya estaba experimentando. En la fase de preparación previa al 6 de junio de 1944 habían soportado unos niveles inéditos de restricciones en la vida diaria: se les prohibió visitar ciertas zonas del país, se limitaron los viajes interiores, tenían que apagar las luces de las casas, la comida estaba racionada, el correo se censuraba y el medio rural dio cabida a un sinfín de barracones, bases y aeródromos. El asalto a Europa comportó más separaciones y pérdidas de seres queridos; también trajo consigo las represalias directas de los alemanes, con el regreso del terror aéreo mediante las armas V. Todo esto reforzó una tendencia comprensible a querer reconstruir un mundo mejor en la posguerra, un mundo por el que hubiera valido la pena hacer todos esos sacrificios. Las dos hijas de Churchill, Mary y Sarah, prestaban servicio de uniforme, y no se les pasó por alto que entre los jóvenes que las rodeaban predominaban estos sentimientos. Churchill, por el contrario, no parece haberlos captado en toda su extensión. Lord Moran recordaba la siguiente conversación:

—En el país hay dos ideas enfrentadas —le dije—. Por un lado, existe una gratitud muy generalizada hacia usted y, por el otro, la idea de que usted no es quien más entusiasmo siente por esta historia de crear un mundo radicalmente nuevo.

—El deseo de hacer un mundo nuevo dista de ser universal. La gratitud, sí lo es —contestó Winston.[5]

Churchill se equivocaba. Centrado como estaba en su nueva batalla contra la Unión Soviética, no se dio cuenta de que no todo el mundo respondía a esa prioridad única de la escena internacional.

Pero el Día D también debilitó a Churchill porque dejó de estar en el centro. En 1940 Gran Bretaña estaba a la defensiva, bajo ataque. Churchill supo aprovechar la maquinaria de información general del gobierno para escenificar emisiones en las que se esforzaba por elevar el ánimo de la población, y con ello se estableció como representación personal de la resistencia del pueblo. En 1944 era imposible hacer lo mismo. Si radiaba mensajes antes del Día D se arriesgaba a revelar que la invasión era inminente; si emitía justo después, se arriesgaba a comprometer los planes de distracción que apuntaban a que los Aliados no iban a desembarcar solo en la costa normanda. Además, ahora estaba en marcha una operación internacional, cada vez más dominada por los estadounidenses. No disponía de libertad para hablar sobre la operación militar. Antes debía coordinar sus palabras con Roosevelt, el Comité Combinado y Eisenhower.

Churchill no fue pues la voz contemporánea del Día D. Más aún, cuando se dispuso a escribir al respecto —en los volúmenes V y VI de su historia de *La segunda guerra mundial*, publicados respectivamente en 1952 y 1954— era una figura criticada: ya habían salido de las imprentas obras que sugerían que nunca había dado pleno respaldo a la operación. La carrera de las publicaciones se inició al poco de terminarse la guerra. Harry Butcher, el edecán de Marina de Eisenhower, dio a la luz *Three Years with Eisenhower* [«Tres años con Eisenhower»] en 1946. Cuando se lee en su totalidad, la imagen de Churchill se trata en general con admiración, pero algunas escenas son muy poco halagadoras. Una nota del 26 de agosto de 1942 refiere que el general Clark había vivido una reunión en la que el primer ministro británico destrozó un vaso, se cambió los calcetines delante de sus huéspedes y luego «se acercó a la puerta abierta, apoyó la espalda en el marco, se frotó vigorosamente los omóplatos y dijo: "Creo que no me los había cambiado desde Egipto"».[6]

Quizá fueron más dañinos los comentarios incluidos en la *Cruzada en Europa* del propio Eisenhower (edición original de 1948), donde Ike cuenta que Churchill temía que el mar se enrojeciera con la sangre. Presenta al líder británico como uno de los últimos en convertirse a Overlord, pues incluso el 15 de mayo apuntaba que «esta operación la veo cada vez más clara», indicando pues que hasta entonces no le había convencido. En 1946 se había publicado también la biografía de Montgomery por Alan Moorehead, que enojó a Churchill por narrar detalles de la visita del primer ministro al cuartel del general el 19 de mayo. Aquí se dio a conocer el desencuentro surgido cuando Churchill quiso interrogar al Estado Mayor del general y este amenazó con presentar la dimisión. Como Moorehead había podido acceder a los documentos de Montgomery, luego se produjo un enfrentamiento algo extraño, de posguerra, entre Churchill y Monty.

El hecho de que Churchill decidiera responder a todos estos asuntos en su propia historia revela hasta qué punto se había sentido herido por los ataques. Pero la respuesta tenía que ser prudente, pues, cuando publicaba sus obras, volvía a ocupar el 10 de Downing Street, Eisenhower presidía Estados Unidos y Montgomery era el vice comandante supremo de la OTAN en Europa. Tenía que trabajar con los dos y no quería provocar una disputa pública por el pasado. En su discurso sobre la «hora más gloriosa», del 18 de junio de 1940, ya había advertido que «si iniciamos una pelea entre el pasado y el presente, descubriremos que hemos perdido el futuro». En sus escritos, por lo tanto, recurrió a la diplomacia y quitó hierro a los desacuerdos. Contó que su referencia a ver la operación «cada vez más clara» debía entenderse «como un deseo de golpear con la mayor fuerza posible», afirmando que Montgomery nunca había amenazado con dimitir ni «se produjo nunca ninguna clase de confrontación con su Estado Mayor».

Probablemente, las protestas de Churchill solo sirvieron para promover más relatos sobre sus titubeos en torno del Día D. Con el tiempo se fue dando a conocer más información acerca de los debates que se mantenían en la cumbre. Las memorias de lord Alanbrooke, el general De Gaulle, lord Moran y sir Alexander Cadogan se añadieron a una lista de publicaciones creciente. La desclasificación de nuevos materiales históricos reveló asimismo la extensión y complejidad de muchas de las discusiones de la guerra.

Este libro no ha pretendido exonerar a Churchill de todo lo que hizo. Es imposible saber con certeza si los Aliados británicos y estadounidenses habrían obtenido resultados mejores o peores de haber seguido una estrategia distinta. Lo que se ha aspirado a hacer aquí es situar las decisiones y acciones de Churchill en su contexto y mostrar los múltiples factores y personas que matizaron su manera de ver esta operación crucial.

Sin duda la primera guerra mundial había influido en él con el deseo de evitar un derramamiento de sangre similar al del estancamiento de las trincheras en Francia, lo cual habría sido catastrófico para el país y, por supuesto, también para su propio gobierno.

Estaba resuelto a preservar el Imperio británico. En 1940, fuera quien fuese el primer ministro, se habría visto obligado a pensar en la defensa de Egipto, Malta y Palestina, y las rutas a Canadá, la India, Australia del Sur y Nueva Zelanda; pero, además, a Churchill le impulsaba el deseo claro de no ser quien presidiera la liquidación del Imperio, y su posición política en el Mediterráneo y los Balcanes se caracterizaba por una doble orientación: una claramente imperial, otra antisoviética. Todo esto contribuyó a que Churchill defendiera seguir combatiendo en esos teatros incluso cuando se había decidido asaltar el norte de Francia; y ayuda a explicar por qué le disgustaba la «tiranía de Overlord».

A pesar de todo esto, según le dijo a su amigo Smuts, entendía la relación con Estados Unidos y el compromiso con Overlord como «la piedra angular de la cooperación anglo-estadounidense». Las grandes decisiones se debatieron con Roosevelt y el Comité Combinado y se adoptaron por motivos estratégicos razonados. Las operaciones del norte de África y Sicilia adquirieron un impulso propio y retrasaron más el Día D, pero se lanzaron porque aún no se cumplían las condiciones imprescindibles para asaltar Normandía, porque se creía que una acometida frontal en Francia implicaba aún unos riesgos inasumibles, y porque no hacer nada mientras se preparaban para asaltar el país galo resultaba inaceptable desde los puntos de vista político y militar. Era necesario vencer en la batalla del Atlántico, hacerse con el dominio del aire y aislar y debilitar al enemigo.

En el Día D en sí mismo, Churchill —por mucho que se esforzó por disponer de un asiento de primera fila en un buque británico— no tuvo más remedio que aguardar desde Londres a recibir noticias de la batalla. No cabe duda de que la acumulación de tropas y materiales en preparación de los desembarcos había resultado ser un período especialmente estresante. No poseía las mismas reservas de energía que en 1940, pero los nervios tampoco lo habían convertido en un despojo. Las semanas anteriores a Overlord lo vieron interesarse por todos los aspectos de la operación y usar su poder de convocatoria para asegurarse de que los objetivos de producción se cumplían y la seguridad no se ponía en entredicho. Aunque a menudo se lo ha calificado de belicoso, Winston siempre se preocupó por minimizar las bajas, tanto en las fuerzas armadas como entre los civiles franceses. Si bien mareó repetidamente al Gabinete de Guerra y los jefes del Estado Mayor, criticó la cantidad de vehículos que se preveía usar, despotricó contra De Gaulle y se negó a acomodarse al plan de bombardear los centros de distribución ferroviaria, todo esto lo hizo motivado por el afán de reducir las bajas y garantizar el éxito. Era su trabajo, ¿no?

En la actualidad es infrecuente que se hable de Churchill en relación con el Día D. La historia suele centrarse en su participación en los hechos de 1940. En ocasiones, es mencionado en relación con los puertos Mulberry y, con más frecuencia, es criticado por haber intentado retrasar u obstaculizar la operación. Lo que esperamos haber mostrado en estas páginas es que interpretó un papel crucial en la programación temporal y la naturaleza de Overlord. Desde luego no estaba solo, sino que trabajaba con otros (aunque no siempre en armonía); su estado de ánimo y su motivación fue variando al hilo de los acontecimientos, pero desempeñó un papel crucial a la hora de crear las alianzas y la estructura que facilitaron la liberación de Francia.

Desde nuestro presente podemos afirmar que el Día D fue un gran logro. Sin embargo, en su momento, Churchill, Eisenhower y los demás comandantes no podían tener la certeza de que fuera a resultar así. Era una operación colosal de la que dependían muchas cosas. Sin duda cabe perdonar a Churchill por sus titubeos y por no haber querido jugárselo todo a una única carta. Al final, Overlord solo puede juzgarse a partir de su éxito y Churchill fue uno de sus arquitectos.

¿Qué podemos decir sobre algunas otras figuras de este libro? Hughes-Hallett acabó su carrera en 1954, con el rango de vicealmirante. Tony Hugill se casó con una de las *wrens* del almirante Ramsay y utilizó el adelanto de sus memorias de guerra para costear el anillo de compromiso. Tanto Christian Oldham como Joan Bright renunciaron a sus empleos al casarse, como acostumbraba hacerse en la época. Geoffrey Pyke siguió proponiendo ideas poco convencionales, pero no tuvo éxito y en 1948 se quitó la vida; el obituario de *The Times* lo calificó como «una de las figuras más originales y menos reconocidas del siglo». Percy Hobart se retiró del ejército. Churchill le escribió una carta de referencias para ayudarle a ocupar la cátedra Chichele de Guerra en la Universidad de Oxford, pero no lo consiguió. Basil Liddell Hart siguió gozando de una carrera de éxito como historiador y comentarista militar: el Centro Liddell Hart de Archivos Militares del King's College de Londres, que aún lleva su nombre, custodia tanto sus documentos como los de Alanbrooke, Ironside y otros. Jock Colville fue nombrado secretario privado de la princesa Elizabeth —la futura reina Isabel II— y, entre 1951 y 1955, volvió a Downing Street para servir de nuevo a Churchill, en tanto que secretario privado principal adjunto. Roland MacKenzie regresó a Canadá, retomó la carrera en la banca y no habló de la guerra casi nunca. Stan Hollis tomó la gestión de un pub. T. L. Rodgers fue enterrado temporalmente en un cementerio de Francia, hasta que sus restos volvieron al condado de Covington (Alabama), donde recibió sepultura en la tumba de la familia en el cementerio de la Iglesia Baptista de Carolina. Sus historias, como la de Churchill, son hilos que se juntan para formar un tapiz mayor.

Lo cual nos devuelve al Churchill College de Cambridge, y a otra obra de arte colgada en la pared, en este caso en la biblioteca central. En 1961 el general De Gaulle regaló al colegio un tapiz magnífico, extenso y colorido de Jean Lurçat, titulado *Étoile de Paris* [*Estrella de París*]. Con una imaginería exhuberante, celebra la liberación de la capital francesa en 1945. En una de las esquinas superiores se bordó la frase «Paris, soi-meme liberé» («París, liberada por sí misma»). Aunque esto reconoce el papel de De Gaulle y la resistencia francesa, así como el hecho literalmente cierto de que se permitió que las tropas francesas entraran las primeras en la ciudad, sin duda Churchill no habría estado de acuerdo. La liberación frente a los alemanes era un tapiz con muchos hilos constituyentes. Él mismo había interpretado un papel crucial a la hora de reunirlos.

Si cupiera resumir en una sola frase breve todos los temores e inquietudes de Winston Churchill sobre la propuesta de invadir el continente europeo desde el sur de Inglaterra, valdría el comentario que le dirigió a su amada Clemmie en la tarde del 5 de junio de 1944: «¿Te das cuenta de que, cuando te despiertes por la mañana, es posible que hayan muerto veinte mil hombres?».

Este era el «perro negro» que representaba la angustia que le habían provocado las cicatrices y los recuerdos de Galípoli en 1915-1916, la inepcia de la campaña noruega de 1940 y el desastre de Dieppe en 1942. La responsabilidad no solo por la seguridad de la nación, sino también por las vidas de los demás, pesaba sobremanera en los hombros de Churchill. Al final, entre los 133.000 hombres y mujeres que desembarcaron el 6 de junio de 1944, hubo unas once mil bajas, con unos tres mil ochocientos fallecidos en las primeras veinticuatro horas. Entre las fatalidades figuraba algo menos de un millar de militares británicos: soldados, marinos, aviadores e infantes de Marina. Pero según se ha descrito en el presente relato, el 6 de junio de 1944 fue tan solo la primera jornada de la campaña de Normandía, que duró noventa días. Cuando se logró cruzar el río Sena y liberar París los Aliados habían acumulado cerca de un cuarto de millón de bajas, con casi cuarenta y cinco mil soldados británicos, estadounidenses, canadienses y polacos fallecidos entre las fuerzas de Tierra, y unos dieciséis mil entre las de Marina y Aire. En la población civil de Francia hubo un total de unos doce mil muertos y heridos. El ejército alemán informó de unas trescientas veinte mil bajas, entre ellas unos ciento cincuenta mil prisioneros. Todos los bandos pagaron un coste elevadísimo, en sangre y en dinero. Ochenta años después las generaciones más jóvenes consideran que es una cifra extraordinaria, del todo increíble.

El Día D se ha convertido no solo en un gran hito de las narraciones sobre la segunda guerra mundial, sino en un punto de inflexión de la historia global. Hasta que los Aliados occidentales lograron volver a Francia y exponer a los alemanes ante el dilema de una guerra europea con dos frentes, es razonable creer que la Alemania nazi podría haber defendido su Frente Oriental e impedir que la Unión Soviética se expandiera hacia el oeste. En esas circunstancias la Europa actual habría sido muy distinta de lo que es, con un Este comunista y un Oeste nacionalsocialista. Solo la determinación inflexible de los Aliados occidentales, encabezados por Gran Bretaña, de derrotar en primer lugar a Alemania y solo después a Japón logró que la segunda guerra mundial acabara con éxito. Desde su posición de aislamiento y soledad de junio de 1940, cuando se enfrentaba a la derrota, Churchill había organizado una alianza exitosa con la democracia estadounidense y un acuerdo con el régimen comunista de la Unión Soviética de Stalin, tal que se pudo expurgar de Europa la tiranía del nacionalsocialismo alemán y el fascismo italiano. El punto de inflexión fue Normandía.

Para desazón de los veteranos británicos que habían combatido en Normandía, y decepción de las familias de quienes habían luchado y perdido la vida en la campaña que inició la liberación de Europa, hasta 2021 Gran Bretaña no había levantado en Normandía ningún monumento que conmemorase el servicio y sacrificio de quienes lucharon desde las playas de los desembarcos hasta el río Sena. Esta omisión nacional se ha corregido al fin, aunque muy tarde. El monumento británico de Normandía se alza en la costa próxima al pueblo de Ver-sur-Mer, en un lugar que domina la playa de Gold —donde Stan Hollis se lanzó al asalto junto con sus camaradas de los Green Howards— cerca de Arromanches, cuyo puerto Mulberry acogió buena parte de la logística imprescindible para sostener la campaña. Este monumento recoge los nombres de los 22.442 militares —hombres y mujeres de más de veinte naciones— que perdieron la vida durante la campaña de Normandía bajo el mando británico. También hay un recuerdo a los civiles franceses que murieron en combate para que su país y Europa pudieran ser libres, con el *Liberté, égalité, fraternité* que es lema nacional de Francia. El monumento propone un espacio tranquilo en el que reflexionar sobre el sacrificio de los que murieron para llevar la paz y la libertad a Europa. También cuenta la historia del liderazgo británico de la campaña de Normandía: el liderazgo político y estratégico de Winston Churchill, el liderazgo operativo de Bernard Montgomery y el resuelto liderazgo táctico, sobre el campo de batalla, de miles de combatientes como Stan Hollis.

Nombres en clave

A Quemarropa Campaña Aliada de bombardeo estratégico de blancos económicos, industriales y militares alemanes, 1943-1944.

Almádena véase Sledgehammer

Antorcha Nombre en clave final para los desembarcos Aliados en las posesiones de Francia en el norte de África, noviembre de 1942.

Anvil véase Yunque

Arcadia Conferencia celebrada en Washington (D. C.) entre el 22 de diciembre de 1941 y el 14 de enero de 1942.

Bagratión Ofensiva soviética en el Frente Oriental, junio a agosto de 1944.

Ballena Muelles y calzadas flotantes de acero, usadas en los puertos artificiales.

Barbarroja Invasión alemana de la Unión Soviética, junio de 1941.

Bodyguard véase Guardaespaldas

Bolero Acumulación de fuerzas estadounidenses en el Reino Unido.

Bombardones Cruces de acero entrelazables para construir puertos artificiales.

Bonifacio Nombre en clave utilizado para proteger los datos de inteligencia obtenidos gracias al descifrado de los códigos alemanes.

Carne Picada	Plan de engaño mediante documentos colocados en un cadáver, con el fin de proteger los desembarcos Aliados en Sicilia, abril de 1943.
Chariot	véase Cuadriga
Cockade	véase Escarapela
Colchoneta	véase Lilo
Cuadrante	Conferencia de Quebec, 17-24 de agosto de 1943.
Cuadriga	Incursión británica contra los muelles de Saint-Nazaire, marzo de 1942.
Dínamo	Evacuación de las fuerzas británicas y francesas de Dunkerque, mayo-junio de 1940.
Dragón (Dragoon)	Nombre final para la liberación Aliada del sur de Francia, agosto de 1944.
Ejercicio del Weser	véase Weserübung
Epsom	Ofensiva británica en Normandía, junio de 1944.
Escarapela	Nombre genérico para una serie de operaciones de distracción de los Aliados en 1943.
Eureka	Conferencia de Teherán, 28 de noviembre a 1 de diciembre de 1943.
Fénix	Grandes unidades de hormigón hueco, hundidas para formar puertos y rompeolas artificiales.
Fortitude	véase Robustez
Gimnasta (Gymnast)	Nombre en clave inicial de los británicos para una operación contra las posesiones francesas del norte de África.
Gold	Playa situada entre Arromanches-les-Bains y La Rivière, conquistada por los británicos en junio de 1944.
Goodwood	Intento británico de salir de Normandía, julio de 1944.
Gooseberry	Rompeolas artificial.
Grosella	véase Gooseberry
Guardaespaldas	Nombre genérico para todos los planes de distracción y engaño con los que se buscaba proteger la liberación Aliada de Normandía en 1944.
Habbakuk	Propuesta de construir portaaviones a partir de una mezcla de hielo y pulpa de madera, conocida como *pykrete*. No se llevó a la práctica.

Husky Operación Aliada contra Sicilia, julio de 1943.

Impensable Plan para una propuesta de operación militar contra la Unión Soviética, mayo de 1945, que no se llegó a emprender.

Jubileo (Jubilee) Fallida incursión británico-canadiense contra Dieppe, 19 de agosto de 1942.

Juno Playa situada entre La Rivière y Saint-Aubin-sur-Mer, conquistada por británicos y canadienses en junio de 1944.

Júpiter Nombre en clave británico para una propuesta de operación contra el norte de Noruega, que no se llegó a emprender.

Lieja véase Lüttich

Lilo Propuesta de crear rompeolas artificiales mediante tuberías de aire compromido, que no se llevó a la práctica.

Lüttich Contraataque alemán en las inmediaciones de Mortain, agosto de 1944.

Mincemeat véase Carne Picada

Mora véase Mulberry

Mulberry Puerto artificial.

Neptuno Operación naval de traslado de las fuerzas Aliadas a través del canal de la Mancha, junio de 1944.

Omaha Playa situada entre Vierville-sur-Mer y Colleville-sur-Mer, conquistada por los estadounidenses, junio de 1944.

Overlord Nombre genérico para la liberación Aliada de Francia a través de Normandía, junio de 1944.

Pointblank véase A Quemarropa

Redada véase Roundup

Robustez Norte Engaño concebido para sugerir que los Aliados atacarían Escandinavia; parte de Guardaespaldas.

Robustez Sur Engaño concebido para sugerir que los Aliados desembarcarían por segunda vez en la región francesa del Paso de Calais, en 1944; parte de Guardaespaldas.

Roundup Nombre inicial para la operación Aliada a gran escala en Francia, 1942-1943.

Símbolo Conferencia de Casablanca, 14 y 24 de enero de 1943.

Sledgehammer Nombre de la propuesta de operación Aliada en Francia, 1942-1943.

Starkey Engaño relativo a un supuesto asalto a gran escala contra Boulogne, agosto-septiembre de 1943; parte de Escarapela.

Sword Playa situada entre Saint-Aubin-sur-Mer y el río Orne, conquistada por los británicos, junio de 1944.

Tentáculo Propuesta de pista de aterrizaje flotante artificial, que no se puso en práctica.

Tigre Simulacro militar a gran escala para el Día D, abril de 1944.

Tindall Engaño que sugería que cinco divisiones zarparían de Escocia contra Stavanger, en Noruega, 1943.

Torch véase Antorcha

Totalizar Intento canadiense de abrir una brecha de salida de Normandía, agosto de 1944.

Tridente Tercera Conferencia de Washington, 12-25 de mayo de 1943.

Ultra Datos de inteligencia obtenidos al descifrar los códigos alemanes.

Unternehmen Barbarossa Operación militar propuesta contra la Unión Soviética, mayo de 1945. No realizado. Véase Barbarroja

Utah Playa situada entre Saint-Martin-de-Varreville y Pouppeville, conquistada por los estadounidenses, junio de 1944.

Wadham Engaño que sugería el asalto de dos divisiones estadounidenses contra Bretaña, 1943.

Weserübung Invasión alemana de Dinamarca y Noruega, abril de 1940.

Yunque Nombre en clave inicial de la liberación del sur de Francia por los Aliados.

Acrónimos y términos que requieren explicación

CAC	Centro de Archivos de Churchill del Churchill College, Cambridge.
COSSAC	Siglas inglesas de «jefe del Estado Mayor del Comandante Supremo Aliado».
DD Sherman	Modelo de tanques anfibios usados por los Aliados el Día D. DD son las siglas del sistema *Duplex Drive.*
DÍA D	Día de inicio de una operación. La *D* significa «día».
Duck	Vehículo anfibio de seis ruedas. El nombre *Duck* («pato») es una forma popular del oficial, DUKW.
E-Boat	Denominación habitual de una *Schnellboot* entre los soldados ingleses.
Edecán	Del francés *aide de Camp*, ayudante de campo, asistente personal de un oficial destacado.
FUSAG	Primer Grupo de Ejércitos de Estados Unidos.
Jefe del Estado Mayor	General Imperial Jefe del ejército británico.
HORA H	Hora de inicio de una operación. La *H* significa «hora».
LCS	Siglas inglesas de la Sección de Control de Londres, unidad que planeaba operaciones de engaño y distracción.
MI	Siglas inglesas de Inteligencia Militar (como en MI-5 o MI-6).
MI(R)	Sección de Investigación (*Research*) del MI.
MI5	Servicio de Seguridad del Reino Unido, en labores de contraterrorismo y seguridad interior.

MI6	Servicio de Inteligencia Especial del Reino Unido, dedicado al espionaje en el extranjero.
Pluto	Siglas de «pipeline under the ocean», cañería suboceánica.
PWE	Siglas inglesas de la Dirección de Guerra Política, en labores de propaganda británica y castigo de la moral del enemigo.
Schnellboot (S-Boot)	Torpedera rápida alemana.
SHAEF	Siglas del «cuartel general supremo de la Fuerza Expedicionaria Aliada».
SOE	Siglas inglesas de la Dirección de Operaciones Especiales, encargada de las operaciones de guerrilla tras las líneas enemigas.
TNA	Archivos Nacionales del Reino Unido, Kew.
U-Boot	Submarino alemán.
V1	Bomba volante sin piloto de fabricación alemana. La *V* es la inicial de *Vergeltungswaffe* («arma de represalia, de venganza»).
V2	Misil alemán propulsado por cohetes. La *V* es la inicial de *Vergeltungswaffe* («arma de represalia, de venganza»).
Wren	Mujer integrante del WRNS, el Servicio Femenino de la Marina Real británica.

Unidades del ejército Aliado

Batallón	Con hasta mil hombres, se divide en compañías y normalmente está al mando de un teniente coronel.
Brigada	Compuesta por dos o más batallones o regimientos, normalmente está al mando de un general de brigada.
Cuerpo	Compuesto por dos o más divisiones, normalmente está al mando de un teniente general.
División	Compuesta por varios regimientos o brigadas, normalmente está al mando de un general de división.
Regimiento	Unidad organizativa permanente del ejército, que normalmente se divide en batallones y está al mando de un coronel. Los regimientos se combinan con fines operativos para formar brigadas o divisiones, según requieran las circunstancias. En el ejército de Tierra británico el término «regimiento» posee dos significados. La organización de la infantería en tiempos de paz se hace en regimientos que pueden contar con muchos batallones, que luego luchan integrados en brigadas (véase más arriba). El segundo significado se aplica a algunas unidades de artillería, ingeniería, comunicaciones o logística que se denominan «regimientos» con el sentido en que en infantería se habla de batallones.

Agradecimientos

Las cartas y el diario del rey Jorge VI se reproducen con permiso de Su Majestad el rey Carlos III. Las citas de los discursos, los libros y otros escritos de sir Winston Churchill se reproducen con permiso de Curtis Brown, de Londres, en nombre del Patrimonio de Winston S. Churchill (© The Estate of Winston S. Churchill). Esta obra contiene información del sector público británico, licenciada bajo la licencia Open Government Licence (v3.0) y materiales con *copyright* del Parlamento británico, licenciado también bajo la Open Parliament Licence (v3.0). Las imágenes de los documentos de la colección de Documentos de Churchill se reproducen con el permiso de la Fundación Archivos de sir Winston Churchill. Las imágenes y citas de otras colecciones del Centro de Archivos de Churchill se reproducen con el permiso del Churchill College de Cambridge y de los titulares de los derechos de reproducción correspondientes, cuando se tiene noticia de ellos. Los extractos de los diarios de sir Alan Lascelles se publican aquí gracias a la amable autorización del Patrimonio de sir Alan Lascelles, que agradecemos. Las citas extensas de las fuentes secundarias se reproducen con el permiso de los titulares de los derechos de reproducción correspondientes, cuando se sabe de ellos. En particular, queremos dar las gracias a David Eisenhower, Christian Lamb, las hijas de Hugh Lunghi, Roddy MacKenzie, los nietos del almirante sir Bertram Ramsay, Charles Tilbury, el Patrimonio Wavell y James Wilson. Las citas de *The Deception Planners: My Secret War*, de Dennis Wheatley, se reproducen con permiso de Peters Fraser and Dunlop (www.petersfraserdunlop.com) en nombre del Patrimonio de Dennis Wheatley.

Los autores quieren dar las gracias a Rupert Lancaster de Hodder & Stoughton, Charlie Viney de la Agencia Viney, y Gordon Wise, de Curtis Brown. David Boler y Amanda Jones han tenido la amabilidad de leer el manuscrito. Christopher Knowles, del Centro de Archivos de Churchill, copió muchas de las imágenes; Christian Lamb tuvo la gentileza de hablar sobre las experiencias que vivió durante la guerra y Russell Riley nos sugirió incluir a su pariente T. L. Rodgers.

Notas

Capítulo 1. La enorme ventaja de la perspectiva

1. Ejército de Tierra de Estados Unidos, Centro de Historia Militar, https://history.army.mil/books/wwii/100-11/ch4.htm.
2. Para toda esta declaración de Churchill ante la Cámara de los Comunes, el 6 de junio de 1944, véase el *Hansard*, serie 5, vol. 400, cc1207-1211.
3. W. S. Churchill, *The Second World War*, vol. 5, p. 558.
4. W. S. Churchill, *The World Crisis*, vol. 2, p. 498.
5. Puede consultarse una copia del documento original en la Colección de Documentos Adquiridos del Centro de Archivos de Churchill (CAC, Documentos Churchillianos Adquiridos, CHAQ 1/5/3). En W. S. Churchill, *The Second World War* se publicó una versión revisada (véase aquí vol. 2, p. 215).
6. W. S. Churchill, *The Second World War*, vol. 5, p. 514.
7. M. Hastings, *Finest Years: Churchill as Warlord*, p. xx.
8. W. S. Churchill, *The Second World War*, vol. 2, p. 224.

Capítulo 2. Lidiar con la derrota

1. W. S. Churchill, *The Second World War*, vol. 2, p. 38.
2. Diario inédito de Leo Kennedy, 4 de mayo de 1940. CAC, Documentos de Leo Kennedy, LKEN 1/23.
3. J. Wheeler-Bennett (ed.), *Action This Day: Working with Churchill*, p. 161.
4. H. Ismay, *The Memoirs of General the Lord Ismay*, p. 120.
5. H. Nicolson, *Harold Nicolson: Diaries and Letters 1930-1964*, p. 181.
6. W. S. Churchill, *The Second World War*, vol. 2, p. 143.

7. W. S. Churchill (ed.), *Never Give In*, p. 214.
8. CAC, Documentos de Churchill, CHAR 23/2.
9. CAC, Documentos de Churchill, CHAR 9/140A, reproducido asimismo en W. S. Churchill (ed.), *Never Give In*, pp. 228-229.
10. E. Soames (ed.), *Mary Churchill's War*, p. 37.
11. W. S. Churchill, *The Second World War*, vol. 2, p. 214.
12. J. Bright Astley, *The Inner Circle*, p. 13.

Capítulo 3. Discusiones con los Aliados

1. J. Colville, *The Fringes of Power*, p. 624.
2. CAC, Documentos de Churchill, CHAR 9/141A, publicado también en W. S. Churchill (ed.), *Never Give In*, p. 245.
3. W. S. Churchill, *The Second World War*, vol. 3, p. 331.
4. W. S. Churchill, *The Second World War*, vol. 3, p. 539.
5. CAC, Documentos de Churchill, CHAR 20/52/29.
6. Lord Moran, Winston Churchill: The Struggle for Survival 1940-1965, p.12.
7. Transcripción de una entrevista inédita con Joan Bright Astley. CAC, Documentos de Brendon, BREN 1/12.
8. CAC, Documentos de Churchill, CHAR 20/52/33.
9. D. Dilks (ed.), *The Diaries of Sir Alexander Cadogan*, pp. 432-433.
10. Transcripción de una entrevista inédita con Joan Bright Astley. CAC, Documentos de Brendon, BREN 1/12.
11. TNA, Oficina del Gabinete, actas del Comité de Defensa (Operaciones), CAB 69/4.
12. TNA, Oficina del primer ministro, PREM 3/333/2.
13. H. Butcher, *Three Years with Eisenhower*, p. 7.
14. H. Butcher, *Three Years with Eisenhower*, p. 20.
15. TNA, Oficina del primer ministro, PREM 3/333/1.
16. Memorias del vicealmirante John Hughes-Hallett. CAC, HUHT. Publicadas con el título de *From Dieppe to D-Day*, p. 45.
17. P. Ziegler, *Mountbatten*, p. 346.
18. P. Kennedy, *Engineers of Victory*, p. 234.
19. «Ballade of the Second Front», general Wavell. En O. Humphrys, *Wavell in Russia*, p. 83.
20. CAC, Documentos de Jacob, JACB 1/16.
21. TNA, Oficina del Gabinete, Acta de la conferencia celebrada en Casablanca, CAB 99/24.
22. D. Wheatley, *The Deception Planners*, p. 122.

Capítulo 4. No va a funcionar, pero tiene que hacerlo usted de perlas

1. A. Danchev y D. Todman (eds.), *War Diaries 1939-1945: Field Marshal Lord Alanbrooke*, p. 472.
2. F. Morgan, *Peace and War*, p. 155.
3. TNA, Oficina del primer ministro, PREM 3/333/4.
4. TNA, Oficina del primer ministro, PREM 3/333/15.
5. F. Morgan, *Peace and War*, p. 156.
6. F. Morgan, *Peace and War*, pp. 158-159.
7. D. Eisenhower, *Crusade in Europe*, p. 99.
8. W. S. Churchill, *The Second World War*, vol. 2, p. 529.
9. W. S. Churchill, *My Early Life, p.* 27.
10. W. S. Churchill, *The Second World War*, vol. 3, pp. 100-101.
11. C. Lamb, *Beyond the Sea: A Wren at War*, p. 119.
12. TNA, Oficina del Gabinete, Acta de la Conferencia de Casablanca, CAB 99/24.
13. C. Lamb, *Beyond the Sea: A Wren at War*, p. 184.
14. W. S. Churchill, *The Second World War*, vol. 5, p. 69.
15. Cifras tomadas de un documento del 1 de marzo de 1944. CAC, Documentos de Bufton, BUFT 3/44.
16. R. MacKenzie, *Bomber Command: Churchill's Greatest Triumph*, p. 28.
17. R. MacKenzie, *Bomber Command: Churchill's Greatest Triumph*, p. 135.
18. TNA, Oficina del primer ministro, PREM 3/333/3.
19. TNA, Oficina del primer ministro, PREM 3/333/3.
20. W. S. Churchill, *The Second World War*, vol. 5, p. 69.
21. Las cifras de las naves de desembarco se toman de S. W. Roskill, *The War at Sea*, vol. 3, parte 2, p. 19, y C. Barnett, *Engage The Enemy More Closely*, pp. 813-814.
22. W. S. Churchill (ed.), *Never Give In*, p. 341.
23. R. S. Carter, *Those Devils in Baggy Pants*, p. 159.
24. CAC, Documentos de Churchill, CHAR 20/120/45-46.
25. CAC, Documentos de Churchill, CHAR 20/120/59-60.
26. Carta de Winston a Clementine Churchill, 26 de noviembre de 1943. CAC, Documentos de la baronesa Spencer-Churchill, CSCT 2/32. Publicada en M. Soames, *Speaking for Themselves*, pp. 487-488.
27. W. S. Churchill, *The Second World War*, vol. 5, p. 116.
28. J. Wheeler-Bennett (ed.), *Action This Day*, p. 96.

Capítulo 5. La mentira como guardaespaldas

1. W. S. Churchill, *The Second World War*, vol. 5, p. 338.
2. J. Bright Astley, *The Inner Circle*, p. 66.
3. D. Wheatley, *The Deception Planners*, p. 20.
4. D. Wheatley, *The Deception Planners*, p. 84.
5. CAC, Documentos de Churchill, CHAR 9/204A/79.

Capítulo 6. «Moras» y «Grosellas»

1. W. S. Churchill, *The Second World War*, vol. 5, pp. 542-543.
2. C. Moran, *Winston Churchill: The Struggle for Survival 1940-1965*, p. 151.
3. W. S. Churchill, *A Thread in the Tapestry*, p. 77.
4. W. S. Churchill, *The Second World War*, vol. 5, p. 393.
5. CAC, Documentos de Churchill, CHAR 20/179/15-17.
6. Puede consultarse una copia del documento original en la Colección de Documentos Adquiridos del Centro de Archivos de Churchill (CAC, Documentos Churchillianos Adquiridos, CHAQ 1/5/3). En W. S. Churchill, *The Second World War* se publicó una versión revisada (véase a este respecto el vol. 2, p. 216).
7. CAC, Documentos Adicionales de Churchill, WCHL 13/4. Publicado asimismo en W. S. Churchill, *The Second World War*, vol. 5, p. 66, con la reproducción facsimilar parcial del original.
8. TNA, Oficina del primer ministro, PREM 3/216/1.
9. TNA, Oficina del primer ministro, PREM 3/216/1.
10. Memorias del vicealmirante John Hughes-Hallett. CAC, HUHT. Publicadas como *From Dieppe to D-Day*, p. 107.
11. Memorias del vicealmirante John Hughes-Hallett. CAC, HUHT. Publicadas como *From Dieppe to D-Day*, p. 118.
12. Se ha apuntado que el nombre fusiona *Pyke* + *concrete*, por lo que en (los países donde no se habla de *concreto*) este curioso hormigón sería algo así como el *pykigón*. En este asunto abundaron los juegos de palabras. Además del «maródromo» («aeródromo de mar») que se mencionará en breve, el portaaviones de hielo reforzado se ha bautizado como *shipberg*, una especie de iceberg donde el *ice*, «hielo», hace funciones de *ship*, «barco». (*N. del t.*)
13. CAC, Documentos de Churchill, CHAR 2/103/53-56.
14. CAC, Documentos de Churchill, CHAR 20/67/7.
15. CAC, Documentos de Churchill, CHAR 20/161/113-114.
16. H. Butcher, *Three Years with Eisenhower*, p. 463.
17. D. Eisenhower, *Crusade in Europe*, p. 269.
18. W. S. Churchill, *The Second World War*, vol. 5, p. 544.

Capítulo 7. Confinamiento

1. Telegrama de Churchill a Ismay, 4 de enero de 1944. CAC, CHAR 20/179/34.
2. CAC, Documentos de Churchill, CHAR 20/137A/18-20.
3. Gobierno autónomo de Escocia subordinado al del Reino Unido, anterior al establecimiento del sistema actual de Parlamento y gobierno escoceses. (*N. del t.*)
4. TNA, Oficina del primer ministro, PREM 3/345/4.
5. *Hansard*, 14 de marzo de 1944, serie 5, vol. 398, cc36-38.
6. TNA, Oficina del primer ministro, PREM 3/345/7.
7. TNA, Oficina del primer ministro, PREM 3/345/8.
8. TNA, Oficina del primer ministro, PREM 3/345/8.
9. TNA, Oficina del primer ministro, PREM 3/345/8.
10. B. Liddell Hart, «The Military Strategist», en A. J. P. Taylor *et al.* (eds.), *Churchill: Four Faces and the Man*, p. 196.
11. TNA, Oficina del primer ministro, PREM 3/345/2.
12. E. Soames (ed.), *Mary Churchill's War*, p. 259.
13. D. Dilks (ed.), *The Diaries of Sir Alexander Cadogan*, pp. 611 y 621.
14. A. Danchev y D. Todman (eds.), *War Diaries 1939-1945: Field Marshal Lord Alanbrooke*, p. 544.
15. D. Eisenhower, *Crusade in Europe*, p. 266.
16. Transcripción de una entrevista inédita con Joan Bright Astley. CAC, Documentos de Brendon, BREN 1/12.

Capítulo 8. Hasta el último gramo de la fuerza disponible

1. TNA, Oficina del primer ministro, PREM 3/334/2.
2. CAC, Documentos de Bufton, BUFT 3/44.
3. CAC, Documentos de Churchill, CHAR 9/141A/57. Publicado asimismo en W. S. Churchill (ed.), *Never Give In*, pp. 244-245.
4. TNA, Oficina del primer ministro, PREM 3/334/2.
5. TNA, Oficina del primer ministro, PREM 3/334/2.
6. TNA, Oficina del primer ministro, PREM 3/334/2.
7. TNA, Oficina del primer ministro, PREM 3/334/2.
8. TNA, Oficina del primer ministro, PREM 3/334/1.
9. TNA, Oficina del primer ministro, PREM 3/334/2.
10. TNA, Oficina del primer ministro, PREM 3/334/2.
11. TNA, Cabinet Office, Actas del Gabinete de Guerra, CAB 65/16.
12. TNA, Oficina del primer ministro, PREM 3/334/3.
13. CAC, Documentos de Churchill, CHAR 20/164/77.

14. TNA, Oficina del primer ministro, PREM 3/334/4.
15. TNA, Oficina del primer ministro, PREM 3/334/4.
16. Archivos Reales, PS/PSO/GVI/C/069.
17. D. Hart-Davis (ed.), *King's Counsellor*, p. 224.
18. CAC, Documentos de Hugill, HUGL 1.

Capítulo 9. Este momento agónico

1. G. Pawle, *The War and Colonel Warden*, p. 302.
2. CAC, Documentos de Churchill, CHAR 20/136/4.
3. CAC, Documentos de Churchill, CHAR 20/136/6-8.
4. J. Bright Astley, *The Inner Circle: A view of war at the top,* p. 144.
5. CAC, Documentos de Hugill, HUGL 1.
6. CAC, Documentos de Lawford, LWFD 1.
7. CAC, Documentos de Lawford, LWFD 1.
8. Ch. De Gaulle, *War Memoirs: Unity 1942-1944* (traducción de R. Howard), p. 227.
9. TNA, Oficina del primer ministro, PREM 3/345/1.
10. CAC, Documentos de Hugill, HUGL 1.
11. TNA, Oficina del Gabinete, Actas del Gabinete de Guerra, CAB 65/46.
12. TNA, Oficina del primer ministro, PREM 3/339/6.
13. R. Love y J. Major (eds.), *The Year of D-day: The 1944 Diary of Admiral Sir Bertram Ramsay*, p. 83.
14. A. Danchev y D. Todman (eds.), *War Diaries 1939-1945: Field Marshal Lord Alanbrooke*, p. 554.
15. Biblioteca Presidencial de Eisenhower, documentos en línea consultados en octubre de 2023.

Capítulo 10. Empezaremos la guerra desde aquí

1. B. Montgomery, *Memoirs*, p. 253.
2. D. Hart-Davis (ed.), *King's Counsellor*, p. 231.
3. TNA, Oficina del primer ministro, PREM 3/339/13.
4. Para esta segunda declaración de Churchill ante la Cámara de los Comunes, el 6 de junio de 1944: *Hansard*, serie 5, vol. 400, cc 1323-1324.
5. Ch. De Gaulle, *War Memoirs: Unity 1942-1944* (traducción de R. Howard), p. 230.
6. A. Eden, *The Reckoning*, p. 456.
7. CAC, Documentos de Churchill, CHAR 20/166/19-21.

8. CAC, Documentos de Churchill, CHAR 20/166/82-83.
9. CAC, Documentos de Churchill, CHAR 20/152/6.
10. CAC, Documentos de Churchill, CHAR 20/166/79.
11. V. Cowles, *Winston Churchill: The Era and the Man*, Hamish Hamilton, 1953, p. 344.
12. CAC, Documentos de Churchill, CHAR 20/152/6.
13. *Hansard,* serie 5, vol. 400, cc1522.
14. CAC, Documentos de Churchill, CHAR 20/152/6.
15. TNA, Oficina del primer ministro, PREM 3/339/11.
16. W. S. Churchill, *The Second World War*, vol. 6, p. 11.
17. A. Danchev y D. Todman (eds.), *War Diaries 1939-1945: Field Marshal Lord Alanbrooke*, p. 557.
18. G. Pawle, *The War and Colonel Warden*, p. 303.
19. CAC, Documentos de Churchill, CHAR 20/137C/288.

Capítulo 11. La tiranía de Overlord

1. A. Danchev y D. Todman (eds.), *War Diaries 1939-1945: Field Marshal Lord Alanbrooke*, p. 565.
2. R. Hastings, *An Undergraduate's War*, p. 126.
3. A. Danchev y D. Todman (eds.), *War Diaries 1939-1945: Field Marshal Lord Alanbrooke*, p. 560.
4. A. Danchev y D. Todman (eds.), *War Diaries 1939-1945: Field Marshal Lord Alanbrooke*, p. 562.
5. TNA, Documentos de la Oficina del Gabinete, Reuniones de los Jefes de los Estados Mayores, CAB 79/76. Publicado en M. Gilbert y L. Arnn (eds.), *The Churchill Documents*, vol. 20, pp. 572-575.
6. CAC, Documentos de Churchill, CHAR 20/167/89.
7. A. Danchev y D. Todman (eds.), *War Diaries 1939-1945: Field Marshal Lord Alanbrooke*, p. 565.
8. A. Danchev y D. Todman (eds.), *War Diaries 1939-1945: Field Marshal Lord Alanbrooke*, p. 566.
9. Aunque propiamente una *Schanze* es un pequeño fortín o un reducto de campaña, la versión inglesa *Wolf's Lair* y su traducción española se han popularizado mucho. (*N. del t.*)
10. CAC, Documentos de Churchill, CHAR 9/200A/20-21, para un primer borrador del discurso. Publicado en R. Rhodes James, *Winston Churchill: His Complete Speeches*, vol. 6, p. 6972.
11. CAC, Documentos de Churchill, CHAR 9/200A/47-48, para un primer borrador del discurso. Publicado en R. Rhodes James, *Winston Churchill: His Complete Speeches*, vol. 6, p. 6980.

12. W. S. Churchill, *The Second World War*, vol. 6, p. 51.
13. W. S. Churchill, *The Second World War*, vol. 6, p. 62.
14. CAC, Documentos de la baronesa Spencer-Churchill, CSCT 2/33.
15. Salmos 24:8 (se cita por la traducción de la CEE publicada por la BAC). (*N. del t.*)
16. Citado en A. Beevor, *D-Day*, p. 478.
17. Citado en A. Beevor, *D-Day*, p. 512.

Capítulo 12. Legados

1. Tomado del discurso de Churchill sobre «su hora más gloriosa», 18 de junio de 1940. Véase W. S. Churchill (ed.), *Never Give In*, p. 221.
2. CAC, Documentos de Churchill, CHAR 7/74B.
3. J. Bright Astley, *The Inner Circle: A view of war at the top*, p. 147.
4. E. Soames (ed.), *Mary Churchill's War*, p. 349.
5. C. Moran, *Winston Churchill: The Struggle for Survival 1940-1965*, p. 251.
6. H. Butcher, *Three Years with Eisenhower*, p. 64.

Lista de ilustraciones

Imágenes incluidas en el texto

tin, junio de 1942. CAC, Documentos de Martin, MART 4. Anónimo.

p. 106 Tabla que muestra la actividad de los submarinos alemanes, febrero a julio de 1942. Documentos de Churchill, CHAR 20/135/23. Copyright: Corona británica.

p. 124 Telegrama de Churchill a Eden, 29 de octubre de 1943. CAC, Documentos de Churchill, CHAR 20/122/78. Copyright: Corona británica.

p. 127 Primera y última página de una carta de Churchill a su esposa Clementine, 26 de noviembre de 1943. CAC, Documentos de la baronesa Spencer-Churchill, CSCT 2/32. Curtis Brown.

p. 134 Carta de Eisenhower a Churchill, 25 de marzo de 1944. CAC, Documentos de Churchill, CHAR 9/204B/175. Dominio público.

p. 140 Carta de Churchill al director de Correos, 16 de octubre de 1943. CAC, Documentos de Churchill, CHAR 20/94B/201. Copyright: Corona británica.

p. 142 Telegrama de Churchill a Montgomery, 28 de marzo de 1943. CAC, Documentos de Churchill, CHAR 20/108/121. Copyright: Corona británica.

p. 144 Telegrama del general Wavell a Churchill, 21 de mayo de 1942. CAC, Documentos de Churchill, CHAR 20/75/68. Copyright: Corona británica.

p. 154 Acta sobre el «Uso de muelles en las playas», con anotaciones de Churchill, 26 de mayo de 1942. CAC, Documentos Adicionales de Churchill, WCHL 13/4. Copyright: Corona británica.

p. 169 Documento preparado para los jefes del Estado Mayor, donde se detallan diversos requisitos para la construcción de puertos artificiales, 20 de enero de 1944. CAC, Documentos Churchillianos Adquiridos, 2/3/62/13. Copyright: Corona británica.

p. 178 Distribución de los asientos para la conferencia de la St. Paul's School sobre Overlord, 15 de mayo de 1944. CAC, Documentos de Churchill, CHUR 4/335/42. Curtis Brown.

p. 186 Telegrama de Churchill a Ismay, 4 de enero de 1944. CAC, Documentos de Churchill, CHAR 20/179/34. Copyright: Corona británica.

Imágenes del pliego inserto

p. 1 Arriba: Churchill con comandantes Aliados, 1943. CAC, Colección de fotografías de prensa de Churchill, CHPH 1A/F3/11. Copyright: Corona británica.

p. 1 Abajo: Sala de mapas de Churchill. CAC, Colección Broadwater, BRDW V 3/5/50. Curtis Brown.

p. 2 Arriba: Churchill pasa revista a paracaidistas estadounidenses,1944. Alamy Stock Photo/Keystone Press.

p. 2 Abajo: Ejercicio para la invasión, Kirkham Priory, Yorkshire, 1944. CAC, Colección Broadwater, BRDW V 3/5/52. Curtis Brown.

p. 3 Arriba: Con Monty, en France, 1944. CAC, Colección Broadwater, BRDW V 3/5/48. Curtis Brown.

p. 3 Abajo: Los comandantes supremos Churchill y Eisenhower, hacia 1945. CAC, Documentos de Kinna, KNNA 1/5. Copyright: desconocido; se cree que de la Corona británica, por ser una foto oficial de guerra.

p. 4 Arriba: El dominio de los mares. CAC, Documentos de Davis, WDVS 10/5/imagen 23925. Copyright: Corona británica.

p. 4 Centro: El dominio del aire. CAC, Documentos de Davis, WDVS 10/5/imagen 23096. Copyright: Corona británica.

p. 4 Abajo: Derribando el Muro Atlántico de Hitler, en 1944. CAC, Documentos de Davis, WDVS 10/5/imagen 23995. Copyright: Corona británica.

p. 5 Arriba: A punto para el desembarco, 1944. CAC, Documentos de Davis, WDVS 10/5/imagen 23997. Copyright: Corona británica.

p. 5 Centro: Antiaéreos y obstáculos en las playas, 1944. CAC, Documentos de Davis, WDVS 10/5/imagen 23993. Copyright: Corona británica.

p. 5 Abajo: El asalto de la costa, 1944. CAC, Documentos de Davis, WDVS 10/5. Copyright: Corona británica.

p. 6 Arriba, izquierda: Comandos en la playa, 1944. CAC, Documentos de Davis, WDVS 10/5/imagen 23944. Copyright: Corona británica.

p. 6 Centro, derecha: El general O'Connor, Churchill, Smuts, Montgomery y Brooke, 12 de junio de 1944. CAC, Colección

Bibliografía selecta

1. Fuentes primarias

Centro de Archivos de Churchill (CAC)

AMEL Documentos de Leopold Amery.
BREN Documentos del Dr. Piers Brendon (para una entrevista con Joan Bright Astley).
BUFT Documentos del vicemariscal del Aire Sydney Osborne Bufton.
CHAQ, CHAR y CHUR Documentos de sir Winston Churchill.
CLVL Documentos de sir John Colville.
CSCT Documentos de la baronesa (Clementine) Spencer-Churchill.
HHLT Documentos del vicealmirante John Hughes-Hallett.
HUGL Documentos de John Antony Crawford Hugill.
JACB Documentos de sir Ian Jacob.
LKEN Documentos de Leo Kennedy.
LWFD Documentos de Valentine Lawford.
MART Documentos personales de sir John Martin.
MISC 68 Copia del informe de inteligencia especial del Centro de Inteligencia Operativa «El uso de la inteligencia especial en conexión con la Operación

	Neptuno, enero de 1944-septiembre de 1944», 1945.
PYKE	Documentos de Geoffrey Pyke.
SELO	Documentos de lord Selwyn Lloyd.
WCHL	Materiales Adicionales de Churchill.
WDVS	Documentos del almirante sir William Davis.

Archivos Nacionales del Reino Unido

CAB 65	Actas del Gabinete de Guerra.
CAB 69	Actas del Comité de Defensa (Operaciones).
CAB 99/24	Actas de la conferencia de Casablanca, enero de 1943.
PREM 3	Oficina del primer ministro, documentos y correspondencia operativa.

Otros

Hansard	Actas de los debates parlamentarios.
Archivos Reales	Correspondencia del rey Jorge VI con Churchill.

2. Diarios publicados, memorias y fuentes primarias

Bright Astley, J., *The Inner Circle: A view of war at the top*, Hutchinson, 1971.

Butcher, H., *Three years with Eisenhower: the personal diary of Captain Harry C. Butcher, USNR, naval aide to General Eisenhower, 1942 to 1945*, Heinemann, 1946.

Carter, R. S., *Those Devils in Baggy Pants*, edición revisada, Jan-Carol Publishing, 2021.

Churchill, S., *A Thread in the Tapestry*, Deutsch, 1967.

—, *Keep on Dancing*, Weidenfeld & Nicolson, 1981,

Churchill, W. S, *The World Crisis*, 6 vols., Thornton Butterworth, 1923-1931. (Hay traducción castellana: *La crisis mundial 1911-1918*, DeBolsillo, 2014.)

—, *The Second World War*, 6 vols., Cassell, 1948-1954. (Hay traducción castellana: *La segunda guerra mundial*, La Esfera de los Libros, 2009.)

—, *Never Give In! The best of Winston Churchill's speeches*, Easton Press, 2003 (edición de su nieto). (Hay traducción castellana: *¡No nos rendiremos jamás! Los mejores discursos de Winston Churchill*, La Esfera de los Libros, 2005.)

Colville, J., *The Fringes of Power. Downing Street Diaries 1939-1955*, Hodder & Stoughton, 1985. (Hay traducción castellana: *A la sombra de Churchill. Diarios de Downing Street, 1939-1955*, Galaxia Gutenberg, 2007.)

Danchev, A. y Todman, D. (eds.), *War Diaries 1939-1945. Field Marshal Lord Alanbrooke*, Weidenfeld & Nicolson, 2001.

De Gaulle, C., *War Memoirs*, vol. II: *Unity*, trad. de Richard Harwood, Weidenfeld & Nicolson, 1959. (Hay traducción castellana: *Memorias de guerra. El llamamiento* (1940-1942); *La unidad* (1942-1944); *La salvación* (1944-1946), La Esfera de los Libros, 2005.)

Dilks, D. (ed.), *The Diaries of Sir Alexander Cadogan*, Cassell, 1971.

Eden, A., *The Eden Memoirs, The Reckoning*, Cassell, 1965. (Hay traducción castellana: *Memorias*, Noguer, 1960-1965, 3 vols.)

Eisenhower, D., *Crusade in Europe*, Heinemann, 1948. (Hay traducción castellana: *Cruzada en Europa*, Inédita, 2007.)

Gilbert, M. y Arnn, L. (eds.), *The Churchill Documents*, vol. 20, Hillsdale, 2018.

Grehan, J. (ed.), *Hitler's V-Weapons: The battle against the V-1 and V-2*, Frontline, 2020 (versión de la historia oficial).

Hart-Davis, D. (ed.), *King's Counsellor: Abdication and war: The diaries of Sir Alan Lascelles*, Weidenfeld & Nicolson, 2006.

Harvey, J. (ed.), *The Diplomatic Diaries of Oliver Harvey, 1937-1940*, Collins, 1970.

Hastings, R., *An Undergraduate's* War, Bellhouse Publishing, 1997.

Hickman, T., *Churchill's Bodyguard*, Headline, 2006 (basado en las memorias del inspector Walter Thompson).

Hughes-Hallett, J., *From Dieppe to D-Day: The Memoirs of Vice Admiral Jock Hughes-Hallett*, Frontline, 2023.

Ismay, H., *The Memoirs of General the Lord Ismay*, Heinemann, 1960.

Lamb, C., *Beyond the Sea. A Wren at War*, Mardle, 2021.

Love, R. y Major, J. (eds.), *The Year of D-day: The 1944 Diary of Admiral Sir Bertram Ramsay*, Hull University Press, 1994.

Macleod, R. y Kelly, D. (eds.), *The Ironside Diaries, 1937-1940*, Constable, 1962.

Macmillan, M., *War Diaries: Politics and War in the Mediterranean 1943-1945*, Macmillan, 1984.

Montgomery de El Alamein, *The Memoirs of Field-Marshal the Viscount Montgomery of El Alamein*, Collins, 1958. (Hay traducción castellana: *Memorias de guerra*, Tempus, 2010.)

Moran, lord, *Winston Churchill: The Struggle for survival 1940-1965*, Constable, 1966. (Hay traducción castellana: *Winston Churchill. Memorias de su médico. La lucha por la supervivencia, 1940-1965*, Taurus, 1967.)

Morgan, F., *Peace and War: A soldier's life*, Hodder & Stoughton, 1961.

Nel, E., *Mr Churchill's Secretary*, Hodder & Stoughton, 1958.

Nicolson, H., *Diaries and Letters 1930-1964*, Penguin, 1984.

Norwich, J. J. (ed.), *The Duff Cooper Diaries*, Weidenfeld & Nicolson, 2005.

Pawle, G., *The War and Colonel Warden*, Harrap, 1963 (basado en las memorias del comandante Thompson).

Rhodes James, R. (ed.), *Winston Churchill: His Complete Speeches*, 8 vols., Chelsea House, 1974.

Soames, E. (ed.), *Mary Churchill's War: The wartime diaries of Churchill's youngest daughter*, Two Roads, 2021.

Soames, M., *Speaking for Themselves: The personal letters of Winston and Clementine Churchill*, Doubleday, 1998.

Spears, E., *Assignment to Catastrophe*, 2 vols., Heinemann, 1954.

Wheatley, D., *The Deception Planners: My secret war*, Hutchinson, 1980.

Wheeler-Bennett, J. (ed.), *Action This Day*, Macmillan, 1968 (memorias del equipo de Churchill en Downing Street).

3. Fuentes secundarias publicadas

Barnett, C., *Engage the Enemy More Closely: The Royal Navy in the Second World War*, Hodder and Stoughton, 1991.

Beevor, A., *D-Day: 75th Anniversary Edition*, Penguin, 2014. (Hay traducción castellana: *El Día D. La batalla de Normandía*, 2009.)

Bishop, P., *Operation Jubilee – Dieppe 1942: The Folly and the Sacrifice*, Penguin Books, 2021.

Bowman, G., *Empire First: Churchill's war against D-Day*, autoedición, 2020.

Cowles, V., *Churchill: The era and the man*, Hamish Hamilton, 1953.

D'Este, C., *Eisenhower: Allies Supreme Commander*, Weidenfeld & Nicolson, 2003.

Gilbert, M., *Winston S. Churchill*, vol. VI: *Finest Hour*, Heinemann, 1983.

—, *Winston S. Churchill*, vol. VII: *Road to Victory*, Heinemann, 1986.

Hamilton, N., *Monty: Master of the Battlefield, 1942-1944*, Hamish Hamilton, 1983.

Hastings, M., *Finest Years: Churchill as Warlord 1940-1945*, Harper Press, 2009. (Hay traducción castellana: *La guerra de Churchill: la historia ignorada de la segunda guerra mundial*, Crítica, 2010.)

Hinsley, F. H., *British Intelligence in the Second World War*, vol., 3, parte 2, HMSO, 1988.

Holt, T., *The Deceivers: Allied military deception in the Second World War*, Folio Society, 2008.

Humphrys, O., *Wavell in Russia*, edición privada, 2017.

Kennedy, P., *Engineers of Victory: The problem solvers who turned the tide in the Second World War*, Allen Lane, 2013. (Hay traducción castellana: *Ingenieros de la victoria. Los hombres que cambiaron el destino de la segunda guerra mundial*, Debate, 2014.)

Kiszely, J., *Anatomy of a Campaign: The British fiasco in Norway, 1940*, Cambridge University Press, 2017.

Knight, N., *Churchill: The greatest Briton unmasked*, David & Charles, 2008.

Lampe, D., *Pyke: The unknown genius*, Evans Brothers, 1959.

MacKenzie, R., *Bomber Command: Churchill's greatest triumph*, Air World, 2022.

Macksey, K. J., *Armoured Crusader: A biography of Major-General Sir Percy Hobart*, Hutchinson, 1967.

Macrae, S., *Winston Churchill's Toyshop*, Amberley, 2010 (segunda edición).

Milton, G., *The Ministry of Ungentlemanly Warfare*, John Murray, 2016.

Morgan, M., *D-Day Hero, CSM Stanley Hollis VC*, Sutton Publishing, 2004.

Olusoga, D., *Black and British*, Macmillan, 2016.

Overy, R., *The Air War 1939-1945*, Europa, 1980.

—, *The Bombing War: Europe 1939-1945*, Penguin, 2014.

Packwood, A., *How Churchill Waged War*, Frontline, 2018.
— (ed.), *The Cambridge Companion to Winston Churchill*, Cambridge University Press, 2023.
Prior, R., *Conquer We Must. A Military History of Britain, 1914-1945*, Yale University Press, 2022.
Reynolds, D., *In Command of History. Churchill fighting and writing the Second World War*, Allen Lane, 2004.
Roberts, A., *Masters and Commanders*, Allen Lane, 2008.
—, *Churchill. Walking with Destiny*, Allen Lane, 2018. (Hay traducción castellana: *Churchill, la biografía*, Crítica, 2019.)
Roskill, S., *The Navy at War*, Collins, 1960.
—, *The War at Sea, 1939-1945*, vol. 3: *The offensive*, parte 1: *1 June 1943*, HMSO, 1960.
—, *The War at Sea, 1939-1945*, vol. 3: *The offensive*, parte 2: *1 June 1944*, HMSO, 1961.
Ryan, C., *The Longest Day. The D-Day Story*, Victor Gollancz, 1960. (Hay traducción castellana: *El día más largo*, Debate, 2004.)
Soames, M., *Clementine Churchill*, Doubleday, 2002 (edición revisada).
Stafford, D., *Churchill and Secret Service*, John Murray, 1997.
Taylor, A. J. P. *et al.*, *Churchill: Four Faces and the Man*, Allen Lane, 1969.
Thorpe, D. R., *Selwyn Lloyd*, Jonathan Cape, 1989.
Vale, A. y Scadding, J., *Winston Churchill's Illnesses 1886-1965*, Frontline, 2020.
Ziegler, P., *Mountbatten*, Guild, 1985.

Índice analítico

En cursiva, los documentos, ilustraciones, mapas, retratos, etc.

F

Índice

El monumento británico de Normandía (oficialmente, British Normandy Memorial) se alza sobre la playa Gold. Es un monumento nacional levantado por Gran Bretaña en recuerdo de los nombres de las más de 22.000 personas, hombres y mujeres, que perdieron la vida en unidades británicas durante el Día D y la Batalla de Normandía.

Concluida la segunda guerra mundial, durante varias décadas, el Reino Unido fue el único gran combatiente Aliado que no poseía un monumento nacional en Normandía. En 2015 se creó una Fundación específica (Normandy Memorial Trust) encargada de hacer realidad la esperanza de los veteranos británicos, que ansiaban contar con tal monumento. La estructura memorial se inauguró el 6 de junio de 2021, con la presencia de Carlos de Inglaterra, que era entonces príncipe de Gales.

En la vecindad se ha construido un Centro Winston Churchill con funciones de exposición y educación, y la misión de asegurarse de que las futuras generaciones recordarán los hechos de 1944 y comprenderán su significado.

Pueden verse más detalles en www.britishnormandymemorial.org, junto con información sobre el proyecto Guardián, de patrocinio del cuidado y mantenimiento del monumento.

Desde 1968, la Sociedad Internacional Churchill (International Churchill Society, ICS) es la organización más destacada del mundo a la hora de educar e inspirar a las generaciones presentes y futuras a ser líderes eminentes en sus campos, a partir del ejemplo de sir Winston Churchill. Al celebrar los valores intemporales de sir Winston Churchill, la ICS anima a todas las generaciones a comprender el contexto histórico de la vida de Churchill y defender, ampliar y promover los valores que él encarnó: la libertad, la democracia y los derechos humanos.

En Estados Unidos, la ICS tiene la categoría de «organización sin ánimo de lucro», y en el Reino Unido, de «organización de beneficencia registrada». Cuenta con más de 3.000 miembros distribuidos por el mundo a lo largo y ancho de siete continentes. Publica una revista trimestral, *Finest Hour*, proporciona fondos de investigación a estudiantes y autores, y organiza una conferencia internacional, entre muchas otras actividades y empeños. Está asociada oficialmente con el grupo de reflexión Royal United Services Institute, la universidad George Washington y el Museo Nacional de Churchill en Estados Unidos. Para saber más y asociarse, visiten winstonchurchill.org.